佚翁琐谭

◎邱蔚六 著

学林出版社

图书在版编目（CIP）数据

佚翁琐谭 / 邱蔚六 著. —上海：学林出版社，
2024
ISBN 978-7-5486-2002-0

Ⅰ. ①佚… Ⅱ. ①邱… Ⅲ. ①邱蔚六－自传 Ⅳ.
①K826.2
中国国家版本馆CIP数据核字（2024）第074464号

编辑统筹 沈惠民
责任编辑 石佳彦 陈天慧
特约编辑 严伟明 王琪赟
装帧设计 今日设计

佚翁琐谭
邱蔚六 著

出 版 学林出版社
（201101 上海市闵行区号景路159弄C座）
发 行 上海人民出版社发行中心
（201101 上海市闵行区号景路159弄C座）
印 刷 上海盛通时代印刷有限公司
开 本 720×1000 1/16
印 张 32.5
字 数 38万
版 次 2024年5月第1版
印 次 2024年5月第1次印刷
ISBN 978-7-5486-2002-0 / I·251
定 价 188.00元

谨以此书

献给中华人民共和国成立75周年，献给已经走过百年风雨历程的上海九院、走过90年的上海交通大学口腔医学院和建科70年的上海九院口腔颌面外科，献给所有为中国口腔颌面外科医学事业作出贡献和以仁医仁心仁术为己任的先辈和后继者们！

自 序

让那些美好的时光，永远定格在我们的心中

《佚翁琐谭》是我人生中的一部心血之作，也是我对于过往岁月的深情回忆。在撰写和整理这本书的过程中，我仿佛重新经历了那些波澜壮阔的年代，与众多亲朋好友共同度过了无数难忘的时光。

我的人生经历了许多曲折与变迁，从青涩的少年时代到沉稳的中年时期，我亲历社会的变迁，感受历史的沉淀，见证了我国的口腔颌面外科事业蓬勃发展的进程。在这漫长的岁月里，我结交了许多志同道合的朋友，也积累了丰富的人生经验。这些经历让我深刻地认识到，生活本身就是一本丰富的书，而我只是其中的一个篇章。

《佚翁琐谭》的命名，源于我对平淡生活的热爱和对往事的怀旧之情。书中收录了我2005年至2024年所陆续记下的随想、随思、随感，以及我多年以来创作、发表的医学文章及诗词对联。这些被岁月遗忘的美好记忆、生活中的琐碎之事，如同一颗颗璀璨的珍珠，串联起了我人生的点点滴滴。

2014年我曾受《中国医学院士文库》编委会及人民军医出版社

之邀，出版过一本文集，以收集文章、著作为主；而在本书中，重复或类似的内容尽量不再收录，但为了确保读者在阅读时能够获得更加全面和连贯的信息，会适当选择添加部分内容。本书更多的是以平实、真挚的语言记录那些曾经的琐事和感悟，我希望通过这些经历，让读者感受到生活的真实和美好。无论是亲情、友情还是爱情，都是生活中不可或缺的部分。正是这些情感纽带，让我们在感悟人生、追求梦想的道路上，始终保持着坚定的信念和无尽的勇气。

在撰写《佚翁琐谭》的过程中，我深感时光荏苒，岁月如梭；深知“人无完人”的道理，反思人生中有过的失误和不足。这些经历和教训，塑造了我坚韧不拔的性格和豁达开朗的心态，让我更加珍惜每一次成长与进步，我愿意坦然面对自己的不完美，那些曾经的欢笑与泪水、成功与挫折都已成为过去。我始终相信，生活无论多么艰难，都有其美好的一面。而我们要做的，就是珍惜当下，拥抱未来，让生命之花绽放出更加绚丽的光彩。

最后，我要感谢所有在我人生中出现的亲朋好友们，以及为本书付出努力的人们。希望《佚翁琐谭》能够成为我们共同回忆的载体，让那些美好的时光，永远定格在我们的心中。

2023年12月

1. 成长轨迹

出生在蓉城

学习在成都

成长在申城

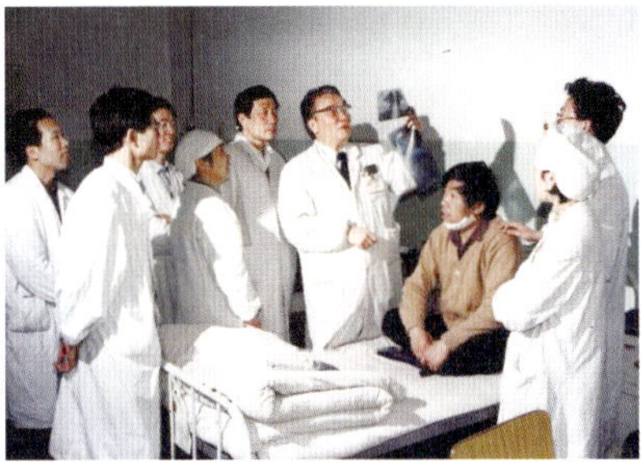

工作在上海

作者（摄于 2016 年）

作者（摄于 2020 年）

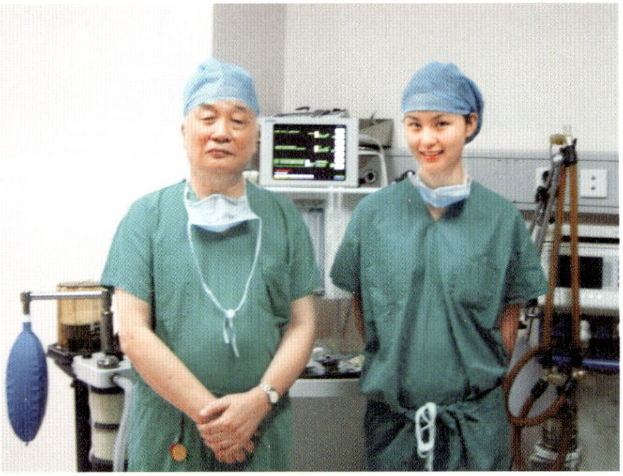

正在哈佛大学医学院上二年级的外孙女晨辰探亲回到上海期间，随作者去上海九院手术室参观，外孙女晨辰表示：“我要接好外公为医学事业奋斗终生的奉献精神的‘接力棒’，决不辜负外公的殷切期望，将来能像外公一样做一个德艺双馨的临床医学专家……”（摄于 2009 年 12 月）

2. 同窗情谊

华西协合高级中学田径队合影。一排左三为杨绪尧老师，五排右一为作者（摄于1951年8月）

华西协合大学牙医学系口腔41级（1955届）部分同学毕业照。一排右二为作者，二排左二为作者夫人王晓仪

大学同学合影。一排左一为作者，二排右四为王晓仪

老同学南宁聚会合影。右四为作者，左五为王晓仪（摄于2002年）

华西口腔41级60周年聚会合影。二排左五为作者，右三为王晓仪（摄于2011年）

同窗挚友在四川医学院校庆合影。从左至右：作者、曾自强、李秉琦（摄于20世纪50年代）

同窗挚友在中共一大会址合影。从左至右：曾自强、作者、李秉琦（摄于2011年）

3. 师生情谊

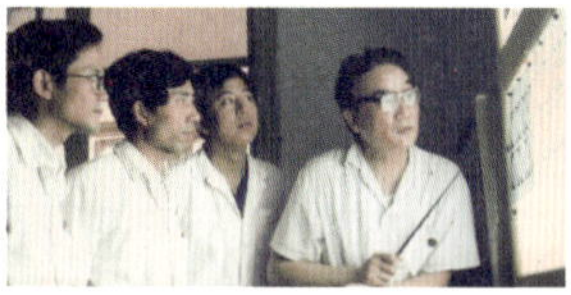

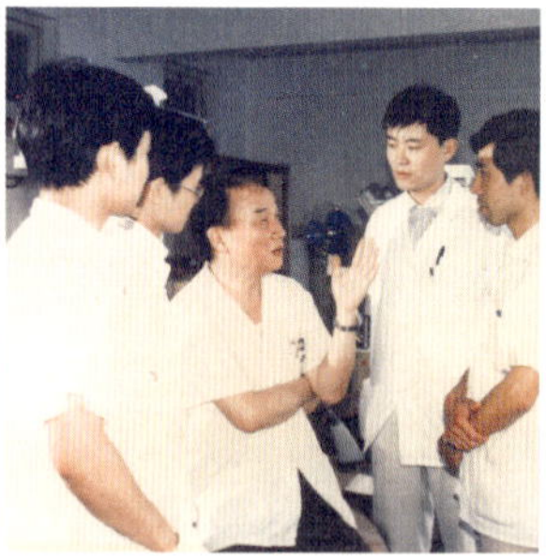

作者指导学生

作者携学生编辑部主编郑家伟（右二）与口腔编辑部同仁在一起

口腔编辑部目前负责运营的三本杂志《上海口腔医学》《中国口腔颌面外科杂志》及 *Frontiers of Oral and Maxillofacial Medicine*，作者担任名誉主编

“寿星”作者在生日这天与学生们在一起（摄于 2021 年 10 月 13 日）

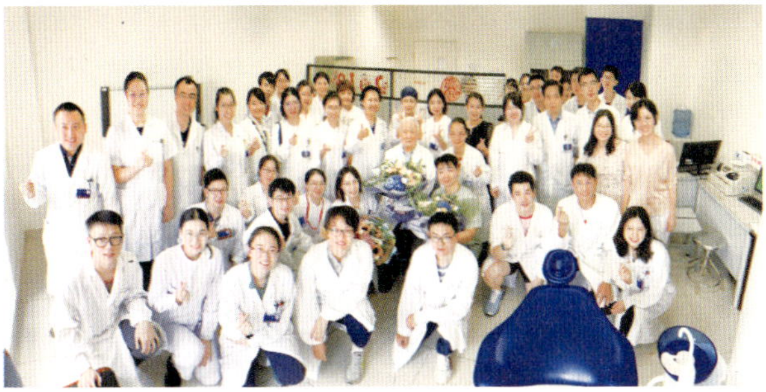

作者的弟子们在教师节向老师献花祝贺

师生聚会的“别样元宵”

4. 领导关怀

时任上海市人大常委会副主任、上海交通大学党委书记姜斯宪（左）拜访慰问作者（摄于2016年春节前夕）

时任上海交通大学校长张杰（左）拜访慰问作者（摄于2017年春节前夕）

上海交通大学医学院党委书记江帆（右）来九院调研，与作者座谈（摄于2018年）

作者荣退座谈会和原上海交通大学党委书记马德秀（左）合影（摄于2019年）

上海交通大学医学院院长范先群（左一）拜访慰问作者（摄于2019年春节前夕）

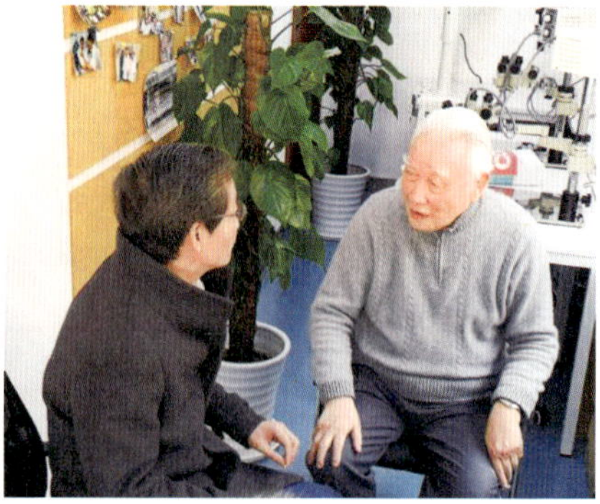

时任上海交通大学医学院院长陈国强（左）来九院探望作者（摄于2021年）

时任九院副院长郭莲（左三）带领干保团队向作者拜年。从左至右：梁燕仪、盛净、郭莲、作者、江漪（摄于 2011 年春节前夕）

九院院长吴皓（左一）、时任九院副院长吴正一（右一）到作者家中探望（摄于 2015 年）

九院党政领导班子成员向作者拜年（摄于 2016 年春节前夕）

时任上海市卫生健康委员会党组书记黄红（左）与作者交谈（摄于 2016 年）

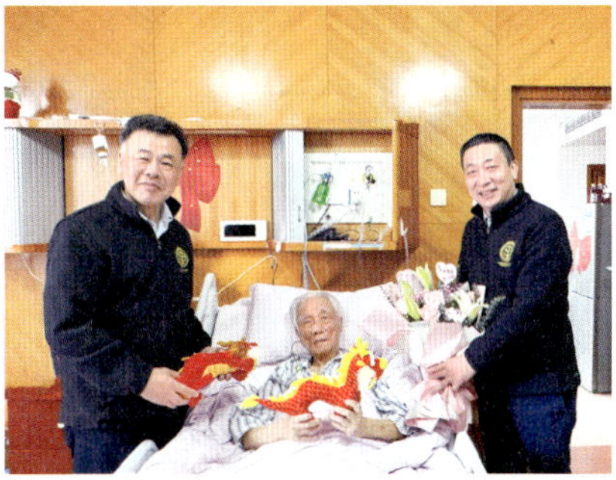

九院党委书记马延斌（右）、院长吴皓（左）探望住院中的作者（摄于 2023 年）

上海交通大学口腔医学院领导班子春节在病房探望作者夫妇（摄于 2023 年）

5. 国际交流

时任国际口腔颌面外科医师协会（IAOMS）主席 Nabil Samman 教授（左）为作者颁发“杰出会士奖”证书和奖章（摄于 2009 年 5 月）

上海九院接待美国哈佛大学口腔颌面外科教授 Dr.Guralnick。从右至左：作者、王晓仪、Guralnick、黄宗仁、顾成裕（摄于 1979 年）

作者（一排右二）接待美国口腔颌面外科医师代表团，三排右一为美国俄勒冈健康与科学大学教授 Dr. Albert（摄于 1980 年）

访问美国俄勒冈州健康与科学大学时，校长 Dr. Leonard Laster（左一）接见张锡泽教授（中）和作者（摄于 1985 年）

作者在亚太地区牙科会议上初遇世界顶级正颌外科专家 Dr. William H Bell（摄于 1985 年）

北京第二届国际牙医学研讨会现场合影。右三为作者（摄于 1987 年）

作者（右二）应邀参加 71 届美国口腔颌面外科年会并作专题报告（摄于 1989 年）

国际口腔颌面外科医师协会（IAOMS）理事会列席。前排左三为作者（摄于 20 世纪 90 年代，日本京都）

作者（左一）与前任 IAOMS 主席 Peter Banks（中）合影（摄于 20 世纪 90 年代）

作者（左二）代表中国以理事身份参加 IAOMS 理事会（摄于 2001 年）

第 18 届国际口腔颌面外科会议，作者（左二）与前任、现任、候任主席合影（摄于 2007 年）

作者夫妇与香港大学口腔颌面外科主任 Prof. H. Tideman 合影（摄于 2007 年）

作者（左二）与国际口腔颌面外科医师协会（IAOMS）时任主席 Prof. John Ll. Williams（中）合影

作者（右二）与 IAOMS 执行委员会主席 Prof.John F. Helfrick（中）合影

第 12 届国际口腔癌会议（12th ICOOC）在沪召开，作者作为大会主席在会上致开幕词（摄于 2008 年）

第 19 届国际口腔颌面外科学术大会（19th ICOMS）在沪召开。右六为作者（摄于 2009 年）

作者（前排左二）应邀出席大阪齿科大学解剖学讲座开设 60 周年纪念祝贺会（摄于 2007 年）

第 12 次全国口腔颌面外科会议暨第 1 次中－日口腔颌面外科联合会议，中日双方名誉主席合影。从左至右：俞光岩教授、作者、Prof. K Kurita、Prof. K Seto、张志愿教授（摄于 2015 年）

国际口腔癌会议前主席、日本朝日大学教授森昌彦（左）与作者合影（摄于 2017 年 1 月）

6. 友谊见证

作者与王振义、吴孟超、郑树森、王正国、王存玉、王松灵等院士合影

中国工程院医药卫生学部外科组院士集体照（摄于 2014 年）

九院院士墙前，三位院士与摄影师合影。从右至左：作者、张涤生、戴尅戎、舒伟伦（摄于 2005 年）

九院新院士墙揭幕。前排从左至右：范先群、戴尅戎、作者、张志愿（摄于 2021 年）

作者（右）与尚汉祚医师合影。20 世纪 70 年代作者与神经外科尚汉祚教授精诚协作完成了国内首例颅颌面联合根治术，为晚期颌面部恶性肿瘤侵犯颅底的患者开辟了一条有望治愈之路（摄于 2019 年）

作者夫妇与台湾中山医学大学周汝川董事长、周明勇院长合影。从左至右：周明勇、王晓仪、作者、周汝川、张志愿

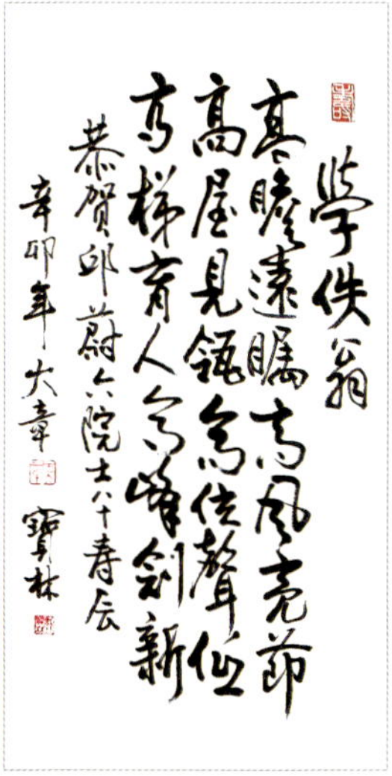

“三剑客”友谊长存。从左至右：刘宝林、作者、王大章

作者和 Mei-ling & Schwartz 夫妇多年来的友好交往

作者与四任秘书杨驰、李青云、顾飞飞、王琪赟合影

作者夫妇在松浦正郎教授家聚会，愿中日世代友好

7. 全家幸福

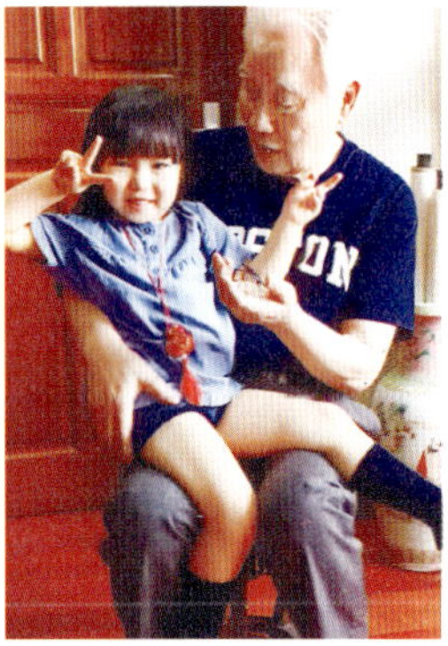

作者夫妇与子女们

作者夫妇与三个女儿

作者夫妇合影

全家福贺年片

四世同堂的全家福照（摄于 2023 年中秋）

目录 CONTENTS

作序选

科普文章选

附　录

上辑

回忆录

生命不息，回忆不止，每个人都有一段难忘的回忆。我常常无法忘记一些难忘之情、难忘之事；今天的行走，明天的寻找，都像在延续昨天的回忆。可以说，这些是我人生中最难忘的时光。

回首过去，我心怀坦荡；回首过去，我仍被那些小小的成就带来的喜悦所萦绕；回首过去，能够了解最真实的自我。回忆让生命完美，它寄托着人们的希望，是梦的光点，是幸福的港湾，是轮回的开始。这犹如幸福的春阳，洒在心头，难以忘怀……

作者邱蔚六（摄于 2015 年）

成长经历

我的自述

——从医执教著研 50 年

在我的记忆中，从当学生起，特别在 20 世纪 50 年代至 70 年代，我不知写过多少次“自传”。那时写“自传”是要从小写起的，一点也不能遗漏，而且年代都要衔接。现在写“自述”可以不受那个约束了，想述什么就述什么。为此“我的自述”将以“我的……”为纲，对自己从医执教著研 50 年进行一次回顾性小结。

我的志愿

1932 年 10 月 13 日，我出生于四川省成都市，从小学到大学都没离开过成都。从小学写作文开始，常常以“立志”为题表达自己长大后要学什么、做什么。我父亲是个旧军官，古文底子也很好。在我的亲戚中，我姐姐、姐夫，以及表亲学的都是会计、财经，且在金融界工作为多。我对这些都没有很大的兴趣，因而涉及“立志”的作文，我大多是写要做一个“有用的人”、做一个“有知识的人”之类空洞而无具体目标的内容。真正奠定我学医的志愿却是在一场偶然事件之后。

那是在解放前一个月黑寂静的夜晚，几个歹徒突然闯进我家，对着我父亲就开枪。我父亲腹部及肘部连中数弹，生命垂危，经送当时的四川省省立医院抢救后方转危为安。这次事件中我家里的钱财一无所损，因此，可以推测这是一个谋杀事件。原因可能是政治斗争的产物，因为我父亲是国民党员，但他又是当时国民党统治时期的中国国民党革命委员会的成员。

因为我父亲的受伤，我在医院陪伴他近半年，对医药有了一些认识；特别是对医师这个职业有了具体而深刻的印象。当时我对主治的外科医师既感激而又崇敬：感激他们救了我父亲的命；崇敬他们救死扶伤、济世活人的精神。在我年少的心灵中还留下了“外科医师特别神气”的印象。从此，当时还是中学生的我在心底里确立了自己一生的志愿——当一名外科医师。

这段经历可以回答不少人对我的提问——“你为什么做一名医师？”

我的成长

我是解放后在党和国家的培养下成长起来的一名医师。

1955 年我毕业于四川医学院口腔医学系。四川医学院是原华西协合大学经 1952 年院系调整后成立的一所医学院校；21 世纪初又经调整更名为四川大学华西口腔医学院。毕业后我被分配至原上海第二医学院口腔医学系（现上海交通大学口腔医学院）、附属广慈医院（现上海交通大学医学院附属瑞金医院）工作。在系主任接见并询问我的专业志愿时，我毫不犹豫地选择了口腔颌面外科，也就是想圆我少年时的梦想——做一名外科医师。自此，开始了我的职业成长历程。

医学是一门实践性很强的学科，但其又离不开理论指导，拿现在的话来说，“外科医师不是开刀匠”，外科医师应该是“学术型的外科医师”。很幸运的是，我在朝着学术型外科医师的目标努力，开始了我的征程。

我所在的口腔颌面外科当时有很好的条件：首先，它建于 1953 年，该医院是我国第二个建立口腔颌面外科病房的单位；其次，当时的科主任都是我国口腔颌面外科的创始人——张涤生教授和张锡泽教授。前者还是我国整形外科创始人之一，也是中国工程院院士。

俗话说：“师傅领进门，修行在个人。”我的两位领进门的师傅对我的成长带来的帮助绝对是关键性的。张锡泽教授的严谨治学，张涤生院士的善于研发创新，都是学术界有名的。

为了加强基础训练，当时我们住院医师每周有专门的小手术门诊。两位科主任会亲临指导。学会正规的外科操作，特别是打好整形外科基础对口腔颌面外科医师是十分重要的。

为了加强理论学习，我们每月得交读书报告，每周还有口头汇报，在科内交流。我在 1957 年，即毕业后的两年被安排在当时的中华医学会上海分会学术活动中作学术报告。这种机会在现在恐怕也是不多的。

为了拓宽知识面，我们住院医师被安排至普外科和内科轮转学习。在普外科，除外科基础外，我还学会了麻醉及气管插管技术。在内科轮转时，我还十分有幸地和卫生部原部长陈敏章医师共同师从著名消化病专家邝翠娥教授，当时他也是在内科轮转的住院医师。

1963—1964 年，为了加强专业训练，我曾去上海肿瘤医院头颈肿瘤外科学习半年，幸遇我国著名的乳腺和头颈肿瘤外科前辈李月云教授。她不但亲自带我做手术，更重要的是使我学到了肿瘤学最基本的知识。

1964 年，我随原上海第二医学院口腔医学系教学基地的搬迁至第九人民医院工作，告别了工作近 10 年的广慈医院。

20 世纪 50 到 70 年代，医学界下乡巡回医疗及参加意外灾害事故的机会特别多。有人曾对此抱怨不休；我却认为这对我的成长有好处，因为我学到不少在医院内学不到的东西。

1970—1971 年我曾受命去小三线安徽皖南工程医疗队。在那里我和一位内科医师、一位外科医师、一位麻醉科医师和一位检验科医师设立了简易手术室。手术室设备简陋，但我们为病患做了从头到脚的各种手术，并在皖南各地会诊救治病人。

1976 年，唐山发生了举世闻名的大地震。当时我是高年资主治医师。我们医院派出两个医疗队，我任其中一个队的队长。在震灾发生后的第二天即赶赴灾区。在救灾的两个月中，我不但体会到天灾的无情，也在抢救病员中学到了不少相关灾害医学的急救知识和技术，还有机会在艰苦的条件下，应用我在 20 世纪 60 年代的科研成果——针刺麻醉，为当地患者成功地施行了颞下颌关节强直成形术。

1980 年，改革开放后，当了 18 年主治医师的我才得以晋升副主任医师和副教授；1986年，晋升主任医师、教授。不像现在，5年晋升一次，30多岁就可以升至正高职称。

改革开放后，我国学术界执行了“走出去，请进来”的方针政策。我院与日本、美国、法国等多个著名高校及研究机构有了广泛的学术交流，诸如：日本大阪齿科大学、美国哈佛大学、加州大学旧金山分校以及多个国际组织。我也曾30余次出访欧美、日本等多个国家，了解到世界上的最新学术行情，开阔了眼界。这对我的事业、我的科室和我国口腔颌面外科事业的发展都至关重要。

1984年以后，我担任科室主任和第二代学术带头人。

1986年开始，我倡导、组建了中华医学会口腔学会口腔颌面外科学组并担任组长；1998年以来，历任中华口腔医学会副会长兼任口腔颌面外科专委会主任委员和名誉主任委员。

1999年，我代表中国出任国际口腔颌面外科医师协会理事，使中国口腔颌面外科在国际上占有了一席之地。

1985年，我参与发起成立中国抗癌协会头颈肿瘤外科专业委员会，该会由口腔颌面外科、耳鼻咽喉科和肿瘤医院的头颈外科三部分学者组成。我历任专业委员会副主任委员、主任委员和名誉主任委员。

2001年，我有幸当选为中国工程院院士。这不仅仅是我个人的成绩和光荣，更是我国口腔医学界以及口腔颌面外科学界的光荣，因为它反映了中国口腔颌面外科学界取得的成就被医学界所承认。

我认为，一个人的成长和成功需要三个条件（或称要素）：第一是学习和思考，而且应该是主动学习与思考，一个人如果不学习、不思考，他是一事无成的。第二是环境（基地），没有良好的环境和基地是培养不出人才的。第三是协作，人与人之间要体谅，要团结，特别在当今多学科交叉的情况下，许多创举不是一个人所能完成的。

我自认为，学习需要主动和努力。从当住院医师第一天起，我就有读书和泡图书馆的习惯；也有做学习卡片，包括写摘要和目录的习惯，至今我还保存了一些学习记录和卡片。即使在“大跃进”的20世纪50年代，我也没有放松学习，几乎没有一天晚上在12点以前睡过觉。学习我还主张“杂”，不仅限于专业，还应包含其他非专业的内容；不但学自然科学，也需要学社会科学。

我的学习环境是优越的。原上海第二医科大学（现上海交通大学医学院）是国内名列前茅的医学院校，它已出过多位院士。过去百年诺贝尔奖获得者的学校主要集中在美国的哈佛大学和哥伦比亚大学，以及英国的剑桥大学。从百年诺贝尔生理学或医学奖获得者的国家来看，美国有81人，英国和法国各有21人与14人。这个资料充分说明环境或基地的重要性。

现代科学是相互交叉相互渗透的年代；医学上的诊治病员或科学研究同样也在走综合和相互协作的道路。作为一名外科医师更需要团结协作，因为一个人是无法完成一台复杂手术的。外科与内科不同，特别是中医内科，凭个人的经验，以及物理检查就可作出诊断，开出药方。外科手术则需要麻醉师，我常说“外科、麻醉是一家”。外科手术除主刀外，还需要助手—— 一助、二助甚至三助；还要手术护士给你管理手术器械。要做颅颌手术，颌面外科不能缺少神经外科的协作；要做正颌手术，颌面外科医师少不了口腔正畸科医师术前术后的牙颌矫正。在这一点上我同样也是幸运的，我和我的同事们，无论是同代的医师还是我的学生，也不论是神经外科或其他兄弟科室，我们都有着良好的协作共事关系。应当说，我事业上的一些成就也离不开他们的努力，并且和他们的工作成就密切相关。

人们常说，一个人的成长和成功与机遇有关，但机遇对任何人都是一样的、公平的。本质上还是取决于个人的努力，而个人的努力，我想也绝不能离开上面所述的三个要素。

我的事业

我热爱我从事的口腔颌面外科事业，这也是我毕生的事业。

身为教学医院的医师，必然要涉及三方面的工作，那就是医疗、教学和科学研究。除此之外，有时还要涉及管理和社会工作。

首先说说医疗：医疗是基础。

50年来，我从未脱离过医疗工作，哪怕是在我当口腔医学院院长和第九人民医院院长时期。

十分遗憾的是，我不能像足球运动员那样清楚记得自己一生踢进过多少球，我已记不清总共看了多少病人，因为我没有详细的记录。50年了，我想至少已积累和完成了数万，甚至上10万例次患者的诊治吧！我也无法统计我为多少患者进行过手术，因为除了手术记录簿上可以查到的之外，我在门诊手术、巡回医疗、下乡为农民服务以及兄弟医院会诊中进行的手术都是没有专门记录的。我想粗略估计也总不会在万次以下吧！

造就一个名医是需要大量临床实践的，当然我还不敢自诩是名医了，因为我现在是病人看得愈多，觉得没有解决且需要去解决的问题也愈来愈多。

使我感到安慰的是，在我的医疗工作中曾救治过不少患者。有人问我“最高兴的事情是什么”，我回答说：“当我看见被我治好的患者健康而愉快地生活着。”

在我的从医生涯中，有不少令我印象深刻的患者。一位科学工作者患了上颌窦癌，其他医院都因病期晚而婉拒了他，我为他施行手术后，他不但健康地活下来了，而且还为我们医院提供了一台他自行研制的医疗仪器。

一位某自治区的原卫生厅厅长、长征老干部，也因晚期癌症不远数千里来我院医治。经治愈后，他活到快 90 岁。当我因公顺便去拜访他时，他高兴得一定要我去他家坐坐。

一次在外地进行社会医疗咨询时，一位多年前被我治愈的患者闻讯后前来找我并再三表示感谢，我真是感到无比的安慰。

在我的病人中还有不少工人、农民，有的在治愈后还与我长期保持联系，视我为他们的朋友。

医疗技术古称“仁术”。“仁”就是要有爱人之心，拿现在的话来说叫作“救死扶伤”。要以仁爱之心来实施医疗的全过程。这就决定了医师的服务态度要好，技术要精。

作为一名医师应当要有“将心比心”的能力，即代入病人的心情去理解和体会患者的痛苦。乍看起来我身体还算过得去，曾经还是运动员。然而，我自己却是“身经十刀”，而不是“身经百战”。我因各种原因接受过大小手术 10 余次，包括慢性中耳炎手术、坏死性胰腺炎手术等，因此，我对作为一个患者是深有体会的。

就拿“疼痛”来说吧！

局麻下行外科手术常常是镇痛不全的，手术后伤口痛也可以理解。然而，作为外科医师常常忽略这些，认为是次要的细节。有时甚至叫病员“咬咬牙”“忍一忍”就过去了。可是只有我自己患病后才体会那“咬咬牙”“忍一忍”是什么滋味。在我腹壁切口疝手术后全麻将醒之时，禁不住疼得要从床上跳下来。从此以后，我对同行总是要宣传手术及术后的镇痛，提倡对患者的“痛”和“镇痛”要像对待自己的“痛”一样。

自己有了体会，才有发言权。

1964年，当时学习祖国医学开展针刺麻醉手术，我带了一组人专门从事口腔颌面外科针刺麻醉手术的研究。针麻究竟能否起镇痛作用？它的效果究竟如何？我决心“以身试针”，在说服同事们后接受了一次在针刺麻醉下摘除一个耳前淋巴结的手术。这个手术给我的启示是：切皮时稍微有点痛，能接受；缝皮时基本不痛；分离淋巴结时一碰到神经末梢像闪电一样地痛。在此基础上，我和同事们总结出了一套针麻手术操作的常规，它可以减轻患者的痛苦，提高手术成功率。

通过这次亲身经历，我对口腔颌面针麻手术应当说具有了一定的发言权。我对针麻的评价是“有镇痛作用，但镇痛不全”。为了减轻病员的痛苦，我清楚地知道什么情况下应该加镇痛药物，哪种情况下应该加局麻；更重要的是：哪种情况下可以采用针麻手术——进一步确定针麻手术适应证。

当然，我不是提倡外科大夫每人都要生病，都要自己去经历一次手术。

其次，说说教学：教学是根本。

作为一所教学医院，必须重视教学。十年树木，百年树人；人才是学科兴旺发达的基石。

从毕业后第一年，我便担任起带教生产实习的教学工作。那时，我们可以说是主动教学，而不是等学生来问的被动教学。

20世纪50年代，教学改革如火如荼，开门办学经常下乡。作为班指导教师，我与同学们同甘共苦，师生关系甚为亲密。同时，这对我们这些年轻医师也是很好的考验和锻炼。由学生的推荐，1960年我首次被评为院先进工作者。

20世纪50年代后期的教学改革重点在于串联前后期，打破学科界限，重组教学过程。随着教改，我参加了当时教学的重新组合和新教材《口腔疾病防治学》的编写；也是首次参加教材建设工作。与此同时，也开始了“培养性讲课”。那时教学工作是很严谨的，从讲课内容到板书、仪表样样都要计较；要经过不止一次试讲才能上讲台。

“文革”期间，教学工作陷于停顿。20世纪70年代初期恢复大学招生，主要是面向工农兵学员。为适应教学，《口腔颌面外科学》教材由卫生部指定当时的上海第二医学院出面主编。我协助张锡泽教授会同国内几所老校的老师共同完成了当时“工农兵”学员适用的《口腔颌面外科学》（上海人民卫生出版社，1977）教材，一直用到20世纪70年代末。之后，由张锡泽教授主编，我协助完成的正式全国通用教材（现卫生部规划教材）第1版于1980年正式出书，作为“文革”后恢复正式招生的大学本科口腔医学专业教材。以后一直由我继续主编到第6版。

1979年，我国恢复研究生制度。原上海第二医学院的口腔医学是全国第一批硕士和博士点。张锡泽教授是第一批博士生导师，当时他也是国务院学位委员会学科评议组的唯一口腔医学界代表。我于1980年被批准为硕士生导师，1986年被批准为博士生导师。1984年，我接替张锡泽教授参加国务院学位委员会学科评议组工作，作为第2、

3、4届成员，并先后出任临床Ⅱ组及口腔医学组召集人之一，直到2003年。

我自认为教学效果还能为学生所接受，至少我是认真备课的。到2005年为止，我已培养毕业了26名硕士研究生和31名博士研究生；还有2名博士生于2006年毕业。有5名博士后已经出站，2名尚在站。我已不准备再招研究生，因为我的科室已有8位博士生导师，需要考虑他们的成长。我今后只剩指导博士后的任务。

我带教研究生有几个原则：第一，除特殊情况下，我尊重他们自己的选题，不强迫他们做我提出的课题，除非他们自愿。第二，博士课题一般延续硕士生课题，不轻易变更为新课题。第三，课题自己做，定期汇报，共同解决需解决的问题。第四，我重点抓定题、开题和论文修订。哪怕是标点符号我也要求正确；只要有时间，哪怕在病中也要坚持修改毕业论文，以保证质量。

我的研究生大多有所成就。第九人民医院院长、南京大学口腔医院院长、同济大学附属口腔医院院长都曾经是我的博士研究生或博士后。现任科主任者则比比皆是；有的还被评为“有突出贡献的中青年”。除他们自己的努力和天赋外，我想研究生训练对他们的成长应该是有很大帮助的。

我的博士研究生中有人的论文获评上海市优秀博士论文，但遗憾的是还没有被评为全国百篇优秀博士论文者，看来我这个导师还有很多不够格的地方。

虽然我在教学工作上的成绩使我曾被评为上海市及全国优秀教师，但我明白那仅仅是对我的鼓励，离优秀教师称号还有差距。

第三，小结一下我的科学研究工作：科研是灵魂。

要提高医疗和教学质量，科研工作必不可少。眼下，“创新”是用的最多的词汇之一。党和国家领导人特别强调自主创新，要有自己的知识产权。回顾20世纪50年代后期只有“大跃进”“赶超”的热潮，很少见到“创新”的提法。现在看来，在科学领域内“大跃进”是不符合实际的，但不管怎样，当时在医学界形成的一股“赶、超”热潮对医学发展还是起到了一定的促进作用。

我个人曾经历过1957年在具有世界水平的原广慈医院抢救严重烧伤患者邱财康的过程。记得我还随张涤生教授去病房会诊过患者的创面处理。当时，我们也提出过口腔颌面肿瘤的治疗要赶超世界著名头颈肿瘤外科专家、鼻祖，美国纽约纪念医院Hayes Martin教授的口号。无论如何，也应该被看作是一种创新。当时我们的科室实际上承担了两个科室的任务：口腔颌面外科和整形外科。在两位张教授的带领下也出现过当时在国内领先并具有世界水平的科研工作，例如：下颌骨切除后立即植骨术、先天性唇腭裂的外科治疗，以及后来在20世纪60年代初开展的双侧同期根治性颈淋巴结清扫术治疗晚期口腔颌面部癌瘤、显微外科动物实验的开展等都被认为是具有一定创新性的科研工作。

我独立进行的第一次科研工作是“中药马勃在口腔颌面外科的临床应用和实验研究”，它使我初步具备了动物实验的知识。以后我陆陆续续进行了一些实验和临床研究，其中包括：动脉化学治疗持续加压注射器的研制；改进额部皮瓣转移的方式，从二期手术变为一期手术，提出了全额“隧道皮瓣”的新概念；口腔颌面外科针麻手术，并重点对得气留针手术进行了临床对照研究；口腔颌面肿瘤的诱导化疗；新药临床应用，特别是中西结合治疗晚期颌面肿瘤的研究；20世纪

70年代后期的颅颌联合切除术、显微外科在口腔颌面术后缺损立即修复中的应用；20世纪七八十年代在颞下颌关节外科，特别是以后在此基础上开展的颞下颌关节镜外科和口腔颌面微创外科等。

在我的科研生涯中还值得一提的是在20世纪80年代初，我以科常务副主任的身份协助张锡泽教授，用第一批博士点资助的经费建立了口腔颌面肿瘤实验室，从临床调入三位医师专门从事口腔癌细胞系的培养和建株。这在当时全国同类科室当中应为第一例。以后在同事们和我的共同努力下，于1981年建立了中国第一个舌癌细胞系Tca-8113。后来还相继建立了腺样囊性癌的细胞系Acc-2、Acc-3和Acc-M等。这些细胞系不但在国内被广泛采用，推动了我国口腔癌细胞生物学学科的发展，而且还远渡重洋去了国外的实验室；也为我们在近年建立的口腔颌面肿瘤生物实验室和上海市重点实验室打下了坚实的基础。

20世纪60年代，我国尚未建立科技成果奖励制度，当时也不知道什么叫专利申报制度，70年代后期开始才有正规的各级科研成果的申报和评审制度。在此之后，我和我的同事、研究生们的科研成果共有23项25次获得省市级以上科技进步奖，包括两次国家发明奖。但是我本人并不满意这些成果，因为按现代的标准绝大多数是二次创新或集成创新，真正能属于原始创新者我认为只有以下几项：舌癌及腺样囊性癌细胞系及其亚株的建立；口腔颌面部针刺麻醉手术；额部隧道皮瓣的临床应用；晚期癌瘤的中药辅助治疗；以及曾获得国家发明奖的软腭缺损重建术和经颞下颌关节镜滑膜下硬化疗法治疗颞下颌关节习惯性脱位。滑膜下硬化疗法还曾被美国学者Clark & Sunders等的专著*TMJ Arthroscopy*所引用。

2004 年，我被授予何梁何利基金科学与技术进步奖。我想，这也是对我过去科研工作的总结性鼓励。

目前，我更看好的是我科中青年医师的科研工作。他们的国家自然科学基金面上项目愈来愈多，而且还拿到了 100 多万元以上的自然科学重点课题基金。

作为一个临床科室，需要基础研究，但更需要的是结合解决临床实际问题的课题，这一原则永远不能动摇。要做到：别人看不好的病我们力争看好；别人不会开的刀我们要会开。只有这样才能更好地提高医疗和教学质量，这也是为什么我们说：在医院里“科研是灵魂”的道理。

作为科研成果的反映，50 年来从我 1958 年在杂志上发表第一篇论文算起，迄今已有 300 余篇论文在国内外杂志上发表（我本人自己执笔为第一作者的近 100 篇，其余则是与我的研究生和同事合作的，相当于通讯作者）。我也主编出版过 10 余本专著、参编过 20 余本专著，产量看来不低，但真正能让我自己满意的论文不过 20 多篇，约占我自己执笔论文的 1/5 左右。其他令我比较满意的成果是：我为口腔颌面外科医师和学生出了一整套书——规划教材《口腔颌面外科学》；临床教材《口腔颌面外科临床手册》和参考书《口腔颌面外科理论与实践》。

在这里，我还得说说我热爱的口腔颌面外科事业。

在发达国家，口腔医学与临床医学是并列的一级学科。我国的医学教育目录中口腔医学与临床医学也是并列的；因而在医学院校里，口腔医学院与临床医学院也是医学下面并列的学科。然而，由于历史的原因，在 1998 年以前研究生教育专业学位目录中，口腔医学仅仅是在临床医学中与内、外科齐平的一个二级学科。其主要原因是领导，甚至我们的同行们对口腔医学的性质、范围、特点都还不甚了解。从老一辈的口腔医学家开始，即一直在为口腔医学能成为研究生教育的一级学科而努力。拿我们的行话来说，叫作“加强宣传，开发领导”。经过大家多年的努力，1998 年第四届国务院学位委员会学科评议组换届后，口腔医学终于独立成为一级学科，并从原临床Ⅱ组中分离出来，成员也由原来的 3 人增加为 9 人。这是我在参加国务院学位委员会学科评议组工作近 20 年中，感到最满意的一件事。

我国的口腔颌面外科学在整个中国的口腔医学事业中可以说是发展最快的。20 世纪 50 年代我国已有独立的口腔颌面外科建制。从历史来看，我国口腔颌面外科的命名比美国至少要早 10 年。在几代人的共同努力下，我国的口腔颌面外科已逐步形成了自己的特色，具有学科内容覆盖面广、医疗水平高、中西结合等特点，因而被国外同行友好地誉为“中国式”的口腔颌面外科。

1986 年，由我发起在中华医学会口腔分会之下正式建立了口腔颌面外科学组；举办了每四年一次的全国性学术大会，开展了一系列不定期的学术活动。我有幸被推为第一、二、三届学组组长。1998 年，继中华口腔医学会成为一级学会之后，学组也相应成为中华口腔医学会之下的一个专业委员会，我继续担任了两届主任委员。口腔颌面外科专业委员会的成立更加推动了口腔颌面外科事业的蓬勃发展，至 2005 年，被批准的专科会员达 700 余人。它还拥有自己的专业学会刊物《中国口腔颌面外科杂志》，已成为中华口腔医学会之下组织最健全，活动最正规的一个专业委员会。

随着改革开放，“请进来、走出去”，国外同行对中国口腔颌面外科的状况有了充分了解。我们不但于1988年成功地在上海召开了第一次国际口腔颌面外科会议，还数次走出国门去介绍中国口腔颌面外科的现状和成就。当我被邀于1989年参加美国第71届口腔颌面外科年会并作了题为《头颈部肿瘤的处理——中国的经验》的专题报告后，主持者写信给我说，我是中国在美国该年会上作学术报告的第一人。我曾30多次去美、法、日、韩以及欧洲国家访问、讲学和参加国际会议，并结识了不少国外口腔颌面外科学界的知名人士和专家教授。

20世纪90年代中期，国际口腔颌面外科医师协会历任主席Robert M. Cook、John F. Helfrick等均曾访问中国。他们力主邀请中国的同行参加国际口腔颌面外科医师协会，因为他们也感觉到，在国际上，中国的口腔颌面外科是不能被忽视的，是有水平的。例如，1997年第12届主席Rudolf Fries在给我的信中写道："中国的口腔颌面外科在亚洲地区具有最广泛的影响。我们认为：在亚洲，没有来自中国的同仁们，没有他们的学识、他们的才能和影响，要提高其他亚洲国家的口腔颌面外科水平前景不容乐观……"在另一封信里他同样写道："与中国同行相互合作，交流思想，使其参与国际口腔颌面外科医师协会活动，将对国际口腔颌面外科医师协会及口腔颌面外科专业的未来至关重要……"然而，严峻的现实却是，台湾地区已早于我们成为国际口腔颌面外科医师协会的正式成员，如果我们要参加进去，根据政治原则，台湾地区口腔颌面外科医师协会必须退出，或改名后才能获得我国政府的批准。否则，就成了两个中国或一中一台。我们向国际口腔颌面外科医师协会呈述了我们的意见。

显然，要台湾的同行们改掉他们的协会名称也是不容易的，尽管我们在学术交流中经常见面，而且是好朋友。

从 1995 年开始一直到 1999 年，经过无数次的通讯和商讨，最后由国际口腔颌面外科医师协会执委会出面，正式按奥林匹克方式将台湾地区学会名称改为“中华台北口腔颌面外科医师协会”。在获得政府同意后，我们才以“中国口腔颌面外科学会”（Chinese Society of Oral & Maxillofacial Surgery）的名称正式加入国际口腔颌面外科医师协会中去，成为国际口腔颌面外科学界大家庭中的一员。我也代表中国成为国际口腔颌面外科医师协会的首任理事。能够完成我国口腔颌面外科人走向世界的心愿，我感到十分欣慰，因为这也是我事业的主要部分。

在这里我还不得不感谢两位学者——一位是原哈佛大学麻省总医院的口腔颌面外科主任、教授 Walter Guralnick；另一位是原香港大学口腔颌面外科主任、教授 Henk Tideman。Guralnick 教授大力协助我们于 1988 年在上海召开了第一次中国国际口腔颌面外科会议，使世界对中国的口腔颌面外科有所了解。Tideman 教授对我国加入国际口腔颌面外科医师协会则起了促进作用。

我的爱好和家庭

口腔颌面外科事业当然是我的第一爱好。除此以外，我还爱好运动、戏剧以及文学。

我的身体并不强壮，年轻时经常患呼吸道疾病，甚至还得到“邱虚”的绰号，但是从少年时我就酷爱体育运动。

我高中就读的是华西协合高级中学（简称华西协中），严格说它应是原华西协合大学的附中，坐落在当时成都十分闻名的华西协合大学校园——华西坝之后，被称为华西后坝。华西后坝除了教学、住宿设施外，有一个十分漂亮的标准足球场和田径场，这在当时成都的中学校里是极为罕见的。这个先天的环境条件，加上当时的华西协中是教会学校，比较开放，还有一位很好的体育老师——杨绪尧，我们都叫他杨教官。杨老师身体十分强壮，他曾是民国时期全运会的跳高冠军。他的教学风格严格认真，亲自为我们示范和纠正错误动作。在他的带领下，华西协中有一支华西田径队，我也有幸成为其中的一员。好场地加上好老师、好教练，使得华西田径队的成绩在当时的成都如日中天。成都有一个体育专科学校，按理说他们的成绩应是专业性质的。然而，那时却经常是华西田径队的手下败将。我的田径项目是跳高、撑杆跳和110米高栏，在成都拿过几次冠军。进入华西大学后，我没有中断过运动，曾代表川西区（当时四川被划成四个行政区）去参加过西南区运动会。后来还改行打了几年排球，也入选过成都市排球队，从中学时的九人制排球打到现行的六人制排球。

当然，从成绩上来说，这与现在的专业体育运动成绩不可同日而语，当时我们仅仅是业余运动员。

体育锻炼可以加强体质，更可以锻炼人们的意志。回想起当年，每天早晨都要起早锻炼，无论刮风下雨从不停止。我想，对我后来作为一名外科医师总是有帮助的吧！

我还有一段从事演艺的经历，不过那也是业余的个人爱好。在华西协中时，我参加过一个解放前共产党外围组织的剧团，叫“熊星剧社”。我参演过曹禺的著名话剧《雷雨》，饰演鲁大海一角。大学时参演《人往高处走》一剧，出演村长。工作后在原广慈医院参加过《狼牙山五壮士》朗诵剧的表演，后来在上海市第九人民医院甚至还改行唱起了京戏，唱《红灯记》中的李玉和唱段。

我这个人也爱读点课外书，看看小说。小时候读《西游记》《三国演义》，《红楼梦》也翻过一遍。老的武侠小说也看了些，唯独未读过金庸的小说，因为工作后总是觉得时间不够。在高中时，我有办墙报的经历，写写小散文，这在当时的中学校是很普遍的。

20 世纪 70 年代初，在我支援小三线建设去皖南的途中，突然萌发了诗意。从此不时也会写出几首打油诗——由于功底不够，故只能称打油诗，很难登大雅之堂。到如今我已积累了 100 余首，其中也包括给一些老师仙逝后写的挽联。古云“诗言志”，我的打油诗却无“志”的内容，只不过能反映不同时期自己的思想活动罢了。

总之，我这个人兴趣十分广泛。我想这些方面对我的事业与成长不是完全不相干的。人文素养对一个人的方方面面，甚至思维方法都是不无影响的。

现在该轮到说我的家庭情况了，人与家庭密不可分，事业与家庭也同样举足轻重。应当说，我有一个十分美满的家庭。我的夫人——王晓仪，是我的同班同学，也一直是我的同事。我们有某些相似的经历，她的高中也是一所教会学校，和创办华西协中的教会性质完全一样。进入大学时，医疗与口腔属于同一大班，我是大班主席，她是大班副主席。医疗与口腔分班后直到毕业前夕，我是班长，她是团支部书记。我们一起被分配到上海来工作，我在口腔颌面外科，她在口腔内科，生活在一起，工作也在一个医院。她的家庭出身比我好（父亲是医师，曾任中山医学院副院长），政治上也比我成熟。她 1953 年在大学时入党，算是老党员了。可是也正是由于我的“出身不好”，当时入不了党，并导致我们的婚姻也几乎要告吹。好在由于她的坚持与执着，我们还是圆了伴侣梦，这就是缘分。

我的夫人简朴克己，不计名利，但对人却十分友善、友爱。她在工作中曾长期担任党支部书记和科主任，并获得良好的评价。她既有自己的业务，还要照顾家庭，应当说实际工作担子比我还重。我曾做过医院院长，她不计名利，不争地位（包括学术组织的成员和博士生导师），在行政工作上给了我很多无私支持，几十年来就这样互敬互爱，相濡以沫。

作者夫妇与子女们

我有三个女儿都已成人、成家，也都有了第三代。她们有自己的工作和家庭，对父母也很敬重和关爱。

我很喜欢孩子，接送她们来去幼儿园和小学是我的任务。我在病假中还给她们做做针线活。其实，我也是不想让外科医师的这双手闲着，针线活可以锻炼手的灵巧性。为此，我还被医院评为“好爸爸”。

的确，没有一个和谐的家庭是谈不上事业有成的。

我的座右铭

何谓座右铭？《辞海》的解释是：“铭的一种。写后放在座位的右边，用以自警。”何谓铭？铭是古代的一种记载文字的格式，常用雕刻的方法，可以长久保存。拿现代的概念来理解，座右铭应该是一个人行为的指导思想，以及做人做事的准则。

座右铭可以是前人或古人的名言名句，也可以自己写就；可以是几句话，也可以写得很长。总之，能指导自己言行的句子就应该是座右铭吧！

在我的一生中，对前人的一些名言名句感兴趣或是崇拜者甚多，那些也都可以作为我的座右铭。例如，我十分喜爱毛泽东诗词“数风流人物还看今朝”的向上精神和英雄气概；同样，我也十分欣赏林则徐“海纳百川，有容乃大。壁立千仞，无欲则刚”的正直和包容思想。

由于我是从事医务工作的，我的座右铭应当能指导我的做人和医教研工作。为此，我自己总结的座右铭是我自勉自励的准则——

为人之道

严以律己，宽以待人，做人知不足。

从医之道

救死扶伤，为民悬壶，仁术德为先。

执教之道

授之以渔，甘为人梯，青定胜于蓝。

著研之道

渴求创意，永不言弃，攀高无止境。

这个自勉自励的座右铭并不是一参加工作就有的，它是我 50 年工作中的一些感悟，近年始将它形诸文字，因此它应当是实践的产物。

“做人知不足”是指人都是一分为二的，都有优点和缺点，知不足就是要知道自己的缺点。

目前医务界重视医术（高超的医疗诊治技术，代表先进的生产力），医风（科学、严谨、求实的作风，辨证的思维以及仪表神态，一举一动都代表着先进的文化）和医德（全心全意为患者服务，代表着最广大人民的利益）三个方面，而其中医德又应是最根本的基础，“仁术德为先”。

我的老师张锡泽教授是以严谨治学和甘为人梯而著名的，他甘为人梯的精神特别是我学习的榜样。作为第二代学科带头人，我早已未雨绸缪，交班第三代，第四代也正在成长，而且他们大多已大大地“青胜于蓝”。

业务上的创新是一个工作者应该始终追求的目标。创新是无止境的，因而不管在什么情况下都要“永不言弃”。

座右铭是自警、自戒、自勉、自励的信条。在我的余生中，这个座右铭也将永远伴随着我。

我的驿站和小结

说是驿站，因为我还没有走到人生的终点。因而，50年只能算是小结而不是总结。

2005年10月9日，我和大学同班同学回母校共度了毕业50周年的聚会，或者说是庆典。到会的同学皆年过古稀。酬师会上我们请来健在的7位老师，最高龄者已达95岁。这是令我们最高兴和最安慰的事。尽管我们班28位同学中已有5位仙逝，还有7位同学因行动不便及其他原因不能回校团聚。

在欢聚的3天中，老同学间窃窃私语，畅叙别后离情，过得非常愉快。我深深感到这是我的一个驿站，当然应该做一个小结。我用《盛世争春——50周年班庆抒怀》为题写了以下打油诗，以代替小结——

盛世争春

——50周年班庆舒怀

其一

世事沧桑五十年，游子无不爱家园。

盛世重逢华西坝，别后絮语皆珍言。

华西口腔医学院 1955 届毕业 50 周年酬师会合影

其二

莫道难舍思乡情，同窗谁不具爱心。

虽有斯人驾鹤去[1]，过半学友仍争春。

其三

师恩浩荡千古训，母校祖国同母亲。

启蒙之教难言报，校强师健最慰心。

其四

卒业植根半世纪，悬壶问药无穷期。

夕阳无限风光好，耄耋之年犹奋蹄。

（2005 年 12 月完稿；2008 年 7 月修订）

1　全班实际 28 人，已有 5 人驾鹤西去，但健在者虽皆年过古稀，有童颜鹤发者，有尖叫、欢笑如鸟者。年轻时的相貌与欢乐，情趣依旧，可追忆。

我的高中生涯片段

——忆半个多世纪前的华西协中

2006 年 9 月，参加四川大学 110 周年校庆之际，在阔别我的高中母校——华西协合高级中学（以下简称华西协中）55 年之后，我再一次回到了它的怀抱。与我在校时所不同的是：华西协中改名为“成都市第十三中学”后，到 21 世纪又回归到“华西中学”的名称；校址由成都南门外的原华西后坝随学校改名迁到市内青龙街（原成都县中旧址），也是在 21 世纪，又在成都东门外的八里庄建成比原华西后坝还要大几倍的新校区。真是沧海桑田、世事变迁。时代在进步，人在进步，观念也在进步。作为老校友不免思绪万千。当年在华西协中的一些事、物，尽管不是全部（也不可能是全部）会自然浮现在眼前。值此华西中学建校百年之际，愿追忆些许片断，以兹为念！

原华西协中是成都一所有名的教会学校。它的建立背景与当时由美国、英国、加拿大等国教会兴办的华西协合大学的建立密切相关，即为大学培养和输送学生；故其校址也建造在华西协合大学所在地——华西坝之后，称为华西后坝。顾名思义，“高级中学”是只有高中没有初中的，所以华西协中亦曾被简称为“华西协高”。为此，在教会办学背景下，除了“华西协高”外，还另建有一个初中部，名叫“高琦中学”，地址则在华西协合大学前面的小天竺街，现已不知做何用途。它没有高中部，故严格也只能称为“初级中学”；它的毕业生也多向华西协中输送。在原华西协合大学附属医院（解放前成都人称“新医院”）的国学巷与黄门街交界处还有一所小学称“弟维小学”，其背景也与教会相关。故当时的华西协合大学、华西协中、高琦中学和弟维小学实际上被看作是系列的教会学校。

解放前，我就读的华西协中的校址——华西后坝，其面积之大，在当时成都市的中学中可能是名列前茅的，特别是它拥有一座大操场，400 米的跑道和一个标准的足球场。它为华西协中取得杰出体育成绩打下坚实基础。此外它还拥有 1 幢主教学楼和大礼堂，其他中学更无法与之相比的是它有 4 幢独立的宿舍建筑。这些宿舍建筑与教会有明确的关系，它是由不同国家的不同教会投资兴建的，4 幢楼分别被命名为“华美”“华英”“育德”“明德”；分属“美以美会”“英美会”“圣公会”以及“浸礼会”等教会。这些宿舍的条件都很好，它们各自有独立的食堂，由学生自己管理。每位学生都有机会轮流去食堂当“监厨”。宿舍多为小间，一般住 3—4 人，没有上下铺，还配有供自修的书桌。为此，晚自修很少会有学生到教室去。为了防止晚自修后饥肠辘辘，不少同学在晚饭时都留一些米饭，习惯性地放在搪瓷杯中。自修后感到饥饿时，就去宿舍门口，向点着油灯的挑担小贩处买一碗“担担面”。所谓“担担面”就系因此而名，是成都的一道风景线。当时的“担担面”是汤面，有红油辣椒，有芽菜，十分可口。将其倒入盛饭的搪瓷杯中，面饭混合后既易咀嚼、吞咽和消化，又十分可口。近年，回蓉进食名点“担担面”时发现没有汤，是类似于当年称之为“干捞”（成都方言，读音 ler）的所谓“素椒炸酱面”。不知“担担面”变成“素椒炸酱面”是否也是社会的一种进步?

与教会有关的是每幢宿舍的楼上都有一间小的教堂，以供信教的学生、老师祈祷之用。每天早上起床及晚自修入睡之前都有门房工人打铃，并高呼做“早祷”或“晚祷”。我由于不信教，从来没有参加过这类活动。一些非教徒学生还经常利用谐音戏说：“我‘找到’（早祷）你了；我‘挽到’你了”，十分诙谐。我大部分时间住的是“华美”宿舍；毕业前住过“华英”宿舍。

与市内的学校相比，这里的自然环境更胜一筹。老成都人大概都知道华西坝，华西坝不但在校园建筑上非常有风格和特色：包括国内外知名的、中西结合的类宫殿式建筑、钟楼与荷花池；绿地也是全市最好的：绿荫小道，小桥流水配以宽广的草坪，完全是一所非常高雅的公园式学校。而且华西坝终年对外开放，任何人都可以入内，自然也成了情侣们最常去、最欣赏之处。华西后坝也是华西坝的一部分，而华西协中正是在此建址，使华西协中相应地享有得天独厚的学习环境。按说这样一流的学校环境绝对应当造就一流的人才。然而，华西协中在当时成都市的教学声誉和学生的成绩却只属于中等偏上水平。这可能是那个时代对教育成绩的认知水平有限，或者是教育理念上的差异所致。

在我的高中时代——20 世纪 40 年代后期，成都市公认最好的私立学校是树德中学；最好的公立学校是石室中学。不可否认，这些学校历史长、师资好、要求严，学生考上大学的比例高，考上名牌大学的也多。华西协中由于是一所教会学校，在学生来源、教育理念，以及实际执行的教育手段方面可能都反映了东西方教育的理念不完全一样。

社会上当时将树德、石室中学等所谓一流学校常戏称为“老夫子”学校；而对教会学校则多认为是“洋学校”。这就犹如老百姓称华西协合大学为“五洋学堂”，印象中学生总是西装革履；而四川大学则为传统式的“科举学堂”，印象中的学生也总是长袍马褂一样。

事实上也是如此。解放前成都市初中生的校服规定为童子军服装。颈项上挂有智、仁、勇三字的哨笛。高中生每天上学则一律要穿有麻点的类似军装的制服和统一的帽子、绑腿——当时被戏称为“麻盔铠”。华西协中却是个例外，除军训课外可随便着装，中装、西装，悉听尊便。

华西协中解放前是不招收女生的。女生有其相应独立的教会学校——华英女中、华美女中。直到解放后1950年始有从华英女中、华美女中、清华中学、铭贤中学等学校转学过来的女生，开始了男女合校的历程。由于转学的女生大多为二三年级的学生，所以我们班上才破天荒地第一次有了女同学。

教会学校属于私立学校，因此华西协中的学费是相当高的。解放前，由于国民党时期的通货膨胀，法币、金圆券等贬值，在我后期读书时的学费要按粮食价格比交纳很多石米（一石米相当于120斤）。因此，在华西协中就读的大多是有钱人家子弟，其中也包括不少华西协合大学的职工子弟，否则交不起学费。

由于教会学校同属华西协合大学系统，因此，不少老师系来自华西协合大学，特别是有的英文老师还是外国人。记得教我们英语的老师是加拿大人，中文名字叫云从龙（当时好多外国人都有中文名字）；

还有个外国护士，不太清楚她的名字，我们在私下就直接称呼她为“Nurse”。这些条件是石室中学、树德中学等所不具备的。按说在这种学校出来的学生英文都应该很好，但遗憾的是，我属于例外，因为我初中读的不是教会学校，加上不努力和解放初期上大学时的批判“恐美”“崇美”运动，几乎放弃了学习外文。直到走上工作岗位，因业务以及改革开放后的外事活动需要时，才又重新拾起当年打下的一点基础，但我永远不会忘记这段特殊的学习环境。

现在，教育部三令五申要减轻学生负担，可是成效甚微。我的外孙读高三时，每天晚上要复习、做习题，没有哪晚11点以前入睡过，第二天一早6点半就要起床去学校，周六与周日还要“加全班”。所谓的重点班没有取消，说白了，学校也要应对所谓“升学率”的比拼。回想一下我的高中生涯，比我的外孙幸福多了，没有太大来自学校或家庭的压力，而且有充足的机会享受人文教育的熏陶。

我的主课成绩一般，但对课外活动很感兴趣。我文章写得并不好，但我们学校有好多壁报社。可惜，我参加的是哪个壁报社，写了多少文字，写了些什么，都记得不甚清楚了。

我曾用过笔名“丘邑”，直到参加工作后写科普文章也用过。这个笔名是将“邱”字拆成两个：“丘”与“阝”，“阝”等于“邑”，就此成为“丘邑”。我也不知道这是否算有创意，反正也就是练习写作罢了。

学校经常有讲演比赛，我听过好多次，但似乎没有参加过。

我自学过拉二胡，与同学一起表演二胡合奏，记得最清楚的是演奏过最著名的二胡曲子《金蛇狂舞》，应当说那个快节奏还是有一定难度的。

在华西协中，使我难忘的是，我参加了由同班同学董志端发起组织的“熊星剧社”。我们的唯一演出是曹禺的名著《雷雨》。由此我的业余“演艺生涯”一直延续到大学。

“熊星剧社”是由共产党外围组织发起成立的，我直到解放后才由董志端那里了解到，选择演《雷雨》本身就含有进步的意义。在《雷雨》中饰演鲁贵的是裴家勤、饰演周冲的是他的弟弟裴家麟，人称裴氏两兄弟。饰演周萍的是董志端。饰演繁漪的人可是我请来的，因为如前所述，华西协中在解放前是不招收女生的，因此这位演员是我小时一位干妈的女儿，姓邓，名字已记不起了，时隔近60年，人也无从寻觅了。上述几位学生演员中，裴氏兄弟后来都从事文学事业，家麟已经作古。家勤现以自由撰稿人的身份移居美国，前几年曾来上海，相聚甚欢。志端与我迄今仍有紧密联系，他对“熊星剧社”的来龙去脉最为了解，准备单独为此写一篇回忆，此处我就不再多啰嗦了。

前面说过，华西协中有一个十分标准且漂亮的体育场，我在校期间，是华西协中的田径运动开展得最普及、最红火的年代。当时有个华西田径队，我是队员之一。同班的运动员有刘远清、罗宗文、梁有广和张伦等。其他班的还有王炎明、杨以龄、吴晋鑫等。他们中大多参加径赛，而且以短跑为主；杨以龄是跳高运动员；中距离及长跑运动员有同班同学石琚等。我当时是110米高栏、跳高和撑杆跳运动员。这些学生运动员在解放初期大多代表成都市和川西区（20世纪50年代初，四川分为川东、川南、川西、川北四个行政区）参赛，先后参加过西南区田径运动会。

说华西田径队当时“威震成都”，是一点都不过分的。成都当时有个四川省立体育专科学校（现成都体育学院），解放初期我们几次

作者（左）与梁有广同学于华西协中田径场合影（摄于 1950 年春）

在少城公园（现人民公园）举行接力比赛，几乎每次我们都是赢家。川西田径队的队员也大部分来自我们华西田径队。

我还有个爱好——打排球。也是从华西协中就开始了；解放初还入选过成都市排球队。

说起来也很惭愧，当时的田径成绩与现在相比还是有限的，连如今女子的最高水平也比不上，尽管我还拿过成都市运动会的撑杆跳和 110 米栏的第一名。

时至今日，我仍然感谢当时在校任教的杨绪尧老师，他在华西协中培养出了当时一茬又一茬的学生运动员。遗憾的是，解放后他早已

代表川西区参加西南运动会的大学同班同学合影，后排三人均为原华西田径队成员。后排中为作者，右为罗宗文（已因病去世），左为刘远清（现定居成都）（摄于 1952 年）

仙逝。如果把华西协中看作当时成都市中学体育运动的摇篮，我想一点都不为过。

华西协中在解放前就有学生会——学生自己管理自己的组织。而且它是民主自由选举的。我不知道在成都市的其他学校是否也有同样的组织，是否同样由民主选举产生。选举学生会主席是学生活动中一个重要的部分。每逢选举都有宣传、介绍候选人、拉票等活动，非常热闹。我没有看见过有贿选的情况，但有时为了支持不同候选人，群体之间也会发生矛盾，甚至有时做出些出格的行动，最后选出的学生会主席一般都是有威信的。

正因为有以上的人文环境和氛围，解放前的华西协中学生比较自由、民主，加上教会学校的头衔，十分有利于共产党及其外围组织民主运动的开展。在成都市，华西协中的学生民主运动也是有名的。一些著名的革命人士曾在华西协中执教，比如马识途。解放后一些四川省、成都市的干部中也有不少出自华西协中。因此，华西协中曾不止一次被国民党宣布戒严、停课，更有进步学生被逮捕。像董志端他们也不得不被迫在解放前夕主动离开了华西协中，以策安全。我和董志端虽是好同学、好朋友，但对他从事的秘密工作一无所知，我当时对政治也从不过问，一遇学校停课和被查封时，就回家等待。

我真正过问政治是在解放后。之所以如此，可能有两个因素：一是我父亲在解放前就参加了民革组织，解放后才正式公开身份并被委任为川西区第一任民政厅厅长；更重要的是我在 1950 年参加了第一届青年学园，对中国共产党和中国革命有了更进一步的认识，并参加了新民主主义青年团（后改名为共青团）。1950 年秋，我在学生会选举中当选为学生会主席，并在青年团改选中任团支部副书记，一直到 1951 年毕业。在此期间，我秉承华西协中的民主作风，仿效人代会的做法，还不止一次召开学生代表大会，听代表们的意见，请他们提案等。也许正是这段经历，使我在 1951 年考入华西大学后又被选为大班班主席，以后还担任过四川医学院（1952 年院系调整后，华西大学解体成为一所医药学院）团委宣传部副部长。

我在华西协中学习生活了近 4 年（因父病曾一度中断学业），1951 年毕业，经历了解放前后的变化，感受最深的当是华西协中的人文环境、人文气氛和人文教育。华西协中不是一个死读书的学校，它是解放前民主运动的重要基地，具有与国民党反动统治斗争的传统和光荣历史。

人说：每个人都有三个母亲——亲生母亲、母校和祖国。华西协中是我的高中母校，我想我的能力、我的事业、我的成长都是与这一段教育紧密联系的，尽管影响尽在无形之中。

我的亲生母亲已经去世；我高中母校的精神、精髓将永远被继承下来；我的祖国将世代繁荣、世代昌盛！

（2007 年 2 月完稿于上海）

华西坝散忆与随笔

“华西坝”这个地方，老一点的成都人恐怕没有不知道的。它坐落在蓉城府南河以南，从前的老南门与新南门大桥之间。之所以称为“华西”，因为它是原华西协合大学（以下简称华西大学）的所在地。为什么称“坝”，可能是成都人对一块平地习惯性地简称为“坝坝”有关。“坝”在字典上的解释只有两个：其一是“拦截水流的水工建筑物”；其二是“见于盆地、河谷和山的峰顶面部分，亦称‘坝子’”。严格来说“华西坝”应是华西大学与华西协合高级中学（以下简称华西协中）的校园所在地，它既不是盆地，更没有河谷和山峰。

若是从华西大学建校起算，华西坝已有百年历史了，但实际上它早已超过百年，因为华西协中作为为华西大学培育学生的“华大附中”建于1908年。作者曾在华西坝学习和生活了近8年。随着时代的步伐，华西坝也已不是当年的华西坝了。虽说是“往事如烟”，但它毕竟还常常在脑海里漂浮，一些零星的记忆犹存。为此，记录一些昔日感受，并称为“散忆与随笔”，也许命题还是恰当的。

昔日华西坝

昔日，成都人把华西坝是当作公园一样来看待的。因为它建筑古典，草坪宽广，芳草如茵，有林荫大道、小桥流水，还有那闻名中外、极具标志性的、建立于1926年的钟楼，屹立在荷花池畔。华西坝分前坝和后坝，前坝是华西大学所在地，是华西坝的主要构成部分；后坝较小，是华西协中所在地。华西前坝北校门前有一条东西向的街叫小天竺街，街的北侧有一条南北向的路叫光明路，两侧有华西大学的学生宿舍和职工宿舍，华美、广益宿舍等均在此区域。小天竺街东头与华西坝相对，还有一个华西大学的初中部，叫“高琦中学”。华西坝的西侧，出西校门后有一条南北向的小街为“国学巷”，当时医学院附属医院即开门于国学巷。国学巷北端，与小天竺街交接的一条东西向小街乃“黉门街”；国学巷与黉门街交接处西侧，有与华西大学有关的小学，称“弟维小学”。这些学校都是相同教会创办的学校，因此，华西大学有不少学生都是从这些学校毕业后一级一级地升学而来。除华西协中位于华西后坝与华西协合大学形成一个整体外，初中、小学均不在华西坝内，但也构成了一道有“血缘关系”的风景线。

在华西坝中心偏西还有一所独立的小学，专供外籍教员的子女读书，人称“Canada School”，解放后成了公共卫生学院所在地。

华西大学的医、牙学院都位于华西坝西侧。除在华西坝内的文学院、理学院外，在华西后坝西侧还设有附属于华西大学的“神道学院”，我在读协中时人们都叫它“神学院”。解放后，神学院已经停办。现今参观一些著名寺庙时，见挂有“佛学院”的牌子，据说，其中也培养了一些学生。

医学院的附属医院，除新医院外，在华西坝西侧外面与后坝交接的“桩桩堰”，即邻近当时成都的最高无线电广播塔处，还设有独立的结核病院与精神病院。远离华西坝的附属医院，当时应还有在陕西街的存仁医院（眼耳鼻咽喉科医院）和在四圣祠街的四圣祠医院。存仁医院目前已不存在，四圣祠医院则已改属成都市第二人民医院了。

作者（右一）与同班同学在华西坝钟楼合影（摄于1953年）

作者夫妇在华西坝钟楼合影（摄于1995年）

我不能准确地说出华西坝有多大，当时在园内从小天竺街校门开始步行至华西后坝估计需要20—30分钟以上，东向西行走也许会少于这个时间。由于华西坝内不能通行汽车，为了节省体力和时间，师生大多以自行车（解放前多叫“洋马儿”）代步。特别是在教学楼之间转换上课，有自行车就会感觉省力很多。

我是在华西协中完成的高中学业。当时，到华西后坝可以从华西前坝直通后坝，也可以取道国学巷通过前坝西南侧的“公行道”。“公行道”有很多漂亮的住宅，基本上都是华西大学的教职工住宅。现在的老公行道似乎已经消失了。

除公行道的教职工住宅外，当时华西大学的高级职工住宅大多在前坝的校南路和校北路上。前者多为外籍教职工居住，后者则大多为中国的教职工住宅。紧邻荷花池的校南路 1 号是历届校长住宅，后为学校外宾宾馆。现如今，校南路及校北路均不复存在。除校南路 1 号的建筑外，位于口腔医院内、现作为“中国口腔医学博物馆”的一座老式建筑，可能是校北路唯一幸存的教授住宅了。

华西坝的建筑

华西坝，包括华西后坝的建筑基本是砖木结构的、中西合璧式的建筑，外观偏向古典式。教学楼多是以学科区分，独立存在。比较大而老的有生物解剖楼、化学楼、数理楼、生理楼、医科楼等，不过这些名字都是解放后命名的。1949 年以前楼的名字有按捐赠者姓名（出资者）命名的，比如：数理楼称“赫斐院”；也有按照功能命名的，如行政办公楼称“事务所”。解放前后没有改变名称的也有，如男生宿舍（华英、广益、育德……），以及女生宿舍（女大院）等。各个建筑物之间距离较宽，其中，间以操场（运动场）或绿化地带。我在华西坝就读期间，学生不多，原华西大学的学生数就更少。在这宽敞的校园里，令人感到宁静而安详。清晨起，可见在运动场上体育锻炼的学生；上课时间可见有骑车的，有步行的，穿梭于各教学楼之间；下午课后的体育活动，操场上熙熙攘攘；晚自修的时间，图书馆与宿舍灯火通明；入睡前，有时还可见有情侣漫步在华西坝上。

华西大学由于是综合性大学，对人文教育非常重视。从历史来看，学校有文、理、医、牙等学院，在文学院中还先后设有艺术系和家政系（解放后更名为营养保育系）等。学生音乐素养很高，校内的音乐设施也很齐全。在女大院斜对面的树荫丛中，当时设有琴房，成为供师生练习乐器，特别是弹奏钢琴的地方。以前，人们都把这里戏称为“对牛弹琴”，其意有二：一是当时在琴房外面养着几头牛，据称是农艺系在此作为教学用的良种，牛对琴声当然不会有太大反应；其二，因为此地对面就是女大院，发出的琴声含有对女生求爱之意，但往往又得不到回应，于是“对牛弹琴”又成了一种“戏说”。据传还有第三种说法：一些闲散人坐在琴房对面等候弹琴的女生以示好，是为“谑说”了。

华西大学老图书馆（解放前称懋德堂），也许是因为华西大学有文学院的关系，馆藏十分丰富，是西南地区少有的高级图书馆之一。我们读书时虽然概念上觉得它很大，但上自修课时还是较挤。随着以后学生数量的剧增，肯定更显狭小，在20世纪80年代，不得不另修新图书馆。新图书馆的位置似乎就是原“对牛弹琴”的旧址。新的图书馆是四方形的建筑，大是很大了，但给我的感觉是“像个工厂的车间”，与原来的建筑风格迥异，有点大煞风景的感觉。

除大图书馆外，医科楼下的地下室还有一个小型的医学图书馆。主要是储存医学书籍与期刊，还有以往每届毕业生的毕业论文。我对这些还有很深的印象。记得当年正是在这个图书馆内，我看到了郑麟蕃教授编著的《口腔组织病理学》和张光炎教授编译的《口腔外科学》；也通过《中华外科杂志》见到张涤生院士撰写的有关腭裂手术咽后瓣转移的文章；还有从《华大牙医杂志》上第一次看到关于上颌骨切除的论文。这些都激发了我要从事外科专业的兴趣。

华西大学的学生宿舍是由各教会捐建和命名的（华西协中同样如此）。其中，华美、广益宿舍在小天竺街北侧的校区内；明德、华英、育德宿舍在华西坝内，这些宿舍专供男生用。而最有名的还是专供女生用的“女大院”，它位于华西坝最东面，图书馆的后方。根据校方规定，女生不能进入男生宿舍，而男生更不可能进入女生宿舍。如要去宿舍找人会友，必须通过宿舍门口的门房职员呼叫被会者出来在门口接见。每到周末，女大院门口人头济济，不少男同学在此呼见或等待已约好的女同学会面，共度周末，蔚为奇观。但这种场面几乎从未发生在男生宿舍面前，因为当时男追女似乎是天经地义的。当然，随着女大院的消失，这种场面是再也看不到了。

据说，解放前的女大院，每年开放一次，供学生家长及男士们参观。记忆中，解放后好像已没有这个活动了。

华西坝上的衣食住行

先说“衣”。

华西大学师生的穿着一向比较洋派，虽然在解放前也时见有穿长衫、旗袍的。在成都，人们常说华西大学的师生是“西装革履”，是“五洋学堂”。而四川大学师生则更多给人的印象是“长袍马褂”，是“中式学校”“老夫子学校”。解放后，华西大学的师生着装更为随意，但穿西装的人仍能时时见到，特别在晚会及其他正式场合。1952 年，我们欢迎中国人民志愿军代表时也是穿的西装，不过都没打领带。西装是在 20 世纪 50 年代后期至 60 年代才逐渐消失的。女性烫发者比解放前大为减少；学生中则以梳小辫子者为多。

作者（左四）与部分同班同学参加在成都市人民公园与中国人民志愿军代表联欢（摄于1952年）

再说“食”。

解放前，华西大学是私立大学，一切都需自费。1951年政府接管后，学生一律改为公费上学，管吃管住。记得那时伙食费每月大约是8元人民币，每顿都是四菜一汤，饭管吃饱；按成都常规还常常要打打牙祭——吃回锅肉。其实，差不多每天都不缺荤菜，每天早上都有四川人喜欢吃的油炸花生米。那时，我们没有专门食堂，是将邻近华英宿舍西侧的室内体育馆内作为食堂的。四方的菜桌上，有一个大面盘式的盛器，其内被分隔成四份，分盛各种菜肴。没有座位，大家都站着用餐，8个人一桌。碗筷自理，大多用搪瓷的大碗或茶杯，以防破损，且自行清洗，自行存放。当时的进餐时间也是同学间交流信息的一个好机会，大家吃得饱饱的，笑得欢欢的。

成都人“好吃”是出名的。除学校食堂外，小天竺街上还有不少吃食店，以供那些需要夜宵或有特殊爱好的师生。有高档的西餐店，记得由华西校友开的一家著名西餐馆叫“Tip Top”，其中最著名的点心是各种水果攀（或作“派”，英文Pie的谐音，四川人常发“攀”音，是一种馅饼状的西点），其中尤以苹果攀、菠萝攀最著名。这个店好像在1952年“三反”运动之后关了门，并改头换面；据说，还卖过榨菜肉丝面。在各种小吃店中，斜对正校门的一家“鸡肉抄手”特别好吃，给我印象颇深。

这里还不得不提一下成都小吃中著名的“蛋烘糕”。它的发源地是在华西坝上，女大院左侧、“对牛弹琴”处的对面。我在读华西协中时就经常光顾该处。那时顾客相对不多，一个一个蛋烘糕都是随到随做的；有各式各样的馅，随顾客自点，十分可口。可现今回到成都再品尝的蛋烘糕，却没有当年的好吃，既不能挑馅的种类，又是做成成品之后很久才进口，丝毫没有当年蛋卷的香脆感。其实，成都的其他小吃又何尝不是如此，不要说鸡肉抄手，连猪肉抄手也不上档次。2005年10月，同窗老友50年聚会时，我尝了一次成都小吃，不免失望至极。回家后写了一首打油诗——

无题

甜水面，由热转凉，
龙抄手，淡而不鲜。
蛋烘糕，今不如昔，
担担面，由汤变干。
重温美食历数年，
厨艺转向大锅饭。
嚼之无味难美腹，
成都小吃留遗憾。

作者夫妇在成都品尝著名小吃“蛋烘糕”

我这里发牢骚的只是限于小吃。其实，成都人在“吃”的创新方面可说仍是佼佼者，几乎每年都有新食谱诞生，就拿泡菜来说，以前的清规是泡菜绝不能沾油，而现在竟堂而皇之地有泡鸡脚爪、泡猪耳等问世，真不得不佩服至极。

说一说“住”。

据说按常规，男新生入学都住明德楼（亦称“明德宿舍”）。而且是住地下室，我们入学时亦不例外。说是地下室，相对入口处的台阶式建筑而言，其实是半地下室，因为有窗，所以采光仍然很好。比起楼上来自然要稍潮湿些，蚊子也多一些。寝室的分配是按学习小组来划分和决定的。一般每个学习小组 10 人，男同学约占一半。我所在的第三小组就有 5 人共处一室。寝室面积宽大，没有上铺，还安置有小书桌，以备自修。与睡上下铺的宿舍比较，条件应属很好了。以后随着学年的增长，先后住过广益宿舍顶楼，最后住的是华英宿舍。华英宿舍的房间较小，没有地下室，可谓小巧玲珑。以前都是供高年级学生住的，每 1—2 人一间。可轮到我们毕业前入住时，由于学生数逐年增加，竟然变成 3—4 个人一间，而且是上下铺。但毕竟还是高年级的荣誉，因为只有高年级生才能有资格入住。到生产实习时，为了离医院近又搬迁至新医院与医科楼交界处的八角楼。最后因肃反运动开始，我们在毕业前入住了“新礼堂”楼下，数十余人打地铺入眠。

作者（左一）与部分同班同学在新礼堂门前合影（摄于 1953 年）

“新礼堂”现今已不复在，其所在之处正好是现今四川大学华西口腔医学院的科教楼所在地。在我们求学期间曾在“新礼堂”开过不少舞会，印象最深刻的当属我们毕业前夕，也是在此开大会，聆听了毕业分配名单，有的人忧，有的人喜。这也是我们当时唯一的毕业典礼仪式。

育德宿舍在当年曾作为病生宿舍，不少患慢性病，特别是结核病者均居住于此，以资隔离。育德宿舍环境很好，绿化环绕，就在生物楼背后，如今也已不复存在。

明德楼的旧址坐落于如今的人民南路上，1960 年城市改造，因交通枢纽建设需要而被迫搬迁至荷花池畔，在钟楼旁原样复建。此楼原本为座西朝东的建筑，复建后变为座南朝北。为了纪念我曾经住过的宿舍，2005 年我还在该处拍照纪念。可惜当年入学时限于条件，未能留下影像。

迁址复建后的明德楼，屹立于钟楼旁，作者（右一）与当年同窗在此合影（摄于 2005 年）

明德楼的迁移反映了我国建设事业的发展，以及成都交通市容的进步。然而，最大的遗憾是：原来一个整体的华西坝被硬生生从中切成东西两块；华西后坝也因此而整体消失，华西协中易名为成都市第十三中学并迁往西至玉龙街原成都县中旧址。原华西协中亦仅存教学楼，据说已属教育学院。如果能按现在的条件重新规划，我想从地下建一通道可能是避免华西坝被分割的最好方案。当时做出这一决定可能是限于技术（成都土质松，水位高）及资金，以及缺少对文化遗产的保护意识所致。当然，这些都是马后炮，胡乱猜想罢了；因为华西坝被分割的事实是无法再予恢复的。所幸，明德楼以前的“万德门”，是华西大学所有古典建筑中最有价值的、最有名的建筑之一，最终得以迁址保存。

最后，再说说“行”。

我在华西坝生活期间，始终以自行车代步；当时交通不发达，几乎没有多少公交车可乘。有时也与同学们安步以当车，好在成都当时城区不大，从学校到市中心不过步行30—40分钟就行了。从学校到市中心有三条路可走：在东面通过新南门大桥；向西通过老南门大桥；在20世纪50年代初期还可通过在抗日战争时期修建的所谓“疏散桥”直达市区。现在的人民南路锦江大桥就大约是当时“疏散桥”的位置。在那时，如果你体力不支，还有人力车及三轮车可资代步，但学生是很少用这些交通工具的。

现在的华西坝经常可以见到小汽车开行和停放，与普通街道无异，少了一些当年的宁静氛围。要知道，当年是只有达官贵人才有小汽车的，能驶入校园者，可谓寥寥。

华西坝的学习生涯

高中时代，我主要在华西后坝生活与学习。此处再说说大学期间的感受。

我 1951 年进入华西大学牙医学院（1952 年改名为口腔医学院）的。入校时，医、牙合班，称医牙 41 级，全班有 100 多人。1952 年秋，院系调整，重庆大学医学院医疗系的同学并入我班，阵容更加庞大，但口腔专业仅仅只有 28 人。进校时规定本科学制 5 年，后因国家建设急需人才，所有在校医学生均千方百计安排缩短学习周期，以致我们实际在校仅 4 年，1955 年即行毕业分配。也由于此，每年不止一班毕业生，春秋季都有，例如高我们一届的学生应为 1955 年秋季毕业，却提前半年在 1955 年春季毕业。专科学生也由 3 年提前为 2 年毕业。

分班后口腔 41 级同学 28 人的点名照。最后排右三为作者，倒数第二排右二为王晓仪

回想这 4 年的学习过程，可谓在政治运动中度过。有不少好心人

在介绍我的经历时喜欢称我“以优异的成绩毕业(于华西大学)”。对此，我真感到惭愧，自己并不是一名学习成绩优异的毕业生，本人的实际情况是“刚及格，过得去”。可以说，在当时的情况下，要想专心致志地读书都是很难的，何况我还是学生会及团委的干部，有不少社会工作需要去做。说白了，当时在批“恐美”“崇美”思想时，谁敢努力去学英语（我们当时还没有学俄语的）？我的英语全靠在中学时学的一点老底，以致在改革开放后外事活动增多时，感到特别困难和吃力。

尽管如此，4年的学习课程也仍然十分艰苦，因为当时根本没有所谓“限制周学时”之说。为了适应国家的需要，是按照多面手的理念在培养我们，因为当时毕业生分配到基层去工作，并不单单仅限于口腔专业，有时还要改行当外科医师、内科医师；至于充当眼科、耳鼻喉科医师更是司空见惯了。在这样的情况下，我们几乎学全了所有临床医学系的课程，包括现在口腔专业学生几乎都不学的妇产科学、精神卫生与神经病学，甚至法医学等也全都要学。有时一学期有近20门课程，考试、考查接连不断。其负担之重是现在学生不能完全想象和理解的。但当时在努力为国学习的思想指导下，大家也都挺过来了。从另一方面看，这种教育体制在满足当时的国家需要确实起到了很大作用，绝没有出现过现在医学毕业生还找不到工作的现象，十分符合大学培养的人才要面向社会需求的现代理念。作为一名口腔颌面外科医师，我还想说：这种培养体制和模式更适合培养现代口腔颌面外科医师。事实上它也确实为口腔颌面外科学在中国的发展起到了培育人才、储备人才的作用；为口腔颌面外科能在我国快速发展并跻身世界行列起到了一定的作用。当然，这种培养模式也有缺点，它在一定程度上也削弱了牙医学的教育。因此必须历史地、辩证地来看这些利和弊，不能在任何时候都予以套用。

在回忆华西坝学习的旧事时，不少教我育我的老师的形象又浮上我的脑海。

刘承钊，生物学家，是华西大学由人民政府接办后的第一任校长。任校长前，他是华西大学自然历史博物馆馆长。一个“胡子蛙”的传说一直在我们同学中流传。据说刘校长是凭发现世界上第一只长胡子的青蛙而获得博士学位的；而且听说论文不到一千字。不管是否真有此事，至今，这个传说仍然激励着人们要具有“有所发现和有所发明”的创新精神；激励着学子们要有真正做学问的耐心和细心。刘校长没有直接给我们上过课，但经常听他在全校集会上带着浓重山东口音的讲话。他在师生的心目中具有崇高的威信。很遗憾，从毕业之后直到他 1996 年仙逝，自己再未见到过他。

孙毅华，一位经历过红军长征的干部。他腿部受过伤，行路跛行。他给人的印象是思想犀利，敢说、敢讲、敢做。他是我在学校时的校党委书记。他很平易近人，在我困难的时候，他给了我无私的帮助。可惜这么好的人在“文化大革命”中竟跳楼身亡，让人唏嘘。

邓述高老师，一位解放初期从美国归来的爱国知识分子。他曾是我们的班主任，我在大二下学期时开始担任口腔 41 级班主席，与他接触不少。他对同学的关心、爱护，恐怕是现在也很难见到的。除此之外，令人印象深刻的是他用那流利的四川话生动地讲述口腔正畸课。当时，同学们私下议论，“听课要听邓老师，实习要跟詹（淑仪）老师”。这充分说明了两位老师鲜明的特点。邓老师在 1955 年的肃反运动中自尽。后来虽经平反，但人是再也不能复生了。

夏良才老师，口腔颌面外科学专家。我在校后期，由他担任口腔医学系主任兼口腔颌面外科主任。他也是一位爱国知识分子，解放后从美国回到四川。据说他在美国密歇根大学口腔颌面外科已做到住院总医师。1960年调去武汉湖北医学院建立口腔医学系。当时条件十分艰苦，又因“文化大革命”而历尽沧桑，我与他接触最多是在20世纪70年代，为了编撰“文革”后第一本《口腔颌面外科学》而聚在一起。夏老师曾是我国第一本《口腔颌面外科学》教材的主编，该书于1959年出版。1975年，在我们外出征求编写意见途中，他曾在莫干山购得一手杖送我，称作“纪念”，我深为感动，至今仍清楚记得。好像他已有预感，手杖真成了“纪念”，因为就在当年除夕之前，他因脑溢血与世长辞，享年仅64岁。

王顺靖老师，牙周病学专家。我刚进校报到时，他是和我第一个见面的老师。他问我，为什么要学牙科？我说，我想学外科而不是牙科。他告诉我，牙医学系即将改名为口腔医学系，其中含有口腔颌面外科，这也是我第一次接触到“口腔颌面外科”这个名词。王老师给我印象最深的还是他的牙周病教学。我们最难懂的是他讲的“咬合磨改”，虽经多次辅导，有的同学，包括我在内仍感到云里雾里。记得当时我们同学内流传一句戏言说：牙周病的治疗是“埂（龈的谐音，四川话发音为geng）上下刮治，冲洗、擦（上）药”。此外，还有“龈上刮，龈下刮，阿苦里紫满口擦”一说。仅供一笑。

连瑞华老师，牙槽外科专家。我是他教学时的“示教病人”。他以拔牙手术见长。我有两个阻生下颌第三磨牙。上实习课示教时，我毅然成了被示教者。不过我体会到，毕竟是专家，几分钟之内就把牙分开，一挺而就。令我这个“病人”十分满意。我还有一个下颌阻生第三磨牙，也是为了给学生示教而被另一位牙槽外科专家——黄培喆教授拔除的。不过那已是后话，是我在上海第二医学院附属广慈医院工作后所经历的。第一次的体验为我第二次的勇气奠定了基础。

还有不少老师给我留下了至今难忘的记忆——魏治统老师，口腔修复学专家。她曾说“你们以后出去谁做‘壳冠’，谁就是我的叛徒”。张琼仙老师在带根管治疗实习时，严格要求要根管纸尖培养阴性后才能充填根管。王翰章老师那标准的、流利的官话（普通话）讲课在当时是很少见的，记得除了他之外，仅有上血液病的邓长安老师是用正宗的普通话上课。在岳松龄老师90寿辰的庆典上，我还重复着当年岳老师用洪钟般的、深厚的、地道的四川口音讲课：“嘿嘿，这个牙釉本质界……”

1959年底，困难时期已悄然降临。记得我回校去拜访陈安玉、王模堂老师时，他们把家里储存多时，仅存的一听午餐肉罐头打开，一定要请我吃午饭，足见师生之情，我至今难忘。

20世纪50年代华西坝的社会活动和校园文化

按华西大学的传统，进校时医牙同班学习是不成文的规定。我们医牙同班学习了1年半，据说我们以前的学生同班时间还要长，因为牙科学生同样要学好医学基础课。也许，是因为我在华西协中时曾任学生会主席之故，甫一入学便被选为大班主席，我的夫人王晓仪则是大班副主席。我的老同学李秉琦由于学习成绩优异，是学习委员（时称“学习股长”）。当时，团支部书记是阎竞民（他在新疆医科大学，已退休，近年我们还见过面）。二年级下学期医牙分班后，我们班是口腔41级，我仍任班长，我的夫人则任团支部书记，这也许是成就我们婚姻的因素之一，缘份之外的缘份吧！

我还曾担任过大约一年学校团委宣传部副部长之职。当时宣传部长是芦苇。他在反右期间也遭到不幸，后被分配到四川万县人民医院工作。在20世纪80年代，我曾与他短时有过书信联系，在上海还见过他夫人（也是口腔专业的）。我和他在校时关系不错，合作得也很好。应该说这些学生期间的社会工作锻炼了我的工作能力以及思维方法，在一生中还是起了不少作用的。

四川医学院团委及学生会部分干部在数理楼前合影。前排站立者右二为团委书记刘报晖，右四为作者。后排站立者为学生会主席张林（摄于1953年）

团委宣传部成员摄于明德楼前。后排右二为作者，前排左一为芦苇（摄于1953年）

校园文化在华西坝极为丰富，渊源深厚。在入校的前三年中，学校每周六都会有交谊舞会，由领导带头参与。华西大学的舞会地点主要在新礼堂。市里每逢大的节日，例如五四青年节等，还在人民公园举行舞会。我不是每次参加，但也算个小积极分子。学生会经常组织桥牌赛，记得我们班的成绩在全校还属名列前茅者。我虽然也参加过比赛，但打桥牌的佼佼者应是我的老同学曾自强。

我在中学时有过演出话剧的经历。在大学期间也参加了《人往高处走》的演出，我演一个农民大队长，自我感觉良好，也不管别人如何评价。学校暑假有时还组织去青城山、灌县（现都江堰市）等处旅游，遗憾的是由于其他活动较多，加上“总有时间去”的想法，我很少参加，以至于真的去峨眉山、青城山等地旅游已是毕业后工作近 20 多年之后的事了。

作者（左二）出演《人往高处走》话剧，饰合作社社长（摄于 1953 年）

在中学时，我就是运动员。华西协中在全市的田径运动中是远近闻名的，华西大学的很多运动员都来自协中。华西大学的足球水平在成都，甚至在西南地区都是有名的，这得益于它有一个条件非常好的足球场地。解放后，成都市及西南区足球队中很多是华西人，比如，张氏兄弟（张幼凌、张维华），董燕冀，龚锦元等。我们班的张博元及邓承礼（医 41 级）也都入选过成都市足球队。

我的运动专业是田径和排球。1950 年，我在高中时曾获得过成都市运动会 110 米高栏和撑杆跳第一名；进入大学后我也曾入选川西区代表队作为跳高运动员参加西南区田径运动会，不过未能取得名次。我也曾入选过成都市排球代表队，司职主攻，我身高只有 1.75 米，如在今日，大概只有给女排捡球的资格，但在当时已不算矮子了。华西大学和我同时入选成都市排球队的，还有医 39 级的杨森华和罗善栩。我们班的一位女同学李治初当时是女子 400 米的佼佼者，被贺龙元帅看中，大二时即被调往西南军区，后进入国家队代表中国参加过世界比赛。她应是华西大学运动的杰出代表之一，也是我们医牙 41 级的光荣。现已退休，居住在昆明，我们还时有联系。

成都市男排球队队员合影。二排右一为作者，左一为教练（摄于 1953 年）

后记

散忆与随笔到此告一段落。既为随笔，就是写到哪里算哪里。我突然萌发一个念头，还应专程回华西坝再走一走，拍些现今的照片，也想请老同学对我的随笔“审查”一下，看看有没有失实之处，请他们给予校正。因为时间毕竟已经过去了半个世纪，一个人的记忆和理解总是有限的。

（2009 年 10 月初稿）

不几天，我收到了老同学李秉琦和曾自强的反馈意见。更重要的是，我趁到成都召开口腔疾病国家重点实验室年终小结会议的机会，再次去逛了华西坝。此次出行对我收集现今的情况，和对前文作些修正是非常必要的。

为了迎接 2010 年华西大学校庆 100 周年，整个华西坝的建筑都在重新修整，并竭力做到“修旧如旧”。虽然由于工地尚未开放，修整尚未全部竣工，我不能一一接近，但旧貌新颜已展现在我的面前。最令人欣慰的是：我认为像工厂车间的新图书馆，也在改建它的外形。虽然尚未完工，但可以想象在重建后将会与老建筑匹配与和谐。

迁址后的明德楼和 1955 年我所摄照片相比，新楼在阳光之下显得更华贵。但再仔细观察一下，原来的“万德门”字样已经没有了，虽如此，精美的建筑依然使人叹为观止。我还能回忆起当时我住过的寝室位置，但入内一看，寝室的模样已全无踪影，因业已改造成教室了。

迁址后的明德楼

作者站在当年住过的地下室寝室窗外（摄于2009年）

最难能可贵的是，我重返了曾经住过的广益宿舍。它仍在光明路，不过已成为“川大华西幼儿园”。在阳光照射下，经过整修的广益宿舍前，我伫立留影，十分有意义；在秉琦小女儿陪同下，我还重返了当年我们住过的顶楼寝室，耳边还似乎响起了刘远清同学与丁泽鲤同学的笑骂声，想起了扔臭袜子的“武斗”场面。岁月如梭，大家都已经是向八十高龄进军的老人了。

华英宿舍及曾作为食堂的老体育馆均已拆除，被新体育馆所替代。

医科楼仍然安静地位于原址。后面的八角亭又使我回忆起当时在口腔颌面外科病房实习的情境。要知道这是一个具有历史性和标志性的建筑物——第一个中国口腔颌面外科病房的原址。

新医院的老门仍然保存完好，已改为华西临床医学院的所在地。口腔医院的新大楼业已正式启用。精神卫生中心与精神病院仍在原址重建，不过“桩桩堰”已踪迹全无。

我在前文说老“公行道”似乎已经消失了，这属有误。再去探访老“公行道”，发现街名依旧，但确非当年模样。它已成了一条现代化小街，而不是当年一条很窄的，仅一边有住宅，另一边为水沟的老“公行道”。

作者（左二）和夫人王晓仪（左三）与友人伫立在广益宿舍前留影（摄于2009年）

更重要的是，它已不再通向华西后坝了。然而，尚有一座老“公行道”2号的老建筑仍然得以保存，微突出于现代化的街心。“颐庐”的宅名依然可辨，绿荫丛中一座砖木结构的老屋隐约可见。此宅的主人正是我们口腔医学院的老师张琼仙教授。巧的是，主人也近期颐之年——100岁，“颐庐”之名实当之无愧。口腔界的同仁为她庆贺百岁寿辰。要知道，迄今为止，口腔医学界的老前辈中得以百岁健在者，恐唯此一人。在2010年华西大学100周年校庆时，华西口腔将迎来“双百庆”，正是好事成双。用“双庆”来结束我的回忆与散笔，应当是令人最感欣慰的。

（2009年11月补记）

医学纪事

一次灾害医学的实践

——忆“7·28”唐山大地震

2007—2008年冬季，我国南方遭受了一次罕见的雪冻之灾，令人不由得想起灾害医学这一名词。灾害医学（Disastrous medicine）是医学领域中一门特殊的科学。火灾、水灾、雪（冻）灾，以及地震（震灾）等所有天灾所造成人员伤亡的现场救治，以及后期续发疾病的防治等等都应属于灾害医学的范畴。

对临床医师来说，参与灾害医学实践的机会是十分难得的。1976年，我曾参加举世震惊的唐山大地震的医务救治工作，获得了一次灾害医学实践的机会，学到了日常工作中学不到的东西，也是我一生最难忘的一段重要经历。

艰难的旅程

1976年7月28日早晨3点42分54秒，河北省唐山市发生了7.8级的大地震；我在上班之前从收音机里听到了这震惊世界的消息。作为医务工作者，第一反应就是："我应当为地震做些什么"？"我应当怎样做"？因为我是一名口腔颌面外科医师，应有用武之地。当时，"文革"还没有结束，大字报还是表达意志的主要工具之一。一到医院就看见到处都贴有表决心、去唐山抗震救灾的大字报。看来成立医疗队去唐山是大势所趋、义不容辞的。除大字报外，我和很多同事纷纷走进医院党总支办公室，找工宣队、军宣队领导表决心，积极要求争取第一批参加抗震救灾医疗队赶赴唐山地震现场。

当时，由上海市卫生局和学校下达了上海第二医学院系统每个附属医院要组织1—2个30人的赈灾医疗队（含两个手术组，各15人）。我的夫人虽然是一名口腔内科医师，但她也是一名老党员，在这样紧急关头也向领导表态愿意和我一同去抗震救灾。经过领导全面考虑，最后定下了一个30人医疗队的名单，成员以外科系统为主，兼有内科医师、护士、检验师和药师。由我和内科杨顺年医师任队长；党总支副书记祝平和工宣队邱春华为指导员。

名单确定之后，立即开始了装备工作，其中主要是准备药品、干粮（由市里调拨的军用压缩饼干）、饮水以及简易帐篷等。每人大致平均要负重30公斤左右，因为要从最差的供应情况考虑；但也要能拿得起、走得动，绝不能因为装备而影响救治行动。

由于事发突然，准备仓促，以及总体交通调配等原因，我们只能在医院内原地待命；尽管每个人都心急如焚，希望立即出发，然而一切行动不得不听指挥。

7月29日清晨，终于接到了出发令，我们赶到老北站，登上专列，上午7：20出发，这时离地震发生已经过了28小时。这一专列运载着上海第一批的多支医疗队，共800多名医务人员。据事后的统计，这次从全国各地支援的赈灾医疗队共约2万人。

说是专列，但是走走停停，即使是畅通时也未必能达到每小时100公里的速度。要知道这是20世纪70年代的运力水平。队员们除了在指导员领导下学习文件（主要是当时的报纸社论）和表决心之外，真是如坐针毡，要知道时间就是生命啊！

7月30日早上4点，列车停了下来，到达地是天津郊外的杨村。由于天津也受到地震的破坏，据说从天津到唐山残存的道路十分拥挤，无法继续车行前进，需从杨村空运进入唐山。乘汽车历时1小时到达机场，却发现机场上并无等候的飞机，仅闻机声。因为空运能力的限制，还得等待。时值盛暑，北方日间的温度都在30℃以上，机场不是绿化地带，又不在室内候机，队员们只好自动找树荫躲避太阳，以干粮充饥；水还不敢喝太多，因为对目的地的情况一无所知，还得多考虑储备。

又是大半天，12小时的待命，下午5点终于登上了苏制安24飞机，机上有30个座位倒是正好容纳一个医疗队。目的地是唐山机场。由于是低空飞行，透过机窗，我第一次看到了地震后的景象：塌房、残壁、断垣尽收眼底，令人满目辛酸。据后来的统计资料表明，唐山市97%的地面建筑物均毁于一震。

很快，飞机在唐山机场降落。当时的唐山机场是震灾区的指挥中心。副总指挥，国务院副总理陈永贵就在机场坐镇，机场上飞机起降声不断。据说，每 26 秒就有一架飞机起飞。到处是等待的人群，有医疗队，有运送救灾物资的，有解放军，还有“人定胜天”等大标题，以鼓舞人心。

与指挥部联系后得知，我们医疗队的工作地点设在离唐山几十公里的丰润县（今丰润区）。因为唐山市区的主要任务不是医疗而是从废墟中救出活人；而救人的工作，主要由解放军完成。所有被救出的伤员则一律要转送到唐山市区以外的各临时医疗点进行救治。为此，我们必须再从机场赶到丰润县，才能展开救治工作。

交通，又是交通，要去丰润没有车，我们只好在机场露宿。由于经过长途跋涉和等待，大家也都很疲倦，不少人很快即进入梦乡。约 2—3 小时后，笛声鸣起，全队才又乘上卡车，于 7 月 31 日凌晨 0 时 15 分重上征程。

丰润县在唐山市的北面，我们和一些被转运的伤员一起是从市内向市外行进，而大量的后勤物资（包括粮食、衣物、被褥、药品、器械、帐篷等）补给，车辆和大量涌进市内救援被压在废墟之下的人群（其中又主要是解放军，据统计有 10 万之众）却是自北向唐山市区奔来。为此，不得不在颠簸不平而又狭窄的公路上，相互拥挤碰撞，出现了“车如流水马如龙”的景象。说“马如龙”还真是北方的特色，因为马，特别是骡子是北方农村主要的运载工具。由于对冲，使我们的车不得不随时停下来以缓解交通。这短短三四十公里路程对现今的高速公路来说不过二三十分钟即可到达，而那时我们竟又用了约 6 个小时，也就是当日早晨 6 点后方到达丰润县的救治点。

细细算来，从上海出发到达丰润县用了近 48 小时；如以地震伤员受伤的时间来算，则已整整超过了 74 小时，真可以称为是“艰难的旅程”。

“行路难”也许是“震灾”救治的重要特点之一。

在余震中救治伤员

我们的医疗救治点设在丰润县人民医院旁不远处，但医疗队是独立作战，与丰润县人民医院没有任何关系。伤员都集中在一个大的、用竹子架起来的大棚中。据查我当时的记录写道：“伤员数百，皆席地而卧。”由于“震灾”伤情绝大多数为房屋倒塌所造成的压榨伤或挤压伤，致 90% 以上为伤骨科患者，仅约 10% 为其他损伤病员。在伤骨科患者中约 70% 为骨折且主要发生在四肢；还有约 10% 伤员为截瘫。头颈、颌面部创伤多伴颅脑创伤或高位截瘫。这种创伤患者霎时间的高度集中和骨科患者的高构成比，充分反映了“震灾”创伤救治工作的又一大特点。

当我们进入大棚时，只闻一片呻吟声，并夹杂着“大夫救命”的呼叫声，迄今，这些声音仍常回旋于耳，记忆犹新。

甫卸行装，立即投入救治工作。首要的任务就是对重症患者，特别是出现休克者先行急救，然后是检查创口和处理创口，对骨折和截瘫患者进行固定。在这个过程中，发现几乎 100% 的开放性创口都已感染。这是由于伤口多为开放伤，本身就是污染创口。伤员多从泥土瓦砾中被抢救出来，创口直接与污物接触，十分容易感染，又历经 70 多小时后方始得到创口处理，加之地震前后正处盛夏季节，炎热的气候（当地气温在 37℃—38℃之间）也是造成创口感染的条件。为此，扩创就成了主要的救治工作。对于发生肢体坏死、坏疽者，为了保证生命还不得不进行了截肢手术。

限于条件，各种手术都只能在局部麻醉下进行，尽管在我们队里配备有麻醉师，然而毕竟是杯水车薪；加之没有手术室，只能在大棚内就地施行，想实施全身麻醉几乎是不可能的。更令人尴尬的是我们背去的药物，包括局部麻醉药，几乎在半天之内即已告罄。于是，手术还不得不在针刺麻醉的辅助配合下进行。在那个年代，针刺麻醉还未被完全摒弃，而且在这种紧急情况和特殊条件下，针刺麻醉还真起了作用。在后期临时医院筹建起来后，我还在针刺麻醉和局部麻醉的配合下为一例颞下颌关节强直病例完成了颞下颌关节成形术。通过这些实践，使我进一步证实了我曾经拥有的自我体验和感受——“针刺麻醉确实具有镇痛作用，但镇痛不全。”看来，在特定条件下，针刺麻醉还是有很大作用的。

所幸，后勤补给工作很快就跟了上来，我们很快得到了药品和医疗器材的供应，从而保证了每天换药和日常医疗工作不断地正常进行。大约一周之后，对一些在医疗点上无法进一步治疗的患者，如截瘫以及还需要进一步手术治疗的伤员开始了后送工作，将他们转入到各个省市（其中也包括上海）的定点医院进一步处理。在医学上这叫作“阶梯治疗”。在转运伤员过程中最重要和特别须加以注意的是截瘫患者的运送。截瘫患者的颈胸腰部在运送中均需要绝对严格固定，否则会进一步加重病情。因而现代脊柱创伤患者或伤情不明的重伤员的后送均有严格的要求和先进的设备，特别是各类固定托、固定器和担架等。但要知道，在当时不可能有那么多专用设备和专业人员。从废墟里救出来的截瘫患者是不可能享受到这种特殊照顾的。即使在搬运过程中我们一再交代和强调这些知识，但我真不知道在当时那样的搬运过程中是否有患者加重了病情？如果有，也只能是无助和无奈！

医学界都知道截瘫的完全恢复是很困难的。据后来的统计资料，在这次震灾中侥幸存活的截瘫病员有3800多名。至2006年，也就是地震30年后，只有1600多名健在；最大年龄已88岁。在党和政府的关怀下，幸存的人至今还在截瘫疗养院内平安地生活着。

从第一次爆发地震后，紧接着会发生级别逐步降低的多次余震，因而我们的一切救治活动和生活也都是在不断的余震中进行和度过的。队员们轮休时都睡在帐篷内的芦席上，由于不必担心受伤，加之劳累，哪怕是余震引起滚翻也能鼾睡。由于第一周的高强度工作，睡眠少，吃压缩饼干后也影响了排泄习惯，没有正规的厕所，要方便也只能远离驻地，去高粱野地中实施，完全过的是类战地的紧张生活。因为工作紧张和对生活环境的不适应，一位整形外科医师竟然在工作中发生了晕厥，好在同事们在场，经过一番急救终转危为安，其中的辛苦和危险由此可见一斑。

好在2周之后，条件逐步获得了改善。当喝上第一口小米粥时，真觉得万分幸福。在以后的日子里，为了照顾南方来的医疗队，我们还幸运地吃上了大米饭。

随着伤员病情的稳定，医疗队的工作重点逐步转向预防肠道传染病。因为地震后无论是天然污物或被摧毁的有关工厂废弃物，加上一些被埋在震塌建筑下未被清除的、腐烂的人畜尸体都会成为大地或空气的污染源，特别是水污染源。而这些污染物的清理也都不是短期内就可完成的。为此，我到唐山市区指挥部去开过一次会，接受布置防病的任务。在这第一次去市区途中，发现沿途除断垣残壁外，空气中还弥留着异味。扒救任务已经基本结束，只看见解放军战士在喷洒消毒剂。由此可见，震灾后期防病任务的重要性。

我们的医疗队员大多具有上山下乡、防病治病的经验。搭建临时厕所、定期喷洒消毒、控制饮水的来源和煮沸饮用等环节虽说不上得心应手，至少也还是轻车熟路。在大家的努力之下，除个别零星发病患者外，在我们医疗队的所在地区没有发生过爆发的疫情，这得归功于 预防工作做得好。

建立临时医院

大约一个月之后，1976 年 8 月底，临时医院建设的雏形已具。说是临时医院，也不过是由大棚变成了几个病区，而这些病区也都是由有窗的竹篾建筑而已。根据记录，我们救治点至少有 5 个病区，仅按内外科分类。同时，也建成了一间简易手术室，开展一些能够开展的手术；前面所述的一例颞下颌关节强直手术就是在这个手术室内做的。因为到后来，临时医院也接纳所有非震灾受伤的患者，包括内科、儿科等各类疾病，这也是当地群众所迫切需要的。尽管条件还十分简陋，倒也解决了一些实际问题。

简易病房建好后，8 月的一个晚上，突然下起了大雨，其势之大可称“滂沱”或“倾盆”，而且持续 5 小时之久，这在北方是十分少见的。脆弱的临时病房及我们所住的临时宿舍内都水盈齐胫。于是全体队员出动，摇身一变成了排水的勇士。除了加筑遮雨篷外，更重要的是开渠排水，好在都是土地，挖掘起来并不吃力。经过一夜苦战，保证了病员的安全，度过了又一次天灾的袭击。

随着医疗工作的日常化，队员们也都住进了临时宿舍，分班进行工作和休息。队员彼此之间，以及队员与患者之间的交流逐渐增多起来，大家对“震灾”的认识也深刻了许多。但唐山地震的烈度究竟是几级，多少人罹难，在当时都不是很确切，在心目中都是问号。一时间也是众说纷纭。在写这篇回忆录时，我在网上查得的资料证实：最后确定的震级应是7.8级，而不是当初报道的7.5级。然而，当时各国、各地的报道也并不一致，例如：美国和瑞典报道的是8.2级；香港、台北及四川成都测到的是8级；日本报道则有一定幅度，是7.5—8.2级，西安、兰州等西北地区的测定分别为7.8及7.7级。由于大地震发生在人口集中过百万的唐山市区，致死亡人数多达24万人，另有16万余人重伤，7200多个家庭全家震亡，上万个家庭解体。这是一个十分惊人的数字，可能是有史以来，地震死伤人数之最。

地震后期在临时病房内，出现了不少寻觅亲属的情况，一些在震灾中的幸存者到处查找生死不明的家属。于是，各医疗救助点的临时病房内就成了重要的查找场所。为了家庭的团圆，在病员名牌前经常可以看到有寻亲者一个一个地翻看姓名；甚至对每个床上的病员逐一进行辨认。他们渴望着奇迹的出现，看来着实令人心酸。尽管确有个别找到亲属者，但大多数寻亲者都是失望而返。

应该肯定和感谢的是我们的人民子弟兵——中国人民解放军，他们是救援各类灾害的主力队伍。据称，此次震灾不但出动了10万人民解放军，还调动了各种抢险器械，因为没有大型起重机、挖掘机等是很难掀开那些倒塌的建筑的；而当发现有人被掩埋在瓦砾下时，为了安全，他们还不得不用手工操作，以保证伤员在安全、不加重伤情的情况下被救出。在如此艰苦的条件下，据最后的统计资料，在震灾中从瓦砾中被救出并存活的伤员只有约1.2万人。通过这个数字就不难理解为什么在震灾后期寻亲的结果是那么不如意了。

在临时病房内还收治有一些儿童伤员，从和伤员的交流中发现，在震灾中儿童存活的概率似乎比成人高。唯一可以解释这种现象的理由是，儿童的个子较小，能在较小的空间内存活。因为地震后建筑物倒塌后往往存在一些间隙，而这些间隙正好保护了儿童不受挤压。然而，不少儿童却在一夜之间、一震之后变成了孤儿。据后来专为唐山地震成立的孤儿院的资料，这次震灾共收纳了4200多名孤儿。当然，在国家和社会的抚养照顾和教育下他们也都早已成人、成家和就业了。但对个体家庭来说，在当时却是一个巨大的灾难。

后期的临时病房内，还见到过少量的反应性精神病患者，大多是受到强震的惊吓，特别是家庭解体后带来的强刺激所造成的创伤，其中，以女性患者为多。经过镇静药物、精神安慰可以得到缓解；重症者则多转至精神卫生中心治疗去了。

不得不提的是，在我们的医疗队中除在职人员外，还有8位当时的“工农兵学员”。他们正在医院各科生产实习，都是实习医师。由于他们都有社会经验，无论是医疗工作或是其他后勤工作都干得十分卖力，而且工作得很好。为了固定骨折，他们自制夹板；有的学员，自己的娘舅在唐山工作也顾不得去打探其安危；还有人自己掏钱去赞助一些困难的伤员；此外，所有的宣传工作也都由他们包干。这次震灾的经历，既锻炼了老师，也进一步锻炼了工农兵学员。其中，一位工农兵学员陈志兴在医疗队工作中表现出极强的能力和才华，在我1983年就任九院院长时，推荐他成为医院的副院长。他以后又被提拔为上海第二医科大学副校长、上海市知识产权局局长。其他7位，迄今有的在美国，有的在其他省市医院内，几乎都担任业务骨干，至今

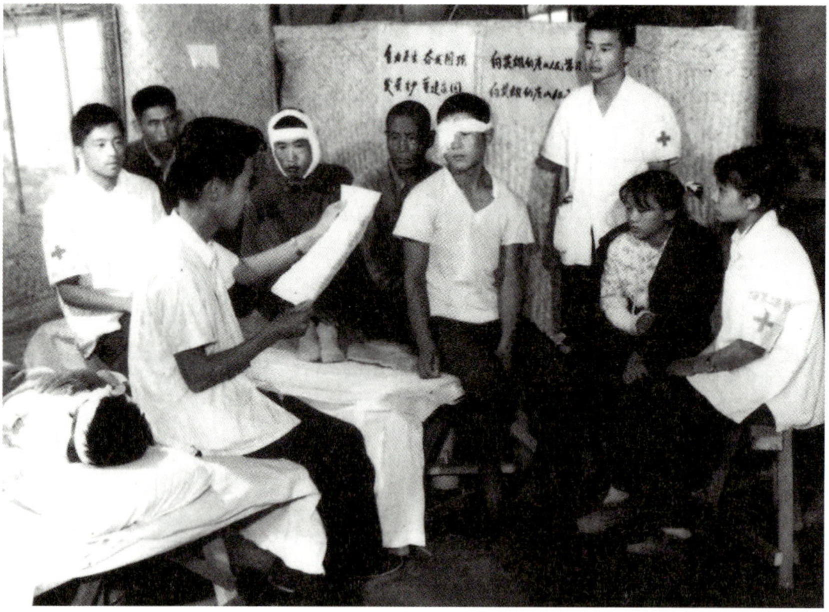

在竹篾建的临时病房内，工宣队邱春华师傅正在宣读中央慰问电。站立者简光泽后来任九院党委书记

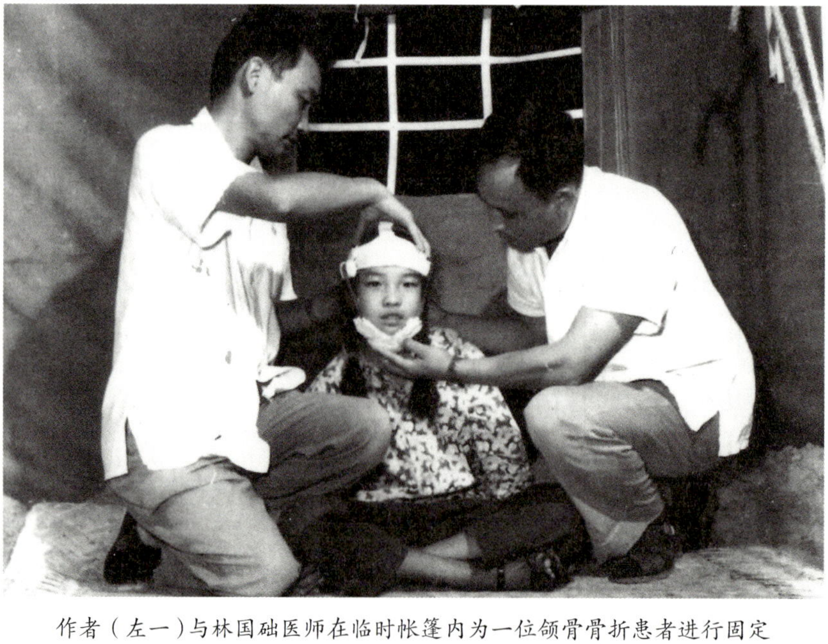

作者（左一）与林国础医师在临时帐篷内为一位颌骨骨折患者进行固定

全体救灾医疗队员合影。二排右五为作者

我还记得他们每个人的名字。

除上述的工农兵学员外，其他的年轻医师、护士等也得到了实践和锻炼。一位1975届毕业的、当时还是低年资住院医师的内科医师简光泽，在我兼任九院党委书记时，就推荐他任党委副书记，后来他成为我院的党委书记。一位护士长潘佩华，以后也担任了九院的护理部主任。看来，这场救灾活动还起到了发现人才、锻炼和培养人才的效果。

与现在不同，在20世纪70年代，个人一般是不会有照相机的；即使有，恐怕未经过领导批准也是不能拍摄的。因此，很遗憾我们未能用相机记录下我们在唐山十分有意义的各种救灾活动。好在灾后一个多月，中央派来了慰问团，才由慰问团的记者为我们拍了三张照片。这三张照片，已成为我最珍贵的资料，就连医院的档案室也收录这三张照片的复印件。

从1976年7月31日抵达，至9月30日回到上海，我们在唐山丰润县工作和生活了整整两个月。来接班的第二批医疗队在当地工作的时间比我们还要长。这两个月的工作和生活在我的人生旅途中留下了一段难以磨灭的印象，刻下难以忘却的纪念。

尾声

在离开唐山回沪之前，我第二次到唐山市内去开会。和第一次去唐山时不一样，环境已经有了很大改变。空气中的气味基本消失了，震塌的建筑物也已得到有序的清理。事实上，在各方的努力和支援下，唐山市震后 36 小时即已恢复供电；10 天后煤矿又开始出煤；4 周后钢厂也出了震后的第一炉钢。

离开唐山后我一直没有机会再去过唐山。2006 年，唐山地震 30 周年召开了一次纪念会。我科的林国础医师代表当年的医疗队去参加纪念会并参观了新的唐山市。如果有机会，我也很想再去看看新建的、崭新的唐山市。

当年唐山医疗队的同事中，指导员祝平（后来曾作为医院副院长与我共事多年）和俞守祥医师、林国础医师均因病或伤而先后辞世；健在者中不少人也已先后退休。然而，这一段灾害医学实践和队员之间建立起来的友谊，将作为十分宝贵的财富，永远铭记在我们每一个人的心中。

（2008 年 3 月完稿）

后记

万万没有想到，本稿完成后约两个半月——2008 年 5 月 12 日 14 时 28 分，四川省汶川县映秀镇爆发了比唐山更高震级的地震，达到里氏 8 级。使我揪心的是，这次地震竟发生在离我的出生地成都 100 多公里处。这次地震波是由西南向东北方向扩展，位于汶川东面的成都市震感已大为减轻，我尚在成都的亲戚才能幸免于难。发生地震后两个小时内，温家宝总理即赶到现场，亲自指挥救灾，十分感人。由于波及范围广泛，山区内山体崩裂，滑坡严重，导致交通救护异常困难。国家及时组织了 10 万解放军，动用了各类抢险兵种，甚至动用了伞兵，空降灾区；医疗队、各类抢险专业人员以及志愿者也立即赶赴现场，真是万众一心，众志成城，一场场惊心动魄的抗灾抢险场面时时上演。据初步估算，汶川地震死亡人数将近 7 万人，失踪 1.8 万余人，受伤 30 多万人，紧急转移民众约 1500 万人；重灾区面积已超过 10 万平方公里，大量房屋倒塌，农田水库被毁，损失惨重，直接经济损失预计 1500—1800 亿元。可以说，汶川地震是 21 世纪以来世界上影响最大的大地震之一。

我院这次先后派出了 10 余名医务工作者参与汶川救灾。遗憾的是，我因刚做完手术不久，加上年龄因素，已不可能再去第一线，但我仍心系灾区，关心救灾工作。在赈灾善款方面尽微薄之力，并撰此后记。

（2008 年 5 月 31 日增补）

我的皖南岁月

——小三线医疗队纪事

作为一名医务工作者，在20世纪50年代我就有了为基层医疗服务，为广大工农群众送医送药的经验。1959年，我带领60届口腔医学系学生去上海县（今闵行区）进行农村巡回医疗，并在实践中摸索教学改革的方向，探讨和改进教学方法。这是我的第一次农村巡回医疗生涯，以后又不定期地参加医疗队去农村为农民服务。那时是基于毛泽东“把医疗卫生工作的重点放到农村去”的指示和“卫生部是老爷部”的批判而去的。

在多次的医疗队生涯中，给我印象最深的要数20世纪70年代初为皖南小三线建设服务的那段经历。当然，这也是基于毛泽东的战略部署：“深挖洞、广积粮、不称霸”的指示，为巩固国防，防止“美帝”“苏修”进犯我国的重要措施。当时，四川省是“大三线”建设，规模很大；而皖南则被称为“小三线”建设，规模相对较小，而且多数是苏、浙，特别是将上海工厂内迁或建立分厂的任务。自然，保障职工，特别是一线工人健康的重任就落到了上海各大医院的肩上。

上岗

我不是第一批去皖南的队员，去小三线也非我的主动请求。因为我是出身不好，属黑五类家庭，三线建设属半机密的国家重点工程，派去的人虽不都是红五类，至少也是家庭没问题、历史“清白”的人。出乎我的意料，1970 年 1 月，刚过完春节，工宣队领导突然找到我，要我立即起程赴皖南绩溪县万里厂医疗小分队去接替黄宗仁医师的工作，说他有重要任务必须调回上海。

接到这个通知，我还在嘀咕，像我这样的人能到三线建设工地去吗？疑惑之余同样又感到欣喜——我感到这是组织上对我的信任，派我去，不是说明组织上认为我是一个能被教育好的子女和能被改造好的知识分子吗？于是，只经过一天的准备，我就告别妻女，背上行李睡被登上去芜湖的火车，当时绩溪是不通火车的。1970 年 1 月 15 日当天，我抵达芜湖，准备乘 16 日的汽车去绩溪。谁知天不遂人愿，由于皖南大雪封山，要等雪融之后方能发车，买了票也无用。万般无奈，只好将行李寄放在火车站，独自一人去了赭山。山虽不高，风景却很秀丽，长江就在旁边，清晰可见。游览之后竟完成了一首诗：

登赭山

登赭山遥望东方，红太阳暖流胸膛；
长江如带山峦伏，此行绩屯斗志昂[1]。

---

1 “绩”指绩溪县，“屯”指屯溪专区市。

“6.26”指示奔前哨[2]，四个面向是战场。
任凭征途艰与险，抗寒化冰有朝阳。

这里要稍微解释一下：第一，我虽在小时候读过点古书，如《古文观止》、唐诗宋词之类，也有点文学爱好，但我很少写诗，即使写了也很少保存。可以说这首诗是我唯一可查，且有记录的第一首，自觉十分珍贵。第二，我不是诗人，也不懂作诗的文学规则、平仄规律；只稍微知道一点押韵及对仗的意义。因而我所作的诗词，都应属想当然，连打油诗可能都算不上，这一点请读者们多加谅解。第三，古人云：“诗言志，歌咏言”，任何人作诗赋词多少与当时时代有关；也与政治环境有关。这也叫历史的烙印。为此千万不可以现在的观点来读它，只要懂了，了解了，就可以了；也可付之一笑，这也叫历史唯物主义。第四，本文为了说明当时的感受，夹杂诗词之类可能多些，也望读者们宽恕。

1970年1月16日，雪止、路通。登上赴绩溪的公共汽车。历经宣城、宁国到达绩溪。雪后群山银装，甚为壮观，使我这个长期居住城市的人大大开了眼界。途中又得诗一首：

皖南山

银装素裹皖南山，夕阳斜照天半边。
松柏茅竹万重千，蜿蜒公路山坳穿。
飞驰如电万马急，三线建设举红旗。
群山对我点头笑，欢迎战友今天到。

2 此处指毛泽东说“把医疗卫生工作的重点放到农村去”。

晚6时左右，在绩溪下车。我要找的是负责这一片地区工厂建设的上建四公司，正好其机施队就在路旁。我带着行李找到医务室，恰巧碰到瑞金医院（原广慈医院）内科的邹行炯医师。我说明来意，目的地是绩溪县以东，山沟内筹建的万里厂。当日时间已晚无法进山，晚间也没有任何车辆，只好在机施队暂住一晚，翌日再行进山。我与邹医师是同一代人，也很谈得来，他向我介绍了大致的情况，这里派来的医疗队都是二医（原上海第二医学院）各附属医院的医务人员，主要是为工程队健康服务。如有需要也要为当地群众，特别是农民服务，因而与以前农村巡回医疗有所不同。上海市卫生局还专门有领导住在绩溪，以解决一些需要解决的问题和协调事宜。在当晚，邹医师还向我说，他已经拉肚子（腹泻）多日，自己诊断可能是感染了“阿米巴”（一种原虫类的微生物）。听后我也未在意，因为他是内科医师，又是党员，要坚守到正式换班期后才回沪彻查。后来待他回沪一查，竟然是直肠癌晚期伴肝转移，不久即与世长辞，真是令人起敬而又十分遗憾的事。事实上早期做一个肛检即可确诊，可惜当时没有外科医师在场，加上他本人又是内科医师，致误认是“阿米巴”，教训实在太深刻了。

次晨，我搭工地便车直趋目的地——位于北村的万里厂。它是由上海汽动机械厂直接负责支援建设的。绩溪县到万里厂在20公里左右，厂址就在群山包围之中，且为实实在在的坳地。公路是新辟出来的，不算太险要。我要去的是上建四公司的404队，有数百号人。领导机关、工人宿舍都在山顶，医务室也在宿舍旁边。404队本身就有医务室和队医，队医姓李，我们都尊称他小李医师。他只有中专学历，平日也就看一些小病，大病都要转出去的。原派驻万里厂的医疗队一共4人，黄宗仁医师的位置就由我替代了。其余三位是：谢德善——普内医师，来自九院，我们原本就认识。其他两位则来自新华医院：金大猶——普外医师，倪蕴玉——检验师。这两位以前我没有见过，自然也没有交往，但很快我们都成了好朋友，而且互有昵称：谢医师较胖，我们叫他谢胖；金医师就直接叫他金大（用上海话音）；倪检验师平日叫她倪先生，有时背着她则称“倪老太”；他们叫我“老邱”，当然，是否还有其他昵称，我不得而知了。之后我们相处得十分友好和谐，拿现在的话来说，我们是一个优秀的集体团队。

此外，还不得不提到另外一位普外科医师——张培华。他也是九院派出的，但不在万里，而是在旌德县的另一个医疗队。他与金大和我都非常熟悉，因此也常有交往，共同会诊及同台手术。张医师是安徽人，老家就在屯溪，对皖南的风土人情十分熟悉，因此，虽然不在我们编内，也应该算是我们这集体中的一员吧！

到万里厂后的前几天主要是熟悉环境，了解工作程序和方法，这方面我的集体成员和小李医师都给了很大的帮助。

使我惊奇的是皖南的自然环境与我家乡四川有很多相似之处。下面赋词为证：

菩萨蛮　今日桃花园

巍巍群山抱皖南，郁郁劲松争自繁。劈开万重山，蓝天不见边。

三线建设好，今日桃花园。笑问君何往，“万里”把身安。

如梦令 忆乡

芭茅冬笋竹林。㭎炭烘笼[3]火盆。跃然眼帘上，见物忆乡情深。情深。情深。大小三线同根。

我们厂的周围群山环抱，山的名称叫石京山、百丈崖，十分有气势。

山区的气候是多变的，特别是云雾。到达万里厂后适逢连日阴雨，真是云遮雾障。当时照相机为稀缺之物，普通百姓是买不起的。但下面一词可见其景：

渔家傲 冬雾

腊月五九岁寒天。冬雨淅沥湿衣衫。云蒸陵顶丘隐现。俄顷间。远方雪山看不见。

人道夏云多变幻。我说冬雾更好看。磅礴气象在山巅。君不见。霎时"烽烟"[4]弥漫天。

工 作

404队大多为青年工人，除老师傅外还有技校学生，即所谓徒弟。除木工、水泥工、电气工等之外还有砼工，是专门搞混凝土的，相比木工、水电工来说技术要求要低些，但其劳动强度最大。我们医疗队定期也要参加劳动。我的第一次劳动就是去砼工队。当时尚年轻，不到40岁，背一个50公斤重的水泥袋还勉强可以完成运输任务（送到搅拌机中去）。这种劳动在当时叫"接受再教育"。

---

3 烘笼为一竹编加瓦钵的取暖器，除四川、安徽外我还未在其他地方见过。

4 烽烟实际系云雾变化之形态。

起初，医务室的任务主要是看看常见病，包括头疼脑热，伤风感冒之类；稍微重大一些的病都需要转诊，可以去屯溪专区医院；重病也可以送回上海。

既是工程建设，外伤总是免不了的，最常见是软组织损伤（擦伤、裂伤）的处理。由于在山区，路狭不好走，有时也会出现车祸，严重的情况，包括骨折在内，都只好转院。一天，一位师傅下肢受伤，胫骨前大片软组织撕脱，虽无骨折，但胫骨暴露，一般也是要转院的。我因为曾有整形外科基础和训练，于是，自告奋勇，在局麻下完成了邻近皮瓣转移及供区植皮术。创口在10日后即告痊愈。有了这次经验，我们萌发了建立一个手术室的想法，因为就地医疗，可以减少好多转院的麻烦。在404队领导的支持下，我们很快就建立了一个适合队情的简易手术室。因为有木工及水电工，手术室、手术灯一应俱全，手术器械则是从上海医院送来。从此，我们开展了多种手术，从拔牙、扁桃体摘除，到阑尾炎手术、痔疮手术，甚至胃大部切除术等。因为年轻工人多，像阻生牙、扁桃体肿大、阑尾炎等都可以就地解决，而胃大部切除等则多是年纪较大、有胃病史，而且诊断确切的病人来做，当然这类手术要少一些。我们大家分工合作，例如：上三路的病由我主刀，下三路则由金大及张培华两位普外科医师负责；化验由倪先生负责。腰麻对内科医师来说，腰穿做得多了，穿刺非常熟练，多由谢胖医师执行。如行硬膜外麻醉，我们则从旌德把新华医院的麻醉师励云美请过来（她和张培华在一个医疗队）。由于我们能主动开展工作，颇得领导和工人们的夸奖和重视。上建四公司于1970年6月召开积代会时决定，我们医疗队也要作为404队的代表，我们再三推却，因为救死扶伤是医疗人员的天职嘛！而且我们是两家医院组成的医疗队，大家团结一致才取得了这些成绩。可404队领导坚决要我们作为代表之一参加。有感而发：

有感

皖南共聚六月天，新华九院伯仲间。

扶伤救死分内事，积代[5]荣誉是策鞭。

自手术室建立后，也有别的医疗小分队介绍患者过来。我们经常应邀到他处工程队去会诊，甚至抢救病人。我记得离我们最近的一个医疗队有瑞金医院李经庭医师在那里。李医师是眼科专业，有一次碰到一个开放性脑外伤，也是请我们去处理的。说实话，这样的环境，对培养一个多面手是有很大帮助的，自然，对我后来在事业上的发展，特别在处理外科手术方面的好处也是毋庸置疑的。

工地周围的农民也知道404队有一个医务室，除来看病外，有时也来请出诊，我们照去服务不误。皖南的农民住宅均为砖木结构，其特点鲜明，即高墙深院，几无窗户；顶部多为储藏室，以农具及粮食置于其中，卧室则多在底楼。这样的结构据说是为了防盗。新中国成立前徽州府（即屯溪专区，也为其首府所在地）多盗贼，被称为“徽州盗”；这些农宅的装置都是为了防盗之用；防止盗贼的攀爬。新中国成立后，虽然没有（或少）了盗贼，但此地房屋的结构依然保留至今。

山区农民的疾病以呼吸道为主，可能是天气寒冷及长期嗜烟所致，所以慢阻肺（以前称慢性气管炎）最多。其中，不少伴有肺心病。巡诊时他们会主动要抗心衰的药物，诸如地高辛之类。也有气急不能平

5 “积代”乃积极分子代表大会简称。

卧者，往往需要氨茶碱及毛地黄帮忙，以治疗心衰。

在皖南医疗队一年半的时间内，还发生过一件至今令我铭刻在心的事件。1970 年 7 月，受当时陈万隆领导的教改医疗队邀请，要我和张培华医师去他们当时的驻地璜田诊治一个颈部巨大肿瘤的患者。于是，我、张培华及麻醉师励云美欣然前往。我先乘车去歙县，转深渡，顺新安江而下至街口，再逆街口沿江而上到达教改队的驻地——蜈蚣岭。路程整整耗时一天有余。这条水路给我以极佳的印象，由于船小，风浪也小，四处寂静，真是如陶渊明《桃花源记》所述。下面这首诗可以形容其美。

璜田行

扁舟一叶泛街源，赤壁东坡古有先。
万籁寂静桃源里，沉思此去有疑难。
突闻山雀两声叫，惊破长空睡意还。
山重水复总有路，全在聆教老三篇。

到达目的地后，我们首先检查患者：邵红纪，女性，40 余岁。颈部长瘤进行性肿大已 26 年。肿瘤大如其头。尚无声音嘶哑、咳呛等症状。全身情况良好。这么大个的甲状腺肿瘤能否在当地的条件下进行手术？安全度如何？把握有多大？这些都成了有争议的话题。由于璜田深居山坳之中，进出都不方便，过去 26 年病程中她曾去歙县、杭州看病（均称当地不能治）。工宣队师傅力主在当地治疗，而且提出只准成功，不许失败的要求。安全性本身就是相对的。那时，是政治挂帅，为了这个手术还专门开了对“旧卫生医疗制度”的一次批判会。

最后确定下来，就在当地进行手术，做好一切意外及抢救措施的准备，备好输血人，尽力改善手术室的条件。手术由励云美上全麻，我主刀，张培华与严隽鸿（仁济的妇产科主任）做助手。这个阵容在上海也是不可能有的。我还是心中有数的，颈部的东西难不倒我，而且肿瘤是良性的可能性最大，也就爽爽快快地表达了愿意担任主刀、力争成功的愿望。结果手术顺利完成，颈部重要组织全部保存，为防术后气管萎陷，还做了气管切开术。

术后，送去上海的病理检查报告为“甲状腺腺瘤”。当然，在那种条件下做这种手术是要一定勇气的，成功固然好；不成功其后果也可想而知了。回 404 队后，追记了一首五言诗——

甲状腺手术有感

颈部生巨瘤，其大有如头。
二十六年兹，压迫紧咽喉。
歙屯不能治，临杭踢皮球。
苦难家史述，泪强肚中留。

公社控诉会，感人肺腑深。
教育医师脑，激励队员心。
声声璜田语，句句路线争。
毛选学习班，流毒来肃清[6]。
精读老三篇，服务靠红心。
却为安全事，引起大辩论。

6 当时正值大批判刘邓的“修正主义路线”。

战略要藐视，战术要认真。
事物皆相对，实质怕责任。

救治张秋菊[7]，唯有解放军。
改造世界观，“实践”下农村。
红旗高高举，阶级情谊深。
此仗不攻克，何以对亲人？

全队齐心干，公社来支援。
手术获胜利，群众皆满意。
切除赘生物，全靠歼灭战。
感谢共产党，感谢毛主席。

术后，患者恢复迅速。我等拆线后方离开璜田。再次细细领略了璜田的风景，正是：

赞璜田

新安江碧平不潮，蜈蚣岭峻削复峭。
梯田百级山改造，筑坝十尺电确保。
绿波静娴好游泳，樟树参天难合抱。
行路难虽似蜀道，世人仍赞璜田好。

时间消逝极快，一晃 40 年过去了，邵红纪是否健在不得而知，

7　张秋菊为一患腹部巨大肿瘤患者，部队医院为之切除。

我祝愿她健康长寿。看来再去璜田看她的机会几乎不存在了。

还有一件印象很深的事。1970 年全国都在办学习班，大批判。404 队虽处山沟亦不能幸免。工人中有一青年，不知什么事委屈，逼得自己吞下一盒万金油，企图自杀。送来医务室时口腔中尚有万金油味。在队里是处理不了的，只好送到屯溪专区医院。经 X 线透视，万金油盒正好卡在食管第二狭窄处。专区医院一位外科医师应用食管镜去取，希望能成功。然而，当时食管镜是金属硬质做的，不像现代的内镜几乎都是软性导光纤维。工具也不多，只靠一个钩子去钩，由于万金油盒是圆的，那盒子钩得只能在原处打转，不得已，只好将其向下推至胃内，试试看能否经肠道排出。观察 2—3 天后，透视下发现万金油盒仍在胃内通不过幽门。最后只能剖腹，切开胃壁才最终取出。

学 习

20 世纪 70 年代，知识分子尚不是工人阶级的一部分，因此特别强调还要学习和改造。向工人阶级学习是知识分子必不可少的一课，因此，除医疗工作外，尚安排有劳动的时间。前面曾提起砼工，我们也会参与该工种的劳动，主要是体力劳动，不需要太多技术。说实话，工人朴实勤劳，通过各种事件，我们也的确学了不少东西。

1970 年 2 月，为加速小三线 507 工程，从农历正月初二，即开始加班，放弃休息，继续开工。医疗队员亦一同参加。以下诗可见当时我们接受再教育的盛况：

春节会战（再教育之一）

辞别旧岁始新华，云嶂雾满百丈崖[8]。

石京山下春来早，只为新岁开丹花。

山区春早人更早，春节会战闹喧哗。

早日投产万里厂，繁荣昌盛独一家。

建筑工人的特点是永远修新房，而自己住临时棚房，四海为家。去时荒山，走时楼房，实为专门利人，毫不利己的典范。

沁园春 建筑工人赞（再教育之二）

建筑工人，红心向党，皖南为家。急三线建设，抗击帝修，为国为民，备战备荒。一不怕苦，二不怕死，毛泽东思想武装。起宏图，想主席所想，坚砺后方。

狠批爬行崇洋，自力更生奋发图强。看中国工人，战天斗地，开山拓荒，意发志扬。毫不利己，专门利人，功成再辟新战场。为造就，神州万里云，固若金汤。

20世纪70年代，有“工业学大庆，农业学大寨”的口号。我们虽未直接参加学农，但当地农民学大寨之情，也使人深深感动。一天，去溪边洗衣，见对岸农民移山筑坝。为此赋词：

8 石京山、百丈崖均为万里厂周围的山名。

浣溪沙　学农（再教育之三）

其一

西施昔日浣溪纱，布衣今筑拦河坝，赤县沧桑大变化。

黄尧子孙多奇志，移山抗洪石搬家，愚公在世伸手夸。

其二

大寨精神普天下，学习榜样就是它，问心内疚服务差。

土身泥脚脑干净，首要思想革命化，莫效东施传笑话。

以前，我曾听说山洪暴发是十分危险的，有比之为“洪水猛兽”者。1970 年 7 月 13 日，大雨倾盆而下，伴有山洪暴发，工厂地处洼中，受到极大的威胁。这是我第一次领略到什么是“山洪”，尽管这次还算小“山洪”，已经出现人跑水随的惊险场面。在此之前，报纸曾报道金训华因山洪抢险而牺牲的壮烈事迹。夜又读毛主席诗词《浪淘沙·北戴河》，有感而步原韵脚和赋词一首：

浪淘沙　学习金训华（再教育之四）

骤雨击飞燕。蒸云满天。滚滚山洪载无船。学金抢险行动见，会战滩边。

激浪历四年[9]，革命策鞭，主席思想谱新篇。辈出英雄彼彼是，流芳人间。

9　此处指 1966–1970 年。

生活

在工程队的生活与在医院和城市时是不相同的。我们医疗队的寝室就在医务室隔壁，生活随工人的作息时间调整。工人上班时我们可以工作，也可以休息或做一些整理工作，而工人下班后，或中午及晚上 8 时以前，则是医务室最热闹的时间，有的来看病，有的来聊天，有的还来炖蛇汤吃，因为山区蛇是不少的。借此我们也结识了不少工人朋友。其中，如当年还是木匠学徒工的唐义兵，至今我们还是好朋友，经常有些往来。

晚上大多在 10 时左右就寝，有急诊患者就诊时由值班医师处理。我们 3 个男医师共处一室，就寝前后还不免天南地北地聊聊天。

山区没有报纸，只能靠收音机了解国家和天下大事，杂音、杂台还很多，大多不够清晰。收音机可以说是我们最好的伴侣了。记得当时我从上海下狠心买了一个名牌——上无四厂生产的“红灯”牌收音机，价值 70 多元，相当于我一个月的薪水。也正是通过这个收音机，我们在当地听到了 1970 年 4 月 24 日我国第一颗人造地球卫星上天的喜讯。谢胖兄次日即咏七绝一首如下：

刚讨苏修帝国种，又见红星游太空。
勃逆尼克[10]徒悲叹，环球喜听东方红。

来而不往非礼也，我以词和之：

---

10 勃逆指勃涅日涩夫、尼克指尼克松。

满江红 卫星

嫦娥惊梦，宫门乐奏东方红。彩红球飞越五洋，遨游太空。白宫姆林不足道，苏美败北我称雄[11]。看帝修反日暮西山，可怜虫。

悍马列，批修猛。红箭飞，炮声隆。文武皆齐备，远帷幄中。列宁主义千秋颂，主席思想贯长虹。七十年代东方涛涌，惊巨龙。

写诗和赋词在当时也是我们重要的生活娱乐方式，主要是我、谢德善和张培华会写，金大与倪先生似乎并不参与。晚上有时我们也读读毛泽东诗词、唐诗、宋词，以启发我们自己的诗意。1970 年 4 月、5 月全国开展批极左思潮，为“二月逆流”平反，医院内亦不例外。张培华来访，言及九院内批情况，赠词一首：

长相思 见兄弟有感

蔚六弟，谢胖兄，立场坚定思想红，嫉恶不与共。

大批判，烈火熊，“苍蝇”落水不放纵，九院立新功。

我阅后步原词阕和之：

长相思 和张培华

大批判，结战友，共反逆流共批修，当年岁月稠。

皖三线，又重逢，同事医疗同相游，诗赋话春秋。

皖南山区许多地方未开发，自然风光绝妙，可称“绿色世界”“天

11 主要指中国在发展速度上比苏联、美国要快。

然氧吧”，现在最时髦的称呼可叫“无碳地域”。我们每周有一天休息，除值班及加班外，大多外出爬山旅游；有时出诊或去别的点会诊，宁可不乘车也要步行，以欣赏道旁美景，并以此吟诗作赋，真是怡然自得。

步扬溪

杜鹃花开三月红，春日暖照峡谷陇。
农夫耕忙务道左，扬鞭驱牛来耕种。
云梯瀑布[12]潺潺响，白石玉洁卧溪中。
高登平履健步走，风光无限解人愁。

扬溪是另一医疗点，去会诊时，舍大路行车，选小路观景，全长7.5公里，风光绝佳。

我们住处之东南方向约12.5公里，有一条小路直通皖浙交界处，其处有称为“江南第一关”的景点。因为交通不便，尚待开发。一首《念奴娇》似可说明它的绝妙之处：

念奴娇　江南第一关

东南险要，第一关，双峰夹壁道间。多姿巨石舞溪底，冲击流水潺潺。千步石级，龙须瀑布，五指石对面。直登关顶，回首千米绝险。

看世纪沧桑变，山山可攀，卫星飞上天。昔日高关把路阻，今日道通三线。徽杭锁钥，皖浙屏障，现仅供游览。多少奇事，颂遍神州赤县。

有人介绍说，此处被称为皖浙交界的屏障，太平天国时期曾在此

12　瀑布极多且一层高于一层，有登天之感故称“云梯瀑布”。

用兵。巧的是，在工程队“大批判”的运动中，一名被批的人就是通过这个险关逃离工程队，经浙江回到上海的。

在旅游已成为国人休闲的首选时，这个“江南第一关”今日不知是否被开发。如已开发，成为吸引人的胜地，当在意料之中；如尚未开发，其前景也可期也。

这里还要介绍一下我与谢德善医师的第一次黄山游。1970 年 10 月，我们应邀去屯溪医院为一手瘢痕挛缩的患者诊治，因我具有整形外科基础，只好前去手术。所幸手术顺利。在等待拆包、拆线的几天里趁机去了一趟黄山。黄山天下闻名，位于安徽省东南部，古称黟山；山高 1873 米，最高处为莲花峰，其次为光明顶，高 1841 米，设有气象台。黄山以险、奇著称：奇松、怪石（亦曰石笋）、云海、温泉为其四大特色，曾有“看了五岳不看山，看了黄山不看岳”的美称。

10 月 16 日，从屯溪出发，约 2 小时达黄山脚下，入住旅社，准备翌日登山。当时来黄山者，人迹罕见。我们都才 40 岁左右，体力尚佳，边走边看，越登越险，风景愈加秀丽。一天之内，经天都峰、莲花峰，直达北海宾馆，已是伸手不见五指的黑夜了。当晚，除我们两人外，只有一名登山者，偌大的宾馆共三人住宿显得十分冷清。次日在山顶游览 1 天，第三日沿后山而下。人云“登山容易下山难”，这次算有更深体会了。下山时徒步承重的力量使得下肢肌肉，特别是腓骨小头附着处特别酸痛，有时还伴有腓肠肌、股四头肌痉挛。傍晚在山脚留宿。黄山脚下有很好的温泉，借助温泉的理疗，才逐步缓解了下肢肌肉的疲劳感。

前面提到过，那时照相机是十分珍贵而稀少的。这次算运气好，在屯溪我们借到一个国产“海鸥”牌照相机，这在当时是很高级的了。

由于它的帮忙，才使我们还能在黄山留下几张合影。回到医疗队后，忆及黄山的险峻，犹令人置羡，成诗数首，就算留作回忆纪念吧！

黄山纪游[13]

轻登立马峰，脚踏天门坎。
欢跃鲫鱼背，危坐天都巅。

观音拜脚下，莲花托云端。
玉屏仰我面，飘然已成仙。

既过渡仙桥，复穿一线天。
回窥蓬莱岛，信步上天山。

不到文殊院，不见黄山面。
众山拜其下，孤云卧此中。

右观采莲船，左顾迎客松。
惊魂阎王壁，落魄莲花峰。

穿越龟蛇石，脚踏云梯空。
容城朝轩辕，观海老僧翁。

13 立马峰、天门坎、鲫鱼背、天都巅、观音、莲花、玉屏、渡仙桥、一线天、蓬莱岛、文殊院、采莲船、迎客松、阎王壁、莲花峰、龟蛇石、云梯、容城、轩辕、老僧翁、鳌鱼洞、天海、平天杠、仙桃峰、光明顶、狮子林、清凉台、太平、散花坞、西海门、石笋冈、始信峰、黑虎松、白鹅岭、喜鹊、登梅、招隐亭、云谷寺、百丈等均为黄山景点名称。

盘行鳌鱼洞，茫茫天海中。
夜行平天杠，晓攀仙桃峰。

二上光明顶，两步狮子林。
幽邃清凉台，大圣望太平。

秀叹散花坞，险惊西海门。
奇绝石笋冈，峻然始信峰。

告别黑虎松，直下白鹅岭。
喜鹊巧登梅，留影招隐亭。

虚名云谷寺，百丈无瀑声。
时虽深秋意，人喜黄山行。

在这里还得加几句解释。“轻登立马峰，脚踏天门坎”句：立马峰位于前山约2/3高度，过了半山寺不远即到；是由百余梯石级组成，角度不算太陡，但向上一望，竟不见顶。就像一匹战马立起来的样子，形容其高大。据说，不少人到此即心存畏惧，不敢再向前攀登。有幸与谢胖兄合影于斯。山壁上尚篆刻有毛主席语录“下定决心，不怕牺牲……”，以鼓励大家继续向上。立马峰顶称天门坎，越过它即可到天都峰脚下了。

“欢跃鲫鱼背，危坐天都巅”句：天都峰被誉为黄山最险要的山峰。它的高度仅列黄山中的第三位，但登峰要攀缘几约呈90° 的崖壁。

作者（右）与谢德善医师在“立马峰”阶梯起点合影

作者（右）与谢德善医师屹立在“鲫鱼背”上

好在有扶梯可以助力。到达峰顶之前，要经过宽仅约 1 米多的山嵴，称为鲫鱼背。嵴两侧深不见底。虽有约半米高的铁索扶栏，但心理的作用使得不少登山者到此止步。据说，有的人是爬过去的。我们算是心理素质及平衡功能比较好的，走过这道山嵴后，就到达了天都峰，并有照为证。

“惊魂阎王壁，落魄莲花峰”句：阎王壁单由几十级石阶梯组成，角度很陡，约小于45°，向上爬时丝毫没有险的感觉，但及至爬到尽头，再回头一看，几乎出了一身冷汗，万一失脚滚下去，真不堪设想。因此用“惊魂”二字。莲花峰是黄山最高处，我们登顶一看，只有直径约十余米的一块不规则山丘。当时，已快夕阳西下，峰顶骤起大风。我们只好下蹲几乎不敢起身向下俯瞰，怕大风把人刮下山顶，故出“落魄”字。当然，也未敢尝试拍照。

“夜行平天杠，晓攀仙桃峰”句：平天杠离光明顶及北海宾馆不远，到那里时已入黑夜，好在路尚好走。攀仙桃峰的预定目标只好缓至次日。仙桃峰有“小桃”，也有一个“大桃”，后者随观赏角度不同，亦称飞来峰；小桃当然不会有此奇景。

作者在小桃石前留影，大仙桃侧面观似飞来峰

“秀叹散花坞，险惊西海门”句：散花坞位于山顶，出北海宾馆即可去观赏。散花坞中可见黄山著名的石笋及笔架峰（亦称五指峰）。但我们在山顶时天气不好，当时照相机限于性能、胶片的数量，以及技术等原因未能将这些美景收罗囊中是十分遗憾的事。同

样在西海门前，也只能以拍人为主，远景几乎不见。1993 年，我第四次再去黄山时，由于相机的进步，彩卷的问世才拍到了笔架峰的全貌。

作者在“西海门”前

散花坞内的笔架峰

作者与张锡泽老师登黄山（摄于 1993 年）

有时，我们在假日爬山时，也学学认识中草药。亦曾赋诗一首：

采药

清明绝山登，采药效时珍。
石缝出巴戟，润土有茯苓。
桃李竞争艳，飘香齐报春。
山顶纵无路，不攀勿甘心。

在皖南小三线的一年多中，我虽曾有机会回沪，但主要任务是护送病员。有时亦思家及亲人，也有诗词为证：

浪淘沙 思亲

伉俪十六载，唱随情深，工作生活从未分。今日离别数百里，南柯梦亲[14]。

膝下三儿女，活泼天真，天伦之乐慰我心。待到归去时，阖府欢欣。

夜读白居易长恨歌

夜读长恨思爱仪，合衾十六共枕席。
长夜切切轻声语，川言轻颂“人未识”。
宫廷艳史传奇事，比翼连理人皆知。
但愿天长地又久，偕老白头并蒂枝。

尾 声

人有悲欢离合，月有阴晴圆缺，皖南小三线医疗队员时有更新。1970 年 11 月底，谢德善医师奉命先行回沪；夜 8 时迎风送行。数日后他寄来一首诗，如下：

“万里”惜别夜更冷，披星迎霜八百行。
七姑峰下苦与共，有笔难书阶级情。

余复兴而和之：

14 此为夜梦与家人团聚后写成。

和谢德善兄

胸有朝阳岂惧冷，三线建设皖同行。

石京山畔朝夕共，胜过桃园手足情。

短短的一年多中，医疗小分队不但共事，而且建立了深厚的友谊。我大约在 1971 年 5 月或 6 月调班回沪。虽然各有各的工作岗位，但仍时有交往，谈及旧日岁月，大家都还心存留恋。10 月 17 日，也就是我们游黄山一年后，谢德善医师来访，提及一年前共游之事，我又草成一首：

忆游

去岁结攀天都巅，秋风秋雨同作伴。

雨洗山谷峰尽美，云雾添装色更妍。

故人访我引思忆，皖南欢聚十月间。

岁月催老沧桑见，再游黄山是何年？

实际上，在此之后我又去过黄山四次，不过体力已不胜当年，但现代化建设后，有了盘山路（虽不算长），又有缆车，比当年爬山容易多了。

在我离开 404 队时，瑞金医院已经在离绩溪约 5 公里处的雄路开始建设一所后方医院，人员全由瑞金支援。我离开绩溪时该院已开始房屋建设。后来支援雄路，瑞金医院的医务人员也陆续回沪，据说医院已移交当地管理。晚近，从电视上看见绩溪县已不仅仅是当年的十字街容貌，历经沧桑之变，绩溪县也城市化了。深愿雄路医院在现代城市化过程中也能继续发挥它为人民服务的效益。

当年，同队成员几乎均已退休，均至耄耋之年矣！好在都还健在。404 队的小唐（唐义兵）每年都要来看我和谢德善医师，当时他是小青年，如今也已快到花甲之年了。1970—2010 年，一晃就是 40 年。这是值得纪念的一段岁月，好在有诗词可助我回忆，撰成此文为念。至于 40 年后之再聚首亦当指日可待也。

（2010 年 4 月完稿于病中）

皇天不负众望，经过多方联系，2010 年 5 月 28 日，原皖南医疗队万里厂（404 队）小分队成员四人与其家人实现了共聚的愿望；当年的小木匠唐义兵夫妇亦应邀参加并摄影留念。当年的战友均已老态毕露，银发斑斑，席间欢声笑语，畅叙往事旧情，终于顺利地实现了 40 年后的再聚首。

原皖南医疗队万里厂（404 队）小分队成员及其家属 40 年后重聚首

当年的 4 位小分队队员，从左到右：谢德善、金大猶、倪蕴玉、作者

两天后，谢德善君再度诗兴大发，寄来诗歌一首如下：

重逢感怀

四十年前深山中，救死扶伤画夜同。

偶习诗词昨日事，重逢已是白头翁。

承蔚六院士组织旧友重逢，抚今追昔，感慨万千，书以志之，并谢邱公。我以《幸会》一首和之：

幸会

四十年后白头翁，耄耋之年喜重逢。

生老病死规律事，幸见诸君康健同。

末已，倪先生儿媳曲延茱女士，深感我们之间的深厚友谊，复和诗一首以表真情。原诗如后：

四十年前食寝同，恍若隔世幸重逢。

别来小叙半生事，青春再现不老翁。

（2010 年 6 月 22 日补记）

再忆皖南

——长三角文化之乡一隅

绩溪的地域与简史

2010年，我曾写过一篇《我的皖南岁月——小三线医疗队纪事》。当时，我们医疗小分队的点，系在皖南徽州专区的绩溪县。2018年，国家将长三角的发展提升为国家战略发展中心，报章杂志上关于江南的论述相应增多了，也引起了我对江南文化的关心和对皖南的再次回忆。

按照长三角的地域概念，应包含苏、浙、皖、沪三省一市的若干相邻、衔接之地，皖南自在其中。这与江南地区的概念亦大致相符。学习和查证期间，我不止一次回忆和思念皖南，对文化的兴趣倍增。感觉到一个人真是要活到老，学到老。

“安徽”的名称来自何处？身处绩溪县长达1年多，我竟还不知道。据近报章介绍始知，“安”指“安庆”，而“徽”则源于“绩溪”。绩溪位于黄山山脉与天目山山脉的结合部，俗称“宣徽之脊”。绩溪境内溪谷纵横，据称有136条河流，其中，就有名“乳溪”和“徽溪”

者。境内还有“徽岭”，又称“大徽山”并穿境而过，将绩溪一分为二。

“徽”字分解可以成为“山”“水”（字中上下构成部分）和“人”“文”（字中两侧构成部分）4个字。据说这也是千年相传的人文符号。

绩溪县面积不大，在古时徽州一府六邑中只是个小地方，被称为“巴掌城”或“蕞尔小县”。然而，就是在这个“小县”中却出了不少大名人。原先只知大名鼎鼎的胡适先生出生在绩溪，殊不知著名徽商胡雪岩竟然也是绩溪人。与绩溪邻近的歙县、婺源（原属徽州，现属江西）更是名人辈出。从古代的活字印刷发明家毕昇，北宋农民起义领袖方腊，南宋学者、思想家、教育家朱熹，现代著名山水画家和理论家黄宾虹，著名教育家陶行知，中国铁路事业的创始人詹天佑等均出于徽州。“江南多才子”，似与文化教育的基础和发展莫不密切相关。

皖南的文房四宝

“才子”多为读书人。读书自然离不开书房；书房又当然离不开供书画之用的文房四宝——笔、墨、纸、砚。据载，2007年，“文房四宝”由中国科学院科技史所和中国文房四宝协会向联合国教科文组织申报“笔墨纸砚”为“非物质文化遗产”。

文房四宝源于唐宋时代，是中国的特产，且自宋代以来著名的文房四宝均出自徽州或江南地区。宣城（现称宣州）的“宣笔”“宣纸”，歙县的“徽墨”（亦称歙墨）、“歙砚”，均属此。至今，在黄山市（原屯溪市）的主街上还可见“歙砚”及“黄山毛笔”研究所的招牌。

在现代，笔的种类甚多，然以毛笔最为古老。据考证，最早的毛

作者于毛笔研究所前留影（摄于 2006 年）

笔字为秦代大将蒙恬所创。

当时的毛笔多用兔毛，随着时代的进展，用其他动物毛制作的毛笔则日益增多，于是，出现了用羊或狼毛的笔，被称为“羊毫”“狼毫”等，其中“狼毫”颇负盛名。

元代以后，浙江湖州出产的毛笔亦十分有名，有“尖、圆、健”的特点。至今，湖笔甚至已超宣笔或徽笔的名气。

笔是墨的主要载体；墨则是完成书画形象的主要原料。人工墨的起始时间大约在汉代。大多由松树加工烧至碳状——称为“烟松”，再加辅料而成，在书画之前再加水研磨。

纸是中国四大发明之一。据考古资料，造纸术的成功不晚于公元前 49 年；在东汉由蔡伦加以改进后，始得以应用到正规的纸张上，形成书画，成为人文交谊和艺术的表达工具。

宣纸是纸中最适合毛笔的承载体。由于它具有洁白平滑、质地柔韧、吸水力强等优点，至今仍作为书画用纸首选，在国际上获得“纸寿千年”的美誉。

在文房四宝中，砚的排位在最后，但其雏形的出现却早于前三者。考古指出，砚的历史已有五千年。当时仅用于磨合一些彩色的原料，而不是黑色的墨。

砚可由石、陶瓷、金属等做成，但以石砚最多见，也最适于使用。徽州的歙砚就是以石制成。与徽砚相竞争的还有广东肇庆的端砚与甘肃卓尼的洮砚。

砚台的选择应以“下墨”（墨块与水混合的速度）与“发墨”（墨中碳烟微粒于水分子融合的速度）作为判断标准。前者影响字体显现的速度；后者影响字体的粗细。因而随文字与画画的要求不同，可以选择不同的砚台。

以上所述，可以看出皖南在文房四宝发展中不俗的文化贡献。

文房四宝之外，供文人用的东西还有不少，其中供书写时搁笔的笔架，供储藏之用的笔筒，供书写时压纸的纸镇之类也是颇为讲究的。在有名的黄山之顶，北海还可以看到酷似笔架的笔架峰，且惟妙惟肖。

徽州牌坊群

徽州乃文化之地，名人多，入仕者多，为了纪念这些人和地，故牌坊也多。据不全统计，皖南竟有 119 处牌坊。

牌坊是一类门洞式的古纪念建筑物，为了鼓励忠孝节义的文化相应而生。亦有为地名或宗祠等所建牌坊，亦称为“牌楼”；成群建筑则称为“牌坊群”。从进士到状元，从县官到刺史、尚书，著名孝贤之乡绅，以及宣扬一夫不二贞节观的人都可以塑牌坊。

牌坊虽建于古代，但也是一种中华特色的文物，至今仍有保存和保护价值。

2006年，我曾专门去过一个牌坊群，名字已回忆不起来了，大概是一个仕第出名的村落牌坊群。

作者（右）与夫人王晓仪在坐落有序的牌坊群前留影（摄于2006年）

现代已很少有新的牌坊或牌楼建筑，除一些地名、单位名有这类建筑外，对重大的名人、名人群或重大纪念事件、纪念地大多采用纪念碑形式，天安门广场的“人民英雄纪念碑”就可以看作是现代采用的典型新形式。

徽菜徽茶

徽菜在国内也是有名的。在清朝时期，徽菜遍布各地，而厨师基本上出自绩溪，民间有“无绩不成席”的说法。这是否有些夸张，就不得而知了。据我所知，在上海的徽菜馆以“老安徽”和历史长久的“大富贵”最为著名。

20 世纪 60 年代初，三年困难时期，物供缺乏。后期，市场上出现了高价食品，当时工薪阶层是无法问津的。一次，我获得了文稿酬金 10 元人民币。那时的 10 元不算多，也不算少。在“进口货”不足的年代，恰好够吃一餐高价的午饭。于是，我带领全家四口去了“老安徽”饱了一顿口福。但吃的什么“好”东西，我已完全不记得了。

在皖南时期，给我印象最深的美食是炒双冬，即冬笋加冬菇。至于最出名的“臭鳜鱼”却没听说过，也从未能品尝过。憾也！

皖南的茶也是全国闻名的。其中，以“黄山毛峰”最为出名，是出口产品之一。但“毛峰”也需辨真伪，据说其产量不高，主要在黄山的云谷寺一带。

四川人喜欢喝花茶，特别是茉莉花茶，取其香味；而安徽人则以绿茶为主饮，其“草青”最为普通和普遍，像我们这样的工薪阶层只能喝草青。当然，草青也分等级，好的“草青”，价亦不低。

茶可以“饮”，可以“品”，也可以“吃”。在黄山我学会了“品”茶。所谓“品”茶，即细细地、慢慢地一口一口喝；特别要“品”其喝完后留在口颊内的余味。好的茶，品后口颊留香而略有甜味，这是我鉴别绿茶的体会。“品茶”绝对不能“牛饮”。

皖南祁门的红茶也是有名的。可惜绩溪远离祁门，不得多尝，亦难言其与其他红茶品种的差别。

“花山谜窟”

20 世纪在皖南的一年多中，从未听人说起有此景区。2006 年因参加学术会议再度去屯溪市（现黄山市）时，方得幸参观此“谜窟”。

“谜窟”位于屯溪市中心城区篁墩至歙县的新安江两岸。“谜窟”地处黄山山脉延续之花山，故亦称“花山谜窟”，古时亦称徽州石窟。“谜窟”为群建，约 36 处，占地达 80 余平方公里。现已开放供游览的洞有 2 号洞及 24、33—35 号洞等。

据评估，“谜窟”修建已逾千年。然而，其历史几无记载，无从考察和回答其具体年代、兴建原因，故直到现在只能称之为“花山谜窟”。江泽民到访时，也为其题名。

作者在“谜窟”留影，其入口处右方有江泽民题词

人们对“谜窟”也曾有过一些猜想：有人称可能是越王勾践的秘密备战基地，亦即“屯兵”说；有人认为是采石场所遗留的空间等。然而，从石窟的结构、工艺等方面均不能完全解释其成因。

首先，该窟肯定为人工修成，而非天然溶洞，人工凿壁之痕迹保存完整，工艺高超。其次，洞内有自然流水、人工湖泊，水清景秀。更令人惊奇的是洞内高低错别，竟与洞外山峦坡度一致。至于开发此窟所出的大量石方，究竟流向何处？也是此窟施工的谜团之一。

作者偕友人得以饱眼福。现今的“花山谜窟”业已成为黄山著名景区之一了。

参观同道留影。从左至右：郭伟、刘宝林、作者、王大章、张蕴惠、罗永祥

西递——皖南古村落

皖南的古村落也是长三角文化的一个组成部分。

2006年，我有幸去访有名的古村落之一，西递。

西递属黄山市黟县，位黟县之东。距黄山山脚的汤口仅38公里。现属黄山旅游的著名景点。

由于西递有三条河水自东流向西，故亦曾称“西川”。又因地处古徽州西古驿过道，设有“铺递所”（驿站），故最终取名“西递”。

黟县境内风景秀丽，1200多年来还出过不少诗书官吏之才，被誉称为“古黟人间仙境，桃花源里人家”。清朝户部尚书曹文植曾有《咏西递》一首：

青山云外深，白屋烟中出，
双溪左右环，群木高下密。
曲径如弯弓，连强若比栉，
自入桃源来，墟落此第一。

曹文植的这首诗，充分反映了西递的真实面貌。然而，“墟落”之描绘可认为是当初交通不发达所致，现游人成群，古典保护完好，并与黟县另一古村落——宏村，被联合国教科文组织命名为“世界遗产”，何来“墟落”？

初入西递，只见湖光山隐，好像到了杭州西湖旁。入村之后可见老式民居，小湖旁不少年轻画者在入神地完成写生课。

皖南民居的特点是高墙深院，徽建的屋顶几乎均为高耸式整齐排列。西递除一般民居外，尚完好留存不少诗吏之家，当然这些家庭的建筑与普通民居不一样，他们的屋居应属于豪宅之类了。

这些豪宅的特点除了墙高、院高、封闭式之外，其门户多雕刻有图案，如龙虎之类。在其内室里亦如此，卧室中古人的寝床往往高贵舒雅。

西递的读书人家或官吏之家则多存家训对联。这些对联反映的多是忠孝节义之道，也有经商之道，这可能与明清商业的发达有关。西递曾被认为是“不为官便为商”的文化地域之一。

至今仍存牌坊，还说明西递盛出官吏。西递多胡姓，胡文光即是代表之一。他在明嘉靖年间被授任西昌朝列大夫“胶州刺史”，由于政绩显著，亦被誉为“荆藩首相”。另一代表人物名胡学梓，于清乾隆年间获封正四品；后又于嘉庆年间被追封正三品通议大夫，已等同于现今正部级官员了。

补 记

当年的屯溪市已于世纪之交更名黄山市。这是得益于黄山的名气。实际上黄山离屯溪尚有数十公里路程，屯溪改名黄山后增加了知名度，不但是徽州地区首府，更是江西、安徽、浙江三省的通衢要道，促进了高速公路和高速铁路的发展。不但便利旅游，而且加强了多地之间物质和文化的交流。

然而，也有持异议者认为：屯溪作为百年老市，改名无助于保护文化遗产，是一次不成功的更名。

在 1970 年第一次去黄山后，我复于 1988 年、1989 年、1993 年、1996 年、2006 年，5 次去黄山市开会，4 次登山。现将后来登山的见闻，于此补记。

黄山面积约 1200 平方公里，有奇松、怪石、云海、温泉四绝。与五岳等各山相比，泰山之雄伟，华山之峻峭，衡岳之烟云，匡庐之飞瀑，峨眉之清溪等，黄山均兼而有之，故有诗称“始信黄山天下奇”。

唐朝诗人李白曾有诗云“黄山四千仞，三十二莲峰”，实际上黄山的峰有七十二座之多。其中，著名的有天都峰、莲花峰、始信峰等。然而，我觉得一些小山峰更为有趣，诸如在北海可见的散花坞中的梦笔生花和五指峰。

黄山最著名的松，莫过于由一线天直上文殊院时路旁的迎客松和离别文殊院前行时的送客松了。

这些年来，黄山由于旅游业的发展，在后山已修成了登山电梯，大大方便了游客。单乘电梯是不能满足观山览景的需求的，但是徒步爬山、下山，亦很艰难，需要体力，也需要毅力。我最后一次2006年下山时几乎被困山间，膝关节已经无法自主了。在同事的搀扶之下，总算回到山下。年龄不饶人呵！

近日，从忘年交小唐处得知，黄山的西海山脚已有有轨车前行，车上远眺的黄山远景更加美丽。但愿不要完全现代化，风景依然是以自然美为第一呵！

在前文中，我曾提到去位于绩溪东面的“江南第一关”游览，并附诗作，预言美丽的“江南第一关”有待开发成为旅游胜地，也是小唐告诉我，该景确已开放，且有高铁可达。可惜我已不能再访矣！

（2018年完稿）

我人生中的又一个驿站

记得在2007年，《健康报》记者李天舒采访了我。随后，在2007年6月18日的《健康报》上发表了篇名叫《跋涉者人生无驿站》的访问录。这个篇名无疑是对科学工作者在事业攀登的路途上永不停止、永不休息精神的美誉和称颂，可对我来说则实在承受不起。

比喻事业追求，可以说“人生无驿站”，但事实上，在人的一生中，没有驿站是不可能的，否则不利于健康，人也会被累死。对事业的追求不能一步登天，没有驿站就没有小结，没有小结就不知道经验教训，也不利于继续前进。因此，驿站就是人生的阶段性小结，除非是最后一个驿站——就是与世长辞，再也无法继续向前，那就是“总结”，没有“驿站”了。

今年恰逢我年届八十（现时髦的称呼曰“80后”），进入耄耋中期；也进入资深院士行列，为此，我仿佛又进入了另一个驿站。恰巧此时又要出版一本文集，思考再三，觉得应该对虚度八十的人生再进行一次小结。

我生于20世纪30年代，成长于新中国时期。从受教育到走上工作岗位，离不开党、祖国和家庭的培养。我没有正规出国留学的经历，是一个土生土长，在国内培养成长起来的科技工作者。我应当回报党和祖国，回报人民，我应该小结这80年究竟做了什么事，干了什么活？作为一名口腔颌面外科医师，我在医教研工作上完成了哪些心愿？下一段路程又该怎么走？

我是医师，医师的神圣职责是救死扶伤，济世活人。我感到最幸福和高兴的是：我为完成医师的神圣职责而竭尽了全力。我最欣慰的是，我挽救了一批患者的性命；延长了一批患者的生存期；为患者生活质量的提高作出了贡献。我最高兴的是，看到我治疗过的患者能够健康地活着，还能参加工作，参与社会活动，甚至参与马拉松之类的体育运动。

我也是一名教师，培养接班人是我的职责，这也驱使我努力学习、提高业务水平。我从毕业后当助教，一直到教授、博士生导师，我没有忘记，也没有离开过教学。我曾参与了20世纪50年代末60年代初的教改全过程，我庆幸自己能有机会先后主编完成《口腔颌面外科学》国家规划教材多本；配套主编了《口腔颌面外科临床手册》、有关口腔颌面-头颈外科的《手术学》和有关参考书、整套教材。我的学生后来有不少成为口腔医学院的院长、医院的科室主任以及学科带头人。当然，我只不过起一个引领作用，他们的成长、成就取决于自身努力和环境等客观条件。

我始终遵从“医疗是基础，教学是根本，科研是灵魂”的理念；坚持教学医院必须是一流的研究型医院，必须年年有进步、有发现、有创新的观点；坚持要进行临床科研和应用基础研究（用时下流行语叫“转化医学”），以利医疗质量与教学质量的不断提高。参加工作近60年，我从未脱离过科研工作，也为建立我院的“口腔颌面外科研究室”等进行策划，为它的建成付出过大量心血。

口腔颌面外科学是一门临床医学与口腔医学紧密结合，具有学科交叉特点的新兴学科。作为新中国口腔颌面外科学的第二代，我继承老一辈的事业，承上启下，继续开拓发展，并十分重视梯队培养。因为学科梯队建设是科室持续发展的坚强保证。我笃信“青出于蓝而胜于蓝”的规律，遵循“后浪推前浪”的法则，而且未雨绸缪，保证了我科室第三、第四梯队的顺利形成。

我的科室和团队也为国内其他兄弟院校、各专科医院，以及欧美和亚洲各国前来的同行和学生进行培训、交流经验心得。

为了我国口腔颌面外科学的发展；为了感谢老一代口腔颌面外科工作者的贡献；为了奖励有发明创造的新人，我和我的夫人用以往科技获奖奖金以及积蓄设立了第一个“口腔颌面外科发展基金”，并于2012年开始运作。

自从实施改革开放政策以来，国际化就被提上了议事日程。随着国际交往的增多，国外同行对我们工作的深入了解，国外对我国口腔颌面外科的水平给予了高度评价和友好的美称：“中国式的口腔颌面外科”。国际口腔颌面外科医师协会（IAOMS）迫切希望我们加入他们的组织中去。经过近3年的努力，克服了各种困难和障碍，我国终于在20世纪末，即1999年顺利地加入了国际口腔颌面外科医师协会，并争得了一个理事席位，融入了国际大家庭，完成了我多年来走向国际、走向世界的心愿。此后，在2009年，我国口腔颌面外科学历史上规模最大的一次国际会议——第19届国际口腔颌面外科学术大会得以圆满地在上海举行。在这次会上，国际口腔颌面外科医师协会授予我该学会的最高奖项——杰出会士奖（Distinguished Fellow

Award）。这不仅是我个人的光荣，也是中国乃至全亚洲口腔颌面外科医师的光荣；不仅是对我个人的嘉奖，也是对我国及全亚洲同行的嘉奖，因为以前这一荣誉从未授予过亚洲人。

此外，在参加国务院学位委员会第二、三、四届学科评议组工作的近 20 年中，我和其他成员一起努力促成了多年来口腔医学界人士的愿望，将口腔医学从外科临床Ⅱ组分离，成为独立口腔医学评议组，于 1998 年成为医学类别中的一个独立的一级学科。

为了学术交流，我和我的同事们还实现了创办《上海口腔医学》杂志的梦想。在大家共同努力下，这本杂志已成为我国口腔医学类杂志中三本被 Medline 收录的杂志之一。21 世纪初，也为中华口腔医学会口腔颌面外科学分会创办了一本官方的《中国口腔颌面外科杂志》，成为中国口腔颌面外科工作者的学术喉舌。

人的一生中总会有成功，有失败，有经验，有教训。作为一名医务工作者，也会有成功、失败、经验和教训，而这一切又均融于为患者服务的过程中。因此我们常说："应当感谢我们的上帝——患者"，是他（她）们用病痛的经历和医疗实践来验证我们的成功或失败，吸取经验和教训，并促进医学的发展。

人的品格、性格也是一分为二的，优缺点都是相对而存在的。人一生也不可能不犯错误，但应力求是小错误而不是大错误；宁可是技术上的失误，也不要责任上失误。犯了错，改了就好。

可以庆幸和自慰的是：在我近 60 年的事业历程中，做人，做事，做学问，问心无愧。

我深信：自强不息，厚德载物；无欲则刚，坦荡则安。

下一个驿站是何时？到下一个驿站应做些什么？

作者丰富多彩的业余生活

现在，人皆长寿——“七十不算稀，八十多来兮”。但总得承认，80岁毕竟是老年了。健康上、体力上不服老不行，但精神上绝不服老。力所能及之事总还是要尽力去做的，诸如著书立说，介绍新知，谈人生百味，参加疑难病例讨论，参加会议，提建议——特别是学科、学术发展，以及提携新人……

我憧憬：为了国际交流，中国口腔颌面外科还缺一本国际交流的全英文杂志；中国人还应该有出任一届甚至数届国际口腔颌面外科协会主席的雄心。如果在我有生之年能看到中国的口腔颌面外科人能在某个科技领域获得国际科学大奖，则更是一件令人欣慰之事了。

何时是下一个驿站？现在还不能预测。

（2011年10月第一稿；2012年2月定稿）

科研成果

我的科学生涯

——一位临床医师的点滴感悟

我是一位从事50多年临床的医务工作者。我的专业是口腔医学中的二级学科——口腔颌面外科。在人们的认识中，医师是一个救死扶伤、保障人民健康的职业，与科学、科学家似乎风马牛不相及。然而，事实证明：医师还可以有更高的追求，更高的境界，那就是事业：一个好的医师可以成为医学科学家；一个好的医师也可以成为医学教育家。为了提高医疗与教育质量，临床医师应该搞研究和教学。由于一直在教学医院中任职，我的大半生没有离开过科学研究，在此，仅就体会较深者谈谈点滴感受。

以身试“针”试“术”

2011年1月17日，《科学时报》登载了一条消息：针灸申遗成功。文中说：“2010年11月16日，在肯尼亚首都内罗毕举行的联合国教科文组织保护非物质文化遗产政府间委员会第五次会议上审议通过中国申报项目‘中医针灸’……将其列入人类非物质文化遗产代表作名录。”这很自然地使我想起在20世纪60年代参加“针刺麻醉”研究的一段往事。

20世纪50年代末60年代初，全国医药卫生界掀起了一股学习中医的热潮。记得当时最热门的有两项：一项是中医治疗急腹症（如急性阑尾炎、肠梗阻等）。另一项是“针刺麻醉”（简称“针麻”）。针麻的最先发源地应是上海，在头颈部手术中最先开展的是耳鼻咽喉科的扁桃体摘除手术。在口腔颌面外科则首先被应用于牙拔除术。1963年底，为了扩大应用范围，摸索适应证，在当时的院系领导下，组建了一个口腔颌面外科针麻手术研究组。成员包括临床医师、针灸医师、护士及高级技师（负责仪器研制），共9人，由我出任组长。由于这项工作史无前例，需要探索；拿现在的话来说叫“摸着石子过河”。

研究针麻手术的内容很多，然而，摆在当时最迫切需要认识的问题却是：针麻究竟有无镇痛效果？它的镇痛作用可以达到什么程度？还有什么方法可以提高针麻手术的镇痛效果？

为了弄清上述问题，我决定首先以身试“针”，即自己接受一次针麻手术，亲身体验一下，下一步应该做些什么？应当怎么做？这既是在技术研究层面所必须回答的问题，也是为了对患者负责。

巧的是我左耳前有一个小蚕豆大的、肿大的淋巴结，正好可以施行一次耳前淋巴结摘除术。我的同事们开始都不同意，但经我的反复解释，最终说服了他们，顺利地完成了我以身试“针”试“术”的愿望。

我的亲身实践证明：针麻具有镇痛作用，因为切开皮肤与缝合皮肤均无明显痛感；术中分离淋巴结时完全可以耐受；然而，当一碰到知名神经（耳颞神经）末梢时，则有剧烈的、闪电般的刺痛感。我的结论是：“针麻具有明显镇痛作用，但镇痛不全。”

在此之后，我们在麻醉方法及手术操作方面总结了口腔颌面部针麻手术的特点，用于以后进一步的研究工作中，并先后以书面形式发表在《针刺麻醉》（上海科学技术出版社，1984）以及《口腔颌面外科理论与实践》（人民卫生出版社，1998）两书中；并在1979年北京全国暨国际针麻会议上作过报告。

1971年，中美建交前夕，陪同基辛格访华的《纽约时报》著名记者詹姆斯·赖斯顿患急性阑尾炎在北京手术，因腹胀腹痛经针刺症状缓解引起了他的热切关注，在访问上海时还专门到我院来观摩了一次针麻手术。回美国后，由于他的介绍，在美国引发了一次针灸热。当我看到《健康报》2009年3月26日回忆《基辛格访华时的针灸事件》和《文汇报》2011年4月22日《针灸在美国生根开花》这两篇报道时，不禁又让我想起这一美好的回忆。

我们前前后后做了近2000例口腔颌面部针麻手术（牙拔除术除外），确定了不同手术的穴位处方；肯定了“得气留针”的针麻方法；创立了针麻手术操作原则和规程。我们的科研工作曾获得1989年国家医药局科技进步奖。

由于麻醉学的进步，目前临床上已很少应用针刺麻醉，但在特殊时期，例如救灾途中，它仍能发挥作用。1976 年唐山大地震时，由于麻醉药紧缺，我们全凭针麻帮助才渡过了第一轮手术难关，至今仍难以忘怀。

思考与创新

医学是一门实践性很强的学科。外科医师不是依样画葫芦的“开刀匠”，而应该学会思考；思考临床上碰到的问题及其解决方法，经过研究后再回到临床去实践，去证明设想是否可行。这就是临床医学中最常见的科研方式，也是医学科学创新的主要形式。

20 世纪 70 年代中期，一位老干部因患口腔癌多次手术，多次复发，复发的肿瘤侵犯了颅底，按当时的观念已经无法再次手术了，即使手术也只能从颅外用咬骨钳一点一点地把颅底骨质咬除，但明显这是违背恶性肿瘤手术“整块切除”原则的。我们开始思考，能否像矫治颅面畸形一样，请神经外科医生合作行颅内外联合切除手术，从而达到“整块切除”，提高生存率的目的呢？经过研讨手术方案，在尸体上多次进行手术操练，我们终于在 1978 年成功地施行了第一例颅颌面联合切除术。这一手术不但填补了我国口腔颌面部肿瘤颅颌手术的空白，也为侵犯颅底的患者增添了一个可能治愈的方法。经随访，5 年生存率可达 30% 以上。

约在同一时期，一位 12 岁左右的儿童患者被收入病房，主诉是颞下颌关节强直术后复发，口张不开，但其父诉说主要的问题却是严重打呼，夜不能寐。当时还没有睡眠监测仪，我只好在她晚上睡眠时在床旁进行实地观察。我惊讶地发现：她躺下后即鼾声大作，之后，出现憋气并突然惊醒，立即坐起，长叹一口气，伴以全身大汗淋漓，采取坐位以后呼吸立即逐步恢复正常。再躺下时又会反复同样发作。经我们的检查和分析，她的下颌骨发育特差，下颌骨明显短小和后缩，加上睡眠时舌后坠致形成明显的上呼吸道阻塞而产生呼吸困难。从而我们决定：必须在施行颞下颌关节成形术的同时行下颌骨前移术，从而达到扩大口咽腔，解除上呼吸道阻塞的目的。事实证明，患者在手术后不但解决了睡眠呼吸困难问题，而且发育正常，还当上了篮球运动员。现在看来，这是一例典型的阻塞性睡眠呼吸暂停综合征患者。由于在实践中的思考与分析，才使我们在国内开创了应用正颌外科技术治疗这类疾病的先例。

上述两个实例使我们认识到思考与创新的密切关系。创新必须来自思考，作为临床学术型医师或临床医学科学家必须学会思考，勤于思考。当然，创新思维的条件还必须要年轻，年轻才有活力。我的科研成果基本上也都是在60岁之前取得的。

“做”“说”“写”的魅力

在外科学界流传着这样一个说法：“一位好的外科医师必须会做、会说，还要会写。”“做”是指要会做手术而且做得漂亮，还要有自己的风格，时有创新。“说”是指要把自己的经验特别是创新的经验推广，在国内外学术会议上介绍，并传授给学生，使影响扩大；要知道手术方面的发明或创新是没有专利的，不但不能保密，而且还要推广。“写”则是应把这些创新点写到论文或书中，以使全世界的患者都能受益。

在这里我想起了有关“写”的一个小经历。1989 年，从教育部介绍来了一位国际委派的进修学者，是当时南斯拉夫籍的 Miodrag Garvic 医师。他说，他到中国的目的是来学习应用显微外科技术整复口腔颌面部缺损。到北京后，教育部给他安排了北京的进修单位，但他不愿意接受，执意指名要到我们科室来。原因是他看了之前我们在美国重建显微外科杂志（*J. Reconstr microsurg*， 1984）上发表的一篇论文后，才决定来华的。这个故事让我们看到了“写”（论文）的重要性。同样，改革开放以来，我科还接待过数 10 余名的国外短期进修的学者。2010 年国际口腔颌面外科医师协会在我科设立了国际口腔颌面外科医师培训基地，应该说，这些都是“做”“说”“写”的结果。

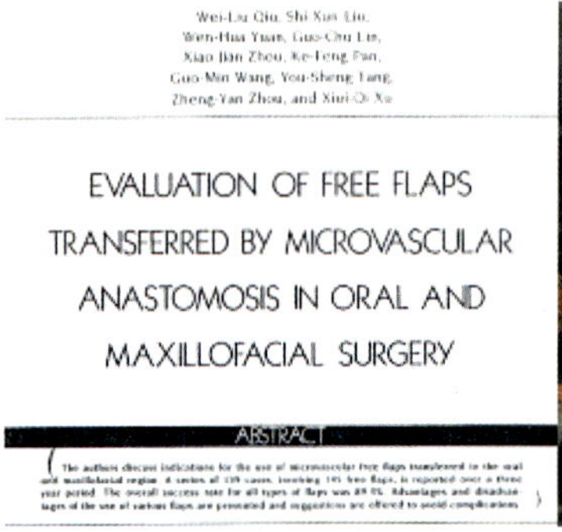
EVALUATION OF FREE FLAPS TRANSFERRED BY MICROVASCULAR ANASTOMOSIS IN ORAL AND MAXILLOFACIAL SURGERY

ABSTRACT

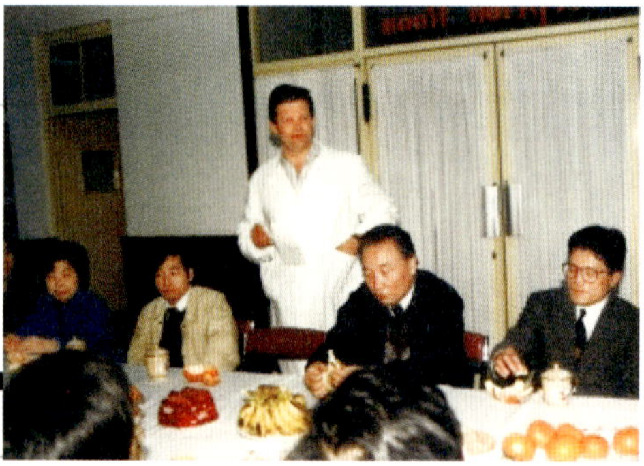

作者科室在《重建显微外科杂志》上发表的论文，Garvic 医师介绍他来院的经过和目的

（2011 年 5 月第五稿）

科研是灵魂

——忆科研生涯片段

引 言

科研是对科学问题的研究。科学大致可分为社会科学和自然科学两大部分，自然科学中又分理论科学与技术科学两大部分。凡涉及对自然科学和社会科学的研究，都可简称为“科学研究”或简称“科研”。

科研的基本程序就是提出问题、研究问题和解决问题，也就是将“？”变成正的“！”，或者是负的“！”。前者是问题解决了，后者则是问题仍然没有解决或部分解决，还需继续研究。当然也可以放弃研究，使“？”仍继续存留，或继续研究将“？”变成正“！”。从“0”到“1”则要求更高，应属前人没有的原创性工作。创新的含义广泛：包括发明、发现、改进等内容。发明、发现都是指原始性创新，即前人未报告、未涉及的事物或推翻原有的理论或技术；集成创新则往往是学科交叉的产物，是对某些事物的改良或改进，属于“0”到“1”的某个范畴。

创新可大可小，可有重大普遍的意义，也可局限于某些小的发明、小的技术改进或改良，无论其对社会贡献或生产力提高的程度如何，本质上都应属于创新，创新也就是科研成果的体现。

在教学医院工作了67年，我逐步悟出了医学人生的道路和任务，那就是我常说的几句话：医疗是基础，教学是根本，科研是灵魂，育人是己任。

我的科研素质培养和科研工作是从1955年当住院医师开始的，以临床研究为主，即使涉足某些基础研究，也属于应用型的。

老有所用，老有所为，忆往事中不能缺少科研工作，点滴记事，作为漫忆，可能对年轻人有点帮助，献丑了。

初试牛刀，科研入门

说“初试牛刀”，不如说“科研入门”，在经历了大学学习之后，我于1955年底进入原上海第二医学院附属广慈医院口腔系工作，入了口腔颌面外科学习之门，选定了我一生所走的专业道路——口腔颌面外科。

我踏上工作岗位的第一天，即被定职为口腔颌面外科住院医师，接受住院医师培训。进入21世纪以来，我国开展了住院医师培训及专科医师培训体系，并号称我国以前没有这两项制度。顿然间，我就奇了怪了，我进入工作岗位的职称不就是住院医师吗？接受的不就是住院医师培训（现称住培）吗？住院医师培训期满7年之后的1962年，不是经过考核就升主治医师了吗？为什么在20世纪50年代，我的这些经历都不称“住培”和“专培”呢？

自然，现在的“住培”要经过3年，接受的是“全科”培养；现在的“专培”则还要按2年的“专培”训练，和我当年的经历多少有些差别，也和国外“住院医师即是专科医师”培训的概念有些两样。

我是一个幸运儿，当时的上海第二医学院附属广慈医院口腔医学系的住院医师培训应该说是很严格的。住院医师培养期间，不但要求学习专科，还要求去有关的临床医学科室轮转。即使是口腔内科、口腔修复科的住院医师也要去内科、皮肤科轮转；口腔修复科的住院医师也要去材料有关科室轮转，等等。口腔颌面外科的住培则要去普外科、普内科等轮转。当时的广慈医院（现瑞金医院）内外科水平在全国领先。十分巧合的是，我在内科轮转时，竟与后来荣任全国卫生部部长的陈敏章在一个病区做住院医师工作。1994年我患坏死性胰腺炎住院时，他还专门到病房来看我，我十分感动。

口腔颌面外科当时的科主任和科副主任，分别为张涤生老师和张锡泽老师。他们不但都是教授，出过国、留过洋，而且在各自的专业领域内有突出特长，是国内的顶级专家。能在他们直接领导下受到培养，真是好机遇。

当时的住院医师除医疗及教学外，还需带领未毕业的生产实习医师，科研能力的培养也是重要的一环。制度要求必须读书，而且要读外文专业杂志，因为每周都有一个晚上要做读书报告，对我来讲也是莫大压力：大学期间虽也有英文课，但大家都没正规学习英文，我的英文基础基本上还停留在高中所学的那点水平，对专业外文更是一无所知，不得不补课，背着字典重新学起，因为那时的出院病历封面也规定要用英文书写。

一天，门诊遇到一个上颌腭部肿块的病例，自然被我诊断为腭部肿瘤。查房时，主任追问鉴别诊断，我感到颇为茫然，手术后更正诊断为上颌窦癌。自此，我空余时间就走向图书馆，把有关专业书籍及杂志翻了个遍，结合科内以前病例查证，写了一篇文献综述附病例报告。张锡泽教授对我的这一“成果”表示肯定，并安排我在上海市口腔医学会作报告（1957 年 5 月 19 日）。紧接着，这篇报告作为我的首篇论文正式发表在1958年《中华口腔科学杂志》第2号，首次提出“上颌骨癌”这一诊断名称需要加以细化。因为上颌骨是一个大的解剖部位名词，而癌肿的原发部位可以自上颌窦黏膜，也可原发自口腔上部的腭及牙龈部。其临床诊断要点和预后也不一样。

应该说，这篇综述性论文奠定了我的临床科研起点。更幸运的是，这篇论文的手稿至今仍保留在我手中。

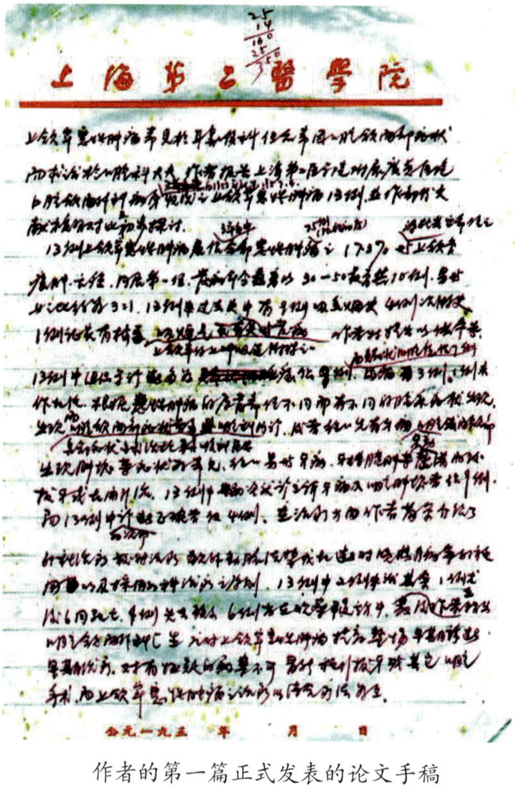
上海第二醫學院

公元一九五　年　月　日

作者的第一篇正式发表的论文手稿

20世纪60年代初，由著名耳鼻咽喉专家李宝实教授组织一部分学者翻译了一本名为 *Treatment of Head and Tumor* 的英文专著。在张老师指导下，我完成了其中两章翻译工作，这也是我完成的外文翻译处女作，为以后阅读参考书及国外研究成果打下了坚实的基础，也为培养住院医师作了铺垫。

发掘中医瑰宝

1954年，党中央和毛主席曾批判过轻视中医、歧视中医的现象。1956年开始，卫生界就开始了西医学习中医运动。1957年，掀起西医中医学习热潮。口腔医学界亦不例外，我亦积极参与其中，开始了每周两个半天学习中医基本理论，并参与时任口腔系办公室主任吴少鹏组织的有关中医对口腔疾病的文献摘要，汇集有关论述成书，并定名为《口齿证治》。可惜后来我没有看见该书的正式出版，甚感遗憾，但却反映出当时年轻医师们的努力。

我首次对中药的局部应用进行了初步的研究，题目定为《中药马勃对口腔手术止血的效用》，这也是我进行动物实验的开始。

马勃属一种菌类植物，紫色无毒。实验研究表明，它不溶于水，亦不溶于血，镜下（9倍）观察，呈网格状；菌块具有弹性，可随意塑形。经体内实验及临床观察，马勃不能为组织吸收，最终均自创口排除。临床对于拔牙术后出血有一定止血作用。不被组织吸收是其最大缺点。

与其他现代止血药，如明胶海绵等相比，马勃并无优势。这一科研课题得出阴性结果。该论文于1960年发表于《中华口腔科杂志》第8卷第3期。

1964 年，我曾总结发表题为《口腔颌面部感染合并全身并发症》一文（《中华口腔科杂志 》，1964）。其中，记录中药应用综合治疗此类疾病的点滴经验。在总共 546 例中，死亡率为所有住院感染病例之 2.38%（占 13/546）。有 5 例并用中医，其中仅 1 例死亡，4 例成功获救。病例数不多，但可侧面反应中药在口腔颌面部感染病例中似有不可忽视的作用。

20 世纪 60 年代初，我科胡北平医师偕原广慈医院中医章琴韵（她的专业是中医喉科）共同开展了对于涎腺疾病和口腔恶性瘤的中西医结合治疗的临床研究。70 年代起，在九院，我和陆昌语、林国础联合九院中医科郭一钦医师共同开设了中西医结合口腔颌面肿瘤门诊，每周半天，专门诊治一些晚期患者，并坚持了数年之久。

在中西结合肿瘤门诊，我们发现口腔恶性肿瘤病患的中医辨证大多属虚证（肾）；从气虚到阴虚，直至死亡（《上海免疫学杂志》，1980）；探讨了口腔颌面癌瘤 100 例中医虚证与免疫功能（《上海中医药杂志》，1981）。为此，我们应用了当时较为流行的中医疗法，即以扶正补肾为主，拟定了中药“参阳方”作为主方，配合化疗在门诊应用。在近 100 例患者中，50% 以上肿瘤消退率（PR）为 42.2%，近期肿瘤完全消退率为 21.1%。这一结果给我们“化疗结合中药”的疗法树立了极大的信心。而且在实践中证明，甲氨蝶呤（MTX）中剂量冲击疗法结合中药是可行的，在门诊即可应用（《上二医学报》，1983）。

首次参与肿瘤的前瞻性研究设计

在改革开放前，鉴于我国的国情，在临床医学科学研究中大多为回顾性研究，极少有前瞻性研究。至于多中心研究更为少见，且难以付诸实施。

20世纪80年代终于等来了机会。在与美国霍普（Hope）基金会代表,美国著名的哈佛大学口腔颌面外科专家Guralnick交谈起中药“参阳方”的应用后，他主动提出应行临床前瞻性研究以客观地验证“参阳方”对口腔癌的5年生存率有无影响。在共同努力下，我们组成了一个临床研究班子，除我与Guralnick教授外，还有陆昌语、郭一钦、林国础、陈万涛、曹阳等。为了做好前瞻性研究设计，还请来哈佛大学公共卫生学院流行病学专家谢忠诚（美籍华人）进行研究设计。本来预计5年内完成，想不到由于随访困难等种种原因，研究一直延续了快10年。从生存率来看，实验组与对照组的5年生存率无显著统计学差别(《中药“参阳方”延长口腔鳞癌病人生存期的前瞻性研究》,《中国耳鼻咽喉头颈外科杂志》，1996）。但临床DNCB皮试反应实验组明显高于对照组（$p<0.05\sim0.01$）；多因素Cox2分析中，影响实验组结果的唯一有统计学差异的也是实验组的“参阳方”（$p<0.05$），间接说明了中药“参阳方”的疗效。

实验组服用“参阳方”前后外周血T细胞亚群的比较也显示CD3＋与CD3＋/CD8＋均有明显变化（$p<0.05\sim0.01$）。这些结果均表明实验组患者具有明显的免疫功能改善。

在NQ4诱发口腔癌的实验中，再次验证“参阳方”虽无直接的抑瘤和抗瘤作用，但有强烈的增加小鼠机体免疫的作用，（《中药“参阳方”对裸鼠移植瘤的抑瘤作用》,《中国口腔颌面外科杂志》,2004）。表现在应用“参阳方”后小鼠周围血中的CD 4＋/CD 8＋↑，NK↑；INF－/r，IL-2↑和TNF↑；以及Th1向Th2飘逸。这个结果也充分显示“参阳方”应属免疫调节剂，为生物治疗的一种，该论文被评为中国科协第四届学术期刊优秀论文。

“参阳方”的研究为我学习理解前瞻性科学研究打下了一定的基础。同时，也获得上海市医药卫生进步奖二等奖（1997）。目前已成为第九人民医院的院内制剂被长期应用。

MDT与综合序列治疗

近年来，医务界流行一个新名词叫MDT，原文为Multidisciplinary Team（或Therapy），译成中文叫“多学科团队”或“多学科治疗”，一些医院还专门开设了MDT门诊。这使我想起了20世纪50年代的事。那时我刚工作不久，每两周，张锡泽老师都要带我去上海市镭锭医院（现上海复旦大学附属肿瘤医院）去参加一个会诊例会。当时有肿瘤外科、肿瘤放射诊断科、肿瘤放射治疗科以及肿瘤病理科（备有显微镜以确定诊断）等多学科。会诊病例多为肿瘤医院本身的患者，其他疑难杂症则由各医院带去。可以说，当时是各路有名专家汇集的会诊讨论，例如，肿瘤病理专家顾绥岳、外科专家李月云、放射专家张去病等。化疗当时还未成为肿瘤内科，仅有从放射科医师转行的化疗先行者张志义医师参加，他正是出版国内第一本肿瘤化疗书的作者。当时，对恶性肿瘤患者的处理已涉及多学科，称之为综合治疗（Combined Treatment）讨论会。现在看来这应是典型的MDT前身。如果MDT的“T”是指“Team”的话，则相应的中文翻译应为“多学科团队（Team approach）”，如果“T”是指“Therapy”的话，则中文音翻译为“综合治疗”或“多学科治疗”。

受"综合治疗"的影响，在20世纪60年代直到改革开放前，上海市头颈外科的同仁们还继承了这一传统，每月会有1—2次难治头颈肿瘤患者的疑难病例讨论，地点固定在肿瘤医院。参加人员以肿瘤医院外科王弘士、马东白为主，华山医院李学祥、张孟殷，长征医院王文崔，第六人民医院陈毅以及我院张锡泽、林国础和我等均为常客。放射科、病理科亦有肿瘤医院专家轮流参与，这在全国恐怕也是一个头颈肿瘤MDT的典型雏形。我院口腔颌面－头颈肿瘤科，以及口腔颅颌面科、口腔外科至今仍一直坚持定期的多学科综合讨论。

记下这些历史的片段，是为了不能忘记：医学的发展，不是一下突然形成的。

口腔颌面部肿瘤是以外科手术治疗为主的，但对晚期病例，则应当引入综合治疗才能提高疗效。大多数的外科医师从20世纪五六十年代开始也学习了应用化疗与恶性肿瘤的综合治疗，我所在的科室，综合治疗也是从化疗开始的。

20世纪40年代后期及50年代是化疗的兴起时代，主要药物为氮芥（HN2）和环磷酰胺（Endoxan）；其次为抗新陈代谢药物，包括5-氟尿嘧啶（5FU）与甲氨蝶呤（MTX），及抗生素类药物，如放线菌素D（Actinomycin—D）和博来霉素（BLM）。至于我国自己发现的类BLM的争光霉素，实际上为BLM-A5的成分，相比BLM（以BI成分为主）的肺毒性显著为轻，深受临床欢迎。经实验证明，争光霉素对口腔高分化鳞癌及静脉型血管畸形或血管瘤疗效好。植物药类则以长春新碱（VCR）应用最多，而且多用于其他化疗药物之前，将肿瘤细胞周期均集中停留在"S"期以图聚歼。当时国内的抗癌药还有植物类的喜树碱（Captocycin），其对腺癌类作用可能更好。这一临床研究于1999年获上海市科技协作奖。

20世纪60年代初，我首次报道动脉区域性化疗对口腔颌面恶性肿瘤治疗的临床研究（《中华医学杂志》，1963）。以后又相继报道过争光霉素在临床应用的结果（《中华医学杂志》，1975；《中华口腔科杂志》，1979），肯定了争光霉素的疗效。这研究工作曾获1978年全国科学大会协作奖，可惜，不知何因，在一段时间内，争光霉素停止了生产。

动脉区域性化疗曾经流行过一时，但随着临床研究的深入发现，动脉化疗可发生颅内并发症导致死亡。如化疗药物对肿瘤细胞的选择性很强，其疗效与全身给药并无太大差别。因而，在20世纪60年代以后动脉区域性化疗又逐步为静脉给药所取代，其中，又以静脉大剂量加解毒剂（MTX + CF）；中剂量冲击治疗为好。因为冲击治疗可给患者恢复时间，化疗反应期反而缩短，更可增加患者对治疗的持续性与依从性。

经过多年临床实践证明不同个体、不同病理类型、不同临床分期，其综合治疗方案尚有差别。有的先从化疗开始，有的先从放疗开始，有的则从生物治疗开始。为此我认为将“综合治疗”加上“序列治疗”（Systematic treatment）更为恰当。

循证医学VS医学循证——术前诱导化疗的启示

我科化疗与手术的结合应用始于20世纪60年代初，当时，术前化疗以及放疗前化疗都称为术前（放疗前）辅助化疗，术前未经过治疗则亦称新辅助化疗（Neo-adjuvant chemotherapy）。但当时用得最多的名词叫“诱导化疗”（Induction chemotherapy），患者在接受手术或放疗前采取的化疗则统称为“诱导化疗”。由于当时对前瞻性研究的认识不足，没有一套明确的治疗规则，病例纳入、排除标准均不够科学严格，化疗方案亦未统一，对术前辅助化疗的结论，当会有一定影响。1991 年，我对 1970 年 1 月至 1982 年 12 月的 683 例口腔颅面部鳞癌进行过一次回顾性统计分析（《华西口腔医学杂志》，1991），论文得出以下结论：

1. 与未行术前辅助化疗比较，行术前化疗组对早期病例（T1，T2）的生存率无影响，即不能提高生存率（$p>0.05$）。

2. 与未行术前辅助化疗比较，行术前辅助化疗患者不能提高总的生存率（$p>0.05$）。

3. 与未行术前辅助化疗比较，晚期病例有效者（CR + PR），病理改变包括淋巴细胞浸润，肿瘤坏死等指标有效者与无效者（NR）比较，其术后生存率明显延长（$p<0.05$）；反之，晚期病例无效者，其生存率也无明显延长（$p>0.05$）。

上述结论基本属回顾性研究。反映出术前辅助化疗仅对临床 CR + PR 及病理有效患者，有延长生存率效用。如要全面评价，还需借助于循证医学的前瞻性研究加以证实。

2013 年 2 月，我科张志愿、钟来平团队对术前辅助化疗的前瞻性研究发表了具有里程碑意义的论文 *randomized phase Ⅲ trail of induction chemtherapy with docetaxal，cisplantine and flanouracil fellowed by surgery resus up-front surgery in local advanced resectable oral squmous cell carcinoma*（*Journal of Clinical Oncology*，2013）这篇高影响因子（IF 18.372）的循证医学论文得到了国际上的高度评价，并为今后更进一

步的精准研究（例如病例适应证的选择、药物选择及患者敏感靶向分子等）提供了坚实的基础。

我对比了1991年与2013年这两篇论文的结论，发现循证医学研究和医学循证研究虽然属不同类型，但在某些结论上却是相似的。即：术前诱导化疗应用于晚期口腔鳞癌患者时，只有对术前临床及病理有效者才能提高其远期生存率。

循证医学（EBM）被认为是临床科学研究中最科学和最可信的研究手段，由David Sackett于1992年提出；而医学循证（MBE）则由Concato于2012年提出。MBE的实质是更多强调了经验医学的作用。

顾名思义，EBM是通过科学化的研究方法，应用流行病学与医学统计学手段来寻求某种（类）疾病的最佳诊治方法和证据，以寻求获得最佳疗效和预后的一类临床科研理念，“证据”是该理念的核心。

EBM基本上是客观性研究，而MBE的观察性又大都是回顾性的。这类研究通常被EBM认为是不客观的，患者的收集、统计方法上都可能有存在偏倚。但MBE的支持者们都认为，这恰好是MBE的真实世界和它的优势所在。虽然回顾性研究通常缺乏事先确定的完美的研究计划，也没有预先设定的研究终点，但它没有RCT那样严苛的选择，反而能反映出更广泛患者人群的真实情况。

哲学的核心是思维与存在、精神与物质，并可概括为两点论（或称两面神）和对立统一规律。MBE与EBM也正是这种关系。

EBM无疑是进步的，它促进了临床科研的发展，在很长一段时间内对临床科研和诊治患者的最佳方案选择具有指导意义，也取得了很大的成绩。医学是一门实践性很强的科学，其成果又绝大多数都是在前人经验上的积累和传承所取得的，因而，从某种意义上讲，医学离不开经验，因为经验本身也是科学。

EBM也好，MBE也好，它们都是一种理念，一种研究方法和手段。不能把EBM的出现理解为对MBE的否定，也不能把EBM与MBE对立起来。应当说，EBM和MBE各有所长，它们都能促进科学的发展。

双方发表的论文虽然研究方法不同，但意外的是得出了大部分相同的结论，充分说明EBM与MBE的互补性，而且为今后的进一步研究EBM提供了更多的方向。

热疗与热化疗

20世纪70年代初，热疗掀起热潮。常与放疗结合以增加疗效。当时，我院并无放疗设备，权衡之下，决定将热疗与化疗结合，以求增加化疗的疗效。1980年，张锡泽教授招收的首批硕士研究生中，由我协助李名烈医师开展2450MHZ微波＋争光霉素及甲氨蝶呤同时进行热化疗（Thermo chemotherapy）的动物实验和临床试验。动物实验证实：微波＋化疗的抑瘤作用明显好于单用热疗或化疗的效果（$p<0.01$）。临床病例中50%以上消退率（属显效）达85%。一例晚期双侧腮腺转移癌患者在化疗的同时，一侧加热，另一侧不加热，结果显示，加热侧临床达到完全消失；而未加热侧则缩小程度不显著。（《口腔颌面外科理论与实践》，人民卫生出版社，1998）。

远期随访指出：热化疗后再行手术治疗的5年生存率为78%；单用热化疗者的5年生存率竟达83.3%，与化疗疗效的评价相一致的是，热化疗无效的患者，其远期生存率也愈差。

进入21世纪后，我和郭伟医师等与上海交通大学生物工程学院陈亚珠院士合作研发出一种新型的超声热疗器，其穿透深度比微波更甚。经临床三期多中心实验临床应用，获得了良好的疗效，其有效率可达64.45%（与对照组比较，p<0.008）。可以说，这是热疗研究的继续。该成果获得专利，并于2011年获上海市科技进步一等奖。

三联疗法治疗口腔黏膜恶性黑色素瘤

恶性黑色素瘤（Malignant melanoma）主要发生于身体体表各处皮肤及黏膜，并具有一定种族差异性。白种人好发于皮肤，黄种人易发于黏膜，黑人很少发于皮肤，但乌干达人的黏膜却也好发恶性黑色素瘤。1956年至1990年，我科共收治恶性黑色素瘤107例，其中，93.5%原自口腔黏膜（OMM）。

OMM比皮肤恶性黑色素瘤（SMM）更为恶性，局部浸润明显，区域性淋巴结转移率可达70%，远处血循转移率也可达40%，其中以肺、脑转移最常见。

传统的治疗方法对OMM原发灶及区域性转移灶均采用根治性切除，远处转移多以化疗为唯一选择方法，但疗效甚差。国际上报道，SMM的预后较好，早期的5年、10年生存率可达80%至90%。至于OMM的生存率则仅有4%至20%。

鉴于上述，OMM的治疗方法亟待改进。20世纪70年代初，由我引领开展了口腔颌面部肿瘤的冷冻治疗（《中华医学杂志》，1976），发现对色素性病损冷冻治疗的效果非常好。例如，发生在口腔黏膜的黑色素斑，只需用液氮（–187℃）贴敷一次即可治愈，且不留瘢痕。在这种启发下，我与王善昌教授等共同开始用该方法治疗源于口腔黏膜的恶性黑色素瘤。临床上采用喷射式液氮冷冻治疗，每次两个冻溶周期，疗效良好，在肿瘤组织坏死脱落后，创面愈合良好。有时可遗留冷冻坏死残留的死骨，一般都很清洁。在后期，死骨亦可自行分离并脱落，相比手术根治，其继发的组织缺损大大缩小，后期修复也不困难。

恶性黑色素瘤在临床上还有一个特点：与妊娠及内分泌系统的影响似乎有关，特别是偶可见临床确诊后出现自发性消退者。显然，后者又与自身免疫系统密切相关。为此，于冷冻治疗后还可加上卡介苗（BCG）皮肤划痕治疗；后来还应用过干扰素代替 BCG。当然这种免疫治疗还是属于非特异性的免疫治疗。进入 21 世纪，特别近年来各种新型的免疫疗法对恶性黑色素瘤，特别是晚期伴全身转移的病例取得了良好的结果，更进一步体现了免疫治疗对恶性黑色素瘤的治疗效果，此处就不予赘述了。

对区域性淋巴结转移的治疗，当然还是应以手术治疗为主，不同的是行选择性还是治疗性，还有待进一步临床验证。

从 20 世纪 70 年代后期开始，我科已将 OMM 治疗方式从外科治疗改为三联疗法——冷冻（原发灶）、手术（冷冻治疗失败的原发灶或区域性颈淋巴转移）和免疫治疗。在两次的临床总结中（《口腔医学》，1981；《中华耳鼻咽喉头颈外科杂志》，1996）均指出三联疗法是可行的，107 例的治疗结果显示了 3 年与 5 年生存率分别达到 57.1% 和 36.1%。早期病例的 3 年与 5 年生存率甚至可达到 75%。

对恶性黑色素瘤，在我科室已多采用肿瘤内科治疗为主，并业已在全国发表了关于三联疗法治疗 OMM 的共识，对国际 TNM 里的 OMM 的Ⅰ、Ⅱ期病例提出了标准。

通过对 OMM 的研究推动了我国口腔颌面头颈肿瘤内科的治疗。以郭伟教授为首的内科团队，也取得了许多肿瘤内科治疗的成果。

放射治疗的建立

20 世纪中叶，对口腔颌面肿瘤的放射治疗虽不占主导地位，但仍是综合治疗中不可缺少的手段。放疗可用于术前，亦可用于术后。也可辅助化疗，用于放疗前或放疗后，至于在 21 世纪形成的同期放化疗（Concomitant Radiology）的广泛被采用，也是鉴于这种基础。为此，可以说，晚期口腔颌面恶性肿瘤的治疗可概括为综合的三联疗法，手术、化疗、放疗三位一体皆不可缺。

然而，在那时不是每个综合医院都有放射治疗科，更不要说非肿瘤专科的口腔医院了，九院虽也属当时上海三甲医院和十大医院之一，却也没有设置独立放射治疗科的，口腔颌面恶性肿瘤的放疗还需要肿瘤医院的协助。在病员安排、合作科研等方面均受到一定限制。加之，肿瘤医院头颈放疗重点大多为鼻咽癌，要发展中国口腔颌面恶性肿瘤综合治疗的优势，势必还要建设属于自己的肿瘤放疗科。

20 世纪 80 年代初期，正好有一笔研究生科研资助经费，我与科室共同决定，用这笔钱建立一个放疗治疗科，主要为治疗口腔颌面头颈肿瘤服务。

大约是 1984 年 4 月的春夏之交，我在手术室接到医院负责采购的叶爱菊电话，要我术后立即去西郊看一个预约购买的国产 60Co 放射治疗机。由于经费的限制，当时还买不起加速器，据放射治疗专家说，60Co 放射治疗机基本可达到头颈部的治疗要求。

我术后饭也顾不上吃，即与叶爱菊乘医院吉普车前往西郊。熟悉我的人都知道，我坐车喜欢坐副驾驶座位，一方面方便与司机聊天，同时也是一种对司机的尊敬和礼貌。当时我对佩戴安全带还不重视，当车快到目的地时，天下起了小雨，突然，我感觉到车子飘起来了，并很快向右侧一个凹坑里倾倒。我从座椅上向左侧司机方向被抛出去，左胸正好撞到司机座的靠背上。当时，只感到左胸突发剧痛，气闷难忍，好像呼吸不过来。稍后，司机小包与叶爱菊把我从车内扶出来，坐在路边。还好，神志清楚，疼痛好转，但气闷继续，我以为有了气胸。待电话与医院联系后，再派出车辆把我送回医院，经戴尅戎教授亲自为我检查，并行 X 线摄片，确认为左侧锁骨加 4 根肋骨骨折，少量血气胸。为了复位，只用了多头带固定胸部，绷带固定锁骨。也许是疼痛和紧张过度，在坐位固定骨折时竟昏厥了过去，经躺平和注入高渗葡萄糖（当时还没发现糖尿病）后逐渐好转。

因为采购而出现车祸，也是命中注定的，却竟成为美谈——为建立放射治疗而奋不顾身也。

设备只是工具，还需要人，没有，那就培养。经与美国学者联系，决定派当时的主治医师王中和前去完成这一重任，他于 1986 年至 1988 年在美国进修了一年半的放射治疗培训回国，并于 1988 年正式在九院建立了放射治疗室（科）。在他的努力下，该科室除以口腔颌面 - 头颈肿瘤为主外，还兼行全身其他肿瘤的放射治疗，充分展示了溢出效应。王中和由于业绩突出，还当选过上海市放射治疗学会的副主任委员。

如今的九院放射治疗科已有了长足的发展，工作人员不断增加，也有了新的学科带头人，一些新的治疗工具——先进的加速器、模拟生物计算等均为一流。还获得过国家教委科技进步二等奖，出版了《口腔颌面头颈放射治疗学》《肿瘤放射治疗临床手册》等专著。

立即修复与额部隧道皮瓣

口腔颌面部因肿瘤手术、外伤以及感染等原因而引起的组织或器官缺损，多需仰仗整复重建外科技术予以修复。20 世纪五六十年代，以带蒂皮瓣转移整复应用最多，而且强调：如为肿瘤手术后的缺损，应尽可能采用“立即整复（Immediate reconstruction）”而非延期整复。立即整复的好处如下：第一，可以一期修复缺损，避免创面暴露诱发感染，特别是对重要组织区域造成的脑膜暴露，骨面暴露以及洞穿性缺损等都必须用组织覆盖修复。第二，可以早期恢复功能锻炼和术后生理功能。第三，患者不至于因面部缺损过大而诱发精神障碍甚至抑郁症等。

总之，立即整复被看作是肿瘤根治术的一部分。

颌面头颈缺损当时采用最多的是额部皮瓣、颈部皮瓣和胸肩峰皮瓣。这些皮瓣的优点是近距的，转移方便，存活率高，但他们都具有必须二期断蒂和供区也需修复关闭的缺点。

偶然的情况下，我读到了国外一篇关于“皮下皮（Subcataneous flap）”的报道，介绍小型缺损去除皮瓣蒂部表皮后一次转移而无须二次手术修复皮瓣蒂部褶皱小耳朵的情况，这使我突然联想到这个方法能否被移植应用到传统的额部皮瓣转移中去。

额部皮瓣陪伴富有颈外动脉末支颞浅动静脉系统的血环，被称为是轴型皮瓣的一种，临床上常用做口腔内及面部皮肤缺损的修复。它的优点如下：第一，制备容易，皮肤质地、色泽均与面部皮肤类似。第二，可转移至口内修复缺损及行舌腭咽成形术。缺点是必须二次断蒂，将转移至口内后形成的口内外暂时性瘘道行手术关闭。

为了解决一次性转移，无须二次手术，历史上曾有过“岛状皮瓣（Island flap）”的设计，即将皮瓣蒂部的皮肤及皮下组织全部分离去除，仅保留皮瓣蒂的血管神经来进行转移，但皮瓣不能太大，不能超越中线，血管神经血管蒂不能太长，否则有导致皮瓣坏死的可能。

当然，额部皮瓣（特别是不能超越对侧的半额瓣）的最大缺点还在于，额部供区可遗存巨大的“补丁式”缺陷。

针对上述额部皮瓣的优缺点，我设计了一种新的“隧道式皮瓣”的转移术式，于 1965 年首次应用于临床。术式的基本点是对一侧面部放疗后坏死的皮肤癌患者行全层贯通式切除遗留的缺损，以设计好的额部皮瓣立即修复充作口腔面；再以颈面皮瓣转移修复面部皮肤。额部供区则以游离皮片移植修复，由于额部的蒂部只去除表皮而保留皮下组织以移穿过正常组织的皮下完成无须断蒂的修复，故命名为“隧道式皮瓣”。

1977 年至 1983 年，我分别对科室 1956 年 1 月至 1980 年 12 月行额部手术 143 例进行了总结（《中华医学杂志》，1977；《中华口腔科杂志》，1983），成功率为 87.3%（124/143），隧道瓣成功率为 85%，这一研究的创新性还在于突破额部皮瓣中线限制的理论，即额瓣只能切取半侧，不可超越中线。在本研究中采用全额者有 80 例，成功率达 84.7%，应该是一个突破。其次，全额瓣切取后行全额全厚植皮的效果也远远优于半额部植皮。

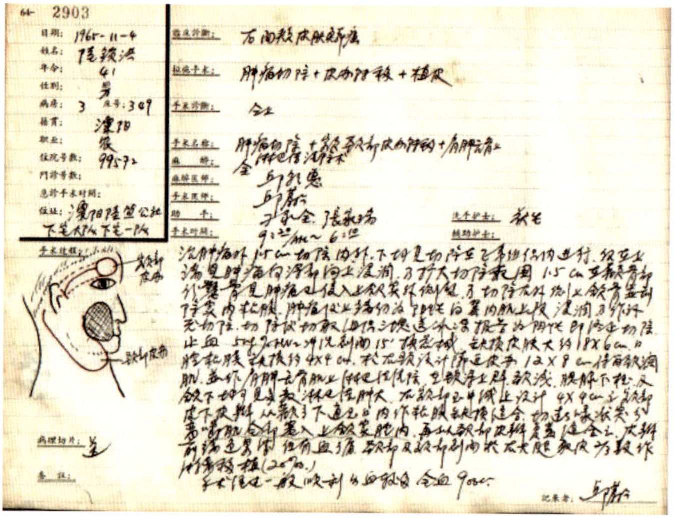

额部隧道皮瓣的第一例手术记录

为了证实额部隧道皮瓣的解剖基础，以解剖教研室陈志兴为首进行了解剖学研究(《中华口腔科杂志》, 1983), 证实加大术侧蒂部宽度，全额瓣可由术侧延续供血。并发现按常规额瓣设计，除颞浅动脉外，尚可包括耳后动脉的吻合支供血。由此，我们得到的概念是全额瓣并不单是颞浅血管供血，也不是仅仅增加了耳后血管供血，实际上是头皮侧支供血，而非如以前学者(Millard, 1969)提出的“增加蒂部宽度，可单纯增加耳后动脉血管的供血”的观点，全额瓣实际上是增加了头皮侧支血循的供给，使额部皮瓣成为一个轴型颞浅血管＋随意型（头皮血管）皮瓣。

在上述基础上，我们还开发和改良了以 Mütter（1984）命名的皮瓣，亦称枕乳突皮瓣。这种皮瓣由于长 / 宽比例过大，常需延迟后才能行转移手术。1976 年，文献上报道了不延迟 Mütter 皮瓣的应用获得成功；Arena（1977）则报道了后头皮皮瓣（Posterior scalping flap）的临床经验。不管叫什么名称，上述两种皮瓣都是以头皮为蒂供血的随意皮瓣，愈加大蒂部的宽度，其皮瓣成活率愈高。在对额部隧道皮瓣应用的基础上，我们明确提出改良皮瓣的名称为“头项皮瓣（Head and neck flap）”。因为蒂为头皮，皮肤则充分应用“项”部组织，故以“头项皮瓣”为妥（《中华口腔科杂志》，1981）。在我科施行的15例病例中，成功率达100%。

头项皮瓣的优点如下：第一，项部皮肤可供面积较大，可达10 cm^2。色泽与面颈部相似。第二，如同期行颈淋巴清扫术，切口互不干扰。第三，特别适用于颈部创伤或放射性坏死以后颈动脉暴露的覆盖之用，文献上对此类皮瓣亦称为“救生瓣（Life flap）”。其缺点如下：第一，此种皮瓣只宜作用面部外层缺损的修复，而不能转移到口内。第二，皮瓣基蒂较宽，转移至耳上时特别易形成皮管折叠蒂，需二次修整断蒂。

按现时的观点和奖励制度，这些临床有改进的技术有一定创新性，属于保证术后生存质量的“功能性外科”范畴。但在当年的情况下，既不能向国外介绍，也无法作为成果来对待，因为国内还没形成科研奖励制度。

1960年，我正式在科研年会上正式提出“功能性外科”的概念。

显微外科——修复重建外科史上的第三次飞跃

在放大镜或显微镜下完成的外科手术泛称为“显微外科（Microsurgery）”。显微外科的真正含义并不是学科，而应该是一项专门条件下——由显微镜或放大镜、显微手术器械和显微外科特殊操作而进行手术的一种技术。显微外科技术可用于医学临床各科，因而它无法独立成科。

首先用放大镜在人体正常腔隙内进行检查诊断的应属耳鼻咽喉科，应该说那是初级的显微外科，也是显微外科的始祖，具有现代微创外科、内镜外科的影子。

现代修复重建外科、骨科、整形外科、口腔颌面外科均与显微外科技术密切相关。从修复重建外科技术的角度来看，20世纪有三次飞跃：第一次飞跃是1917年费拉托夫皮管（亦称格里氏或称管状皮瓣）被用于临床，本手术需多次手术始能完成，主要为修复巨大组织缺损或洞穿性缺损。第二次飞跃是在20世纪60年代初的轴型皮瓣（含有知名动静脉的皮瓣，或称动脉皮瓣）；这类皮瓣突破了原有随意皮瓣（不含知名动静脉）设计比例的限制，可使长宽比例超过1：2、达1：3或以上，且可以一次转移行立即修复缺损。前述的额部皮瓣与胸肩峰皮瓣是为代表。第三次飞跃发生在20世纪60年代中期，陈中伟、钱允庆团队成功行断手再植开始，而成熟的普及却是在20世纪70年代中后期。基于显微外科技术的发展和成功，使远位皮瓣经血管吻合血循重建的组织瓣一次修复缺损组织成为可能。1974年，我国华山医院杨东岳、张孟殷等首次报道腮腺、面侧区组织缺损取腹股沟皮瓣用显微血管外科技术，行血循重建一次转移成功。1976年，Harashina和Panje等则首次报道了口内游离组织皮瓣修复缺损的经验。

血管化组织移植除可应用于自体大型、洞穿型缺损外，还可行多种复合组织瓣（皮、肌、骨）及下颌下腺自体移植，特别是还大大推动了异体器官的移植。

我院最早进行显微外科研究是张涤生老师领导的整复外科，其中林熙、王炜医师都是先行者。我科于 1978 年开始引进显微外科技术，行各种手术的同时，对口腔颌面部缺损进行立即整复，获得了良好的效果。刘世勋、唐友盛医师进行了大量初期的奠基工作。基于这种技术的保证，对恶性肿瘤和巨大良性肿瘤、创伤等致重大缺损的外科手术均无太多后顾之忧，成功的修复减少了并发症的发生，患者对功能和外形的满意度提高，对术后缺损的顾虑也有所减轻，从而在心理上也获得了相应的满足。

上海交通大学医学院附属第九人民医院口腔颌面外科从 1 例足背皮瓣游离移植开始，至 2020 年已积累逾万例血管化游离组织瓣移植。近 20 年的年移植成功率平均在 98% 以上，最优年份已达 98.8%。

为了培养更多国内外的临床医师，在张陈平教授组织领导下，每年都要在国内或国外举办显微外科学习班 1 至 2 次，迄今已成功举办 52 次。

国际口腔颌面外科医师协会（IAOMS，2010），AO 内固定学会（2012），及英国爱丁堡皇家外科学院（The Royal College of Surgeons of Edinburgh，RCSE，2014）相继在九院设立了国际培训中心，迄今已培养了国内外 1800 余名临床口腔颌面外科医师。

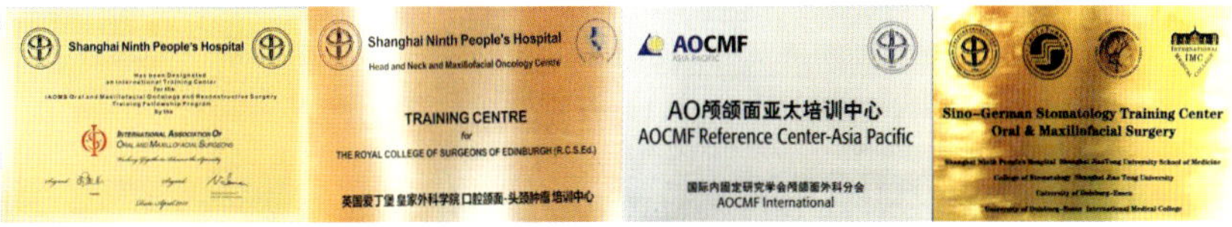

目前已在作者科室设立的四个国际培训中心

经过 40 多年的发展，九院显微外科的业务也增多了，新的改良的组织瓣逐步在临床上被用作股外侧皮瓣等，其他的穿支皮瓣发展也很可喜，在国内不少单位业已成为常规手术了。

同期立即手术整复的核心技术，多次获得上海市级科技进步奖，国家发明三等奖和国家科技进步二等奖。

从正颌外科到颅颌面外科

一个新学科往往不是凭空出现的，而是在一些原有的基础上发展而来的，在口腔颌面外科学里，颅颌面外科的形成就充分体现了这一点。

牙正畸学（Orthodontics）是最早形成的学科，它的主要任务是纠正牙及牙排列紊乱。其始祖应是18世纪的Fauchard和19世纪的Angle。

牙生长在颌骨的牙槽突里，与颌骨的发育和位置脱不了血缘关系。为此，单纯的牙及牙列排列紊乱的矫正必然会涉及颌面骨的矫正，于是正颌外科（Orthodontic surgery）油然而生，19世纪的代表人物Hullihen，以及20世纪的代表人物Obwegeser，把正颌外科又推到了一个新的高度。

了解了牙与颌的关系，解决了牙与颌骨畸形，但解决不了所有的面部畸形，甚至颅骨畸形。颅颌面骨共22块，面骨有7块（上颌2块，下颌1块，颧2块，腭2块）、面表情肌有26条。有了骨的结构，面肌及头皮、头发才有附着点，所谓“骨之不存”“牙将焉附”；颌面骨之不存，表情肌、咀嚼肌的附着亦无基础；无表情肌、咀嚼肌又何能有表情与咀嚼吞咽？因而在正颌外科基础上，又形成一个新的学科——颅面外科（Craniofacial surgery），其代表人物当属20世纪50年代的法国外科医师Tessier。颅面外科除矫正颌面部常见的面部不对称畸形（常称单侧颜面短小症，Microsomia）外，主要还解决眶距增宽、颅缝早闭，以及各类综合征，例如：克鲁宗综合征、尖头并指综合征、鸟面综合征等。

颅面外科与正颌外科手术在某些程度上有所重叠，而且是他们的基本治疗原则和共同基础之一，即骨切开术后骨块的重新组合（Segmental ostectomy reforms）。根据这一原则，又推动了颅面外科向颅颌面外科（Craniomaxillofacial surgery）或颅底外科（Skull base surgery）的发展。即应用骨切开的基本技术行颅内外联合手术，将被肿瘤侵犯的骨块连同肿瘤一并切除，即所谓“颅颌面外科”或“侧颅底外科”（Latenal skull base surgery, 耳鼻咽喉科常用语）。这方面的先驱者在 20 世纪六七十年代，以 Coleman、Ketchen 等为代表。在骨块切开理论的指引下，我等早在 1965 年即为一例视神经纤维瘤患者进行过颅内外贯通手术，但真正开展颅颌面外科手术则是在 1976 年。用此技术治疗晚期已侵犯颅底肿瘤切除术获成功。至 2010 年，对晚期口腔癌行颅颌面联合切除术患者的 5 年生存率已达 50% 以上，为晚期口腔颌面肿瘤开创了一条可治愈的途径。

颅面外科或颅颌面外科手术都是在神经外科医师协助或参与下完成的，在这里要感谢我院尚汉祚医师的合作。颅面或颅颌面外科术后的处理与护理都需要神经外科的知识，从正颌外科到颅颌面外科是典型的学科交叉成果；也反映了任何一件创新事物都需要有经验积累，学科的发展也离不开一代一代人的努力。正如在公元前柏拉图即说过：“需要是发明之母（Necessity is the mother of invention）。”

神农尝百草——以身试针

针灸、推拿、火罐等皆为传统的中医外治疗法，至今仍在被中医应用，其中针刺可以镇痛且有经络学说支持。

20世纪50年代末期，上海出现了针刺麻醉（简称“针麻”），是由耳鼻咽喉科医师首先以针刺穴位作为麻醉方法行扁桃体摘除术。在此之后，各临床学科风起云涌，争相效法，口腔颌面外科亦不例外。

20世纪60年代初期开始，在口腔颌面外科，由我任组长，由周永德、林国础及刘世勋3位医师，中医针灸科陈绍东医师，以及护士陈绮云、王华勤、范宝华等4人组成口腔颌面外科针麻手术组，专门探讨针麻在口腔颌面外科的应用。

按中医理论，针麻是选择一定的穴位给以针刺刺激，辅以少量全身用药，使患者能在清醒状态下接受手术的一种麻醉方法。

经过多年的摸索，研究组认为针麻可用于口腔颌面外科中小型手术，如腮腺切除术、下颌下腺摘除术等。全身情况较差或药物过敏（特别麻醉药物过敏）均可列为针麻的手术指征，牙拔除术因国内已普遍开展，故未列入研究范围。

针麻手术首先必须探索穴位选择和组成，为不影响手术施行，穴位多根据经络原理选择在四肢。这一方面，中医陈绍东起着主导作用。至于刺激方法，可以人工捻针保持得气，亦可于得气后继续用脉冲电刺激。也可以进针后得气留针，不做持续刺激，只在一定需要的时候，对针刺部位是否已经失气而重新加以调整。

各种不同方法我们按前瞻性对照研究设计按统一的疗效标准进行比较，发现各种方法间的手术成功率（即优良率）之间，并无统计学上差异（p>0.05）。于是，我们在后期均统一应用得气留针的方法，并加以介绍（《新医学》，1973）。同时，对穴位处方的选择也得到了临床的优化，形成了一套口腔颌面针麻手术常规。

这里要介绍一下我们为什么要对得气留针进行研究。

针麻手术开展初期，有患者反应对四肢穴位的针刺反应比手术操作更不舒适。为此，我就产生了自己需要实际体验一下再加以改进的想法。我以神农尝百草作为我的目标，将心比心体会患者诉求，之前已经提过，为了解患者感受，我接受了一次针麻下耳前淋巴结摘除术（由周永德医师施术），针刺方法系一直保持持续捻针。

这次手术让我得出结论："针麻有镇痛作用，但镇痛不全；持续穴位刺激也十分不好受。"

这次手术促进了我主动寻求和欲证实"得气留针"是否可行的想法；也促进我们总结出针刺麻醉手术的几个基本原则，例如：第一，手术器械要十分锋利、精巧，一般不用拉勾。第二，手术操作要稳、准、轻、快。第三，止血要轻而准，避免钳夹过多组织。第四，知名血管宜先结扎近心端，后远心端。第五，知名神经干宜加局部注射麻醉剂，等等。

学习神农，以身试针是一个医务工作者的责任，只有自己体会到存在哪些问题，才会知道需进行哪些改良工作。科研工作，特别是临床科研，把患者放在首位，以己之感受去体会他们的感受，即叙事医学的"共情"，是义务，更是责任。

以身试"针麻"并非我的第一次。我第一次自身试验是在1959年，我曾设想过，根据文身染色（Tattoo）的原理，用白色的氧化锌能否对面部的毛细血管畸形（葡萄酒色斑）行文身治疗？于是我先用氧化锌在自己股部行文身，不幸因感染而失败。我想这也是学神农必经的过程，是对患者的负责。

针刺麻醉的临床和实验研究作为第一单位，我科与华山医院神经外科于 1990 年一同获国家中医药学管理局科技进步奖二等奖。

由于麻醉学的进步，目前在一般医院已不用针麻，仅存于中西结合医院中，但在战时或天灾时也许针麻还会有用武之地。在唐山大地震中，我就在临时手术室里为患者用针麻施行了关节成形术。

中医的理论是深奥的，有时会使人百思不得其解。在一次针麻手术过程中出现过一次针刺后患者取消手术的事件。一位男性患纤维性颞下颌关节强直，准备在针麻下手术。针刺后手术还未开始，患者诉自己已能张口活动，经检查，确实有张口度。于是，手术停止，以后即长期进行针刺穴位后强行张口锻炼。这个现象至今无法得到解释，只能称之为“经络现象”。我们将该例作为个例报告发表（《口腔颌面部手术中的经络现象》，《新医学杂志》，1974）。

针麻还在国际上引发过讨论。美国著名记者赖斯顿在北京访问时，急性阑尾炎手术后曾用针麻止痛。在上海访问时，我还专门为他示教了一次针麻腮腺手术。他回美后，竭力介绍针麻，引起了当时世界医务界的普遍关注。当然，这都是往事了。

从临床观察到认识诊治 OSA

现在提到阻塞性睡眠呼吸障碍（Obstructive Sleep Apnea，OSA），在医务界可以说是无人不知了。然而，在 40 多年前，知者可能寥寥无几。

我对 OSA 的认识也还得从头说起。

20 世纪 60 年代，我曾犯过一个认识错误：一位颞下颌关节强直患者从江西来就诊，由我手术并获得良好张口度，几年后，患者前来随诊，诉一切良好，但有白日嗜睡，夜间呼吸不畅症状，问我有什么办法？当时已是主治医师的我，百思不得其解，颞下颌关节强直患者能张口进食，没有复发，就是手术成功的标准，对于这些后续症状，以不影响健康为由被我怼了回去，显然，这是我当时的无知。

之后不久，1976 年，临床上出现我所见的第一位颞下颌关节强直伴呼吸障碍病例，一位 9 岁的女孩由其父——一位胸外科医师来找我们治疗颞下颌关节强直，但他的主诉却不仅是张口受限，而是夜不成寐，要求解决能躺睡而不憋气。当时，科内和院内都没有睡眠呼吸检测设备，只好到患者床边观察，观察的结果，使我受到很大的震动。

1. 患者躺下刚入梦乡，即因通气不畅，鼾声大作，突然停止呼吸，继之患者挣扎起身，伴以大汗淋漓。同时，长吸一口气后方睁开双眼。如此反复发作，是患者不能入眠的主要表现。

2. 复习患者面容照相及 X 线片呈典型双侧骨性关节强直，鸟嘴征（下颌角消失，角前切迹增大）说明下颌骨发育严重受限。

3. 患者还伴有明显的白天嗜睡，说明有慢性缺氧症状。

4. 当年虽无 CT、MR 等设备协助检查，但临床症状已足以说明该患者颞下颌关节强直同时伴有气道，特别是中下气道有明显狭窄。

患者的临床症状使我恍然大悟，并认识到这是一个典型的病例，给出的诊断很明确，也就是由颞下颌关节强直继发的阻塞性睡眠呼吸暂停（Obstructive Sleep Apnea，OSA）。

对颞下颌关节强直伴 OSA 的病例，手术不仅仅是解决张口问题，更重要的是要解决下颌骨前移扩大中、下气道的问题。我借当时正颌外科的经验，决定在行关节成形术时同期对患儿进行下颌支高位横断前移术获得了良好的结果;既解决了张口受限问题,也解决了睡眠问题。

1983年随访该患儿已经成人，随访发育正常，张口3厘米呼吸功能良好。

临床上出现的第二例颞下颌关节强直伴OSA的病例也是在20世纪70年代后期。那是一例1974年在外行颞下颌关节成形术+气管切开术，术后无法拔除气管导管前来就诊。诊断与第1例患者相同。1978年8月9日行颞下颌关节成形+双侧下颌支“L”型髂骨移植、下颌前移术。术后情况良好，佩戴的气管导管得以拔除，可由气道正常呼吸。

1983年随访，患儿也已成年，发育正常，张口度2.5厘米。

20世纪80年代国内还普遍对OSA认识不足的情况下，我科即已开始对此涉及睡眠医学的问题形成常规治疗，设立了睡眠呼吸障碍的检测系统，并设立了专门病房开展诊治OSA及鼾症治疗的研究。国内也是在20世纪80年代后期,才引起了对OSA的重视,在睡眠医学科、耳鼻咽喉科、口腔颌面外科、口腔正畸科等多个科室，推动和提高了关于睡眠呼吸问题的预防和诊治工作。

我在总结经验的基础上发表了有关OSA的第一篇论文（《中华口腔科杂志》，1985），并于2010年被中国医师协会授予“中国睡眠科学技术终身成就奖”。20世纪90年代，我科室由卢晓峰医师负责专门成立了呼吸障碍诊治中心，他也因对睡眠疾病的贡献，于2019年获得了“国之名医”大奖。

作者获评中国睡眠科学技术终身成就奖

作者获“国之大医·特别致敬”称号，卢晓峰教授同获“国之名医·卓越建树”称号（2019 年）

内镜推动了颞下颌关节外科的发展

内镜（Endoscope）系指能伸（深）入到人体正常管道或腔穴内进行诊断和手术的一种先进器械。1879 年，Takagi 应用膀胱镜行了第一例临床检查，以后被陆续应用于骨科膝关节等的检查和治疗。食管镜、气管镜等亦随之被临床各科室采用。

早期的内镜的构造及材料均比较简单，质硬且光源缺乏折射，多仅被应用进行深部病理组织检查及取出结石或异物等。随着材料器械的日新月异，现代内镜已从本质上获得了巨大的进步和进展，在导管的柔软和无创性，光源的折射性和从二维到三维的视觉等方面均与旧的内镜不可同日而语。

1987 年，随着法国医师 Mouret 在内镜下行胆囊摘除成功以来，内镜已从诊断大踏步跨向在镜下进行手术。随着微创外科概念的普及，更使内镜进入了内镜外科（Endoscopic Surgery）时代。

以前，内镜在外科中应用最多的是骨科、泌尿外科；21 世纪以来，腹腔外科及胸腔外科及消化道食管外科中，内镜亦得到广泛推广。

颞下颌关节内镜由于关节腔较小，仅略大于趾（指）关节，故其研制成功及应用的时间，在全身内镜中应属较晚。1974 年，大西正俊（Onishi）首次将颞下颌关节镜推向临床，此后被逐渐推广到世界各国和获得认同。

国内最早引进颞下颌关节镜的是四川大学华西口腔医学院（1982）。我所在科室则是 1986 年跟进。最早多限于在关节镜下研究病理变化及诊断标准，倡行关节镜下的关节腔灌洗术以减轻患者疼痛症状。我认为，单纯的诊断似意义不大，若能在关节镜下同期施术，达到诊断与治疗一次完成应该是关节镜的最佳应用方式（《中华口腔医学杂志》，1998）。

我们的关节镜手术首先选择复发性颞下颌关节脱位患者作为诊治对象，即在关节镜窥视下用特制的穿刺针，准确向关节镜后区滑膜下进行穿刺，成功后立即注射 5% 鱼肝油酸钠，以达到盘后区滑膜下硬化以治愈复发性颞下颌关节脱位的目的。实验研究证明，这种方法可避免传统治疗——关节囊内注射硬化剂形成关节囊内瘢痕组织形成的缺陷。相关论文发表后并为国外专著 *Advances in diagnostic and surgical arthroscopy of the temporomandibular joint* 一书引用。1997 年，研究课题被评为国家发明奖。

之后，杨驰教授接替了该工作的随访。临床证明：本法再加上他创新的关节盘后区缝合牵引法，治愈率可达 88%；有效率为 97%。

内镜的临床应用大大推动了我科颞下颌关节外科的发展。杨驰教授带领下几乎开展了颞下颌关节外科所有的内容，除常见关节紊乱病、关节强直、关节创伤、关节肿瘤外还涉及先天发育性不良、髁突特发性吸收等。

在颞下颌关节病治疗方面的成就还反映在人工关节置换上。在3D指导下的个体化设计以及成套适合中国人不同大小关节用的人工关节均已问世，甚至还融合颅底外科手术摸索出一套关节与颞骨手术缺损的复合修复体，进一步推动了颅颌外科手术的进步。我科颞下颌关节外科，培养了国外及国内26个省市53家单位的医师，1500余人次前来参观学习，杨驰等教授到国外讲学和手术示教。他们还被邀参加国外有关颞下颌关节外科的专著，并被国内翻译出版。

杨驰教授的科室还建立了上海市颞下颌关节疾病的研究平台。

这些成果使他们在2019年和2020年分别获得了上海市科技进步一等奖和国家科技进步二等奖。

这里还有必要补充说明一下关于参加美国颞下颌关节外科医师学会的往事。

20世纪80年代，我科室已全面对外宾开放参观。一位美国的骨科医师看了我们科室的针麻下行颞下关节强直手术后表示出十分浓厚的兴趣。1987年，我接到美方Dr.Wilkes的邀请赴美国内华达州的塔荷湖（Hyatt Lake Taho）参加美国第14届西部口腔颌面外科年会，和由12位学者发起“美国颞下颌关节外科医师学会”（American society of TMJ surgeons）的成立会议，我有幸成为这个学会的首个国际会员，并在会上作针麻下行颞下颌关节成形术的报告和录像演示。多年之后，杨驰教授也参加了这个学会，以及欧洲的TMJ医师学会。

可惜的是我国迄今尚无颞下颌关节外科的独立建制，仅有以颞下颌关节紊乱病为主要对象，且以保守治疗为主、附属在中华口腔医学

美国颞下颌关节外科成立，作者受邀参加演讲，并成为该会第一位国际会员（摄于 1987 年）

作者（左二）与同事进行病例讨论

作者在医院查房

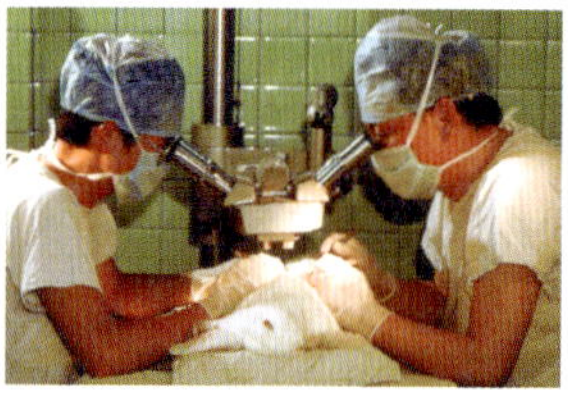

作者（右）进行动物实验

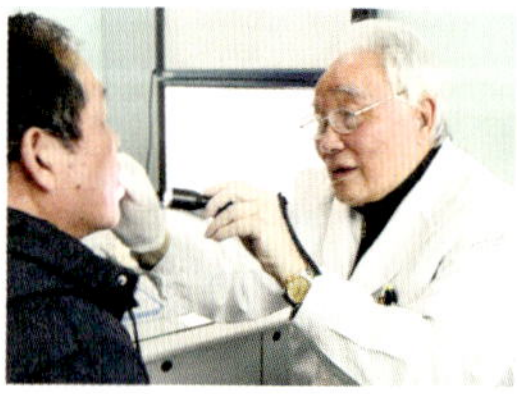

作者（右）为患者检查

作者（右一）进行义诊

会之下的颞下颌关节与𬌗学专业委员会。如果将来能获批独立的颞下颌关节外科专业委员会，相信对我国颞下颌关节外科的发展将会有更大的帮助。

科学研究与实验室建设

实验室是科学求真的场所和必要的平台，凡涉及基础或应用基础研究，都是要借助实验室才能完成的。

我一生很少从事基础研究，只是招收研究生后，研究生进行过一些有关的基础研究。严格地说，主要还是偏应用基础。然而，为了扩大知识面，我对基础研究的一些文献和研究趋势总还是有所了解的。

我这一生参加过三次实验室建设：

第一次是在20世纪70年代，为了适应当时肿瘤的免疫治疗，由我、陆昌语（张锡泽老师在60年代招收的第一位苏联制副博士，相当于现硕士研究生）和内科内分泌科吴万龄医师，以及技术员殷学民组成了一个免疫实验室，成员全部参加了当时刚成立的上海市免疫学会。以后有关临床免疫的一些研究都是在这个实验室完成的，包括肿瘤患者与正常人免疫功能的差别（《上海免疫学杂志》，1980）；中医辨证与免疫功能的关系（《上海中医药学杂志》，1981；《上海医学》，1981）以及非特异性免疫治疗联合化疗治疗口腔癌（《中华口腔医学杂志》，1984），等等。

第二次参加实验室建设是在1980年，张锡泽老师被批准为国家第一批博士研究生导师。同时，配套下发一笔经费作为筹建实验室之用。经领导班子商议，决定建一个口腔肿瘤生物实验室。在既无地方又无人员和经验的情况下，我所在科室可以说是白手起家。由科内决定抽调何荣根、陆昌语、徐秀琪、周晓健等人为实验室成员，以何荣根医师为负责人（以后为实验室主任）进行筹建。实验室设在图书馆旁一间15平方米的小屋，以容纳必要的实验设备。我与何、陆2人率先出访参观北京口腔系的实验室、上海第一医学院朱世能校长的病理实验室、瑞金医院柴本甫教授的骨科实验室，还有上海药物所，任云峰、杨金龙、胥彬等人的实验室。回来后决定以培养口腔癌细胞株本为突破口，以实验模型建设为基础。同时，也是为了适应当时的细胞株（系）研究热。

实验室启动顺利，在短时间内获得了首株舌鳞癌细胞 Tca-8113，以后相继还建立腺囊腺癌 Acc 系两株。此实验室为研究生提供了科研基地，我科最早硕士和博士都进入了这个实验室。我第一个博士生步荣发关于抗癌实验的研究就是在这个实验室完成的（《中华口腔医学杂志》，1993）。另一位博士研究生关晓峰也在此完车了 Acc-M 肺转移株的建立（*J Oral Maxillofacial Surg，1997*）。可惜当时的这些细胞株（系）在长久的培养基础上遭到了污染，但其历史是不容否定的。

口腔颌面肿瘤生物实验室为 21 世纪建立上海市口腔医学重点实验室打下了良好的基础，其中取得的科研成果也多次获得了上海市、国家教委等多项科技成果奖。

近年来，这个实验室发展更为壮大，已从以前细胞学研究进入基因、蛋白、代谢等分子研究时代，涉及探寻特异性分子诊断标志探索和通路阻断，以及药物研发等多领域，并为即将到来的部省共建国家重点实验室作出了准备和贡献。

第三次是 1981 年建立口腔医学研究所，第一任所长是张锡泽老师，我当时是科副主任，除协助他外，还建立了口腔颌面外科研究室，下属三个组——肿瘤、整复及新技术（含激光、冷冻治疗等）。

杂志是学科和学术的喉舌

学术杂志的主要任务是发表论文、科研经验以及科研消息。在信息时代，学术杂志与互联网结合已形成另外一种新方式——网上杂志（公开或付费双向存在）。

国际上，各类专业都有自己的杂志，更有专门的杂志收录、评价、认定和分类分级机构。他们经常会发布影响因子，被收录次数等指标。

为了达到宣传学科和学术水平的目的，杂志也被称为学术和学科的喉舌。在口腔医学中目前的专业中文杂志已有 20 多本。以英文发表的杂志在国内有 3 本，其中我们主办的有 1 本 *Frontiers of Oral & Maxillofacial Medicine*（*FOMM*）。

提到杂志，上海交大口腔医学院也有一部辛酸史。新中国成立后，第一本杂志是《中华口腔医学杂志》，它其实是 1946 年由华西协合大学牙医学院主办的《华大牙医》改名而来的。1953 年由中华医学会在北京发行《中华口腔科杂志》，原《中华口腔医学杂志》停办。国内第二本杂志应是 1981 年由我院原上海第二医学院口腔系牵头与浙江大学医学院口腔系、江苏常州市卫生局合办的《口腔医学》杂志。这本杂志的主编是张锡泽教授，编辑部设在常州。由于当时申请刊号十分困难，在上海、杭州都无法得到，只能由常州市申请到的。这本杂志历经合办的坎坷，最后转为南京医科大学口腔医学院主办。第三本创刊的杂志是《华西口腔医学杂志》。以后，国内其他单位出版的杂志才日益增多。

继《口腔医学》之后，我院于 1992 年申请创办了我院的第二本杂志《上海口腔医学》，至今已有 30 余年，是与《中华口腔医学杂志》

《华西口腔医学杂志》共同被美国 NIH 医学图书馆 *Medline* 收录的三本杂志之一，至今运行良好。

为了发挥我院口腔颌面外科的优势，由我担任第一任主编的《中国口腔颌面外科杂志》于 2003 年诞生，成为中国的第二本口腔颌面外科专业杂志，也是代表中华口腔医学会口腔颌面外科专业委员会的官方杂志。杂志的主编目前是我的研究生郑家伟，他带领着编辑部同仁把几本杂志运维得相当出色。

2019 年，由于国际的需要，我们创办的中国口腔颌面外科第一本网上开放杂志 *FOMM*，至今已进入第五年，运行良好。2021 年已被荷兰 Scopus 数据库收录。近日，又欣闻被 WOS 核心集（ESCI）收录（2024）。

杂志是发声的工具，也应遵循“质量第一”的标准。杂志的编辑须有正规的程序，有预审，有复审，有定稿。杂志的论文还要注意前瞻性、时代性。编委或审稿人也要把审稿质量放在第一位，应该意识到审稿对审稿人和编委也是一次最好的学习机会。

凡事不能求全。任何一本杂志都可以有顶尖文章，也有一般甚至不好的论文。顶级杂志和一般杂志都不能以一概全，核定的真理只有质量。

体制改革同样是创新

正颌外科一向离不开口腔正畸科，这也是现代正颌外科的必要条件。

第一次改革是 1993 年，限于当时我院的口腔正畸科对正颌外科的诊治不太感兴趣，于是有了想在口腔颌面外科的正颌外科组内引进正畸医师的想法。我破例招收了一名正畸科研究生——房兵，攻读博士学位。她毕业后即留在口腔颌面外科，开创了正颌正畸同科诊治和研究的先例，在国内应属首次。虽然房兵现已回到口腔正畸科担任主任，但在口腔颅颌面科内正畸正颌的发展已取得了很大的成绩，固定了正颌正畸联合诊疗的体制。正颌正畸专业也在我另外一位正畸博士朱敏的领导下，在口腔颅颌面科扎下了根。

也许，这也可以看作口腔医学内部的学科交叉吧！

2001 年，由于学科的发展、科研的需要，我在口腔颌面外科亚学科的设立上做出了第二次体制改革，将原来口腔外科门诊没有病房，只有门诊的体制，改为必须拥有病床。其目的有二：一是让属于口腔外科专业的医师不能只有处理门诊患者的能力，而缺少病房医疗经验，而是具备全面处理口腔颌面外科病患，甚至危重病患的能力。二是提高其诊断能力。从原先只能诊断牙槽外科疾病，到拥有能对口腔颌面外科各病种的诊断和鉴别诊断治疗能力和全面的科学研究能力。经过 20 年来的努力，口腔外科除牙槽外科外，还加强了对涎腺疾病、面部神经疾患、颞下颌关节疾病等的诊治和科研，病床也由原来的不到 10 张到拥有近 50 个床位的单独病区，推动了颞下颌关节外科的发展，与神经外科等协作开展了三叉神经痛的综合序列治疗，从诊断到定位，再到颅内外各种手术，均出色完成，成为国内唯一单位，在国际上亦未见如此的诊治机构。

第三次改革发生在 2012 年，随着学科的发展，各亚科开始感觉到在口腔颌面外科之下，口腔颌面外科学的二级学科编制仅为学组的身份，有所受限。在此基础上，大家决定再次进行体制改革，学习国内外的亚学科建制，在医院内将口腔颌面外科分成三个独立科室——口腔颌面－头颈肿瘤科（含外科、内科、放疗科、介入科等部门）、口腔颅颌面科（含正颌、正畸、睡眠、面部整复等）和口腔外科（含牙及牙槽、颞下颌关节、面部神经、涎腺、感染等）。为了不失统一协调，机构还成立了口腔颌面外科学系。这一改革迄今已有 9 年，使九院整个口腔颌面外科学的发展和水平达到更进一步的升华。例如，口腔颌面 – 头颈肿瘤科更加完善了综合序列治疗的内容，进一步加强了放射治疗的力量，新建立了术后功能训练……口腔颅颌面科成为全国睡眠呼吸障碍诊治培训中心，新建了数字化正颌外科实验室，口腔外科开展了颞骨颅颌切除术以及个体化关节 3D 打印重建术等。在获得的 4 个国家科技进步奖中，有 3 个产生于这 9 年中。使我深刻体会到“只有解放了生产关系后，才能进一步解放生产力”。

口腔颌面外科学系全体成员合影（摄于 2021 年）

科研是灵魂

本文以四句话作为引言，就必须对仗四句话作为考证和回应！

医疗是基础，科研是灵魂，教学是根本，育人是己任。

与题目相符，重点应该讨论“科研是灵魂”了。论证的主要根据，应该是我多年对科研的经历和认知，即所谓“循证”。

1. 对科研的认知和理解

（1）有科学必定有科研；没有科研就没有科学。历史证明，科学的发展和进步离不开科研，没有科研也就没有创新，没有创新社会就不会进步。

（2）要顶天立地做科研，做顶天立地的科研。“不忘时代使命，不忘社会责任”“攀登世界高峰”是2021年5月29日两院院士大会提出的中心任务。习近平总书记在讲话中希望大家“做追求真理、勇攀高峰的表率……要勇攀高峰，敢为人先，追求卓越，努力探索科学前沿，发现和解决新的科学问题，提出新的概念、理论、方法，开辟新的领域和方向，形成新的前沿学派”。不但是以往和现在需要这么做科研，今后也要这样做科研，而且要“顶天立地做科研，做顶天立地的科研”。

（3）医学是科学，医务人员必须要做医学科研；医学是科学，是生命科学和人文科学相融合的科学；“医学”应是自然科学中生命科学与社会科学中人文科学的密切整合和融合。WHO对医学新定义也证实了这一点：“医学涉及健康保持以及身心疾病、预防、诊断、改善或治疗的科学或实践。”医学还包括“以不同文化所固有的理论、信仰和经验为基础的知识技能和实践”。

医学既然定义为科学，那些认为医学不需要学习科研，不需要学习写论文（科研成果的主要表达方式之一）的论调，自然没有充足的理由。用做假、抄袭等不道德的行为说事，是没有看到科研的作用。不道德的人毕竟是个别的，决不能因为这些不良实践就否定了医学科研，否定了医师不应该做科研。反对“唯”论文、“唯”科研并不错，关键在于，反“唯”是反“唯一”，而不是反对科研，反对论文。

一句话：没有科研，医学就不能进步，就不能造福人类。

（4）医学科研应各行其道。与其他类型比较，医学科研有一定的特殊性。对医学科研应根据不同要求的职业特性而定。例如，让临床医师非要作生命科学基础研究，就有些勉为其难。不可否认，在研究生培养体制上，我国是走了一些弯路，主要是在建立研究生初期，医学科研被统一定为与理工同类的“学术型”研究生培养，而没有“临床专业型”培养，这种模式是有明显缺陷的。在国外，学术型学位（PhD）与专业型（MD/DMD）是严格分开的，职称也不一致，前者职称属研究员系列，后者职称属医务系列。从事医学教育者则属教学系列——讲师、教授。临床医学中的教师也必须冠以“临床”二字，如“Clinical professor”等。医学中无论什么系列职称，都离不开科研，只不过科研内容不同而已。有人说，基层医师（如全科医师）就不用搞科研了吧。别忘了，全科医师面向社区，也应该从事科研工作，他们对应的是全社区，研究对象应是多发病、传染病以及慢性病管控规律。大家较为熟悉的“社区性肺炎”不就是很好的例子吗？对新型冠状病毒的筛检、预防传播不都是很好的研究内容吗？

总之，临床医师应该以临床研究为主；基础医学研究单位应以基础研究为主；理论教学及生命科学教学应以教学人员为主。各行其道，各就其位。

2. 科研与创新

科学研究是创新的手段，创新是科学研究的结果。科研与创新是密不可分的。

（1）创新的概念。创新（Invention）的同义词很多：创造（Creation）、发明（Innovation）、发现（Discovery）、原创（Original）

等。创新包含理论、技术、文明、制度等各个方面，科学上的创新，多属理论发现创新；而技术上创新则多为实践发明创新。

（2）创新的价值。创新必须有价值，有价值的改进亦属于创新。按习近平总书记提出的“价值”计有5个标准，即：科学价值，技术价值，经济价值，社会价值，以及文化价值。

创新多来自不同学科的交叉；现代的创新也更多建立在团队合作的基础上，即“研发群体科学（Science of Team Science，SciTS）”。

医学是一种以医疗实践活动为主体的科学。其创新还离不开传承与继承，即站在前人的肩膀上继续前进。科研方向一经确定之后，往往要历经数代人的连续推进才能获得最终的结果。

（3）科技创新的类型。科技创新大致有三种，即：机缘（遇）型——非目的性发现或发明；攻关型——设定好研究型目标；挑战型——对已有理论或技术发出颠覆性挑战（肖飞，《康复·生命新知》）。第一种如青霉素的发现；第二种如艾滋病毒和幽门螺杆菌的发现；第三种则如达尔文的人类进化论。在医学研究中，当以前两种类型为主，特别是第二种攻关型的创新经常遇到。

习近平总书记在2021年中国科学院第二次院士大会、中国工程院第十五次院士大会、中国科协第十次全国代表大会上提出5个“要”：要加强原创性；要强化国家战略科技力量；要推进科技体制改革；要构建开放创新生态；要激发各类人才的创新活力。

执行这些原则不但是今后我国创新的保证和支撑，在当前国内外战略竞争的形势下更具有十分重要的指导意义。

（4）对“0”到“1”，“？”到“！”的理解。目前，对原始创新特别重视，有了原始创新就掌握了科技的主导权。但真正的“0”到“1”

是很少的。既然数字化了，那从“0”到“1”之间必然还会存在从“0.1”到“0.9”。这个从“0.1”到“0.9”可以理解为是对原始创新的再次分级和创新程度的评估。

“？”到“！”不是用数字衡量的标准，只是对某个问题的化解，但其化解程度和幅度都难以评定，如真要决定其价值，当应视其价值的标准而定了。

根据我自己的一些科研经历，感到尚无属从“0”到“1”者，顶多也就是“0”到“0.5”罢了。更多的结果还是从“？”变成“！”，如果还要给“！”的程度加一个ABC三级的自我评价的话，我自认“！”的等级大多应属B、C二级。之所以给这种评价，是由于我的科研，或者说医学方面的科研大多是与临床上存在多年的问题有关，如前所述，多是从前人的经验和基础上继承或传承而来的，原创性不足。

我十分同意：临床医师应当做临床科研，更应当做临床创新。

3. 科研是灵魂

也许，有人会认为：在医教研工作中，“科研是灵魂”的提法对“科研”的评价有过高之嫌。医师嘛，医疗应该是第一位的。为此，我不能不加以补充说明。

（1）科研有利于医疗质量的提高。医师的主要任务是医疗，提高医疗质量应是医患共同追求的目标。古有“庸医”之称，“庸医”者，系指那些不学无术、医疗水平不高的医师；“庸医”的治疗效果平平，甚至可以因医疗不当而影响患者的生命，故有“庸医杀人”之说。

提高医疗质量有利于解决患者的生存、生活质量，缓解患者痛苦，这就必须要学习、发现和解决问题，解决问题就离不开科研。我们所做的研究可以提高晚期口腔颌面部恶性肿瘤患者和口腔黏膜恶性黑色素瘤患者的 5 年生存率；我们的正颌外科、显微外科、颅面外科都为保证和改善患者的生活质量及面容完整、美丽作出了贡献。因此，科研可以提高医疗质量，为医学发展书写历史。同样，我们不能只着眼于解决“看病难”“看病贵”，还要注重于解决“看得好”的问题。

（2）科研有利于学科建设。我科建立于 1953 年，张锡泽老师带领刘善学、王德昭、蒋均泉等人，继华西大学口腔学系之后建立了中国第二个口腔颌面外科病房。当时在原广慈医院，只有不到 10 张病床，全科医师 10 余人。经过近 70 年、几代人的努力奋斗，今日它已成为上海交通大学医学院附属第九人民医院、口腔医学院下的一个口腔颌面外科学系，是拥有 81 张口腔治疗椅、8 个病区、300 余病床、职工 400 余人的大学科；这样的规模不但在全国不多，也是世界罕见的。其发展主要靠志存高远、仰望星空的理念；靠一代代医师学术水平的支撑；靠科学研究的支持。我科第一代学科带头人张锡泽老师和张涤生老师都是科学研究的能手和典范。

事实证明，没有科研，学科不能发展；没有科研学科建设就是一句空话。

（3）科研是培养人才，育人的沃土。科研是创新的手段，更是培育人才的沃土。我科在科研上的成就离不开改革开放的背景，更离不开研究生制度的“重建”。20 世纪 50 年代时，即有博士、副博士研究生制度。当时口腔颌面外科和整形外科尚未分家，陆昌语医师和王炜医师分别是张锡泽教授与张涤生教授的副博士研究生（相当于现在的硕士研究生）。1978 年后，恢复了研究生制度，大大地推动了人才培养工作，这就是“重建”的意义。至 2021 年为止，40 多年来我口腔颌面外科培养了 409 名硕士研究生和 328 名博士研究生，以及 54

名博士后，作为导师，我也培养了70余名硕博研究生及博士后。

我职业生涯中前20多年的科研工作，基本上都是亲力亲为，与当时的同事或下级医师一块进行。从20世纪80年代初晋升硕导（1981）、博导（1985）后，科研工作基本上是我指导由研究生们完成。对科研选题，我一向是很尊重研究生本人意愿的。博士生选题大多主张在硕士课题上继续，以免重起炉灶；而硕士生则由我协同选题为多，因他们科研方向尚未定格。

当然，研究生的选题也还需要顾全大局，与学科建设和发展联系起来。可以说，我科的学科建设和发展与研究生的工作是密不可分的。可以说学科的发展造就了一批好的研究生，其导师自然也是功不可没，因为他们是整体的一个方面。

我的弟子和我学生的弟子能获得优秀的成果，可以充分说明科研真是一片培育人才的沃土。当然，他们的成就也绝离不开他们自身的艰苦奋斗和努力。所谓“师傅带进门，修行靠个人”。同时，也充分反映了时代的进步和“长江后浪推前浪，青出于蓝而胜于蓝”的普世真理。

（4）学科交叉与溢出效应。经过多年的历练和培养，我的研究生绝大多数是目前国内口腔颌面外科的主力和骨干。在国内外都有一定的影响。他们很多都获得了“学科带头人”，以及国家和部市级等各种荣誉称号，获得过国家科技进步奖与部市级奖，更有人成为我院口腔颌面外科各个亚学科领域的领军人物。除了传统的口腔颌面－头颈肿瘤外科、正颌外科、口腔外科等外，还有因学科发展及培养人才的需要而增加的一些交叉亚学科，诸如正颌正畸、睡眠呼吸、口腔颌面－头颈肿瘤内科等学科中，都有我带过的学生。为了血管瘤及血管畸形的治疗，还培养了介入治疗方面的专家，该专家在九院已独立建立了介入科，并成为该科的主任。有的专家还担任全国睡眠医学学会的副主任委员和顾问，以及中国抗癌协会头颈肿瘤外科主委等职。这些也都充分说明了学科交叉科研成果发挥出的“溢出效应”。

这里还应明确一个概念，即学科交叉和交叉学科的概念。学科交叉是初级的，指不同学科参与研究；而交叉学科则是在学科交叉上取得更大成绩而形成的新学科。目前，大多数的研究尚处于学科交叉水平。

（5）科研有利于提升学科在国际的学术地位。科研和成果的表达方式基本有两种：一是发表论文及国内外专利；二是获奖和成果转化。一个学科学术地位的评定也离不开这两项。

论文重不重要？SCI能不能代表学术水平？从科研的角度不能说不重要；也代表着学者学术水平的高低。问题是造假或剽窃的科研成果不应包括在内，这是对真理的违背，是不良道德问题，不可同类而喻。其次，对论文和科研奖励不能“唯”，“唯”也是违背哲学观点的。

与其他学科一样，我国的口腔颌面外科在改革开放前与国际上并无联系，也从不知道什么叫SCI论文，国家也没有设立任何奖项，只是有些成果能在会议上受到肯定和表扬，当然谈不上国际化。这也意味着我国在改革开放前的成就在国际上无人知晓。陈中伟的断肢再植属于医疗上例外的大事，经政府新闻发布的。只有改革开放，实行“请进来，走出去”的政策后，我国口腔颌面外科学界，才能有机会与国际接触，加深相互的了解。

经历证明，“中国式的口腔颌面外科”是国外同行给我们的美称。改革开放初期，即20世纪80年代，个别学者被国外邀请去学术交流，作报告或被邀参加国际级国外学术组织；21世纪，国际组织间可以共同主办学术会议。例如，1989 年我被美国旧金山第 71 届口腔颌面外科学年会邀请去做报告，而在 2008 年，美国口腔颌面外科医师协会则主动邀请中国与美国共同举办第 90 届年会，完成了从单一学者参加到团体共同参加的转变，充分体现了我国口腔颌面外科学会在国际上的影响。

作者应美国口腔颌面外科医师协会（AAOMS）之邀，报告中国口腔颌面－头颈肿瘤及唇腭裂治疗情况（摄于 1989 年）

在美国西雅图召开的第 90 届 AAOMS 年会上，美方主动邀请我国口腔颌面外科学会参与联合主办。图为参会的中国代表团部分代表合影（摄于 2008 年）

经历也证明：我国参加国际口腔颌面外科医师协会（IAOMS）是由他们再三邀请参加的，我作为中国代表，在 2009 年第 19 届国际口腔颌面外科学术大会上被授予国际口腔颌面外科医师协会的最高奖项“杰出会士奖”（Distinguished Fellow Awards），这不仅是对我个人的褒奖，且更是国际学术组织对中国口腔颌面外科的认可和赞扬。同样，前述南斯拉夫医师 Garvic 执意要到上海九院来学习，也印证了科研水平对国际地位的重要影响。

历任 IAOMS 主席对中国参加 IAOMS 的评价

结 论

上述的回忆可以得出“科研是灵魂”的结论了。当然，这还得感谢“医疗是基础”，临床科研的基础离不开医疗。也特别要感谢患者，患者往往是临床研究的对象。患者临床需要接受Ⅰ到Ⅲ期临床试验，要冒风险。因此，我们要心怀感恩。“医师有付出，患者有贡献”。

还要感谢那些为科研付出生命代价的实验动物，没有它们，我们也不能完成从体外（Vitro）到体内（Vivo）的转变，无法完成从动物到人体的临床应用。

作者阅读文献

作者参加学术研讨会

科研可以培养人才，科研也离不开人，要向参与科研的人致敬。

再度以习近平总书记在两院院士大会上的发言作为结语：“科技立则民族立，科技强则国家强。”

这是对科学研究和创新的最好指示。

（2022 年 5 月 8 日初稿，2024 年 3 月补记）

何日步入驿站点

春江水暖鸭先知，每况愈下吾自觉。

鲐背之年属长寿，何时步入驿站点？

近年，身体欠佳，陆续入院。主要表现有：血压（体位性）偏低尚不达 120/60 标准，屡次发生晕厥；腹泻不停，反复无常，伴以大量气体，导致营养不良；白蛋白偏低，胃纳不佳；体重骤降 10 公斤；长期卧床，已丧失独立行走能力。2022 年 8 月 14 日，突然厥倒伴肋骨骨折 4 根。入院将至半年，力不从心，疲倦嗜睡，药效甚差。

在 2005 年及 2012 年，我曾在《我的自述》及《我人生的又一个驿站》两篇文中都提到过人生的驿站。按我的想法，我一生中第一个驿站是 2001 年被选为中国工程院院士；80 岁耄耋中期之年可视为第二个驿站；如今，90 岁后应视为第三个驿站；现今已跻身长寿之列，应开始考虑第四个驿站了，但何日开始？

（2023 年 4 月 4 日）

生病住院期间，我对疼痛和麻醉的感受特别深刻，作为一名医生，我自己也曾经历过十几次大大小小的手术：

1. 扁桃体切除术。
2. 两次阻生牙拔除。
3. 针刺麻醉下，耳前淋巴结切除。
4. 急性坏死性胰腺炎切开引流。
5. 胆囊切除术。
6. 两次腹壁疝修复术。
7. 节育手术。
8. 中耳炎鼓膜修补术。
9. 两次种植牙手术。
10. 一次种植体周围炎拔除种植体。
11. 锁骨骨折内固定。
12. 股骨颈骨折复位内固定。
13. 前列腺手术。
14. 输液港（PORT）植入术。
15. 经皮肝穿刺胆道引流术（PTCD）。

在病痛与手术台上，我深刻体会到疼痛与麻醉的双重世界。世界卫生组织（WHO）将疼痛等级划分为0度到Ⅳ度，医学界通常将疼痛程度划分为0级（无痛）到10级（剧烈疼痛），疼痛的每一级升级都考验着意志；而麻醉是短暂的解脱，也是医学的恩赐。麻醉技术的发展，让疾病带来的痛苦得以缓解，让手术治疗过程更为安全、舒适。

世界上第一例乙醚全麻手术发生在1842年3月30日，由美国医生克劳福德·威廉森·朗（Crawford Williamson Long）成功实施，他为一位患者进行了颈部肿块切除手术，被认为是现代麻醉学的开端，但遗憾的是，直到1848年他才将这些结果公布于众。1844年12月11日，一氧化二氮（笑气）首次被当作麻醉剂在医学治疗中使用，美国牙医霍勒斯·威尔士（Horace Wells）在拔牙过程中使用笑气减轻病人疼痛，他被誉为现代麻醉学的先驱者。从最初的乙醚麻醉，到如今区域麻醉、全身麻醉等多样化选择，麻醉技术不断进步，为患者提供了更好的镇痛效果和手术体验。然而，麻醉并非万能的，它无法完全消除疼痛，只能在一定程度上减轻患者的痛苦。十几次的手术和这几年病痛住院经历，让我更珍惜健康，也理解了医者仁心的重量。

（2024年3月1日补记）

家庭生活

我的“另一半”王晓仪

妻子是顶呱呱的“贤内助”——我与妻子王晓仪教授的婚姻长久、稳定、和谐、美满，并且婚龄越过了“钻石婚”。妻子是我生活上、精神上忠实的伴侣，也是我事业成功的一个保障。

翻开相册，看着大家庭中每个人的微笑，很容易让人联想到三个词——温馨、亲情、幸福，这给我太多的惊喜。

世界万物，因和谐而美丽，因和谐而温馨，社会是这样，家庭也是这样。平日里，我电话这头的声声牵挂，让子女孙辈们感受到长辈和家的温暖，全家“四世同堂”，众人时常在节假日相聚在快乐而幸福的大家庭里，真是一幅“最美不过夕阳红”的景象……

毛泽东曾说，“妇女能顶半边天”。亦有谚云，“一个成功者背后，还有他（她）的另一半”。

我的“另一半”，现亦称“老伴”——王晓仪。她比我大两个星期，理应是我的小姐姐了。

我的背后自然也有她的一半。当然，她也为自己的事业奋斗了一辈子，成了始终没有完全露面的口腔医学专家（主攻牙体牙髓及根尖周病），出版了专著，发表了论文，获得过部、市科技进步奖，在 20 世纪 90 年代获得了国务院特殊津贴。

作者夫人王晓仪荣获的各类奖项和证书

在事业上获得成功的同时，我的“另一半”还承接了大量的家务，从做饭烧菜到搞清洁、倒马桶。至今，我还记得她背起娃娃生煤炉的形象。

本书中我专门安排了这一章节，介绍我的夫人，以不负“另一半”对我们事业和家庭服务的苦心和贡献。

作者夫妇相互依偎，共度80岁生日

作者夫妇在外孙女能能的婚礼上（摄于2015年4月25日）

作者夫妇合影（摄于2021年2月12日）

作者夫妇共度幸福时光

作者参加医院组织“我和我的祖国”建国70周年快闪活动

上海交大医学院附属第九人民医院党委委员、副院长王旭东（左）来到医院病房为王晓仪（中）颁发光荣入党50周年纪念章，并与作者一起合影留念（摄于2021年7月1日）

王晓仪自述

1932年9月26日，我出生在天府之国的城市——四川省成都市。我诞生在东御街的一所私人医院，也是我自己的家。我的父母都是医务工作者，父亲是内科医生，母亲是助产士。我是长女，自然从小就是掌上明珠。我的父亲名为王季甫，母亲张幼仪，我们王家到我这一辈都是玉字辈，取名应该从玉，然而，我却叫王晓仪。可能父亲不愿随俗，有现代派的思想，他超越了辈分的规矩为我取名晓仪。晓仪这个名字有两重意义：其一，为让我记住母亲的孕养之恩，不要忘掉母名的“仪”字；其二，“晓之以礼，明之以仪”，是让我要以礼仪办事，一定要循规蹈矩，给弟妹们做出典范，毕竟我是老大啊。这几十年中，我一直遵循着这一教导做人。

王晓仪的父母王季甫、张幼仪

1937年，抗日战争实际已开始好几年，由于日寇的频频空袭，成都虽地处大后方，却也不得安宁。当时的“卦灯笼”（示警戒程度，红色为敌军已临上空）跑警报依然历历在目。为了生活安宁，我们举家迁往西郊光华村附近的草堂寺。父亲一方面继续行医；一方面过着田园生活，果树成林、小桥流水倒也平添情趣，给我留下了美好的记忆。

1938年，我成为一名小学生，就读于附近的少城镇中心小学，父亲的要求是严格的，但生活上却总想让我过得好一些。按那时的标准，自由职业的医生家庭，生活水平应属中上。上学自然免不了要接送，家里总备有私家车（人力车），然而我自己并无优越感，面对着大多数走路上学的同学，我总感到不好意思，于是我拒绝坐车，或者在离学校很远的地方就下车，步行到学校。在抗战时期，穿皮鞋对大多数老百姓家庭来说是相对困难的，一般人都习惯穿布鞋。家里给我买了皮鞋也不好意思穿，总怕与同学不协调，觉得应该艰苦一些，朴素一些。在当时，学校的老师也比较清贫，我很同情这些老师，常常把自己攒下来的钱主动拿去帮助他们。因此，我养成艰苦朴素的习惯，并视其为美德，这为我一生刻苦、乐于助人打下了好的基础。

在学习上，我奋发图强。从小学一年级开始，几乎年年都是第一名，优秀成绩也常常获得父母的嘉奖。1945年抗战胜利时，正值我小学毕业。我凭自己的努力，考上树德中学。在当时，树德中学是全市最闻名、水平最高、师资力量最强的一所私立学校，考进去也是很不容易的。可好景不长，后来我感染了流行病——肺结核，长期发低热，人也逐渐消瘦，那时虽然家庭也已迁入城内，离学校距离不太远，但为了学习，父亲毅然让我住校，成为一名住校生。自此我从中学开始住校，一直住读到大学毕业，可见家里在学习上对我的要求是何等严格。长期低热和营养跟不上，加上当时抗病药物的不发达，1946 年，我被迫休学，在家接受治疗和养病。总算天公保佑，肺结核很快被控制，我也逐渐恢复健康。1947 年春，我转考入华美女中继续读初二。

华美女中是成都市的几个教会学校之一。就读者除了家庭经济情况要好外，还大多数属于知识分子或比较开明家庭出身的子女。由于是教会学校，基督教的影响较大，学校内还设有礼拜堂，供信教者做礼拜或每日祈祷之用。基督教有唱诗班，因而教会学校一般均有较好的音乐设备。其中，钢琴又是最多、质量最好的设备，音乐课的教学水平及学生的音乐素养也相对较高。然而，这些都与我无缘，我既不信天主和耶稣，也对练习钢琴毫无兴趣，只知道读书，毕业于教会学校的学生像我这样倒是很少见的。

1948 年秋，为了弥补休学半年的损失，我跳级考入华英女中，这也是一所教会学校，由于条件的关系，华英女中出了不少音乐尖子和文艺人才，但我依然对音乐不感兴趣，虽然华英女中很多同学都过的是贵族生活，然而我仍然节约成性，平时住在学校，周末回家及周日回校时，大多仍然步行，家里给的零用钱，除吃点零食外，大部分都储进了银行。到每年过年时取出来，买了礼品再送给父母。我总是时时想给弟妹们作个榜样，起个表率作用。

1949 年底，成都解放，由于父亲在 20 世纪 30 年代曾参加过共产党，并一直在做革命工作。因此，我们家对中国共产党是非常拥护和欢迎的。父亲很快就被推选为成都市第一届人代会代表。在他的影响下，当时作为学生的我也接受了不少进步思想，积极参加各种政治活动，主动要求进步。我积极投身于捐献寒衣活动，梦想参加军干校。20 世纪 50 年代，我参加了第一批青年团组织的青年学园，努力学习团章，踊跃参加宣传和文娱活动，以不戴草帽和穿草鞋为荣。终于我在青年学园参加了新民主主义青年团，继而在华英女中团支部里担任了组织委员之职。现在回想起来，纯洁、真朴之情确难以言表。

王晓仪与父母

1951 年，高中毕业后，我决定继续深造，面临专业的选择，那时父母亲应聘于中山医学院，家庭已先后迁去广州，在成都只剩下我和弟弟。经过再三考虑，也许是受家庭的影响吧，我选择了医学；也可能是受到我堂兄王文靖的影响，我在医学中又选择了牙医学为第一志愿，终于我如愿以偿于 1951 年秋季踏进了华西大学牙医学院（1952 年院系调整改名为四川医学院牙医学系，1986 年更名为华西医科大学口腔医学院）的大门。

也许，由于在中学表现比较好，大学一年级刚开始，我被选为医牙 41 级（当时一年级是医牙科系并班上大课）的班副主席。说来也巧，我的爱人——邱蔚六，正好是班主席，可当时只是同学和共事关系，还谈不上恋情，甚至我还对他有意见哩。

大学生涯中，政治运动不断，教师思想改造，三反运动，抗美援朝，镇反，全是在 1955 年以前的事。出于对党的热爱和纯朴的感情，我是学生中早期入党的党员之一，也曾被评为市优秀团员。我假日不回家，不离校，处处以党的工作为主。我入党时是 1953 年 7 月 1 日，在同辈人中，我可算得上是名副其实的老党员了。1953 年后，医牙科早已分班，口腔 41 级到毕业时一共只有 28 人，我也在入党后不久，由班干部之职转而成了团支部书记，我的爱人则除了担任班主席以外，还担任过四川医学院的团委委员和宣传部长、副部长。由于长期朝夕相处，由“有意见”而转为相爱，终于在毕业实习开始时，我们结了婚。然而，由于他的家庭出身问题，他直到 1983 年后才入党，尽管他几乎是和我同时打的入党申请报告。

生产实习差不多是和肃反运动同时进行的。1955 年 10 月，我们终于拿到了毕业证书。当时我们做好了去边疆工作的思想准备，因为我们在统配表上填上了三个“服从分配”的志愿。然而意想不到的是，我们被同时分配到上海第二医学院工作——据说，那里刚建系不久，急需从学校补充毕业生。

上海对我们来说是一个令人心存向往又气质神秘的城市。上海既是中国共产党的诞生地，也有着光荣抗日和学生解放运动的悠久历史，它出过谢晋元、王孝和等英雄人物。然而，上海又常被称为冒险家的乐园。总之，我们对来到上海的生活充满未知，唯一感到欣慰的是：我们被分配在教学医院工作，对以后的事业成长有利。

到上海第二医学院后，我被分配到口腔内科当住院医师。除了临床及学习任务外，还要花一些时间做党政工作。当时，口腔科的党员很少，需要我这个“老党员”起作用，为了打好业务基础，当时还被派到普通内科及外科轮转学习。

到上海后，工作学习是艰苦的，但生活上更艰辛。没有房子住，只能花钱租亭子间，一直到 1957 年才由同科的邵家珏发扬阶级友爱精神，把她的客堂间借给我们暂住，并使我能顺利在那年生下二女儿（大女儿当时留在成都）。1959 年，由于大女儿也已接到上海，两个人还要花很大精力照顾一双千金，洗、汏、烧，起早摸黑接送她们去托儿所、幼儿园。这一年，我爱人不幸患肺结核，被迫休息半年之久。好在复原还算快，一直硬结钙化到现在。

三年困难时期，作为党团员都要带头与党同甘苦共患难，粮油票都要上交；那时不敢去食堂，我也肝肿大，还伴发了肢体霉菌感染，好在这段时间还不算太长，1962 年以后就开始好转。当时我们俩人单靠每人每月 68 元的工资是远远不够的，好在父亲十分关怀我们——我的父亲一直是最喜欢他的大女儿的，每月还定期补助我们 30 元，总算走了过来。

1962 年，我和爱人都升了主治医生，工资加到每月 78 元，日子就相应更好过一些，家里又添了个老三。1965 年，我的父亲去世后，为了接母亲来沪团聚，广东中山医学院通过统战部，我又给李一氓写了封信，在上海西藏北路分到一套两室住宅，生活相对更安定了。

好景不长，1964 年四清运动，执行贯彻毛主席“6·26”指示精神，实际上已有“文革”的前奏。我带着学生四处下乡，巡回医疗。1965 年后，“文革”中我被视为保皇派，我爱人的“家庭”问题自然成了黑五类、黑六类。好在医疗工作可以做，抓革命促生产，名正言顺，倒也省心，业务也没有荒废，总算是祸中得福，工宣队进驻，革命大联合后，由于还是要强调党的领导，党员的待遇也就稍好些。

1972 年，开始招收三年制工农兵学生后，我还花了大部分时间在教学上。由于以前也做过大学生的工作，当过班主任、指导员，我和学生的关系是很好的。直到今天，还有不少我的老学生记得王老师，称赞王老师。

1978 年，恢复科室建制后，我历任科副主任、科主任，一直到 1986 年。由于我爱人被提拔作为第九人民医院院长，为了避嫌，我与他商量后，主动要求辞去了行政职务，退出领导一线。在此期间，我还兼职党支部书记和口腔党总支委员。在任期间，一直勤勤恳恳，关心群众，一心为公，从未借公济私，直到现在，科室同事和领导还是给予我很高评价。在这些年中，党和人民也给了我不少荣誉，多次被评为市、校教育及医疗进修教育积极分子，先进集体代表，校先进工作者及三八红旗手，等等。

虽然作为一名党员要花很大精力去承担党和行政的工作，但在业务上我也没有甘心落后过。凭借自己的努力和老一代教授的培养，我一步一个脚印地晋升职称：1978 年，任讲师，副主任医师；1985 年，升任副教授；1988 年，升任主任医师；1990 年，转教授；1987 年，任硕士生导师；1990 年，任博士生副导师。至今已招收和培养硕士研究生 6 名（王哲明、张金宁、朱亚琴、夏文薇、周晓蕾、韦曦）。

我的专长是口腔内科学中的牙体牙髓的专业。为上海第二医学院口腔医学院牙体牙髓专业的建立和发展，我尽了最大努力，作了我应该作的贡献，从学术梯队的培养到科研，以及器材的应用和引进都是有目共睹的，不能说我是院牙体牙髓专业的奠基人，但至少是一颗该专业的铺路石子，一颗由废除干髓术到奠定根管治疗术的石子。

我的科研工作重点在临床牙髓病及根尖用药。超声波应用于根管治疗在国内处于领先地位，其病例数在国际上也是绝无仅有的，难怪当我的论文在中华医学杂志外文版上发表后，就引起了国外的关注。不但有国外学者来索取论文，而且引起了国际著名杂志 *Science* 的重

王晓仪与学生、同事们合影。第一张图从左至右：张金宁、韦曦、王晓仪、夏文薇、王哲明、翁雨来、洪瑾、朱亚琴、刘学军

从左至右：朱敏、韦曦、夏文薇、王晓仪、邱蔚六、阎俏梅、邱临蓉

从左至右：朱亚琴、夏文薇、王晓仪、周晓蕾、张金宁

教师节，学生到王晓仪家中探望

视，来信要我申请加入该组织。

我在牙体牙髓病研究的课题“根尖周病诊治的系列研究”在1994年通过鉴定，认为达到国际水平，并被评为上海市科技进步二等奖。1995年，我被上级批准为第二批对国家有突出贡献的知识分子，享受国务院特殊津贴待遇。

在九院经验的基础上我先后参加编写了第一、二版国家五年制、七年制教材。作为主编先后出版了两本《现代根管治疗学》，并被认为是这方面的开拓者和引领者。

我有一个温馨和睦的家庭。尽管它不是事事如意。我有一个好丈夫，拿我父亲的话来说，他是“打着灯笼都找不到的人”。他和我同年生，不仅是同班同学，也是工作事业上的互助者、生活上的好伴侣。他在事业上取得了比我更大更多的成就，是口腔颌面外科专业一位佼佼的外科医师。他历任科主任、口腔医学院院长、第九人民医院院长、校院党委委员。在学术上，历任国务院学位委员会学科评议组成员及召集人、中华医学会总会理事、口腔学会副主委、口腔颌面外科学组组长、中国抗癌协会头颈肿瘤外科副主委，中国康复医学会修复重建外科副主委等职；也是国际牙医学院院士、香港牙医学会名誉院士、国际口腔颌面外科协会理事等国际组织的成员。他是博士研究生导师，培养了硕士博士研究生70多名。他曾30多次获得部、市级科技进步奖等荣誉，因此，他也是国务院特殊津贴的第二批获得者。

我们不仅在事业上互相支持，在工作上和生活上也互相关心、互相帮助，有人说一个成功的男人背后一定有一个成功的女人。我想，一个成功的女人背后也必须有一个成功的男人。我想，我的丈夫也应该作为我们家族的一个成员，纳入我的自传中。

作者夫妇相濡以沫 70 年

我的三个女儿都已成家，邱临蓉、邱莅申、邱向宇，而且各有一个孩子，因此我有两个外孙女，一个外孙，两个重孙。老大和老三都在上海，老二则远渡重洋，在大洋彼岸的美国洛杉矶。她们也都有自己的事业，正在创造她们自己的未来。

我身体不算强壮，也有不少慢性病。然而，我依然和我的丈夫一样，继续在为党为人民做一些力所能及的工作，诸如科研、写作、带教研究生等，以度过年老岁月。回首往事，历历在目。我对自己做三句话的总结：第一，没有辜负父母的养育教导之恩；第二，对得起人民和党的培养，问心无愧；第三，忠于事业，为中国口腔医学事业的发展做了自己应该做的一切。

（1995 年 10 月初稿，2002 年 10 月二次修改，2023 年 3 月第三次修改）

小论“夫人”及其他

“夫人”二字见于何时？据称见于《礼记·曲礼》，特别指诸侯的“妻子”。“夫人”亦可被称为是宰相的“妻子”，因为很多高官被称为“大夫”，故“夫人”一词，可被用于大夫级别官员的“妻子”，甚至被应用于知识界。解放初期，提倡称“妻子”为“爱人”，则别出一格，“爱人（Lover）”一词对外国人来说，词意太广，容易产生误解。于是，大多又改为“太太”。总而言之，一切归零，我认为，还是多用尊重之词为好。

然而，我的夫人并不喜欢我叫她“夫人”。她总对我抱怨说，最喜欢我叫她“晓仪”，因为我的岳父岳母总是以“季甫”“幼仪”相称，所以，她呼叫我时，总喜欢叫“蔚六”，甚至于“六六”，没有办法，称呼是用来表达情感，表达意愿的程度，也表达喜爱。

人有大名，即俗称的“名字”。按古训，还有字和号。“大名”多用在正式场合、官场文章；号则闲情逸致，自取其乐，多用于诗词著作之中。除这三个名、字、号外，朋友之间有时会有“绰号”或曰“简称”“昵称”之说。这种称呼甚至可保存一辈子，例如，我从工作起，朋友都叫我“老邱”，直到现在。

写到这里，我想起了晓仪还有一个昵称，她在退休之前，科室里都叫她“嫂嫂”。“嫂嫂”不是指“夫人”之类，而是一个亲属之间多用的“昵称”，一个有礼貌、有血肉感情的表达词汇。“嫂嫂”是指哥哥的“夫人”，科室这样称呼她，也是称赞她是一个正面的人、

作者与夫人在病房

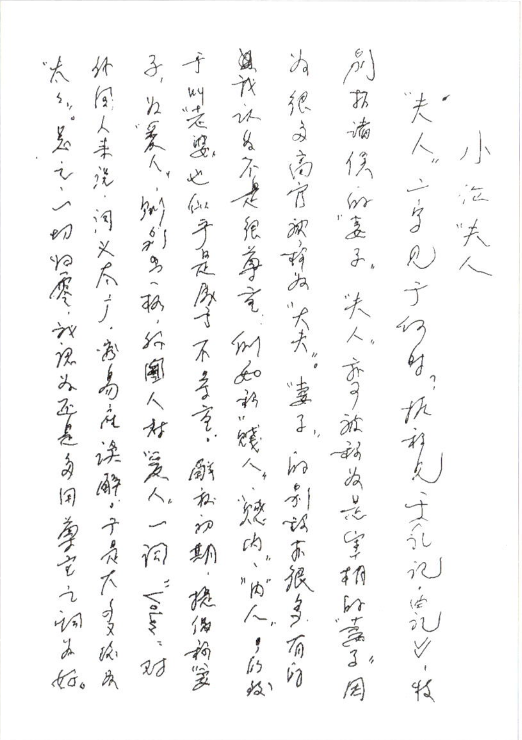

小论"夫人"

"夫人"一字见于何时？据我见于《礼记·曲礼》，枚别指诸侯的妻子。"夫人"亦可被称为是宰相的"妻子"，因为很多高官被称为"大夫"。"妻子"的别称亦很多，有的称我认为不是很尊重，例如称"贱人"、"贱内"、"内人"，有的称于叫"老婆"也似乎是属于不尊重。解放初期，提倡称妻子，为爱人，则引出一桩，外国人对"爱人"一词"lover"，对外国人来说，词义太广，容易产生误解，于是又改为"太太"。总之，一切归零，我认为还是用尊重之词为好。

《小论"夫人"》手稿

作者夫妇与儿孙们在一起

作者夫妇与儿孙们在一起

善良的人、贤惠的人。总之，是一个好人，是一个当家的人。我的夫人是个具有60年以上党龄的老共产党员，长期担任党总支委员、科支部书记。她总是关心群众，并认为这是她的职责。她主动让职（科主任），让贤（博士生导师），乐挑重担。多年的业务积累还使她成为国内牙体牙髓病专家，成为根管治疗疾病的专家和超声被引用至根管消毒和牙周洁治的先行者。她还曾荣获上海第二医科大学“三八红旗手”和上海第二医科大学“优秀共产党员”。

在家里，我们互相谦让，结婚70年来双方从未发生纠葛，未吵过一次架。我在把她介绍给朋友们时，总乐呵呵地称她是我们家的“董事长”，我说我不过是“执行总经理”，她是贤内助。“嫂嫂”称呼得来不易，在老职工中仍然保持这样叫。当然，对“嫂嫂”的赞扬也是对哥哥的肯定，哥哥也沾了光。

希望“嫂嫂”的简短自传与我的絮语充分介绍了我夫人的心灵美。

我的兴趣爱好

印章

中国书法是一门艺术，而印章则是书法中不可或缺的一部分。印章文化作为中国文化遗产中的重要组成部分，具有深厚的历史和文化意义。在中华文化的长河中，印章不仅是一种符号，更是一种传承和记忆。

中国的印章文化历史悠久，博大精深。每一个印章的背后，都刻着不一样的故事。无论是曾经还是现在，作为文玩怡情之物，印章一直寄托着篆刻者的一份心思，拥有者的一颗灵魂，以无声诉有声。印章能够反映出持有者的品性，从中看出淡泊的处世态度，深厚的文化底蕴。在方寸印章之间立下信言，成就博大气象。多年来，我收藏了不少印章作品，在此与读者分享印章魅力，承载历史记忆，弘扬艺术精神。

作者历年来收藏的印章

题词选

爱，贯穿我的生命，也是我工作、生活和创作的不竭源泉。

尽管我未曾受过书法的专业训练，字迹或许自成一派，不拘一格。但每当我提笔为他人题词，都是我心中最真挚的情感流露。每一个字，都蕴含着我对他们深深的祝福与期许：努力开创“中国式”；为“后浪”开启探究之门；创新脚步，永不停歇；品真理之甜，筑信仰之基……

希望这份特别的“礼物”，滴滴点点凝成快乐的珠串，叮叮咚咚奏响悦耳动听的心声，能给大家带去温暖与力量。

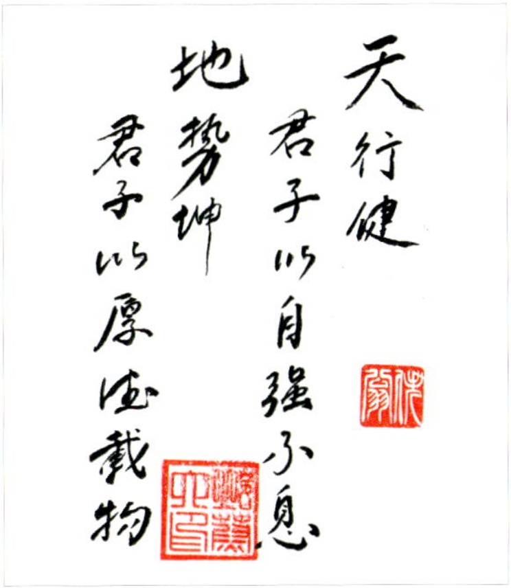

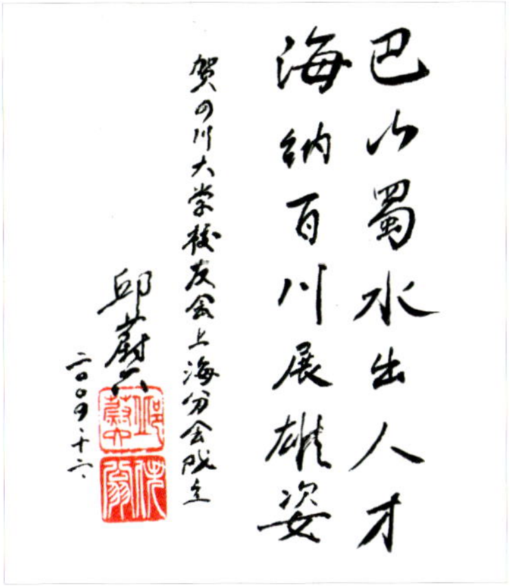

左图：作者题词“天行健　君子以自强不息　地势坤　君子以厚德载物”
右图：作者题词“巴山蜀水出人才　海纳百川展雄姿　——贺四川大学校友会上海分会成立”（2004 年 12 月）

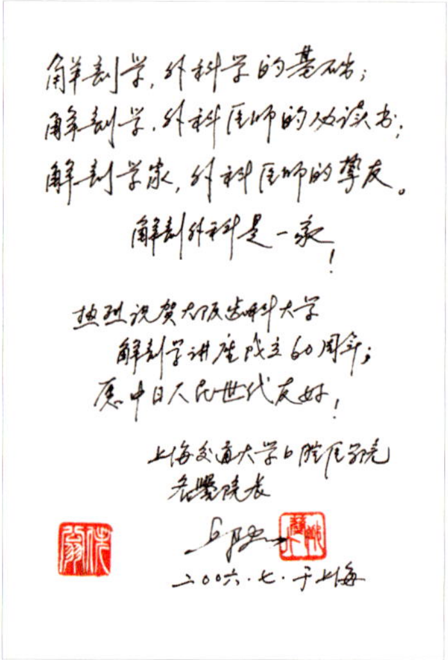

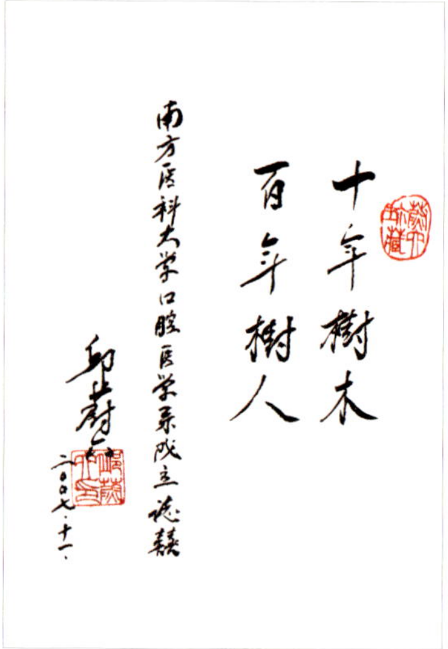

左图：作者题词“解剖学，外科学的基础；解剖学，外科医师的必读书；解剖学家，外科医师的挚友。解剖外科是一家！——热烈祝贺大阪齿科大学解剖学讲座成立60周年；愿中日人民世代友好！”（2006年7月）

右图：作者题词“十年树木　百年树人 ——南方医科大学口腔医学系成立志喜”（2007年11月）

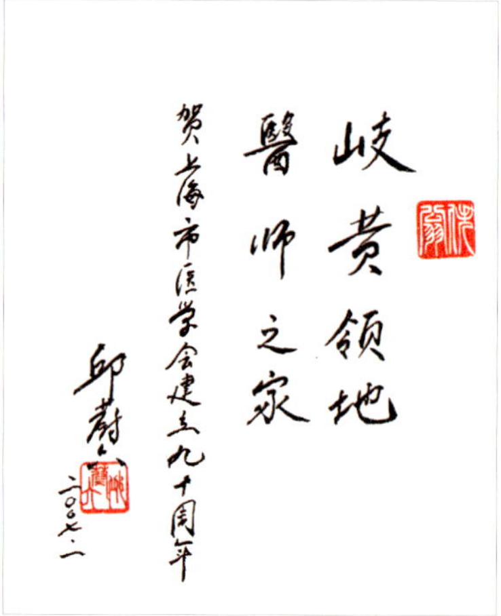

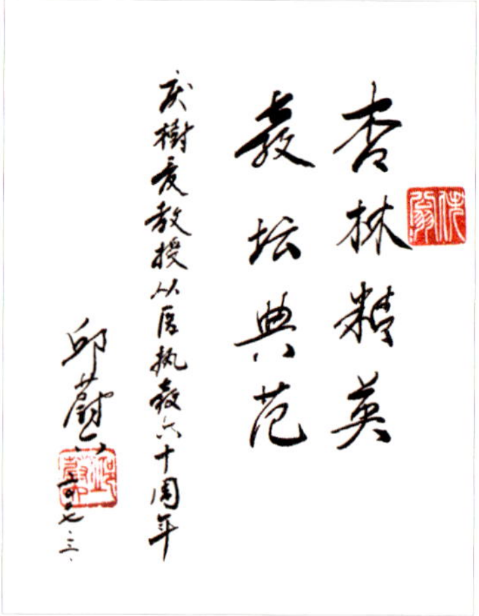

左图：作者题词“岐黄领地　医师之家 ——贺上海市医学会建立九十周年”（2007年1月）

右图：作者题词“杏林精英　教坛典范 ——庆周树夏教授从医执教六十周年”（2007年3月）

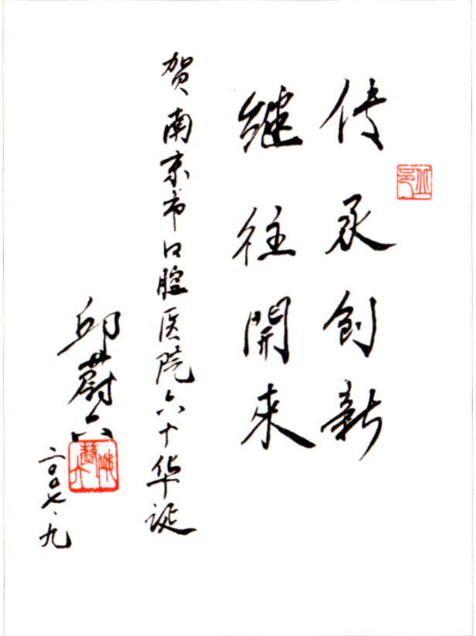

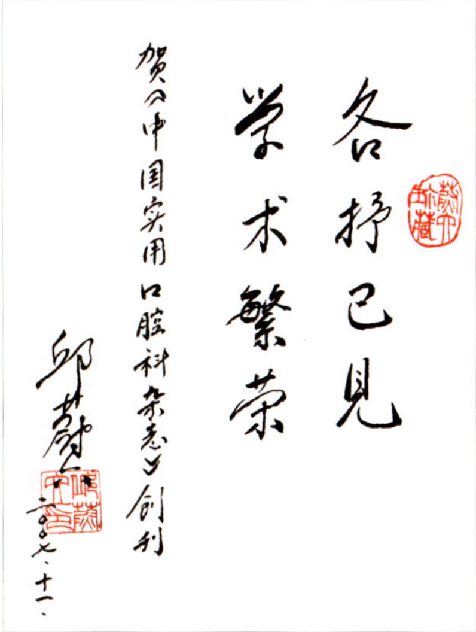

左图：作者题词“传承创新 继往开来 ——贺南京市口腔医院六十华诞”（2007年9月）

右图：作者题词“各抒己见 学术繁荣 ——贺《中国实用口腔科杂志》创刊”（2007年11月）

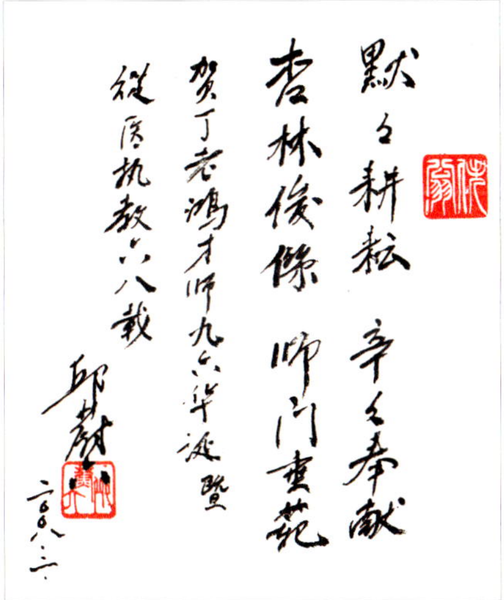

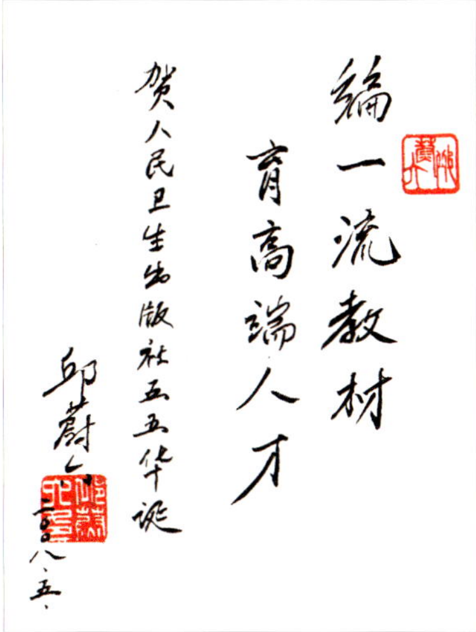

左图：作者题词“默默耕耘 辛辛奉献 杏林俊杰 师门垂范 ——贺丁鸿才老师九六华诞暨从医执教六八载”（2008年2月）

右图：作者题词“编一流教材 育高端人才 ——贺人民卫生出版社五五华诞”（2008年5月）

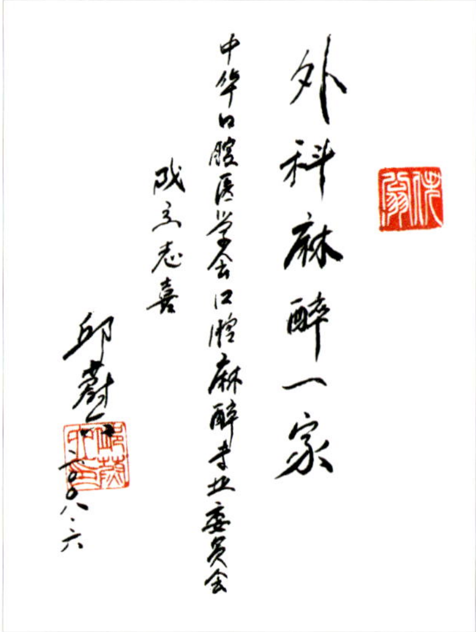

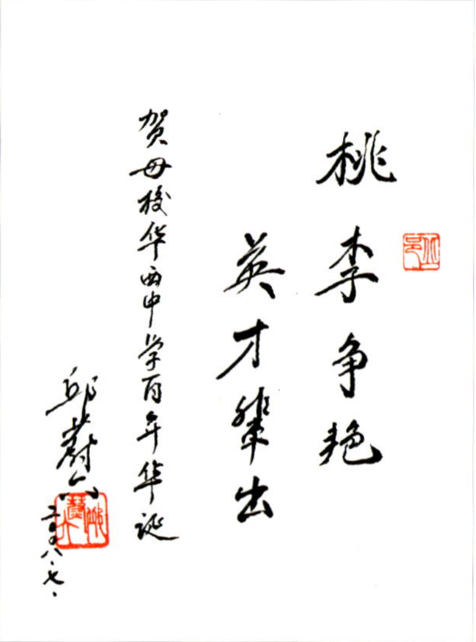

左图：作者题词“外科麻醉一家 ——中华口腔医学会口腔麻醉专业委员会成立志喜”（2008 年 6 月）

右图：作者题词“桃李争艳　英才辈出 ——贺母校华西中学百年华诞”（2008 年 7 月）

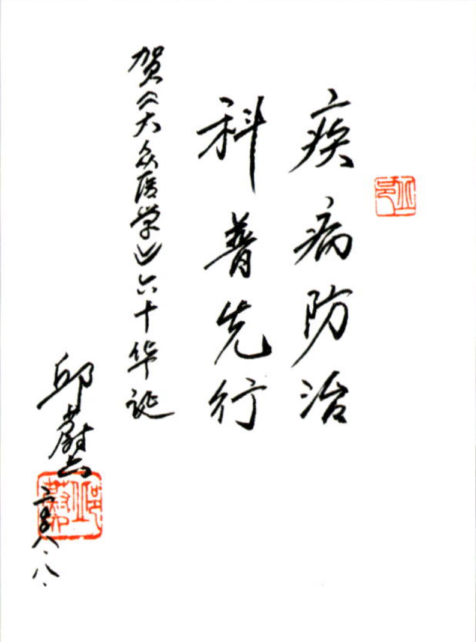

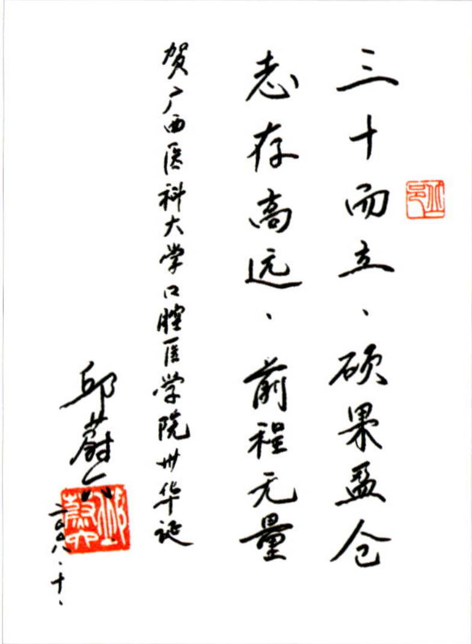

左图：作者题词“疾病防治　科普先行 ——贺《大众医学》六十华诞”（2008 年 8 月）

右图：作者题词“三十而立，硕果盈仓　志存高远，前程无量 ——贺广西医科大学口腔医学院三十华诞”（2008 年 10 月）

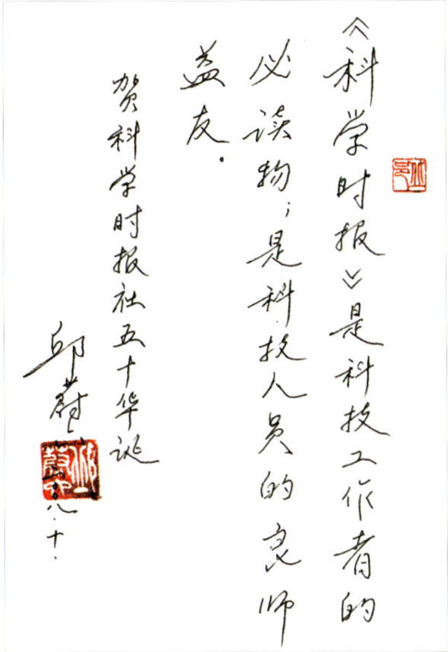

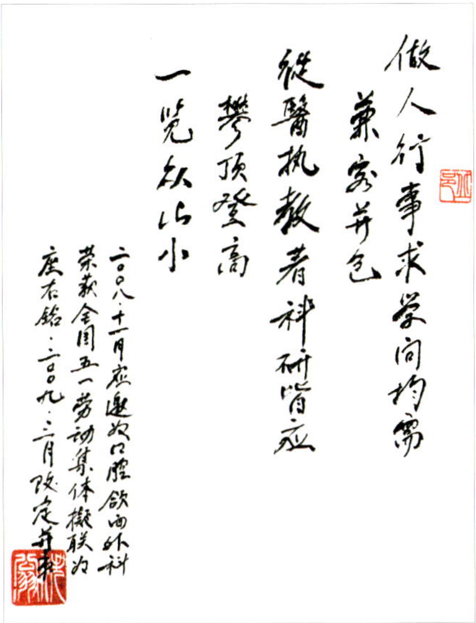

左图：作者题词“科学时报是科技工作者的必读物，是科技人员的良师益友——贺科学时报社五十华诞”（2008 年 10 月）

右图：作者题词“做人行事求学问均需兼容并包　从医执教著科研皆应攀顶登高　一览众山小—— 2008 年 11 月应邀为口腔颌面外科荣获全国五一劳动集体拟联为座右铭”（2009 年 3 月）

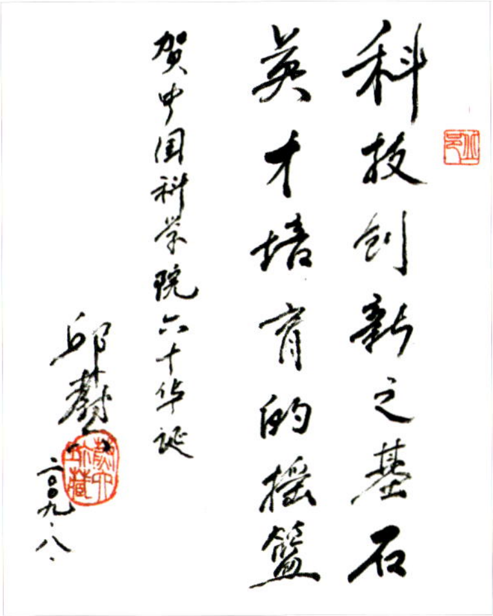

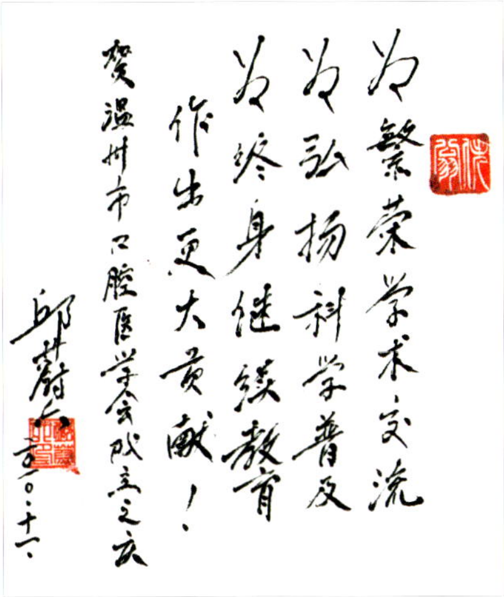

左图：作者题词“科技创新之基石　英才培育的摇篮 ——贺中国科学院六十华诞”（2009 年 8 月）

右图：作者题词“为繁荣学术交流　为弘扬科学普及　为终身继续教育　作出更大贡献！——贺温州市口腔医学会成立之庆”（2010 年 11 月）

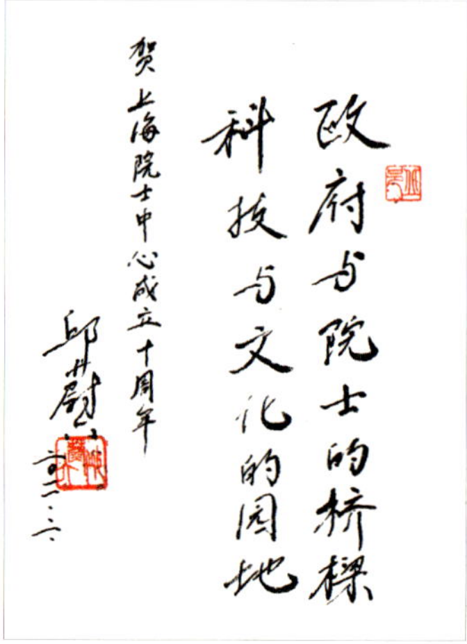

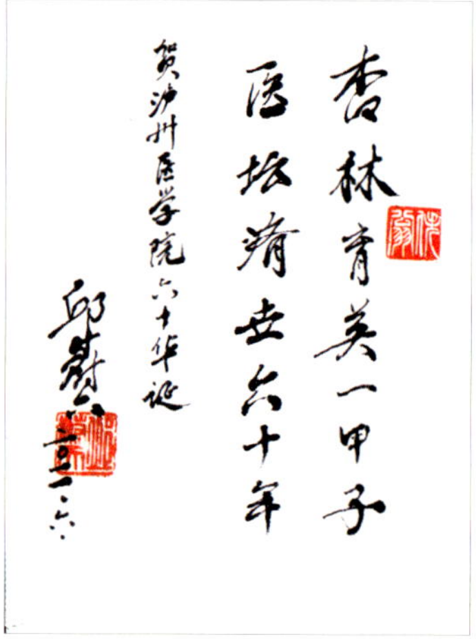

左图：作者题词“政府与院士的桥梁　科技与文化的园地——贺上海院士中心成立十周年”（2011 年 2 月）

右图：作者题词“杏林育英一甲子　医坛济世六十年——贺泸州医学院六十华诞”（2011 年 6 月）

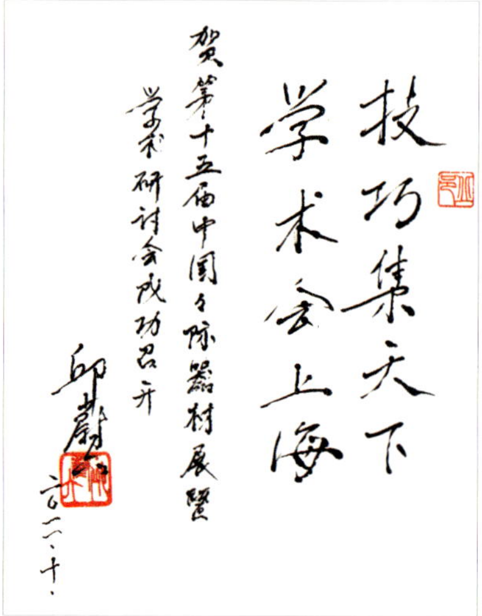

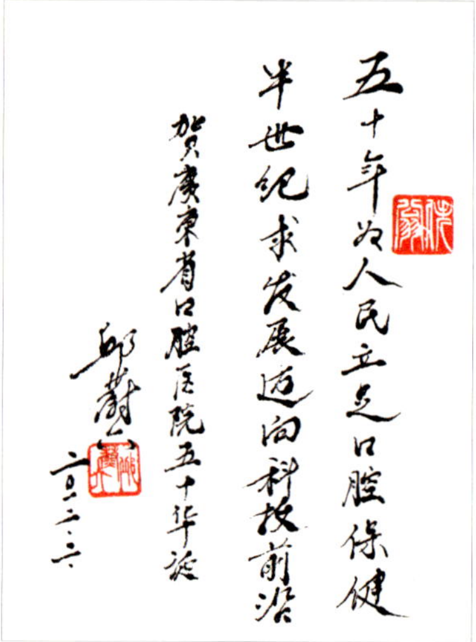

左图：作者题词“技巧集天下　学术会上海——贺第十五届中国国际口腔器材展暨学术研讨会成功召开”（2011 年 10 月）

右图：作者题词“五十年为人民立足口腔保健　半世纪求发展迈向科技前沿——贺广东省口腔医院五十华诞”（2012 年 2 月）

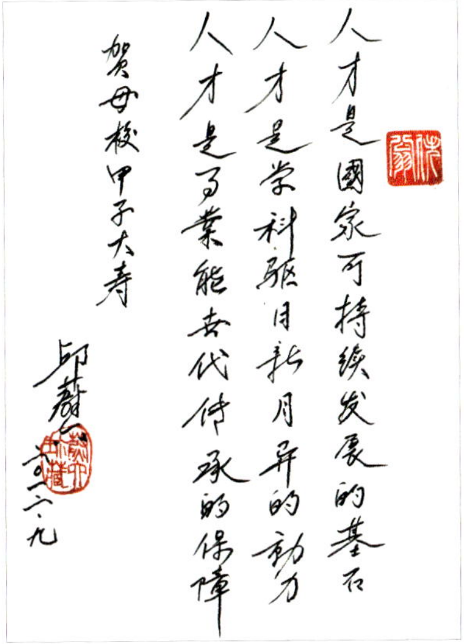

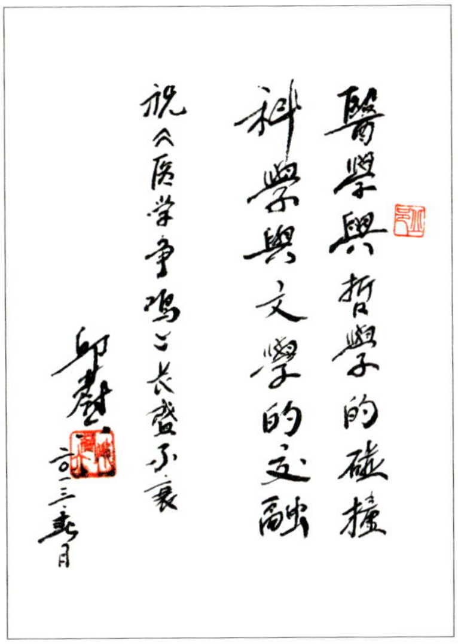

左图：作者题词“人才是国家可持续发展的基石　人才是学科驱日新月异的动力　人才是事业能世代传承的保障 ——贺母校甲子大寿”（2012 年 9 月）

右图：作者题词“医学与哲学的碰撞　科学与文学的交融 ——祝《医学争鸣》长盛不衰”（2013 年春日）

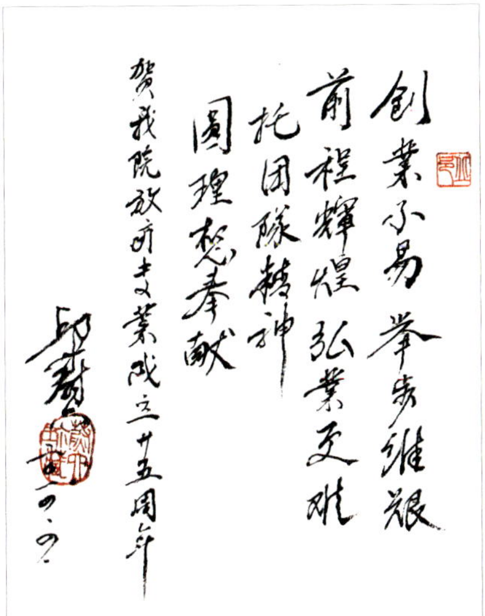

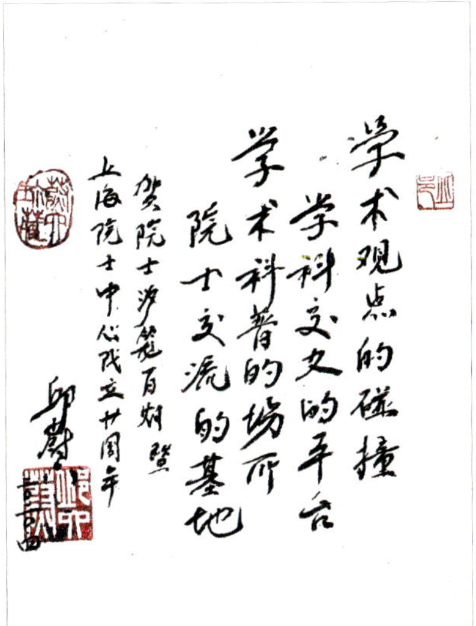

左图：作者题词“创业不易 举步维艰　前程辉煌　弘业更难　托团队精神　圆理想奉献 ——贺我院放疗专业成立廿五周年”（2014 年 4 月）

右图：作者题词“学术观点的碰撞　学科交叉的平台　学术科普的场所　院士交流的基地 ——贺院士沙龙百期暨上海院士中心成立廿周年”（2020 年 4 月）

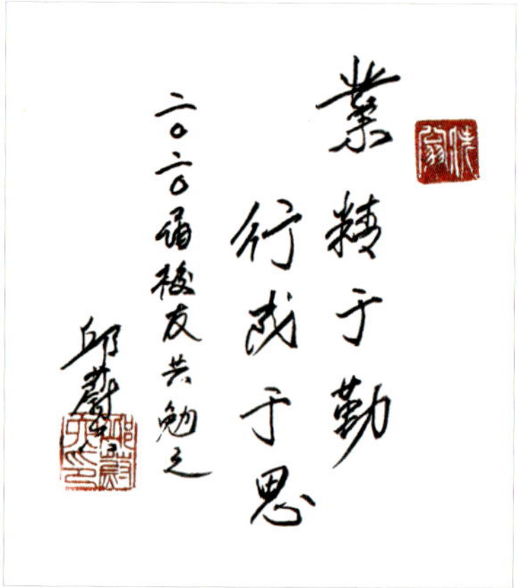

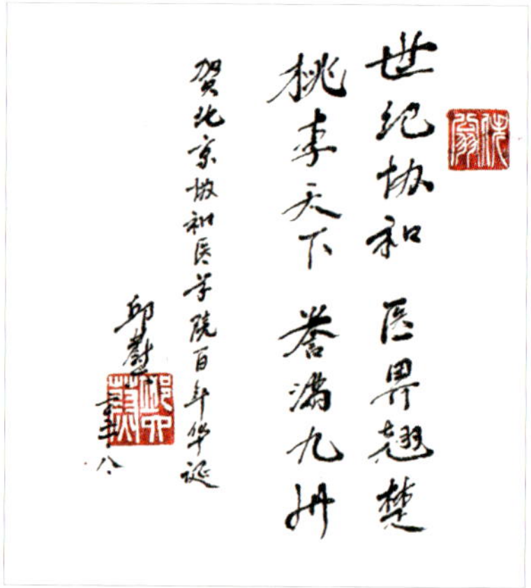

左图：作者题词“业精于勤　行成于思——2020届校友共勉之”（2020年6月）
右图：作者题词“世纪协和　医界翘楚　桃李天下　誉满九州——贺北京协和医学院百年华诞”（2021年8月）

下辑

作品选

在流年的沙漏里，有些记忆如沙粒，随风而逝；有些记忆则如石，镌刻在心。下辑收录了部分我各年龄段所创作的作品选，包括诗词选、作序选、医学作品选、科普文章选等。它们是我心灵的烙印，也是我生活的注脚。

作品养素，文字流光。每一篇作品，都承载着一段岁月、一份情感或一种感悟，它们见证了我成长的痕迹，也记录了我对世界的思考。我想：写作、写书，贵在真实。自己写作、写书，是给自己读，也是给朋友读。希望通过下辑“作品选”的内容，你能感受到我内心的世界，一同沉浸其中，记录人生鲜活的感悟之声，彼此在信仰之光中探寻初心……

作者近影

诗词联选

古人云：“诗言志，歌咏言。”然而，多数情况下还要加上“诗词联动”和“从事从情”，即常常与国际、国家大事、个人情怀有关。楹联也遵从这个规律。

本文集中的诗词联选都是记录了当时当刻的所思所想，早期的一些诗词因为条件有限，没有影像资料的记录，但那些情景还历历在目，近期的诗词，有些事件可以影像资料佐证，诗画相配更加生动。

采桑子　伏岭游

庚日信步伏岭游，雀跃溪流，山伴溪流，小道羊肠曲径幽。

山穷林尽疑无路，跨过山丘，踏破山丘，一村不为伏山优。

1970 年 2 月 1 日星期日，偕谢胖去伏岭，去时沿道而行，归时翻山越岭。陆游有“山重水复疑无路，柳暗花明又一村”绝句，此处化用，柳暗花明自不如山穷林尽之气势，亦不能锻炼“跨过山丘、踏破山丘”的革命意志。

女儿美

天际水面几叶舟，乘风破浪争上游。

瑞士虽有日内瓦，不比浩瀚淀湖幽。

1970年2月20日，归沪路过青浦淀山湖畔，浩瀚无际，天然风景秀丽，不比日内瓦逊色，车上草成。

访瑞士

青山绿地连成片，湖光山色共争妍。

缆箱直上半山顶，电车锁轮真奇观。

雾障难观卑斯山，云开始见驰名川。

休道淀湖风景好，赶超洛桑尚需年。

作者受AO之邀访瑞士，去达沃斯，游苏黎世、伯尔尼、洛桑、日内瓦、琉森湖、瑞吉峰，山顶湖中可眺望阿尔卑斯山，上山除缆车外还有电车（以前为火车），用齿轮制滑，据称世界第一。左下图为联合国万国宫广场前的“断腿椅子”，呼吁人们关注战争中地雷对平民造成的伤害（摄于2004年9月）

1970年，自皖南回沪途经淀山湖，曾咏“瑞士虽有日内瓦，不比浩瀚淀湖幽”之句。今去瑞士，见日内瓦湖，在日内瓦市只觉不及淀山湖大，且观感不佳；但在洛桑，日内瓦湖却蔚为壮观，且风景秀丽，故应重新评价。

“长征”游

倪吉邱施陈，五人伴同行。
“长征”瞻旧址，桥涵雨藏身。
笑语长发翁，精髓“郭”庙中。
冥思对联语，小将乐融融。
雨后俯身进，深山闻鹧鸪。
仲夏草木深，溪流善甘露。
丽蝶翩翩舞，大王手中俘。
怎知蝶心苦，归来雨淋浴。
若非及时雨，哪有此乐处？

另有一诗云：

冒雨游山也莫嫌，却缘山色雨中添。
湖光潋滟晴方好，山色空蒙雨亦奇。

1970年6月6日，往208工地，偕我医疗队倪、吉二医师及施、陈二人同游“长征”厂旧址，当日有雨。小施有“爬山大王”之称，故诗中戏称其为“大王”。

木坑行　和张培华

二上“木坑”性刚强，峭壁猿攀试胆量。
误入歧途大王罪，重攀向导只老张。
暮色苍茫下山岗，十步当一行路忙。
挥汗如雨木桥渡，酉时行军夜送凉。
归来百合采一株，茎长五尺花五杖。
好花堪赏不堪折，未到家门已断肠。
百合未必花中主，唯取“如意”慰高堂。
新安江水龙出傍，天伦之乐在黎阳。

1970年7月14日，接张培华寄来五言一首，写百合花，忆及本月初在208工地曾二上木坑山，采得百合一枝，但因茎长而折，张培华带回黎阳以慰其母，并称为花中王，兴而和之，实不同意花中王之观点。

即景

霓虹闪烁迎国庆，夜宵台畔独缺卿。
高堂卧病忍别去，只缘备战为人民。

1971年10月2日，国庆22周年适逢一级战备，晓仪去南汇参加备战二医队，未能与家人共聚国庆，岳母卧病毫无起色，感而凑成。

颂女务农

五七是正道，安庆始征途。
襁褓尚犹在，及笄出闺屋。
人生征战多，最难第一步。
旧念应承决，唯我新一代。
蜡梅傲霜雪，青松冬不败。
逆流江波上，反潮向前迈。

1974年3月25日，蓉蓉首途安庆，转车桐城落户大关区新店公社隆庄大队林店生产队，寄诗一首以资鼓励。

工农兵学员赞

冀东抗灾是先锋，缘尽来自军工农。
炉火纯青把钢炼，医疗队中数英雄。

请看：

小陈（志兴）宣传打头阵，毛泽东思想送春风。
小刘（家华）号称老黄牛，鞠躬尽瘁力无穷。
小步（兵红）置私于度外，不问娘舅问工农。
小刘（淑香）赠金又问暖，阶级情深手足同。
小盛（意和）人皆呼“老表”，医疗工作称先锋。

小王（华新）处处挑重担，热情洋溢火样红。
小郑（如华）事事来争先，任务从来不放松。
还有小高（寿林）个虽小，螺丝钉事见心胸。

正是：

九院阵地战鼓隆，陋习旧貌一扫空。
喜看今时接班人，莺歌燕舞拂东风。

和岳生弟一首（步原韵）

沧桑七载是非茫，揪出四害心方朗。
当年乱国人心寒，今日大治好风光。
举世同庆烈如火，骏马良弓不用藏？
革命生产惧大事，钢铁如山穗成行。

1977 年 4 月，接岳生弟来函，并将来沪书赠七律一首（见后），忆及当年申上同聚欢情。倏忽 7 年，世事大变；与 1970 年比形势大好，大快人心。病中之余戏而和之！

岳生弟原诗如下：

七年东西两茫茫，梦中常闻笑语朗。
畅说不觉数九寒？郊游更喜三春光。

银花火树赏焰火，倒柜翻箱寻迷藏。
历历眼前几日事，忽看儿女已成行。

二过芜湖

曾记赭山观日出，西行皖南过芜湖。
山区驰骋七十整，英勇当年今弗如。
一年沉疴被病磨，面对四化感蹉跎。
我年未老志犹在，何日台前重执柯？

自武汉会议归过芜湖港遥望赭山，忆及1970年去皖情景。7年之后面瘫不全恢复，又罹颈椎间盘突出症，有感而书。

（1977年12月）

探儿、赠儿

暑寒三年余，喜儿已自主。
黑肤身体健，工作数第一。
未负父母志，更靠党培养。
工人数一代，红专再努力。

1977年12月，武汉会议后路经安庆探望蓉蓉（在石化厂），蓉蓉获1977年度先进个人奖。

巧逢

金秋见蚀日，去岁观圆月。
巧逢医庐上，共论伤与折。
后生诚可畏，前辈亦英杰。
来日再聚首，势将成大业。

1986年9月18日中秋佳节，夜步松林，见一轮明月举头；1987年9月23日秋分，观日环食于植物园，真乃巧遇。去岁金秋又皆举学术活动于医庐之上，口腔颌面外科事业前途兴旺也。

无题　和永福学长

数载播育已成林，学海不负苦心人[1]。
自古攀登无坦道，贵在勤思[2]持以恒。

1987年9月18日，二上医庐途中，忆及去年许诺，并闻吾兄《实用口腔颌面外科学》一书即将问世，“申江”4号轮上偶得，步原韵和永福兄赠诗。

附永福兄原诗：

1　化用自“天将降大任于是人也，必先苦其心志，劳其筋骨，饿其体肤，空乏其身”。
2　化用自“行成于思，业精于勤”。

弟永福请蔚六学兄斧正

1986 年 9 月 18 日，中秋之夜同游“月照松林”有感。

路影依稀探松林，一抹金辉映山明。

月牙引出水晶蓝，横枝梢头挂玉轮。

复永福兄赠诗榕城再遇

六十花甲喜相逢，岁月流逝何匆匆。

人生难得康健在，文章情谊两相通。

1992 年 12 月，再逢于福州，新年前夕来诗一首，特步原韵脚和之。原诗如下：

榕城喜再逢，相聚何匆匆。

事业纽带在，灵犀永相通。

美好中的遗憾

已登黄山顶，不见黄山面。

虽是幸福道，美中留遗憾。

1988 年 9 月 9 日和 11 日，二上黄山均因雨而无法见黄山真面目，虽承索道帮忙，道路幸福然亦留遗憾。

作者与友人在黄山合影（摄于 1988 年）

黄山记游新诗二首

其一　登山

看罢五岳不看山，山外有山堪续篇。

攀缘从来无坦道，前赴后继好登巅。

其二　后继有人

人过花甲应属老，五上黟山为攀高。

力不从心智有限，唯喜后继军团到。

1993 年 6 月，华东头颈肿瘤外科会议后，与同仁再登黄山，感大自然造物之奇，有此胜景，再得赠诗四首。试和其二，余以 1970 年第一次登黄山的《黄山记游》还赠。

作者于黄山留影（摄于 1993 年）

庐山聚首诗四首

其一　青胜于蓝

青出于蓝胜于蓝，润源于波波在先。
老少共论接轨[3]事，险峰有道当可攀。

其二　游山访古

浔阳江头访故地，石钟山畔寻涛源。
白苏当年虽遭贬，清浊分明在岸边。[4]

其三　贤能故地

群贤毕至石钟山，少长咸集白鹿院。
自古磨难出佳句，琵琶一行传世间。

其四　风云变幻

匡庐风云多变幻，瞬时迷雾不见山。
历代君王难长久，唯余沧海与桑田。

癸酉年秋月，口腔医学华东协作组 11 校有关人士在庐山聚首。游锦绣谷、龙首崖，同仁诗兴大作。文杨学弟成诗三首相赠。10月 12 日，晨深寐乍醒，朦胧中得诗四首。

3　会议主题之一是讨论口腔内科体制如何与国际接轨。

4　石钟山望湖口，长江水与鄱阳湖水分界清晰。

会下庐山时迷雾大作，不见山亦不见天。庐山亦为近代路线风云变幻的策源地。惠赠永福兄庐山七绝四首，永福兄赞曰：“佳句频出，胸襟开阔，忠诚于事业，寄望于后辈之心溢于言表。”永福兄感慨之余聊步其韵、和诗二首，附原诗如下：

其一

层峦叠翠映天蓝，寻踪觅胜勤在先。
前人劈出康庄道，临峰不需苦登攀。

其二

往事依稀如梦幻，几度议术会庐山。
汇集高论千百项，不恋世俗种福田。

1993年10月初，华东口腔教学会期间共商育人大事，会后游览庐山胜景有感，得小诗一首附录于下——

金秋医庐会同行，为树桃李更芬芳。
“花径园”里觅新路，“锦绣谷”中履羊肠。
寻幽探胜“仙人洞”，信步跨入“大会堂”。
“含鄱口”望云天外，长江后浪推前浪。

校庆 85 周年同班相聚

坝上有感

青髫离去白发归，十余学子重聚会。
共庆八五在坝上，回首四十应无悔。

人生机遇不可言，路途坎坷勿自怜。
为国为民堪心慰，偷渡余生当安闲。

作者与同学在成都合影（摄于 1995 月 10 日）

当选院士有感

翰林

古有进士，今有院士。古稀之年获殊荣，诚惶诚恐！
技历苦练，笔耕不断。耋耄岁月行将始，何所何求？

（2001 年岁末初冬）

救死扶伤，悬壶济世。

刻意追求，永不言弃！

救死扶伤，一生为民悬壶；

渴求创意，永不轻言放弃！

自勉自励

为人之道

严于律己，宽以待人，做人知不足。

从医之道

救死扶伤，为民悬壶，仁术德为先。

执教之道

授之以渔，甘为人梯，青定胜于蓝。

著研之道

渴求创意，永不言弃，攀高无止境。

（2004 年仲春）

贺中国工程院建院十周年

人迹冷暖世事艰，颂扬韪语时相见。

若具海纳百川志，何愁前无艳阳天。

首创领先何其多，只为院士来炒作。

实事求是乃真理，无欲则刚不蹉跎。

（2003 年 8 月）

创业与未来

——贺科庆 50 年

创业当维艰，学步或亦难。
成熟历数代，耗时五十年。

能获一席地，当需多年功。
若无坚强志，那得今日宏。

求索能创新，桂林为栋梁。
发展唯人才，环境若粮库。

来日尚方长，尤需放眼量。
诚信又团结，前景更明亮。

（2004 年 4 月）

1953 年，张锡泽老师于原广慈医院创建病房，至 2003 年已有半个世纪。

众生相

光凝一瞬间几多白发老翁，

神显千幅像不乏科技功臣。

2004 年 6 月 4 日，两院院士大会期间，摄影师张建设赠予我院士肖像一幅，并作展出，他共为众多院士摄照片千余幅，神态各异，喜而联之。

作者肖像

和仁东兄蔚雯姐（步原韵）

不为良相宁为医[5]，悬壶操刀半世纪。

善心仁术岂为名，耋耄之年更何期？

附原诗：

邱园事变立志医，九院潜研半世纪。

工程院士喜提名，仁心济世副所期。

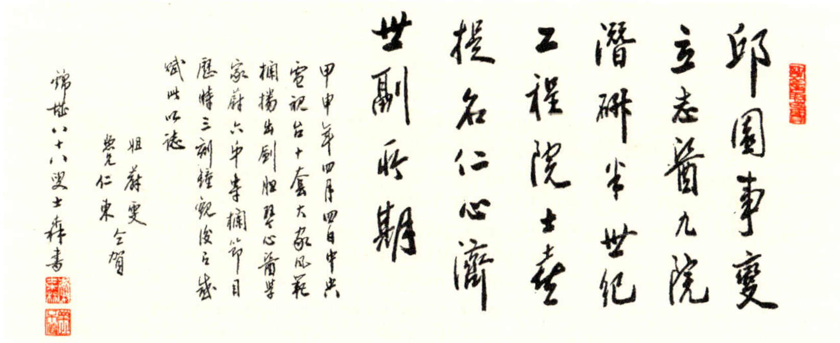

作者兄长仁东、姐姐蔚雯为恭贺作者的专栏节目《大家风范》所写的贺词。该节目在 2004 年 4 月 4 日于 CCTV-10 频道播出

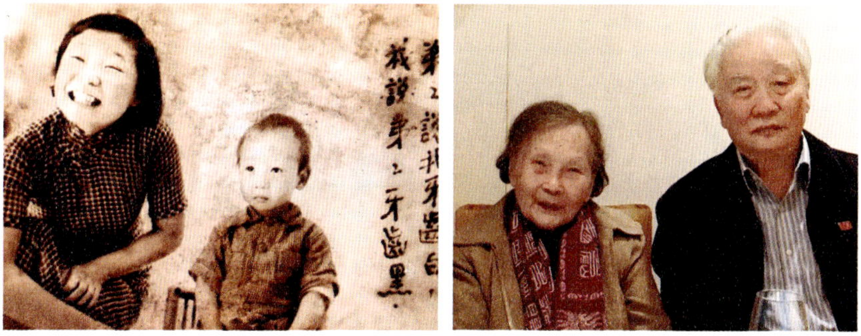

作者与姐姐邱蔚雯合影

5 有谚云，“不为良相，便为良医”。

中国医师奖颁奖有感

中国医师扬子杯[6]，医界[7]楷模聚京帷。

“白狼”今又成“天使”，体改才得和风吹！[8]

中国医师奖奖杯

中国医师奖获奖医师与领导合影

（2004 年 6 月 29 日）

神农架游有感

吾老矣，下山腿无力，上山心缺气，好汉不复当年勇，青春倍珍惜！

吾老矣，一阶行两步，倚杖步蹒跚，忆及当年华西队，三步跨一栏。

作者与同仁在神农架合影

作者与妻子晓仪在爬山途中小憩

6 首届中国医师奖获奖者共 39 名，由扬子江药业赞助，故名“扬子江杯”。

7 获奖者多为 2003 年 SARS 中涌现出的杰出人物，呼吸专业医师 5 名，预防医学医师 4 人，故称“楷模”而不称“精英”。

8 当前医患关系仍然紧张，从体制改革着手，才能从根本上解决问题。

骨折7个月后，我扶杖登神农架之神龙洞，台阶计800余级，倾斜45度，奋力攀登上，但实感“吾老矣”！

喜闻刘翔获奥运110米栏冠军，当年我亦是跨栏运动员，有右跖骨骨折为证。可如今只能一阶两步，更谈不上三步一栏了。

（2005年8月18日）

骨折有感

其一

天有不测风云，人有旦夕祸福。糊涂加碧丽，一摔伤股骨。

上三路，下三路，一身刀痕十余处。人皆不喜本命年，无奈皆无数。

2005年2月5日，春节前，小施好心大扫除，并用碧丽珠给地板上蜡。我因叫人来装宽带，下午1点半正睡梦蒙眬中，忽闻门铃急响，遂跑步出迎，奈何地滑，一摔着地，致右股骨粗隆骨折。此时，距离猴年本命年过去尚余4天，真是本命年，人算不如天算。

其二

人云切肤痛，我谓断骨寒。

疼涉心肺腑，固定始安然。

髓内三枚钉，复位保万全。

AO原则好，又获新体验。

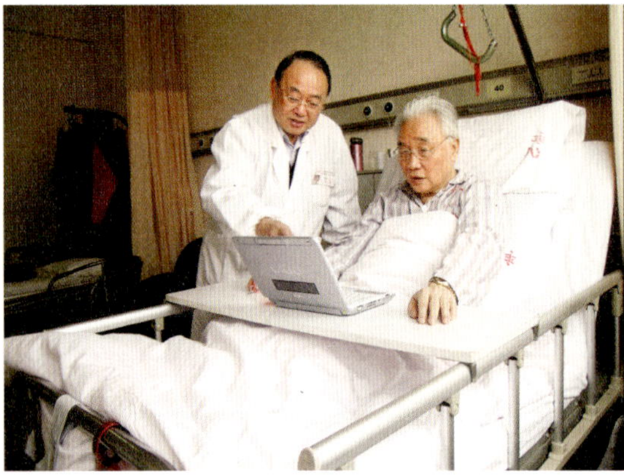

作者与戴尅戎院士在病房中回顾手术方案

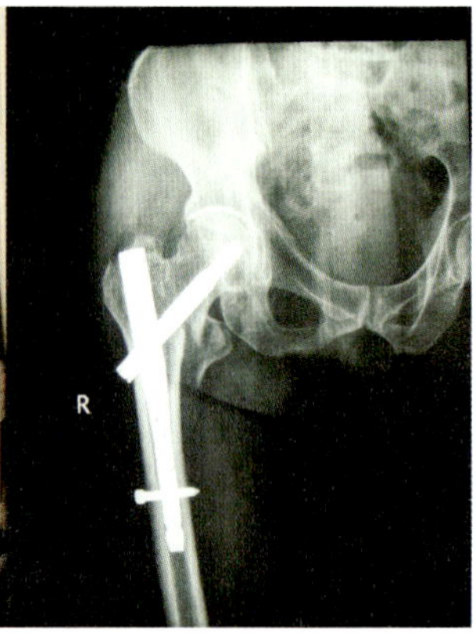

作者术后的 X 光片

其三

初尝穿钉彻骨痛，复苦体位难安眠。

卧床方悟健康好，苦度百日再壮健。

（2005 年 2 月 25 日）

我断骨后，即拨 120 送至医院，牵引近 48 小时，全麻下复位按 AO 原则坚强内固定（钛板、钉）。戴院士笑曰：“如同你们的牙种植，当会 integration。”

牵引穿钉时，手术处不痛，断骨处骨端摩擦疼痛剧烈。术后体位强迫难眠，安眠剂不过维持二三小时，只能等待“伤筋动骨一百天”之后了。

2005 大年之聚

海纳百川，有容纳大。

科室英才，其融弥坚。

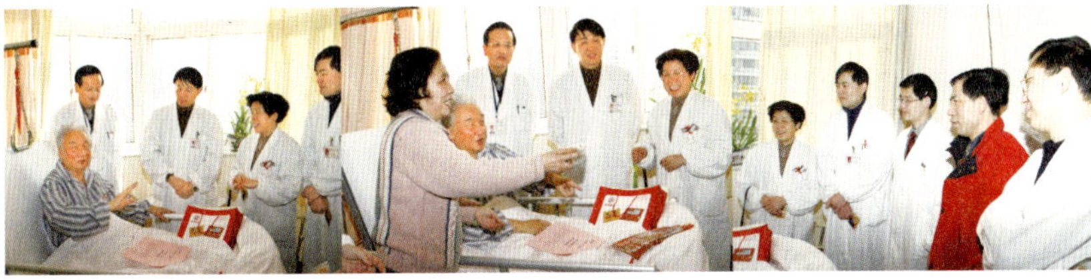

作者与在沪研究生在病房聚会

原本每年举行的正月十五聚会，只好因病改在医院举行，在院及在沪研究生聚于病房，并祝大家“融则坚”。

忆昔

——代晓仪和孝铮学长

当年龙市曾作客，今朝盐城再访君[9]。

相对无言笑犹在，心领神会意也深。

华英三胖[10]有名声，学园时期[11]皆单纯。

岁月“峥嵘”[12]多磨难，历经沧桑情更真。

2007年8月27日，云裔、晓仪和我去自贡看望患病的幼彬。孝铮代她吟诗一首。回沪后和七律一首，亦打油之类也。

（2007年9月）

9 2003年9月偕晓仪、谦明及池青去自贡市探访同窗老友孝铮和幼彬。

10 1950年华英女中团支部三领导：龙云裔书记、王晓仪组织委员、尹幼彬宣传委员。三人体型均较丰满，被其他中学团支部领导笑称为“华英三胖”，颇具盛名。

11 指1950年在华西坝举办的“青年学园”，参与者为各校学生，并予当时发展一大批青年团员（当时全称为“新民主主义青年团”，以后才改称“共青团”）。

12 此处指“文革”时期。

和秉琦 2008 早春

和一

常开天眼观九州，大好河山任你游。

颐养天年是大事，鹊桥之夜再回首。

和二

鹊桥之夜再回首，情谊往事涌心头。

它日倘有轮回事，复结连理游九州。

丁亥岁末，秉琦发来《忆顺英三绝》，尽显同窗连理情深。唯末句“偶开天眼觑五洲”中的“偶”与“觑”二字似不够阳光。试增和二首并赠秉琦。秉琦原诗附后。

忆顺英三绝

丁亥腊月二十八，立春（2008 年 2 月 4 日）晨。顺英托梦，醒来感然，复细思，顿悟今日乃亡妻仙逝六周年忌日，不觉大恸，噙泪书三绝句以记。

其一

相思相忆总添愁，况是何桥已去舟。

濯锦江头春月夜，频依栏杆不自由。

其二

频依栏杆不自由，生死茫茫隔六秋。
遥念精卫填海志，它生未卜此生休。

其三

它生未卜此生休，往事萦怀难回首。
寒蝉号噤思犹在，偶开天眼觑五洲。

百岁再聚仍可期

——和秉琦学长

辛卯相识一甲子，同窗相知逾四年。
互助相敬情未断，何惧东北抑西南。
今世七十不为稀，八十尚属小弟弟。
九十寿诞彼彼是，百岁再聚仍可期。
祝君长寿且健康，子孙成群又满堂。
莫忆既往不快事，安度余年话衷肠。

（2011 年 4 月 5 日）

2011 年 4 月 11 日至 16 日，同班同学相聚沪上，取名为“华西口腔 41 级同学相识、相知、相敬 60 周年聚会”。秉琦发来诗一首。为和，以“相识、相知、相敬”为首，以“百年相聚仍可期”为题，咏七言三首，成于 4 月 5 日。秉琦原诗附后。

华西口腔41级同学相识、相知、相敬60周年聚会

辛卯三月春意浓，同窗老友聚申城。

共举美酒品岁月，屈指六十笑谈中。

华西钟楼荷塘月，未忘师恩教诲情。

人生竟渡历磨难，往事如烟任穹通。

冒怨白驹如过隙，风霜无情人有情。

天南海北虽难聚，时时牵挂见真诚。

祝愿诸君多欣悦，国泰民安享人生。

祝愿诸君多保重，百岁煮酒论太平。

（2011年4月）

曾自强赋诗二首（和）

其一

同窗逾四载，相知六十年。

殊途常思念，坎坷苦亦甜。

运动六十秋，不败全身在。

虽少功和业，平安健康全。

俊仔妙龄妞，如今风霜颜。

但愿廿年后，再聚晓邱前。

其二

同窗共度逾四载，一九五一喜相逢。
天南地北常思念，钟楼荷塘常入梦。
蹉跎岁月甜亦苦，我辈命与祖国同。
愧无业绩报家国，家国忧患与我共。
纵然名利皆爽愿，平安健康实所崇。
莫叹岁月催人老，生老病死类贱同。
六十年后浦江聚，晓仪老邱情意浓。
今年聚首八十了，期盼百岁再相逢。

（2011年4月12日）

同学聚会趣纪二则

其一

小马[13]误闯虹桥站，刘姥[14]迷失中国馆。
地大人多难寻觅，恍若置身大观园。

其二

实望舒适又准点，不受气候来制限。
谁知隧道藏机关，动车变成不动产[15]。

---

13 刘兴翘昵称为“小 mass”，诗中“马”为“mass”谐音。

14 刘兴翘自称为“刘姥姥”。

15 因堵车，车停隧道内约3小时。

同窗学友 60 载沪上再聚记游

访一大纪念馆，看开放新天地。
既受革命教育，又观旧区改造。
体验清明动态，寻觅故园发展。
文化体育圣殿，寓教于乐再现。
登世界最高点[16]，游浦江水平面。
鸟瞰金融地带，仰望明珠耸现。
住最小模特儿[17]，拜百米释迦佛。
虽信马列主义，也把梵宫来参。
蠡湖风平浪静，西施安详淡定。
纵论四大美女，还有会诊保健。
五日相聚恨短，重逢一语成签。
只要身康体健，百岁并非梦念。

（2011 年 4 月 18 日）

16 指环球金融中心观光厅。

17 系 Motel 的译音，指供旅行用的汽车旅馆。

作者与同窗好友沪上再聚合影（摄于 2011 年 4 月）

夜梦有感

李君驾鹤西去，秉烛夜谈犹在。[18]

琦谭并非怪论，好学淡泊一生。[19]

2018 年 4 月 29 日晚，梦见同班同学聚会，见秉琦、顺英等。李君已于前日仙逝，有感而发。

初访延安

延河宝塔山，枣园南泥湾。

当年革命圣地，如今靓丽延安。

褐山叠峦几百级，黄河曲流数十湾。

壶口一深河床中，稀世瀑布真奇观。

（2006 年 4 月 20 日）

作者夫妇与好友在延安留影

18 毕业前我与秉琦同居一室，他下铺，我上铺，每日叙谈。

19 秉琦淡泊名利，数度拒官，只好学。

观老照片有感

只言片语难留存，图像数帧值千金。

岁月更迭催人老，沧海桑田忆旧情。

2007年暑假，陶冷月之子陶为衍送来老照片数张，为大姨夫邓只淳20世纪30年代所摄，且有亲笔签名，十分珍贵。复印之后已分赠名尚及雯姐。

岁末复得廖幕桥寄来1950年6月6日华西协中全校照片一张。照片上，我、刘远清、曹泽毅依稀可辨，吴先忧校长我仍有些印象，其余则难认了。

（2007年末）

华西协中全校照片（摄于1950年6月6日）

游衡山

其一　衡山好

南岳衡山，巅峰处，祝融乍现。

抬头看，铁瓦筑顶，锈迹斑斑。

峻峭石壁，华山险，葱郁山态衡山俏，又谁知深山含三教，儒释道。

三合一，相处好，图发展重礼教。

磨镜台，有哲理，不信你瞧，磨石不能成明镜，坐禅焉可入佛道。

取当今和谐好理念，未来妙。

2011年10月22日，偕王、刘诸君共计十人游南岳衡山。五岳已游四（独缺恒山），各具特色，偶得一词。

山间小憩

其二　曲径通幽

寿比南山，怀素神笔。

三教合一，供奉圣帝。

曲径通幽，征途艰险。

另辟蹊径，洞中明苑。

游衡山时，恰逢口腔颌面外科专委会口腔颌面—头颈肿瘤内科学组成立之际，本人作题为《转变理念，探索肿瘤诊治新途径》的专题发言。王、刘二君则赠单条一幅，上书：

综合寻幽径，序列能通幽。

此句从一个侧面对“多学科综合序列治疗”做出了诠释。游衡山时，忽悟：

三教合一可启示综合，曲径通幽则隐喻序列。

夜宿“明苑”需穿洞而入，则可解为征途难险而前景光明。

（2011 年 11 月 6 日）

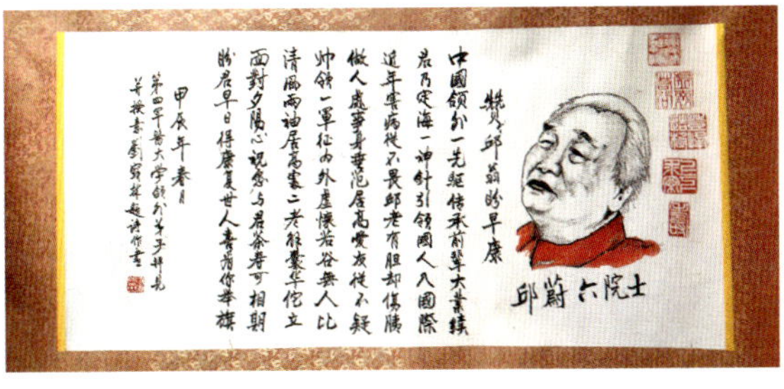

挚友刘宝林教授探望病中作者，赠书画，盼早日康复（2024 年 3 月）

论盛世

——和周曾同教授

盛世话大唐，国医需弘扬。

若为创新故，结合路更长。

盛世论吾家，四代已同堂。

捌零虽已至，玖旬方逞强。

2010年虎年岁末、兔年即至之际，接周曾同教授原创《有感》诗，兴而和之。他乃中医世家，有国学修养。余欣然著诗，贻笑大方，尚乞鉴纳。附周曾同教授原诗如下。

（兔年首日申时）

有感

仲尼圪东方，中华魂无恙。

民贵重于君，温良恭俭让。

人人皆言畅，口口有余粮。

辛卯追庚寅，盛世赛大唐。

（2011年2月1日）

作者在会议上作《浅谈医学与文化》报告

原六省一市年会始于20世纪80年代，如今重新举行，故云东山再起

2012年4月13日至15日，清明节后，六省一市于苏州举办口腔学术研讨会。余已20余年未重访，感老区保存好，新区建设妙。

离别有感

吾因一生多坎坷，国内海外皆求索。
忆及当年父女情，不禁纵横老泪落。
忘恩小子心不正，负义男儿自古多。
唯愿苍穹来保佑，来日方长路广阔。
相聚六日虽恨短，深喜成才小娇娥。
英语流畅中文秀，摘冠有日慰心窝。
人间自有真情在，是非曲直能许说。
奋起苦读不为晚，大器晚成有先河。

（1993年12月6日机上）

1993年末，访美归，经洛城得晤申申和能能，相聚6日甚欢。离洛返沪，机场暂别，登机后，情绪不佳，有感而成。

作者赴美国洛杉矶和二女儿及外孙女相聚（摄于 1993 年）

作者赴美国洛杉矶和学生孙海雄、宁守诚在一起（摄于 1993 年）

再访美利坚

其一　金牌教授

访波大校园，赞金牌教授。

开洋校先河，长中华志气。

作者夫妇与周来生教授在美合影

作者夫妇在美国加州圣莫尼卡的休闲时光

其二　满江红　赞哈佛

哈佛名校，三百年，坐落剑桥。查河边[20]，昂首屹立笑傲世间。第一当属医学院，牙医学院须争先，莫待未来空浩叹，是期盼。

存希望，莫等闲，争第一皆夙愿。邱丹妮布莱曼，一医一牙。齐头并进再努力，争做名医非奢念，外公偕外婆诚祝福，把梦圆。

全家参加作者外孙女晨辰在哈佛大学的毕业典礼

作者外孙女晨辰的毕业合影

20　查河：即查尔斯河（Charles River）。

2008 年，晨辰在加利福尼亚大学洛杉矶分校获学士学位，立志深造。泽济世之业，向医学圣殿。最终被哈佛大学医学院录取。举家为之欢庆，复习 15 年前我的“摘冠”预测，终得实现，步原韵尾自和一首聊舒心怀。

哈佛大学医学院是哈佛大学的支柱学院。哈佛大学及其医学院均被公认为现今世界一流大学及一流医学院之领头羊，故此喻为圣殿。

外孙女晨辰回国期间跟着外公看门诊

其三　老校友老朋友重逢

不远万里去美洲，洛波二城会校友。
人各有志难相强，可喜众多有成就。
波洛两处有旧交，千年不忘老朋友。
岁月俱增添白发，所幸精神皆抖擞。

作者访美期间与老朋友们的合影

（2012 年 8 月 1 日）

孔子名句之我见

孔子原文

十五志于学，三十而立，四十而不惑，五十而知天命，六十而耳顺，七十而从心所欲，不逾矩。

我的想法

十五志于学，二十而立，三十不逾矩，四十而耳顺，五十而探惑、探天命，六十而传人，七十而发挥余热，八十而从心所欲，能干什么就干什么。

（2012 年 10 月 5 日）

我的思考：

1. 十五志于学，即年少立志，很有道理。

2. 三十而立太晚了，古时 20 岁行“加冠”之礼，现 18 岁行成人礼，我认为应“二十而立”，不然成“啃老族”了。

3. 三十“不逾矩”，即守规矩、重法制。

4. 四十而不惑，在现实中太难做到，因此我改为四十而耳顺。只有什么意见都听得进，才能有则改之，无则加勉，便于辨别是非。

5. 五十正值成熟期，可以探惑或探天命了。探惑是一辈子的事，天命是什么，可能还解释不了，天可见而命无形也。

6. 六十是寻我、确定接班人的时候了，否则不利事业持续发展。

7. 七十大多已退休，应是发挥余热之时了。

8. 八十是我增加的，现代人比古人长寿，八十应从心所欲，但限制词是“能干什么就干什么”。

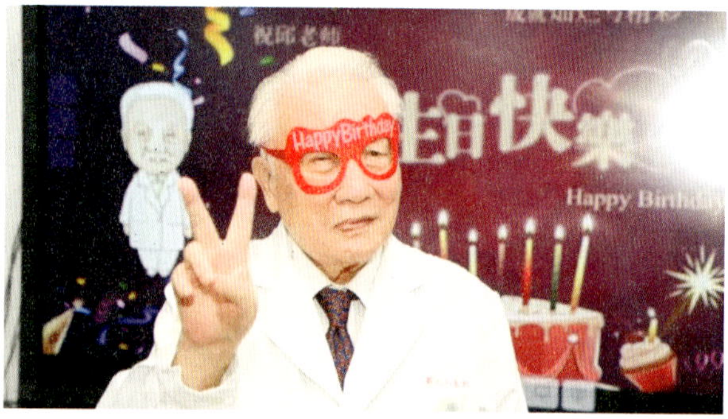

科室同仁为作者庆祝 90 岁生日

口腔颌面部韵

骨之不存，牙将焉附？

骨之不在，肌将焉存？

肌之不存，皮将焉附？

肌之不在，何来表情？

皮之不存，何来美丽？

皮之不在，何来年轮？
牙之不存，何来咀嚼？
牙之不在，何来齿音？
舌之不存，何来言语？
舌之不在，囫囵硬吞？
口腔颌面部之不存，
何来五大生理功能？[21]

（2015 年 8 月 19 日）

诠释校（院）训

博学而勤思

创造、创新、发明离不开博学；
学而不思则罔，思而不学则殆。

大爱兼精诚

撒向人间都是爱；业精于勤，行成于思，诚信是根本。

（2014 年 8 月 15 日）

21 五大生理功能，指咀嚼、吞咽、语言、呼吸和外貌表情。

面舞

舌尖上的中国，指尖上的艺术。

文化亟待传承，遗座贵在保护。

作者在山西太原中餐馆见面舞表演（摄于2014年4月）

被授台湾中山医学大学名誉博士学位有感

一生初披学位服，低头披穗头一遭。

老师尚无博士帽，岂敢虚称是博导。

作者（左四）在台湾中山医学大学被授予博士学位（摄于2014年11月12日）

同道和挚友

周老汝川立宏愿，中山医大领路人。
明勇教授承父志，功成名就筑杏林。
生本同源两家亲，业亦相同谋共进。
来日方长续合作，雄踞欧亚皆可能。

作者与台湾中山医学大学多年互访交流

得来全不费功夫

七八年[22]前启蒙校，如今留存“闻香”灶。

踏破铁鞋无觅处，意外得来心欢笑。

“诸子百家”[23]本是宝，礼贤下士是君貌。

满蒙本是少城主，碑文为证政策好。

作者夫妇在少城组合小学旧址合影

2015年11月，回蓉省亲，11月13日，去少城黄瓦街进餐。无意发现墙壁立碑，署为“少城组合小学校旧址”，并另立有碑文名“诸子百家”。校址已改为餐馆，名曰“闻香”。

此小学为本人启蒙小学，第一次进校应为1938年，惜日寇空袭，未几移城外，转江源镇小学续读。记忆中，此小学原名少城小学，并无“组合”二字。见碑文树立者为“满蒙人民委员会”，推测此为少数民族所创立，故名“组合”。少城当年为满族高级人士住宅区，当可以理解。能铭文保存，实属落实民族政策之功了。可惜碑文字迹模糊，歉甚。

22　指1978年前。

23　“诸子百家”为碑文题名。

作者夫妇与二女儿、小女儿回四川（2016 年秋）

丁酉春节师生团聚感言

冬别春至乃常态，猴去鸡来循环快。

中盛西衰徒嗟叹，河东河西三十载。

雄鸡三百再启程，更向世界快步迈。

中国特色续发扬，国际认同金冠戴。

（2017 年 2 月）

2017 年初，师生欢聚，欣闻口腔颌面外科工作人员已近 300 人，恐世界上也难找到这么多工作人员的科室。愿早日登顶国际领先的一流学科。

新妆二首

其一

八六耄耋添新妆，“功臣”二字不敢当。

唯传吾师铺石训，接班英杰须更强。

作者荣获“上海市教育功臣”荣誉称号

其二

耄耋八七又添妆，“成就”二字更难当。

职业奉献分内事，余热只堪伴夕阳。

作者获上海市口腔医师终身成就奖

台风肆虐

“利奇马”肆虐，“罗莎”风逢能。
邱廖卢王林，落难北京城。
战友加难友，院士和将军。
无法避天灾，只盼速返程。

参加中国医学科学院学部成立大会，适逢台风侵沪，不得及时返程。有感而成。

（2019 年 8 月 9 日）

抗“疫”战赞

巾帼不让须眉，南丁更胜先贤。
抗“疫”战，护士奋战最前线。
不计生死考验，遑论亲情家园。
半边天，济世活人志弥坚。

（2020 年 5 月 4 日）

中华口腔医学会年会上，作者（中）与张文宏教授（左）、俞光岩教授合影（摄于 2020 年）

作者与学生张志愿院士疫情期间在病房（摄于 2021 年）

九院干保团队探望住院期间的作者（摄于 2022 年）

试改谚语

To cure sometimes,To relieve often,To comfort always.(Edward Livingston Trudeau)

有时治愈，常常帮助，总是安慰。(爱德华·利文斯顿·特鲁多)

To cure always,To relieve sometimes,To comfort every time.

常常治愈，有时缓解，全程关怀。

(2021年7月)

自叙

视糊又垂腕，疑是脑梗兆。俄顷间，住院并治疗。

脚肿心又速，心衰已来到。平衡间，心脑皆重要。

生理年龄九十载，机能运转尚不赖，细调整，九一春天自到来。

2021年，余突发脑梗住院，一月愈。

(2021年9月23日)

偶得

六十人称“耆”，七十“耋”不稀。

八十翁属“耄”，九十始“耇”期。

八八为“米”寿，九九称“白”龄。

百岁乐期“颐”，零八嗜“茶”日。

（2022 年 1 月）

今日属鲐背，明日奔期颐。

老年止八九，长寿始九一。

（2022 年元旦）

恩师张锡泽教授 110 周年诞辰学术思想讨论

可持续发展

志存高远促上下求索

甘为人梯铸千秋伟业

医疗是基础，教学是根本

科研是灵魂，育人是己任

团结、奋斗、创新

有志气、有骨气、有底气

一览众山小！

（2021 年 8 月 28 日）

作者参加恩师张锡泽教授诞辰 110 周年纪念活动

和赵铱民院士

碧发少将青春在，创新发明展新辰，
先有修复数字化，后有植牙机器人。
科学设计靠理念，“工匠”全仗苦练真。
殚精竭虑筹良策，口腔文物焕新神。
既有巨著被考察，复闻“布翁”谈笑中，
此乃口腔大功臣，功勋卓著永传颂。

我于壬寅年庆生之时收到中国工程院赵铱民院士发来的贺诗，今复获赠国际口腔医学博物馆全部资料印成的画册，对该馆的成立表示祝贺，并对赵院士与我共同完成目前唯一一部口腔百科全书表示感谢，特以此咏还赠。

（2024 年元月）

赵铱民院士原诗如下：

皓首银发气度宏，流年九十历峥嵘。
半世妙手祛癥瘕，一生浓情育新松。
院士接力筑伟业，百科传世颂丰功。
蜀山浦水四千里，一片冰心在其中。

10 月 13 日是邱蔚六老师九十寿辰。邱老对我国口腔医学事业作出了杰出贡献，创新学术、提携新人，带领中国口腔颌面外科学走出国门，称雄世界，主编《中国医学百科全书·口腔医学卷》，厥功至伟，以诗贺寿，祈邱老健康长寿。

（壬寅秋日）

作者夫妇与赵铱民院士（右一）合影，赵院士赠字画并题诗一首

作序选

“凡是过往，皆为序章”，这是一个让人感到特别透彻的句子。

“序言好读，序文难写。”对此，我感同身受。究其原因，我受邀为作序的对象，绝大多数是我的弟子和挚友，盛情难却；同时，我更对他们新著问世，欣喜不已。于是，我情不自禁地承接特殊任务，拳拳之心，跃然纸上，旨在给他们更多的鼓励。

在文字的海洋中，序言如同一座座灯塔，指引着读者探索的航向。而为他人书作序，则是我以笔墨为航标，助他们扬帆远航。为人写序，使我与著者成了知己和知音，也算是“同频共振”吧！

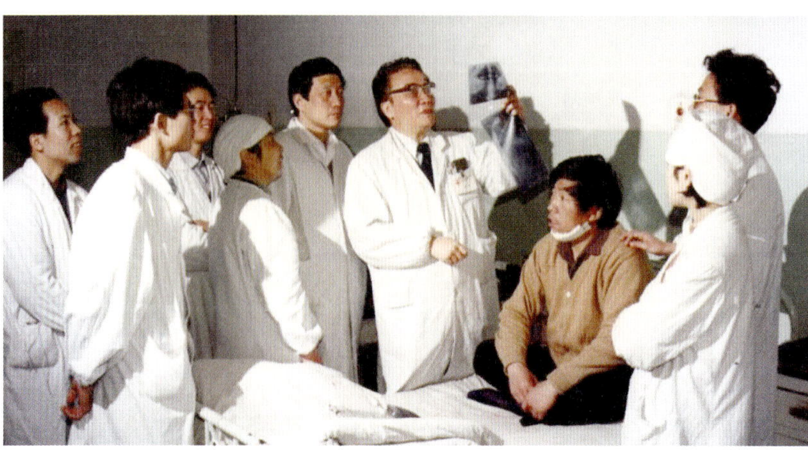

作者在上海九院查房时细心核对影像资料（摄于 20 世纪 90 年代）

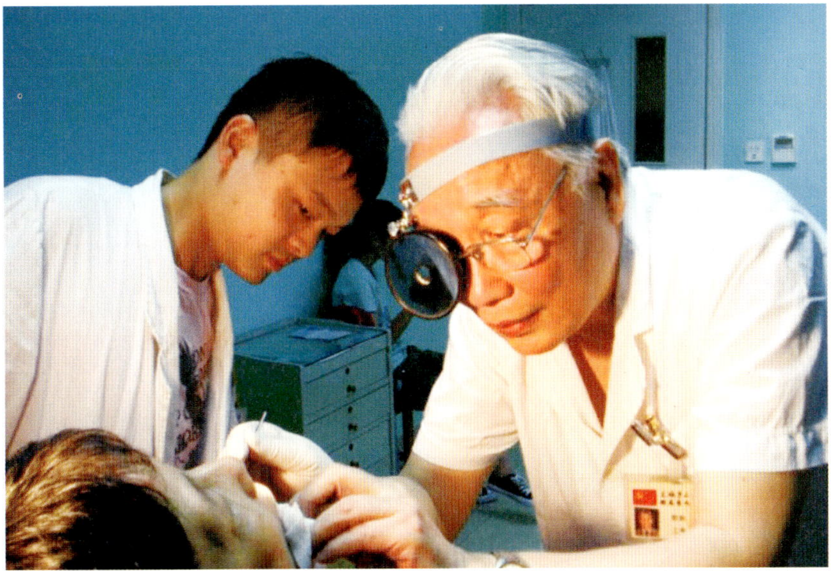

“80后”的作者坚持每周一下午在上海九院看专家门诊，为患者专心检查

三位主编心系我国口腔种植学发展

——《口腔种植修复的基础与临床》序

记得2004年曾为宿玉成教授所著的《现代口腔种植学》写过一篇序。时间一晃又过去5年了，在这5年中，我国的颅颌面口腔种植学又取得了长足的进展：反映在不少医院都开展了口腔种植业务；群众对种植牙的知晓度也在大幅度提升，不少患者甚至主动要求对缺牙行种植修复。这是一个十分可喜的现象，它不但从一个侧面说明国人对生活质量提高的进一步追求，也从另一个侧面反映了我国经济、文化水平的大幅提升，更重要的是它见证了30年来改革开放政策带来的硕果。

人们都说种植牙是人类的第三副牙齿，是又一次口腔医学的革命性进展。因为它从根本上改变了传统口腔修复学对牙缺失修复的概念，取得了比传统修复方法更好的效果。虽然如此，在口腔种植学中尚未解决的问题仍然很多，需要继续探索。

口腔种植学是一门涉及各相关科学的综合产物，因为它涉及生物材料学、口腔颌面外科学、口腔修复学、牙周病学、口腔正畸学，以及口腔技工工艺学等多个方面。要真正达到与恒牙及恒牙列一样的要求和水平，还需要从事口腔种植学的同道们进一步地努力开展多学科，协作攻关，正是任重而道远。

随着临床及科研工作的开展，近年来国内已出版了不少有关口腔种植学的书籍。姜宝岐、兰晶、徐欣教授共同主编的这本《口腔种植修复的基础与临床》就是其中一部。山东大学口腔医学院是我国较早开展口腔种植工作的单位之一。“技术人人能掌握，但巧妙各有不同。”这本专著介绍了他们多年来的经验、心得和体会。该书除系统地介绍了种植学的理论和基本操作外，特别突出了牙周病与种植、技工工艺与种植、护理与种植等具有特色的专章介绍，相信它也是口腔种植科著作中的一朵鲜花，在众多的学术著作中可以起到取长补短、拾遗补阙的作用，对从事口腔种植学者当有很大的帮助。

谢谢三位主编和该书作者为我国口腔种植学发展所作出的贡献、祝愿我国口腔种植学取得更大的成就。也祝愿它在我国更蓬勃发展。造福人类！

（2009 年 8 月）

口腔颌面部功能性修复仍需努力探索

——《口腔颌面－头颈部功能性重建》序

事物的发展总是与时俱进的，外科学的发展自然也无例外。“根治性外科”“预防性外科”“功能性外科”“改良性外科”，以及“分子外科”和“微创外科”等都是在科学与技术，特别是外科学的发展过程中应运而生的一些与时俱进的新理念。

在头颈区域，口腔颌面部具有独特而复杂的各种解剖功能和生理功能。就解剖功能而言，口腔颌面部完整地代表着每个人的外貌和形象，同时兼具重大的社会意义——社交功能。就生理功能而言则具备呼吸、语言、咀嚼、吞咽以及面部情感——喜、怒、哀、乐的表达等多种功能。如因手术破坏了上述功能而又不加以修复重建的话，则人的生活质量将大大下降。为此在口腔颌面外科及头颈肿瘤外科中在20世纪中期即出现了“功能性外科（Functional surgery）”的理念，并在1960年之后得到了长足的发展。上海交通大学医学院（原上海第二医科大学）附属第九人民医院口腔颌面外科在20世纪50年代即率先在国内开展了“下颌骨切除立即整复”的尝试。随后在1960年创建了“全额隧道皮瓣”一次转移，立即整复口腔颌面部手术后缺损。1970年中后期引进显微外科技术行血管化游离移植则更进一步促进了口腔颌面－头颈肿瘤术后立即整复，特别是巨大的、复合组织缺损的修复。随着康复医学、数字医学与口腔颅颌种植修复学的快速发展和临床应用，进一步提高了功能性修复重建外科的效果，特别在恢复咀嚼功能、语言功能和外貌方面取得了显著的进步，大大提高了患者术后的生存质量。

口腔颌面－头颈部功能性外科的进展，离不开医学新理念和科学技术的进展：

功能性保存性外科（Functional conservative surgery）被认为是21世纪外科发展主流“微创外科（Minimal invasive surgery）”的良好体现：保存下颌骨、保存运动和感觉神经、保存重要的血管，不但加大了手术的安全性，也保存了重要的生理功能。

功能性修复性外科（Functional reconstructive surgery）的效果则与当代“数字医学”的发展、理工医多学科的结合密不可分：计算机辅助设计 / 计算机辅助制造（CAD/CAM），三维立体成像、快速成型、反求工程等技术的被广泛应用，在解剖学和生理学基础上满足了不同个体的要求，也被认为是“个体化”诊疗理念的具体体现。当然，最高层次的“个体化”被认为应是基于每个人不同基因的4P（预测性、预防性、个体性和参与性）医学。

功能性外科的发展也离不开学科的交叉与融合，它归属于整复外科、显微外科、神经外科、耳鼻咽喉科、头颈肿瘤科、口腔正畸科、口腔种植科、口腔修复科以及理工方面等专家所形成的团队工作（Team work）。今后在团队工作的基础上甚至还要发展成为研发群体科学（Sciences of team science，SciTS），或形成新的交叉学科。

功能性外科的形成还取决于人的认识论，在相对、对立与统一等哲学思想的指导下，使以前对疾病“治愈”与“未治愈”，“形态”和“功能”，“生存”与“生存质量”等对立的理念中找到了新的平衡点——形成了“互补”或“并重”的新理念。因为人不但渴望生存，还渴望要生存得更好；城市让生活更美好，医疗也要让人生活得更美好。从更高层次来说，这种理念还涉及对人生和人性价值的进一步认识与它们的回归。

尽管口腔颌面－头颈部功能性外科在我国甚至世界上都取得了很多成绩，然而仍有不少方面需努力探索。具体说来，口腔颌面缺损的动力性（Dynamic recovery）修复，亦即神经功能的恢复仍有不少差距。例如：面神经支配的面部运动，以及舌下神经支配的舌肌运动都是具有人体最高要求的动能恢复，为了表达喜、怒、哀、乐、语言清晰，面肌和舌肌的运动有平衡运动，有垂直运动，有同步运动，亦有不同步运动，而目前的治疗效果，尚难完全达到这些要求。正是功能性修复尚未完全成功，同道仍需努力。

孙坚教授长期致力于口腔颌面－头颈部肿瘤及缺损的功能性修复重建工作；对显微外科技术、数字医学、患者治疗后的生存质量等方面都颇有研究和建树。他曾数次留学法国、荷兰及参加各种国际会议，视野广阔。他和我院口腔颌面－头颈肿瘤诊治中心的团队一起付出了大量心血，并在出版由孙弘教授和他本人主编的国内第一本《颌面功能性外科学》（2003）基础上，汇总大量研究成果、临床资料和经验，出版了该书。该书在介绍不同缺损修复重建时，通过简要回顾每种修复重建方法的发展历史和现状，详尽完整的高质量照片介绍术前治疗计划的制定，术中详细步骤的演绎解读，并结合其经验进行点评，使得该书在内容和层次上较以往又提高了一步。特别是他在书中还强调今后功能性外科还应力求“精确”的理念，“精确”不但进一步丰富了功能性外科的内容，也为“微创外科”的发展起到了添砖加瓦的作用。

作为口腔颌面外科的一名医师，我欣然向广大口腔颌面外科、耳鼻咽喉科、头颈外科、整复外科以及各相关专业的医师们、研究生们推荐该书，相信它对你们的临床和研究工作会有所帮助和启发。

热烈祝贺《口腔颌面－头颈部功能性重建》的出版！

向参加该书编著的学者们致谢、致敬！

（2011 年冬）

现代正颌外科学的出现是医学进步的反映和必然产物

——《正颌外科学》序

Orthognathic surgery 一词即为正颌外科，约始于 20 世纪 60 年代，但正颌外科的前身应追溯至 18 世纪后期。这些手术曾被称为“牙外科正畸术”或“正畸外科”（Surgical orthodontics 或 Orthodontic surgery），被应用于那些无法单纯用牙移动方式取得疗效的牙秴面畸形患者。然而，用“牙外科正畸术”这一术语来描述颌面骨畸形所致牙秴面畸形的治疗不很恰当，也不完全符合实际，因为除纠正牙秴畸形外还需纠正面部畸形。到 20 世纪四五十年代，以下颌骨口内进路对下颌体（支）骨切开，修复重建下颌骨发育畸形的手术，以及对上颌骨行 Le Fort 骨切开，修复重建上颌骨发育畸形的手术，都顺利开展，并取得了良好的效果，使得“正颌外科”这一名称真正体现出了符合实际的效果，因而被口腔颌面外科学界广泛认可。

牙秴畸形与牙颌畸形应该是两个概念，前者可以涉及“颌”，但也可以不涉及“颌”，仅涉及“牙”的位置和其排列；后者不但涉及“颌”，也肯定涉及“牙”。因此，口腔正畸科参与正颌外科的诊治就毫无悬念了，而这正是现代正颌外科逐渐在实践中形成的结果。

牙颌畸形不但影响咀嚼、吞咽、语言以及颞下颌关节的正常生理功能，还能影响人的面容外貌，严重者甚至可让患者难以自我接受，产生各种心理障碍。正颌外科的使命和职责就是既要解决患者的生理功能障碍（躯体健康），又要解决患者的心理障碍（精神健康）。因此，正颌外科工作必须重视患者心理层面的问题，正颌外科医师应懂得心理学方面的知识，才能获得上述双赢的效果。现代正颌外科的发展还有赖于整个科学技术的进步与发展：

只有先进的手术器械，才使得正颌外科手术几乎能够全部在口内进行，避免了口外进路所遗留的可见瘢痕。

只有材料学的进步、钛板的问世，以及骨坚固内固定方法的出现，才能使手术像搭积木一样，按设计需要进行骨块的任意重置、重建和严密固定，提高治疗效果。

只有数字医学的问世，才使正颌外科的诊断，手术方案设计和预后更加精准，有利于医患沟通。

只有导航外科及机器人的出现，才有可能使正颌外科变得更加微创和精准。

只有牵引成骨技术和骨再生理论的成熟，才使得一些最困难的正颌手术及儿童的正颌外科治疗获得了长足进步。

当然，更不应忽视正颌外科基础研究的巨大贡献，特别是在血供解剖的研究方面，为正颌外科制定新的手术方案和提高成功率提供了重要保证。

综上所述，正颌外科与口腔颌面外科一样，也是一个典型的交叉学科，是科技全面进步、多学科融合后所产生的一个新兴学科。正颌外科比口腔颌面外科更年轻，是口腔颌面外科的一个分支。

当今，科学技术的高速发展已进入“大科学”时代，其主要特征之一就是学科的交叉、重新组合和创建。据统计，目前全世界学科已近万个，成熟者有5500多个，其中，近半数（46.8%）属交叉学科性质。在医学领域中也相继出现了整合医学（Integrative medicine）、精确医学（Precision medicine）、数字医学（Digital medicine），以及微创医学（Minimally invasive medicine）等新学科，此外，还出现了支持这些新学科和鼓励学科交叉创新的一些新组织机构。

可以这样认为：现代正颌外科的出现正是医学进步的反映和必然产物。

沈国芳、房兵教授担任主编的这本《正颌外科学》是按照上述精神，在20多年医疗研究和实践的基础上，偕一批中青年学者共同编撰而成。与早前出版的正颌外科学书籍相比，更具以下特色：①列专章介绍了颅面综合征的治疗，因为先天性颅面畸形也大多伴牙颌面畸形；②列专章叙述了当前数字医学的有关内容，特别是导航外科与机器人；③有关骨纤维异常增殖症畸形的处理也列专章进行讨论。这些内容均充分反映了现代正颌外科正在向功能化、整合化、数字化、精确化，以及多学科综合序列治疗（Multidisciplinary synthetic and sequential therapy）的方向迈进。

现代正颌外科学将为颅牙颌面畸形患者带来更多福音，塑造更多美丽的“颅、牙、颌、面”，为建设“美丽中国”增光添彩。

相信该书的出版将为我国正颌外科事业的进一步发展起到重要的推动作用。它适合于从事口腔颌面外科、整形外科、口腔正畸科、美容外科、心身医学、社会科学，数字医学等行业的临床医师、研究人员和相关专业的学生使用。

作为口腔颌面外科的一位老兵，笔者诚意向广大读者推荐《正颌外科学》。

（2012年8月）

放射治疗在晚期头颈癌瘤的综合序列治疗中有着举足轻重的作用

——《口腔颌面－头颈肿瘤放射治疗学》序

放射治疗学是当代肿瘤治疗的重要学科之一。对晚期癌瘤患者，多学科综合序列治疗是最佳选择的治疗方案。在大多数情况下，放射治疗是必不可少的。迄今，国内单独对口腔颌面－头颈肿瘤放射治疗的专著实为罕见。当王中和教授表达要出这样一本专著时，笔者十分欣喜，并表示将大力支持。

近半个世纪以来，在头颈肿瘤的各种治疗方法中，放射治疗学应属发展很快的学科之一，主要显示在放疗新器械、新设备，以及新能源方面的探索和临床应用方案的进展等方面；从而也使得头颈部癌瘤患者的疗效有相应提高。国际头颈肿瘤学会联盟（International Federation of Head and Neck Oncologic Societies，IFHNOS）认为，近年头颈放射治疗的进步主要表现在下述方面：

第一，由于新型放疗设备的不断涌现，已使头颈肿瘤放射治疗步入包括三维适形放疗等新技术的所谓“精确放疗”（Precision radiotherapy）时代。

第二，开创了头颈癌瘤的同步放化疗（Concurrent chemo-radiotherapy），同时在化疗方案选择上，也出现了“序列治疗”的概念。初步结果显示，同步放化疗对喉癌患者保存喉器官的可能性显露出一线曙光。这一点在当今强调生存质量与生存率并重的时代特别重要。

第三，除以往的放疗与手术或化疗的综合应用外，还发现单克隆抗体，特别是抗表皮生长因子受体（EGFR）类药物与放疗结合后有较好的生存效益率（Survival advantage rate）；并进而形成了“生物放疗”（Bioradiation therapy）的新理念。

第四，随着老的放射源逐步被淘汰，新的放射源已逐步显示出对头颈部肿瘤的治疗具有更有效性和更优越性。这些新的放射源包括质子（Proton）及重离子（Heavy ion）放射治疗，现已被国外的初步临床试用证实，对脑肿瘤及头颈部癌瘤有明显提升疗效的作用。

综上所述，可以看出放射治疗学科在晚期头颈癌瘤的综合序列治疗中具有举足轻重的作用。

这里还须提及一桩对我个人有纪念意义的往事。20 世纪 80 年代初，为了致力于推行晚期口腔颌面 – 头颈癌瘤的多学科综合序列治疗，笔者曾在一次外出联系购买 ^{60}Co 治疗机的过程中遭遇车祸，导致锁骨及肋骨骨折，所幸无大碍。自此之后，我院终于开始了筹备以头颈肿瘤放疗为主的放疗科进程。在购置设备的同时，选拔优秀医务人员至国外培训。放疗科终于在 1988 年建成，不但填补了我院的空白，更重要的是为口腔颌面 – 头颈肿瘤的多学科综合序列治疗提供了必要的医学教研条件。

20 多年来，在王中和教授领导下的九院放疗科，逐步成长，依托我院口腔颌面 – 头颈肿瘤科以及耳鼻咽喉科等，积累了大量病例。

王中和教授对新鲜事物敏感，具有强烈的事业心；临床及基础科研成果不断。在此基础上，约请国内有名专家共同撰著的这本十分有特色的参考书，可以说是，内容充实，实例丰富，临床与基础并重。既有不可废弃的经典理论和方法，又介绍了当今的先进理念和发展趋向。再融合他们多年实践而来的新认识和新理念。无疑是一本值得临床从事头颈癌瘤诊治工作的放疗科、口腔颌面外科、耳鼻咽喉科、头颈外科以及其他有关科室临床医师及研究生们的有益参考书。

人无完人，书无完书。由于这是一本独立的、新的专著，难免有所不足，而且学术观点提倡百家争鸣，尚可各抒己见。当欢迎任何意见与批评。

笔者主要从事外科，并非放疗专业，寥寥数语不知当否？由于笔者见证了我院放疗科的全部发展过程，当是义不容辞，是以为序。

（2012 年秋）

欣喜看到青年口腔颌面外科医师的成长和崛起

——《三叉神经痛》（第 2 版）序

由冯殿恩、王骐、苏贵华主编，人民卫生出版社于 2004 年出版的《三叉神经痛》一书，已有近 7 个年头。由冯殿恩医师再次牵头，并由同济大学口腔医学院绝大部分中青年医师任主编、副主编和编者的《三叉神经痛》（第 2 版）即将出版，令我十分欣喜地看到青年口腔颌面外科医师的成长和崛起。

冯殿恩医师是我国口腔颌面外科领域内最早开展温控热凝治疗三叉神经痛的开拓者之一。虽已年过八旬仍热心致力于著作和培养中青年一代，令我感动和钦佩。“十年树木，百年树人”，老一代的口腔颌面外科工作者都应当以此为榜样，着力于培养接班人的事业。

如编者在前言中所述，《三叉神经痛》（第 2 版）比原版《三叉神经痛》一书增加有 7 个方面的新见解和新方法，充分体现了“精益求精”“与时俱进”的先进理念。

三叉神经痛，特别是原发性三叉神经痛的病因未明，疗效也还不能令人完全满意。相信该书的出版不但有益于临床医疗工作，也有利于对病因、发病机制及新疗法的进一步深化探讨。

祝贺《三叉神经痛》（第 2 版）一书的问世，并乐予为序。

（2012 年 4 月）

祈愿该书能成为众多医学手术类中的一朵鲜花或美丽的绿叶

——《口腔颌面外科手术彩色图解》前言

新版的《口腔颌面外科手术彩色图解》全书共 16 章，精选了目前口腔颌面外科领域内最常用的手术；深入浅出地以手术步骤为纲加以叙述，可供临床各级专业医师、研究生学习和参考。根据外科的发展趋势，该书分别列章增加了种植外科手术、口腔颌面部介入手术，阻塞性睡眠呼吸暂停低通气综合征手术、牵张成骨术等。

在其他的章节中也加入了一些新的内容，例如三叉神经痛中加入了微血管减压术、创伤中加入了鼻眶筛骨折切开内固定复位术，以及颞下颌关节外科中加入内镜手术等，使该书内容更加丰富并反映了当代口腔颌面外科手术的前沿。唯一感到遗憾的是，由于经验不多和推广不够，致有关数字外科、微创外科方面的内容，特别是导航外科、机器人外科等尚未列入其中，当有待再版时予以补充。

迄今为止，有关口腔颌面外科手术学、手术图解等方面的专著已有不少，但各书主旨不同，风格各异。

要想成为一名好的外科医师必须以熟悉解剖，熟练基本操作和掌握外科基本理论作为基础，加以艰苦的临床训练才能在手术各方面有所作为。同样一类手术，手术者的操作模式可不尽相同，手术结果也不可能全部一致，这就需要外科医师在实践中还要努力学习：学习各种优秀的技巧，学习各类手术的不同方法。因为，从各种手术学类书籍来看，可说是“百花齐放”；“（外科医师）手术人人会做，巧妙各有不同”。聪明的人都会取优去劣，甚至有所发现，有所创造。

与1995年版比较，该书的参编者主要为中青年口腔颌面外科医师，他们大多具有高学历并经历过临床实践的严格培训，有着较为丰富的临床经验。该书的绝大部分编撰工作都由共同主编，中年的吴煜农教授负责筹措和执行。“长江后浪推前浪，青出于蓝而胜于蓝”，这充分体现了事物发展的规律和社会的进步。

该书的出版得到了江苏科学技术出版社的大力支持；编撰过程中，程杰、宋晓萌、浦丽飞、姚杰等都做了大量的具体工作；姚杰对该书的配套光碟倾注了心血，录制、剪辑、字幕等工作均由她完成，在此一并深致谢忱！

人非完人，书无尽好。如有错误或缺点尚请读者指正。

在十八大号召建设美丽中国之际，笔者祈愿该书能成为众多医学手术类中的一朵鲜花或美丽的绿叶！

（2012 年 11 月）

一本高质量、以基础为主结合临床的参考书

——《口腔颌面－头颈部肿瘤生物学》序

迄今为止，癌瘤仍然是目前对人类健康有极大威胁的疾病之一。根据文献记载，在公元前 2600 年即有“Cancer”一词出现，据称比医学（Medicine）一词还要早 2000 余年，2011 年 3 月，*Science* 杂志发表了“美国癌症研究 40 年”的文章指出：从 1971 年美国将癌症研究作为国家战略实施的 40 年以来，不但未能达到预先设计消灭癌瘤的目的，其发病率反而逐年上升。当然，在大量投资及科技迅速发展的大好形势下，也取得了不少成绩。发病率虽然仍在升高，但病死率却有所下降，生存时间有所延长，生存质量也有所改善。这一事实告诉我们：抗癌之路过去漫长，今后仍很崎岖，任重而道远。

要想攻克癌症，对其发病的生物学机制研究不可缺少。被誉为生命科学第一次革命的分子生物学，和第二次革命的基因组学正是当前和以后一段时期内基础研究的核心内容和重要使命。有鉴于此，以陈万涛教授为主编的《口腔颌面－头颈部肿瘤生物学》一书的出版，应当说是正逢其时。

该书共 33 章 100 余万字。从内容来看，序者感到有以下 4 个方面特色：

第一，论述全面。全书 33 章中既有理论论述，又有基本技术介绍；既有实验内容，也有对临床生物学的表述。基本涵盖了目前口腔颌面-头颈部肿瘤生物学研究的内容。

第二，内涵先进。既有以分子生物学为主的章节，又有分子生物学的基础——细胞生物学的丰实内容；既有基因组学的资料，还有信号转导通路（网络）等热门研究。这些将对目前认为癌瘤是基因群网络系统（分子网络）疾病的理论给予有力支撑：而这些也都是目前癌瘤病因与发病机制研究中先进的理念和技术。

第三，中外并举。该书除引用国外文献资料外，更多的是编者们在多年基础研究中对自己经验的总结，特别是口腔肿瘤生物学实验室近 30 年的基础研究内容和经验。因为论证叙述较为充分，因此也是保证该书质量的坚实支撑。

最后，结合临床。该书是一本以应用基础研究为主的参考书，然而我们也可以见到一些与临床有关疾病的章节，并结合生物学的观点予以阐述。至于有关放射线抵抗、化疗耐药，以及个体化靶向治疗等内容则与临床更为密切。因而该书不但适用于基础研究工作者，对于临床医师也大有裨益。还可为“转化医学”研究提供借鉴。

总之，该书是一本高质量、以基础为主结合临床的参考书，可供口腔颌面外科、口腔内（黏膜）科、头颈外科、耳鼻咽喉科，以及有关肿瘤基础研究者、临床医师，研究生们参考之用。

如果说该书有什么遗憾的话，序者认为似尚缺乏有关蛋白组学、代谢组学以及系统生物学等方面的专章论述，望能于再版时进一步充实。

陈万涛教授是上海市口腔医学研究所所长，上海市口腔医学重点实验室执行主任，口腔颌面－头颈部肿瘤生物学实验室主任，新世纪百千万人才工程国家级人选。多年从事口腔颌面－头颈部肿瘤应用基础研究，曾数次获得国家自然科学基金重点项目、重大研究计划及面上项目，成果累累，在国内外也享有一定声誉。更值得说明的是，参加该书编写的也大多是有关方面颇有造诣的专家和学者。

还应指出的是，该书的出版还受到国家科学技术著作出版基金委等项目的资助。欣喜之余，是以为序。

（2013 年 12 月）

深信中国口腔种植学将迎来更新的发展

——《口腔种植学》（第 2 版）序

2014 年，应该书第 1 版主编宿玉成教授之邀曾为《现代口腔种植学》一书作序。弹指 10 年间，我国口腔种植学迅速发展，口腔种植技术不但为临床医师广泛应用，也为不少患者所欣然接受。迄今，种植体的 10 年成功率已达 98%，在某些医疗机构甚至更高。

经验源于逐步累积，一项成功的技术，特别是医疗技术需要时间和循证医学的考验。回顾我国开展口腔种植治疗 30 年的结果，可以再一次肯定口腔种植学的良好安全性和有效性，的确可以被称为口腔医学中继乙醚麻醉、氟化水源之后的第三次技术革命，也可以被视为类似现代物理学中被发现的、在口腔医学中的“上帝（希格斯）粒子”。它将进一步推动口腔修复、颅颌面赝复等学科中理念的更新和更替，并能达到生理功能恢复的满意度，从而保证患者的生活质量更大幅度地提高。

以宿玉成教授为首的团队是国内最早从事口腔种植工作的单位之一。近 20 年来，累积了大量的临床宝贵资料；不断进行技术改良；持续进行基础研究；连年主持国家级口腔医学继续教育项目，并专门设立了“北京口腔种植培训中心（BITC）”，培养近 3000 余名口腔种植临床医师，并取得口腔种植培训结业证书。这种集医教研于一体的模式是十分宝贵的经验，值得推广和借鉴。

在第 1 版基础上，该书增加了许多新内容、新经验以及新进展，图文并茂，印刷质量上乘。所有资料，包括实验研究和临床资料均详细列注，标注出处和作者人名和完成时间，体现出作者严谨的科学态度，可谓开国内的同类参考书之先河，十分可喜。也说明该书值得广为推荐，是十分可信、可靠的一本好参考书。

目前，口腔种植学已经逐渐形成口腔医学中一门新的学科，在口腔医学教育的新一轮规划教材中业已有独立的《口腔种植学》一书，然而在口腔医学临床单位中尚有不同的设置。例如有的单位已成立了独立的口腔种植科或中心，有的则分别属于不同科室：口腔修复科、口腔颌面外科，牙周科等。显然，这是由于各医疗单位条件不同，以及不同学科的需求和出发点也各不相同而形成的结果。笔者认为：口腔种植没有科界，作为一项技术，各口腔医学亚科都可应用；但独立的口腔种植科或中心仍然需要。因为种植学的发展不但涉及口腔修复科、口腔颌面外科等各临床专科，也涉及生物材料、生物力学等学科。

现在的种植科或种植中心尚需进一步加强充实人员，加强基础研究，力争出现高质量的国产种植体，才能降低高额的成本费用，进一步为广大的患者需求服务。各专科则应以自己的实际情况出发进行与自己专科有关的种植探讨和研究。例如口腔修复科当以研究种植治疗的后期修复为主；口腔外科应以研究即刻种植为主（因为他们拥有大量的拔牙患者）；牙周科当以探讨牙周病的种植适应证以及有关牙周病特点为研究对象；至于口腔正畸科无疑当以支抗种植为研究目标。只有合理分工才能有助于我国口腔种植学的全面发展。

通过该书的出版，笔者欣喜地看到我们终于可以与国外口腔种植学优秀专著相媲美，从事口腔种植学的年轻一代正在茁壮成长。

十年磨一剑。该书由第1版的20章增加到22章，内容更加丰富。希望再过10年，该书除进一步丰富牙种植的内容外，还能按中国口腔医学体系，扩充第3版内容，将颅颌面缺损的赝复种植以及各专科种植特点等方面的叙述独立成章，并更名为《现代口腔颅颌面种植学》。

笔者还深深怀念和感谢我的好朋友，前吉林大学口腔医学院院长欧阳喈教授在建立“北京口腔种植培训中心”上所作出的巨大努力和贡献！

热烈祝贺《口腔种植学》（第2版）问世，深信中国口腔种植学将迎来更新的发展！

（2014年初夏）

全面认识“查房”的重要性和其潜在的价值

——《口腔颌面外科查房手册》序

2004年，笔者曾为胡勤刚教授所著旧版《口腔颌面外科查房手册》写过序，在那本著作的基础上，作者与时俱进地于今年又进行了内容的补充和修订。现版的内容更加丰富，使临床医师对口腔颌面外科疾病的诊治和理解将会有更大帮助；特别对规范化培训口腔颌面外科专科住院医师更为适用。

在医学界，无论中外，“查房”（Ward round）都是一项对下级医师和住院医师基本功培训的重要措施。下级医师尤其是床位住院医师对待“查房”，通常都是十分紧张地准备和严阵以待的；对上级医师来说则无疑是传播知识和负责地对下级医师了解其工作、业务水平以及考核的最佳机会。

“查房”可以检查对患者的诊治和处理是否规范；

“查房”可以对患者明确诊断，个体化地制定治疗方案；

“查房”可以对疑难杂症提出进一步的检查和处理方法；

“查房”可以发现尚未解决的问题和今后需要探索的方向，甚至提出较好的临床科研课题；

“查房”可以相互交流意见，互相商讨解决方法，教学相长，有助于推进学术发展；

“查房”可以显示和锻炼各级医师的四会（会读、会说、会做、会写）特别是会读、会说的能力。

总之，我想重复笔者在2004版所写的那样：“‘查房’是临床医疗工作中必不可少的一个重要环节，是保证医疗质量的一个重要内容；是医学教育中传授经验和知识的课堂；也是各级医师开拓思维，总结经验教训和发掘临床科研课题的良好机会。”

目前，对“查房”制度重要性的认识还明显不足，加上临床工作繁忙，特别在外科学系统，重视手术——会做——的思想可能还占着上风。为此全面认识“查房”的重要性和其潜在的价值还要做出很大的努力。愿该书的出版能对“查房”制度的认识、内涵起到积极的推动作用！

（2015 年 7 月）

愿向国内外口腔外科同行推荐该书

——《智齿外科学》序

智齿亦称智牙，解剖学的正规名称应为“第三磨牙”。因为人类的第三磨牙萌出最晚，且在人的智力发育旺盛时期（平均为 17—21 岁）萌出，故亦称为“智慧牙（Wisdom teeth）”，简称“智牙”。

智牙是人类文明和生物学进化发育的标志，但又是颌骨解剖结构退化的体现。人类的牙齿多数为 32 颗，随着颌骨解剖结构的变化，也有不少人只有 28 颗，没有第三磨牙的存在：即使有第三磨牙的存在，也常常因为解剖空间不足，导致其阻生。阻生的第三磨牙（尤其是下颌第三磨牙）常常会给口腔健康带来严重的危害：经常引起冠周炎反复发作，甚至可导致间隙感染和下颌骨边缘性骨髓炎；近中阻生的第三磨牙可以继发第二磨牙远中发生龋病及牙周病；前移萌出的压力可以导致牙列紊乱，形成错𬌗，𬌗创伤还可以引起牙周病或颞下颌关节慢性创伤；低位骨内阻生还有可能诱发神经痛。此外，关于无症状性的阻生第三磨牙是否需要行预防性拔除的问题，至今未能获得统一的认识，争议持续不断。阻生下颌第三磨牙的拔除，特别是低位水平阻生或骨内埋伏阻生的第三磨牙的拔除，则是牙槽外科手术中最困难和最具挑战性的手术之一。术后反应及发生并发症（包括术后感染、干槽症以及下牙槽神经损伤等）的概率也相当高。为此，对第三磨牙的认识和处理当是现代牙及牙槽外科最具代表性的重要论题之一。

随着现代科技的快速发展，新理念、新技术和新器械的不断涌现，牙及牙槽外科也正在朝着预防性、预测性、个体化以及无痛、微创等方向发展。鲁大鹏教授选择第三磨牙为对象，主编出版《智齿外科学》一书，也是这些科技进展的重要体现。鲁教授长期从事口腔外科的医教研工作，对第三磨牙更有深入的研究和造诣；通读该书后，感到内容十分丰富：从基础理论（包含生长发育、解剖基础、𬌗学……）到临床诊治（包含三维结构定位、新器械、新材料、微创手术……），特别对预防性拔除，以及第三磨牙干细胞的研究等前景预测，都做了专题讨论，真是面面俱到，涉及广泛。

笔者孤陋寡闻，至少在国内，尚未见到专门对第三磨牙出一本专著。该书对口腔医务工作者，特别是临床一线医师当具有很大的帮助和指导作用；该书的出版对我国牙及牙槽外科的发展和现代化进程无疑也具有明显的推动作用。

适逢今年中华口腔医学会口腔颌面外科专业委员会牙槽外科学组

即将成立之际，笔者要衷心感谢主编及参编者们成功地、辛勤地劳动和为此而作出的贡献。

鉴于上述，乐以为序。

（2011年春）

中医药是一个巨大的宝库，等待着我们去大力开发

——《颌面部疼痛外治法》序

2015年，我国药学家屠呦呦荣获中国第一个诺贝尔自然科学奖（医学或生理学奖），开启了我国科技界跻身世界一流的进程，吹响了向科技进军的号角。屠呦呦是凭借探索和成功提取青蒿素而获得这一奖项的，充分说明中医药是一个巨大的宝库，等待着我们去大力开发。

颌面部疼痛是除牙源性疼痛以外的临床常见病。一些顽固的疼痛常涉及多个病种，最常见的有颞下颌关节紊乱病、三叉神经痛、舌咽神经痛，以及茎突过长、舌骨综合征等，也有找不到原因的所谓“非典型面痛”。现代的手术及药物治疗，可以治好一部分患者，但也有疗效不佳或治疗后复发，长期不能缓解的患者需寻找其他疗法。

在历史的长河中，中医外治法也是可以选择的一种。由章燕、魏红沁、侯光宇等人主编的《颌面部疼痛外治法》一书，介绍了传统中医对颌面部疼痛外治的方法——按摩、刮痧、拔罐等，均可供临床选择，不但可以丰富这些疾病的治疗方法。更主要是可以进一

步推动临床研究，在循证医学指导下，对中医外治的疗法给予科学的评价。

此本作为参考书，可供一读。

（2016 年 1 月）

窃望循证口腔医学更加发达

——《循证口腔医学》（第 3 版）序

史宗道教授主编的《循证口腔医学》（第 3 版）即将付梓，邀笔者再为之作序，欣然应之。

自《循证口腔医学》第 1 版问世以来已历 14 年之久，两次充实改进内容，对我国口腔医学界的影响甚大，起到了学习、应用和推广的效果。并促使一些学校成立了循证医学教研室，出版了《循证口腔医学》教材，丰富了口腔循证医学的教育。

随着循证医学理论与方法的新进展，以及临床实践中碰到的新问题，在新的第 3 版中取消了两章和另增加了 5 个章节新内容。其中，增加了循证医学的局限性及循证医学的伦理学考量。至于介绍口腔健康和相关生存质量的量表更是一件对口腔生存质量客观评价和口腔医学研究中一桩十分可喜的事。

循证医学（Evidence Based Medicine，EBM）是在临床流行病学基础上发展起来的一门科学。它的优点是：通过科学化的研究方法应用流行病学与医学统计学手段寻求某类（种）疾病的最佳诊治方案，即

“证据”以获得最好疗效，特别适用于药物的疗效评价。EBM 以随机对照和盲法为基础设计出金字塔式的不同科研方法及可信度，以 Meta 分析为最可信结果等均为科研的科学设计严谨而著称。在较长一段时间内 EBM 被奉为经典，而对经验性的回顾研究而不屑；显然，这种认识是有一定片面性的。应当认识到 EBM 还有其局限性，它无法全面涵盖所有临床科研。

2012 年，Concato 在 JAMA 发表了医学循证（Medicine Based Evidence，MBE）的文章，指出：经验仍是医学实践的主要特征。虽然经验性回顾性的研究具有研究假设不明确、无对照（或为历史性对照），随机化性不强，可比性不够，可能存在偏倚等缺点：但由于无 RCT 的严苛选择，缺乏事先研究的科研计划，没有设计的研究终点等，然而，恰好正是由于这些缺点，才能“真实反映出广泛患者人群的真实情况”。应当指出：Concato 并不是反对 EBM，而是提醒我们不能完全忽视临床实践经验。笔者也有同感：曾经的一个术前化疗效果回顾性研究结果，在后来进一步的前瞻性研究中竟然得出了几乎完全相同的结论。似也可以说明：在回顾性研究中，某些客观事物内部也存在有相似的规律。

2013 年，JADA 发表了 Peterson 等一篇关于应用某种药物减轻阻生牙拔除术后张口度影响的前瞻性研究中，得出的统计学差异是 3.1mm，P=0.03，属差别显著，然而张口度仅差 3.1mm，其临床上并无任何价值。说明统计学结论与临床结论上存在着明显差距。

再次，临床上的一些病例数少的罕见病，以及一些需要长期观察终点的疾病似也都无法用 EBM 研究所能解决。

总之，EBM 优越性明显，但也有它的局限性，应当正确应用。当今，新的医学理念层出不穷：微创医学，转化医学、数字医学等，其中精准医学（Precision medicine）更加受到重视。精准医学的发展始于对肿瘤及一些慢性病的认识的过程，随着各类分子医学，诸如基因组学、蛋白质组学、代谢组学以及网络通道等的发展，人类的多数疾病需要重新认识和分类，需要重新研究有效治疗方法。2011 年，美国科学院、美国工程院、美国国立卫生研究院及美国科学委员会共同提出“迈向精准医学”的倡议。科学革命可以是理念上的革命，也可以是技术层面上的革命。在上述新的理念中以循证医学、转化医学和精准医学关系最为密切。

窃望循证口腔医学更加发达，凭其独有的优势为口腔转化医学以及口腔精准医学服务，取得更大的更多的成就！

（2019 年 6 月）

口腔正畸医师：既是“工匠”，也是“学者”

——《临床整合口腔正畸学》序

由 Krishnan 和 Davidovitch 主编的《临床整合口腔正畸学》（*Integrated Clinical Orthodontics*）中文译本即将问世。欣喜之余，不免在此啰唆几句，是为中文序。

记得在 3—4 年前，我在某国际书展上看到这本书，其书名引起了我极大的兴趣。因为整合医学（Holistic Integrative Medicine，HIM）是当前临床医学发展的一个重要方向。我虽不是口腔正畸医师，但我觉得这本书有一定的导向和实用价值。于是建议上海市第九人民医院“口腔正颌正畸中心”房兵主任组织翻译，以飨读者。房教授欣然应允，并组织有关学者开始了翻译工作，该书终于得以面向口腔正畸与相关的学术领域的师生，甚为欣慰。

该书共25章，内容广泛而充实：

有涉及医学基础的整合内容——遗传学、发育生物学、组织工程学及干细胞……

有涉及临床医学学科的整合内容——骨科、内分泌科、耳鼻咽喉科、儿科……

有涉及口腔医学学科的整合内容——儿童口腔科、口腔颌面外科，牙体牙髓科、口腔修复科……

有涉及生物医学工程的整合内容——正畸器材的研发、种植支抗、激光在正畸治疗中的应用……

我们还可以看到一些现代医疗的诊治理念贯穿在全书中。诸如：“多学科联合序列治疗（MDT）”“学科交叉”以及正畸治疗的规范化管理等。从“学科交叉”的角度来看，该书具有十分明显的创新性，是不可多得的。

正如作者在其前言中所指出的那样，“本书提出的概念是正畸学，它不仅仅是一门丝弓弯制技术，而是建立在许多相关专业基础上的一门特殊专业学科……”按照对“工匠”精神的重新认识，口腔正畸医师既是“工匠（Craftsman）”，也可以是“学者（Scholar）”。“工匠”与“学者”仅仅是因工作的性质和对象分工不同而已，他们之间还常因互补、协作而同时存在。

当然，由于刚刚起步，该书的有关内容还需要在实践中进一步证实和体现，临床科研工作还要继续深入和提高。

希望在不久的将来能见到中国口腔正畸学者写出中国人自己的“临床整合口腔正畸学”，是以为快！

（2019 年 10 月）

感谢你们带来了科研新成果和新知识

——《Mulliken 和 Young 脉管疾病：血管瘤和脉管畸形》序

记得 20 世纪 50 年代，我还在住院医师培训的时候，面对一些巨大、复杂的管型瘤，特别是血管瘤和脉管畸形常感到束手无策。我的老师张锡泽教授曾对我说过一句话：“处理这些患者的棘手不亚于恶性肿瘤，谁要是能解决这些问题，建议授予他诺贝尔奖。”这句话对我影响至深。

因此从 20 世纪 90 年代起，我便安排我的 3 位博士生（张志愿、郑家伟、范新东）进行攻克血管瘤和脉管畸形的工作。他们和他们的学生努力向国内外专家学习，紧密结合临床实践，与国内外有志于脉管疾病研究的同道一起，经过近 30 年的努力，终于使血管瘤与脉管畸形的处理有了明显的进步和提升。

上海交通大学医学院附属第九人民医院口腔颌面－头颈肿瘤科不但拥有一个较完整的治疗和研究团队，而且已成为国内外血管瘤与脉管畸形治疗中心之一，在国际上也有一定影响。

脉管疾病（Vascular disease）亦称脉管异常（Vascular anomalies），

包括血管瘤(Vascular tumor)和脉管畸形(Vascular malformation)两大类。由于性质不一样，在处理上也应不一样。但多年来由于对两者的界限认识不清，导致在处理上有时不甚恰当，甚至出现错误，并由此产生不良后果。

在脉管异常中，最常见的是血管瘤和脉管畸形，可发生于身体各处，但过半发生在头颈部。脉管畸形患者常因发病部位不同而就诊于临床各科室，包括口腔颌面外科、整形外科、普通外科、皮肤科、肿瘤科等。长期以来，对这种疾病的认识并不统一，命名分类各异，治疗方法甚多，但早期均以手术及局部注射硬化剂为主。不同文献、不同作者报道的疗效差异颇大，但对巨大型、复杂型的患者则疗效甚微，往往视为难治之症。

1982 年，Mulliken 和 Glowacki 根据血管内皮细胞特征提出了新的血管瘤和脉管畸形生物学分类观点：1993 年，Jackson 等在此基础上又进一步提出血管瘤分为增殖期、消退期，以及脉管畸形有低流量病变和高流量病变的观点，从而对血管瘤和脉管畸形的类型做出了科学定义。这对选择不同治疗方法起到了决定性作用，并改进和规范了治疗原则与方法。例如，对血管瘤的处理开创了药物为主、观察为主的疗法，避免早期过度损伤性干预；发展了对脉管畸形的介入治疗（血管介入与局部介入等），对一些病例根据适应证还可选择冷冻、激光（含手术翻瓣激光治疗）硬化疗法等加以配合；对巨大型动静脉畸形则多行综合序列治疗直至最后动用手术切除、组织缺损立即修复等手段，使血管瘤和脉管畸形治疗的效果有了明显改善，使一些“不可治”的病例变为“可治”。

更重要的是，在近年的研究中，Mulliken 等指出：在家族性脉管综合征患者中已经鉴定出胚系突变，在散发性脉管异常患者中也发现体细胞（合子后）突变。这充分说明，在今后的研究工作中，脉管畸形及血管瘤病变也必将纳入生物治疗——精准治疗的范畴，有望更进一步提升这类疾病的治疗效果。

Mulliken 等编著的这本《Mulliken 和 Young 脉管疾病：血管瘤和脉管畸形》（第 2 版）内容更加充实，将临床与基础紧密结合，反映了该领域的最新进展和动态，具有一定的划时代意义。其价值在于加深了医务工作者对血管瘤和脉管畸形的认识，有利于各临床科室在诊断和治疗这类疾病时取得一致。

为此，笔者向所有涉及脉管畸形疾病的科室、临床医师、研究人员等大力推荐该书。

在此，笔者还要向以郑家伟教授为主译的翻译团队致以深切的感谢，感谢你们为我们带来的科研新成果和新知识。

欣喜之余，是以为序。

（2018 年 6 月 30 日）

这一项技术将会十分有利于造福患者

——《穿支皮瓣：口腔颌面与头颈部的应用》序

早在 20 世纪 20 年代初，瑞典耳科医师 Nylen 已用手术显微镜行内耳手术获得成功，被认为是现代显微外科的基础和先驱。20 世纪 60 年代初 Jacobson 和 Suarez 报道了 1.6—3mm 直径的小动脉吻合在动物实验获得成功。1963 年，我国陈中伟等因成功实施了前臂断肢再植被尊称为“断肢再植之父”，更吹响了显微外科发展的进军号。1972 年日本的 Harii 以及 1973 年我国杨东岳、张孟殷等报道了头皮再植及腹壁皮瓣游离移植修复面部缺损成功，促使显微外科技术快速在口腔颌面头颈外科组织缺损立即修复中的应用。上海交通大学医学院附属第九人民医院口腔颌面外科近 40 年来开展此项技术以来已逾 7500 例，成功率一直保持在 98% 以上，从而保证了患者术后的生存质量。

近 20 年来，在显微外科游离组织移植方面，穿支皮瓣（Perforator flap）的研究发展最快。穿支皮瓣的问世使游离组织移植的供区具有更多和更好的选择性。它突破了以往游离组织瓣需要知名血管吻合作为保证的缺点，可以最大限度地选择和获取更为理想的皮瓣，并可因人而宜在皮肤质地、供区大小以及供区是否隐蔽等条件下进行选择和切取，以做到“按需取材”——真正的“个体化”。客观地说，穿支皮瓣的出现为临床应用提供了更多更佳的组织供区。

由于现代医疗器材的快速发展，CT、磁共振以及多普勒超声等影像学技术可以协助预测穿支皮瓣的切取部位和血供情况等，使穿支皮瓣的成功率也获得了最大限度的保证。当然，血管吻合技术的提高也是穿支皮瓣获得成功的重要因素。目前，吻合最细的血管口径甚至可以达到 1mm 以下。与以前显微血管吻合一般在 2mm 左右的成绩相比，其进步不言而喻。

何悦教授近年来一直在进行穿支血管皮瓣的研究，他把临床经验总结成书出版，将有助于推动口腔颌面 – 头颈外科学界能及时跟上显微外科发展的步伐，并进一步推广和创新：无疑，这一项技术将会造福患者。

为此，笔者乐于向广大读者推荐该书！

（2018 年 9 月）

这对我国颞下颌关节外科的发展起到添砖加瓦的作用

——《颞下颌关节外科手术图谱》（第 2 版）序

由美国宾夕法尼亚大学牙医学院口腔颌面外科教授 Peter D. Quinn DMD MD. 和他的同事 Eric J. Granquist DMD MD. 共同主编的《颞下颌关节外科手术图谱》（第 2 版）于 2015 年正式出版。Quinn 教授是国际著名的颞下颌关节外科专家，特别在人工关节置换方面做出了很大贡献。该书的出版引起了国内外同仁的浓厚兴趣。在首版的基础上，该书增加了一些新的内容和当今新的流行术式。更令人兴奋的是，该书有三位中国口腔颌面外科专家参与，他们是上海交通大学医学院附属第九人民医院口腔外科多年来从事颞下颌关节外科的杨驰教授、何冬梅教授，以及白果医师。

颞下颌关节外科在国外多是一个独立的学术组织。在 1989 年，我曾参加在内华达 Tahoe 湖召开的美国颞下颌关节外科医师学会成立大会，并作学术报告，而且有幸成为第一批外籍会员。由于我国同仁多致力于“颞下颌关节紊乱病”的研究，现尚无单独成立以“外科”研究为主的学术组织。

颞下颌关节病实际上是一个大组疾病，“颞下颌关节紊乱病”虽然患病率高，但除结构紊乱或有器质性破坏以外，并非以外科治疗为主；而其他如感染、创伤、肿瘤、严重退行性关节病、髁突特发性吸收、颞下颌关节强直等大多涉及手术治疗。近年来，流行的微创外科、内镜治疗、各种材料和类型的人工关节置换术等均在一定程度上促进了颞下颌关节外科的发展。

为此，将该书及时地译成中文，将对我国颞下颌关节外科的发展起到添砖加瓦的作用。同时，我希望在不久的将来，如能看到我国学者自己撰写的，中国的《颞下颌关节外科学》，则更三生有幸也。

（2018 年 5 月）

恩平医师从口腔医学角度担负起科普重任

——《牙病防治龙门阵》序

恩平医师是我的华西医科大学校友、师弟，也是世交。他长期从事口腔临床医学的工作直至退休。退休后受聘回母校在华西口腔医院“名老专家门诊”工作，直到该科室撤销。近期拟出一本书，名为《牙病防治龙门阵》，嘱我为序，欣然从命。

科学既包含研究工作，同时也包括科普工作，研究和科普被称为科学的两翼。科研工作大多由有限的人员在实验室进行；而科普工作则多是面向社会，特别是通过图书、报纸、广播、电视等传媒对广大群众进行普及教育，虽然形式不一样，但都是不可或缺的。

科（医）学家应该走出象牙塔，科普是重要的途径。恩平医师从口腔医学临床角度担负起科普重任，值得学习与推广。

该书的出版将为繁荣口腔医学科普起到添砖加瓦的作用。

仅此为序。

（2019 年 5 月）

原发性三叉神经痛，是对人类生存质量影响最大的疾病

——《三叉神经损伤》序

三叉神经是人体第五对脑神经，遍布于口腔颌面部。它具有感觉与运动双重功能，履行着保证人体牙颌面健康的作用。临床上，无论是感觉或运动功能的丧失都将对人的生存质量产生不利影响。

神经疾病可分为疼痛和麻痹两大类，对三叉神经来说，三叉神经痛，特别是所谓原发性三叉神经痛，是对人类生存质量影响最大的疾病，而三叉神经麻痹也可严重影响到患者的感觉功能或咀嚼功能，导致生活质量下降。为此，关于口腔颌面部神经疾患的诊治已被列为我国《口腔颌面外科学》一书中的一章。

以往，对三叉神经痛诊治的专著比较多，因为迄今为止它仍然是一个未彻底解决的难题，而对三叉神经麻痹的重视和讨论则甚少见于专著和研究。

2013 年，由 Michael Miloro 为主编，出版的《三叉神经损伤》（*Trigeminal Nerve Injuries*）一书，着重对三叉神经损伤引起的三叉神经麻痹性功能障碍进行了全面的叙述和讨论。这本书大大丰富了关于

三叉神经麻痹的诊断和治疗，尤其是介绍了三叉神经损伤后的显微手术，给出了随诊结果和评价；对于口腔颌面外科和牙槽外科医师的临床实际工作具有很大的帮助。例如医源性的三叉神经（主要是下牙槽神经和舌神经）的损伤，是临床最常见阻生第三磨牙拔除术后的并发症，除药物外还能给予手术干预。虽然，我国在 20 世纪 70 年代显微神经外科即已广泛开展，但多限于面神经及脊副神经，在三叉神经方面却基本上是一个空白点。

由陈敏洁教授主译，我院口腔颌面外科及神经外科多名专家参与翻译的这本《三叉神经损伤》，将对我国的口腔颌面外科、牙槽外科在这方面的临床诊治工作起着拾遗补阙的推动作用。

笔者要感谢他们的劳动，也诚挚地向国内同道推荐该书。

（2018 年 12 月）

愿该书能进一步推动我国口腔颅颌面种植科学的持续发展

——《下颌种植修复——老年人群牙列缺失的种植指南》序

由加拿大学者 E. Emami，J. Feine 编著的《下颌种植修复老年人群牙列缺失的种植指南》一书，由 Springer Nature 出版社于 2017 年正式出版。上海交通大学附属第六人民医院口腔科主任邹德荣教授抓紧时机，适时地进行了全书的阅读和翻译，让我为中文版作序。笔者经过初读后感觉该书十分有特色，于是欣然承诺。

自 20 世纪 60 年代，现代种植牙之父布仑马克教授创建骨结合

（Osseointegration）理论以来；通过临床实践及20世纪早期（1982）在加拿大多伦多举行的国际会议后，得到了全世界牙医学界学者的广泛认同，并愈来愈多地被应用于临床和取得了优异的成果（远期成功率可达95%以上）。

在口腔医学界，种植修复学（含牙及颅颌面种植）被认为是一件划时代的、具有里程碑意义的事件。它改变了多年来牙列缺失和牙体缺损的传统修复理念和技术；促进了颅颌面缺损固位方式的进展；大大地提高了牙及颅颌面缺损修复重建的功能和美观效果。

笔者认为，该书具有下述特点：

1. 该书的内容不是全面介绍牙种植医学的书籍，而是有目的地聚焦在：①牙种植修复难点之一的下颌牙列缺失的种植体修复；②重点讨论65岁以上老年人下颌牙列缺失修复的特点和注意事项，涉及老年口腔医学的一些问题。

2. 该书不仅仅只论述临床问题，还在第一部分专门讨论了一些有关老年人的增龄性改变，行为与认知功能，药理学风险评估等基础知识。在第四部分则介绍了基于患者对种植结果的客观评估内容。充分体现了理论与实践相结合的理念。

3. 全书各章收集了大量参考文献，有的甚至达240余篇，体现资料丰富、有章可循的科学精神，也便于读者追索所需要的相关资料。

4. 据最新的（2019）联合国经济和社会事务部发布报告称：目前全世界约9%的人群超过65岁，而到2050年，这一比例将近翻倍至16%。80岁以上人口将从现在的1.43亿增加到4.25亿。因此该书将着眼点放在老年这一议题上，是有一定远见的。

邹德荣教授长期从事牙种植修复临床工作，曾在我院先后获得硕士及博士学位，外文基础良好。当他看到这本书后，敏感地意识到该书的前瞻性和先进性。在短期内十分辛苦和快速地译成中文，以期在国内及时引起同道的重视和受益。译文流畅，简明易懂，在此祝贺并表示衷心的感谢。

如该书编者前言所述：这是一本供口腔医学生、口腔临床医生学习的教材和参考书；愿该书能进一步推动我国口腔颅颌面种植科学的持续发展。

是以为序！

（2019 年 6 月）

该书的出版，有利于进一步提高临床诊治水平

——《放射性颌骨坏死：临床诊断与治疗》序

放射性颌骨坏死是口腔颌面头颈恶性肿瘤放射治疗后严重并发症之一。其发生与放射源种类、放射剂量、放射部位的控制及是否存在慢性病灶等因素有关。

由于放射性颌骨坏死经常反复地引发急性炎症发作，慢性期又常伴瘘管、长期溢脓、张口受限、进食不便，故患者的全身营养状况常常很差。不但影响到患者的生存质量，也影响到患者的社交和回归社会的功能。

放射性骨坏死的治疗历来以手术为主，但若手术不彻底又极易复发。所以，多年来一直是口腔颌面头颈肿瘤临床治疗中的一个棘手的

问题。

近年来，何悦教授及其团队联合国内有关的知名学者对放射性颌骨坏死进行了系列的、系统的临床和基础研究，并有数项科研获得国家自然科学基金的支持，提出了新的“BS”分类、分期，在国内外发表了《下颌骨放射性骨坏死临床诊疗专家共识》，充分体现了“4P”医学中“个体化”治疗的理念，并可以作为放射性颌骨坏死患者临床诊治的基点。该书是在总结科研成果及临床经验的基础上完成的，目前在国内外尚未能查见同类书，因而可视为有创新价值。

笔者所在科室，20 世纪 80 年代即已开展坏死骨（及软组织）大块切除后用血管化游离组织瓣修复，获得成功，为晚期严重放射性颌骨坏死的治疗开辟了一条有效的途径。然而，这种手术也不能轻易施行，因为它不但技术水平要求很高，同时也存在着失败的风险；大型的根治术使得本就全身健康状态低下的患者无法承受。因而该书提出的以“预防”为主的论点，也是符合“4P”医学理念的，是值得赞赏的。

该书还介绍了对早期或局限性病损进行的非手术治疗，对此部分内容的探索也应该是十分有益的。

临床上放射治疗科医师已经做了不少努力来预防放射性骨坏死的发生，或即使发生也尽量缩小其损伤范围。新放射源（包括中子、质子）及放射范围的三维调强等先进技术的应用都达到了一定的目的。然而放射源和放疗技术的进步，终究还未能达到完全消灭颌骨坏死的程度。对所谓根治性放疗的大剂量受照射患者，还不可能完全避免放射性粒子的伤害。为此，对放疗前患者的口腔准备应该更加重视和强调，千万不能忽略。

该书的出版，可供口腔颌面头颈外科、头颈肿瘤放射治疗科、耳鼻咽喉科等有关临床医师、研究人员以及实习医师学习和参考，有利于进一步提高临床诊治水平。

该书的出版也是一个新起点，有利于进一步推动放射性颌骨坏死临床及基础研究，因为，还有不少的临床和基础问题尚不完全清楚。

学习一辈子，钻研一辈子。这就是医学科研对我们的要求。

再一次向以何悦教授为首的参与《放射性颌骨坏死：临床诊断与治疗》一书的作者同道致以诚挚的谢意！

（2019 年 8 月）

以史为鉴，可以知兴替

——《上海市级专志·上海第九人民医院志》序

“以史为鉴，可以知兴替；以人为鉴，可以明得失。”在上海交通大学医学院附属第九人民医院迎来建院 100 周年之际，出版《上海市级专志·上海第九人民医院志》，是对上述古训一个最好的回答和落实，是对“不忘初心，牢记使命”一个最好的学习过程和经验总结。

我从医 65 年，有幸其中 55 年在九院工作，亲自见证了新中国的发展和九院的成长。祖国和九院也是培养我成长和我事业发展的重要依托和基石，荣幸与感激并存。

伯特利医院原是一所不大的教会医院，1949 年后成为上海南市的一家区级医院，1965 年正式成为上海第二医学院附属医院。其任务定位为以发展口腔医学及整形外科为主的综合性教学医院。1995 年还增加建立了临床医学系，以适应国家的需要。如今，九院已成为一所国内有名和国际知名的综合医院。多年来，医院的整形外科全国排名第一，口腔医学位列前三，且是国家临床口腔医学研究中心之一。骨科、眼科、耳鼻喉科等学科也声名鹊起，医院综合实力显著提升。

国家恢复科研奖励制度以来，九院取得了多项国家重点科研与自然科学基金项目。至今医院已获得了17项国家级奖和一大批部、市级奖项。

在国际上，口腔颌面外科、整复外科、骨科等均有较高的学术地位，并与国际组织联合设立了5个临床培训和考试机构，每年均有国外、境外学者前来培训和经验交流。同时，也持续有国际学生互换，以及九院的青年才俊去国外学习。

以上成就的取得离不开党的领导，国家和上级领导的扶持；同样离不开同仁——九院的医护员工、专家学者以及九院的历届领导的共同努力。

“发展是硬道理”是邓小平的名言。九院过去是发展，今天在发展，明天将会更加发展。发展是硬道理，发展要靠硬科技。

“改革开放”是邓小平所倡导的路线。九院的发展也主要体现在20世纪80年代之后，众多的成就也绝大多数系在改革开放后取得。

没有改革开放，就没有九院的今天。

“走出去，请进来。”走出去，打开了一扇窗，中国学者认识了世界、了解了世界；请进来，外国学者揭开了一层纱，原来中国也有好东西，是病例的“宝库”，是“中国式”的成就。“走出去，请进来”有利于学术交流，有利于国际合作，有利于取得更多更大的成果。

一流医院建设，“学科是基础，国际化是大势所趋”。当今世界科学发展的依托是学科，特别是由学科交叉而形成的新学科。

学科建设要有杰出的学科领头人。九院先后有 4 位学者当选为中国工程院院士，其中 3 位都是我们国家自己培养的，这在大型医院中也是难能可贵的。

学科建设要有一个团队。从基础到临床，要有明确的发展方向和目标。这个目标必须是国际化的，而不仅仅是瞄准国内。

学科建设要有学科接班人。经验告诉我们，没有学科接班人，学科就不可能持续发展。九院多年来一直按一流科研型教学医院的标准来建设和处理医教研关系和人才培养。“医疗是基础，教学是根本，科研是灵魂；人才和干部决定一切。”

以上这些都是我们应该继续借鉴的宝贵经验。

2020 年是九院建院 100 周年大庆，很快我们还将迎来中国共产党建党 100 周年，中国将全面进入小康社会。到 2049 年建国 100 周年时，我们将初步建成世界上新型的社会主义强国。

“不忘初心，牢记使命”，祖国的明天也将是九院的明天！

（2019 年 12 月）

执业医师仍应终身积极参与“继续教育”

——《医师考核培训规范教程·口腔科分册》序

根据《中华人民共和国执业医师法》规定，执业医师定期考核是一项国家的法定工作。考核的目的是为了给人民群众提供医疗安全保障，并逐步提高医疗水平。

医师是一个崇高的职业，医疗需要自然科学和人文科学作为基础和支撑。医师需要具备人文关怀精神，也离不开高超的医术。“医术求真，医德求善，医风求美”应当作为每位执业医师的座右铭。

医德、医术、医风都需要在实践中不断提高。医师的执业过程就是不断学习、不断进步，不断追求医疗的真善美。医师是一个“活到老，学到老”的职业。为此，医师除必须提高自己的基本素质外，还必须参与继续教育、参加国内外学术会议，以达到进一步积累知识和提高水平的目的。

上海市于 2014 年开始了每两年一次的医师考核制度，包括业务水平、工作成绩和职业道德评定。考核类别则按专科医师要求（含全科医师）进行。口腔科医师被分为五类进行考核，即口腔内科（牙体牙髓、牙周、儿童和口腔黏膜、口腔预防）、口腔颌面外科、口腔修复科、口腔正畸科和口腔全科。口腔执业医师可按自己的专长选择不同专业进行考核。上海市医师协会口腔科医师分会应上海市医师协会的要求，委托分会主任委员王佐林教授为主编，组织全市相关专家撰写了《医师考核培训规范教程·口腔科分册》一书，并建立了相关题库，供上海市口腔科执业医师考核之用。相信该书的出版对贯彻《中华人民共和国执业医师法》和提高口腔执业医师的水平有较大的帮助。

医学是一门广泛涉及自然科学和社会科学的现代科学，现代医学的进步是显著和巨大的。然而医学不是神学，不是“万能”学，它的发展仍受到不少未知因素的限制和影响。本教程内容主要是现有的、已知的基础知识和医疗技术的总结和梳理。由于这种局限性，它不能完全反映今后医学的发展和新的知识、新的技术及新的成就。为此，必须慎重地指出，执业医师绝不能放弃继续学习，仍应终身积极参与继续教育，要争取有所进步、有所创造。

共勉之！

（2020年2月）

诚挚地向广大读者推荐该书

——《口腔医学发展史——口腔医学的科学之源》序

由首都医科大学口腔医学院龚怡教授编著的《口腔医学发展史——口腔医学的科学之源》即将正式出版。她邀我为书作序。拜读之后，收获良多，故欣然承诺。

学科发展史是记录、论述和评价学科发展的历史。口腔医学发展史自然是对口腔医学发展的记录、论述和评价的历史。由于口腔医学是从大医学中分化出来的，因而它们也不能脱离大医学的发展史。

历史是人类发生、进化过程的证据；历史推动着人类社会的进步和发展；历史也是人类文明、文化的重要组成部分。

学习历史，特别是学习与专业有关的发展历史，则是了解和研究该专业从哪里来，现况如何，以及今后到哪里去和“以史为镜（鉴）”的一个哲学命题。

目前，国内外均有一些有关医学发展史或口腔医学发展史的著作问世，但其选择的内容和侧重则不尽一致。有的按年代先后论述，有的是按事件或人物来进行论述。该书的特点则是按历史分期及其当时的科学发展水平进行论述。

全书分为上、中、下三篇：上篇以“古人类的口腔疾病与医学的前科学时代”命名；中篇称“科学的觉醒与革命，医学的科学化进程”；下篇则从“医学成为一门科学，口腔医学的进步”进行论述。这种以不同时代分期，紧密结合当时的科学水平，以及医学与口腔医学相结合的方式来写中国口腔医学发展史，同样也具有鲜明特色。

由于作者与中国科学院古脊椎动物与古人类研究所有关专家有过共同研究的经历，该书中收集了不少珍贵的实物图片。这些古代珍品，均具有非常重要的历史价值。显示了研究医学史离不开考古学，更离不开人体的口腔颅颌面的生长发育，和人类学的研究范畴，是一个典型的自然科学与社会科学相结合的研究。

该书图文并茂，大部分插图均出自作者之手，显示了她的文化功底和艺术功底，提示了科学应与文化相结合的理念。

首都医科大学口腔医学院在20世纪中叶即开展了对中国口腔医学发展史的研究，并由周大成教授出版了第一本《中国口腔医学史考》一书，开始了中国口腔医学史研究的先河。龚怡教授作为后继者从事医史教育20多年，积累了不少新的中外资料，出版了内容更全面的口腔医学发展史，实是后浪推前浪，青出于蓝而胜于蓝。

巧合的是，两年半前，笔者接受人民卫生出版社委托，主编了首本《口腔医学人文》“十三五”规划教材，已全付梓。龚怡教授亦被邀在该书中承担牙医学发展史一节的编写。她编著的这本《口腔医学发展史——口腔医学的科学之源》将对《口腔医学人文》教材起弥补不足和参考的作用，实乃幸运之至。

中华人民共和国成立以来，中国口腔医学发展迅速，也受到世界瞩目。该书再版时若能收集和补充这方面的事物和成就，则该书将更全面，富有更大的历史价值。

再次诚挚地向广大读者推荐该书，并以为序！

（2021 年 1 月）

乐以推荐给从事有关种植的临床口腔医师

——《口腔种植临床操作与技巧》序

自口腔种植学问世以来，已逾半个世纪。在恢复咀嚼功能和美观方面，口腔种植义齿均大大超越了传统的修复方法。口腔种植技术应用于颅颌面缺损的修复方面，更起到了发展推动的作用。它解决了长期以来未能完全解决的固位问题，使义耳、义眼、义颌等的修复效果日臻完善。

总之，以骨结合为基础理论的现代种植，从根本上动摇和改变了多年来的基本理念，也改变了牙及颅颌面赝复体的固位力学原理，是牙及颅颌面修复学历史上的一次革命性实践。

近年来，国内外口腔种植学习班、培训班风起云涌，各类口腔种植书籍层出不穷，口腔各专科医师更是蜂拥而至。由于专业培训及职业准入尚不够规范，因此在临床治疗中会出现不同类型的问题。一项新理念的出现，一项新技术的实践，在临床应用中出现问题，似也不可能完全避免不出现问题，只有在失败中继续前进，才能保证新生事物的成熟和持续进步。

鉴于上述，王佐林教授组织编写的《口腔种植临床操作与技巧》一书，旨在探讨如何优化口腔种植技术，以及口腔种植过程的注意事项和成败经验，具有十分重要的临床应用价值。

一段时间以来，在人们的心目中曾有着重“学”轻“术”、重“家”轻“匠”的思维。事实上，在古代“学”与“术”，“家”与“匠”是并举的，有着相同的地位，只是追求的目标和方式不尽相同而已。“家”以“理”为重，“匠”以“技”为重。前者称“理论家”或“学者”，后者称“工匠”或“巨匠”。“家”求“真”，“匠”求“精”，两者缺一不可。

医学这个职业，“技术（艺）”的含量颇高，特别是外科系统，因为外科一词的拉丁语 *chirugia* 就是以“手”“操作”的意思。史载最古老的外科医师亦被称为理发师医师（Barber–surgeon），因为当时外科被看作不属于医师行业，只能加入理发师工会，而被后世公认为外科之父的法国医师 Ambroise Paré 就是如此。

这段历史让我们知道以前对技术（艺）的了解是有些片面的，也知道为什么现在在推选“工匠”或“大工匠”之类的先进人物。

“家”与“匠”均存在于各个学科之中，如果不正确认识这一点，那么作家鲁迅、画家徐悲鸿、戏剧家梅兰芳等具有特色、全球闻名的“巨匠”就都不存在了。

目前，有关口腔种植学方面的专著已有很多，但着重从“术”的角度介绍口腔种植学实属鲜有。该书的特点是以“术”为主，以求精求美为目的，对口腔种植的临床技术加以总结而成，具有临床指导和实用价值。为此笔者乐以推荐给从事有关种植的临床口腔医师，并以为序。

（2020 年 6 月）

这是一本出色的教科书

——《正颌外科学原则、策略和实践》序

Farhad B. Naini 和 Daljit S. Gill 联合主编的专著 *Orthognathic Surgery：Principles，Planning and Practice* 于 2017 年正式出版。试读其有关正颌外科学的历史评述时，发现了前列的两段名人名言，其中一段由我国论语中孔子所述。这引起了我的好奇——这是对历史文化的重现，是一般教科书中看不到的。

该书被引进后，上海交通大学医学院附属第九人民医院口腔颅颌面科主任王旭东教授和朱敏主任医师领衔，迅速组织该科同仁、研究生以及参与该科口腔颌面畸形诊治专科联盟的部分专家一起对此书进行翻译，以期能尽早让全国相关的医、教、研人员共享。

经过粗读，我受益匪浅。试将其特色归纳如下。

1. 两位主编都是英国口腔正畸学家

Naini 博士是英国伦敦 Kingston 医院、St. George 医院和医学院的口腔正畸科医师。Gill 博士则是来自英国伦敦 Trust and UCl. H Eastmen 口腔科医院的口腔正畸专家。历来，正颌外科书籍的主编绝大多数是口腔颌面外科学专家。我孤陋寡闻，不知还有无其他口腔正畸专家主编《正颌外科学》这样鸿篇巨著的先例。该书的出版，至少说明这两位主编对正颌外科学专业知识的掌握丝毫不逊于外科医师；也从另一面显示出外科学与正畸科学相结合已上了一个更深、更高的层次。

2. 参加该书编写的专家众多

有 96 位学者参加了该书的编写。除英国和美国外，还有法国、加拿大、爱尔兰、意大利、西班牙、瑞士、芬兰、澳大利亚、南非及委内瑞拉等12个国家的有关学者。

96位专家所代表的学科领域亦几近20个。其中包含：口腔颌面外科学、整形外科学、颅面外科学、正颌外科学、口腔正畸科学、儿童口腔科学、放射诊断学、神经外科学、儿科学、头颈外科学、耳鼻咽喉科学、麻醉学、心理行为学、营养学、外科与口腔科生物学、颅面生长发育学，以及计算机学与政策实践学等各类专业。

可以说，该书是一本代表世界最先进水平的著作，是多年来世界各国同行共同努力的结果。

科学的历程说明：正颌外科学是一门新兴的交叉学科，是一门典型的需要多学科团队（Multidisciplinary Team，MDT）进行多学科综合序列治疗（Multidisciplinary Synthetic and Sequential Therapy，MSST）的学科，也是需要全病程进行干预的一个健康工程。

3. 全书贯穿着人文精神

除了Aristotle及孔子的名言被引用外，还有其他的名人名言分别在各种医疗理念中被引用。其中不乏Einstein和医学前辈Osler等对科学和医学方法的论述和指导。第4篇还专门对患者的术前思想准备及术后如何回归社会的问题进行了讨论，充分显示了对需行正颌手术患者的人文关怀。

该书的人文精神还体现在对历史的尊重和叙述。医学的发展是随历史进步而进步的。任何一项创新和进步都是逐渐积累的，医学也丝毫不能例外。

除了“温故而知新”的著名儒家思想之外，中国还有不少尊重历史的谚语，诸如“以史为鉴”“以人为镜”“鉴往知来”“长江后浪推前浪”“青出于蓝而胜于蓝”，都是说明后人总是踏着前人的足迹，亦步亦趋，在前进中不断地向前。

尊重历史也要尊重历史上的人。该书的特点是：每一篇每一章除了介绍历史外，还介绍了人物，后辈不但要尊重故人，更要尊重他们的创造，尊重他们的发明和贡献。

为了体现尊重历史、尊重人物，该书还邀请“现代正颌外科学之父”瑞士的 Hugo Obwegeser 特写了一章“绪论”，Obwegeser 以“正颌外科——我为之奋斗一生的事业”（*Orthognathic Surgery——A Life's Work*）为题介绍了他一生为之奋斗而积累的正颌外科学经验和贡献。

Obwegeser 在文中特别列出了他终生难忘的 6 位老师，包括被称为整形外科学与颌面外科学之父的 Harold D. Gillies，以及颅面外科学之父 Paul Tessier（事实上，Obwegeser 也曾被誉为颅面外科学创始人之一，两人仅差 3 岁）。遗憾的是，在该书出版之后不到 1 年，2017 年9月，Obwegeser 离开了我们。这篇专题已成为他最后对其毕生工作陈述的绝笔。Obwegeser 的为人处事为从事正颌外科的医师树立了绝好的学习榜样。

4. 美容与功能并举，医学与艺术同在

以往在口腔颌面外科学领域内，有时会遇到功能与美容的矛盾，以及对医学与艺术的共识问题。该书提倡的“美容与功能并举，医学与艺术同在”的观点是现代医学的要求，也就是一个人不但要生存，还要生活得好，要有生活质量，要能回归社会活动，要能健康地生存。

解决“美容与功能并举，医学与艺术同在”的具体方法在于：①多学科设计。例如，只纠正牙列畸形，不解决面部畸形是片面的。正颌外科主要解决恢复颌骨及牙的位置和咬合问题，如果面部还有其他畸形，则需要锦上添花，借助其他有关的辅助手术进行治疗。令人高兴的是，在该书中，我们还见到了所谓鼻成形、唇形矫正等“辅助手术”章节。②应在规范治疗指导下尽可能地满足个体化治疗。只有倡导现代医疗的个体化理念，才能达到“并举”和“同在”的目的。

5. 正颌外科、颅面外科与颅颌面外科是一家

从历史来看，正颌外科、颅面外科及颅颌面外科是 3 个不同的名称，它们的命名与内容稍有不同，而且呈历史性、阶段性发展。

正颌外科以牙及颌骨的移位重建为主要内容，其中以 Obwegeser 在20世纪50年代提出的口内入路“下颌骨支矢状斜行劈开术”为代表。

20 世纪 60 年代，美国学者 William H. Bell 进行了正颌骨块血供的实验研究，为上颌骨骨块的移动提供了坚实依据，促进了上颌骨 Le Fort 骨折线及各型人工骨切开移动重建术的开展。

同在 20 世纪 60 年代，法国学者 Paul Tessier 报道了眼距增宽与 Crouzon 综合征矫治手术获得成功，并成功地被相继应用于各种颅骨发育畸形，诸如 Apert 综合征、Cohen 综合征等的治疗。由此，Tessier 创建了国际上第一个颅面外科，并被尊称为“颅面外科学之父”。

20 世纪六七十年代，AS. Ketcham，I R. Munro 等相继报道了颅外肿瘤侵犯颅底的颅内外贯通手术治疗，称为颅颌面联合切除术，并由此出现了颅颌面外科学的概念。受此影响 . 国内张涤生院士于 20 世纪 70 年代首次报道采用眶距增宽术治疗成功的病例。我也同期在国内开展了采用颅颌面联合切除术治疗侵犯颅底的口腔颌面部癌瘤的研究。由此延续到 20 世纪 80 年代，欧洲出现了“侧颅底外科学”的概念和新学术组织。

同样，颅颌面外科技术也被广泛应用于严重的颅颌面创伤，特别是陈旧性颅颌面创伤，取得了较好的效果。

从上面这一段历史大致可以看出，正颌外科、颅面外科，颅颌面

外科具有一定的同一性及整体性。

第一，在生长发育上，口腔颅颌面是一个整体。它们的解剖结构和生理功能相互依存，颅颌面容貌比例也相互协调。

第二，它们的诊治对象同属于外观容貌及功能障碍性疾病，同属于外观缺陷及功能的整复问题。

第三，它们的治疗原则和手段基本相似，即骨块切开（Segmenta osteotomy）移动重建是基本的手术方式。

第四，它们都需要多学科协作，离不开口腔正畸科医师，离不开神经外科医师，也离不开眼科、耳鼻咽喉科医师……至于心理行为医师及数字外科、计算机工作者，更是现代口腔颅面整复外科中不可缺少的参与者。

显然，这三个学科一脉相承，实质上应为学科互补的一家。窃以为我国今后应加强这三科的统一结合，以口腔颅颌面外科命名为发展方向，争取达到国际最先进水平。

十分幸运的是，我在20世纪80年代即结识Obwegeser、Bell和Tessier三位颅面外科前辈。他们都来过中国，向我们传授宝贵的经验。我国自改革开放以来，正颌外科也取得了长足进步。遗憾的是，在正颌外科、颅面外科及颅颌面外科方面，我们都还存在不少短板，需要进一步努力缩小差距。

按照Obwegeser绪论中对该书的定义，这是一本“教科书”（Text book）。我认为还应该加上“出色的”三个字，它是一本“出色的教科书”，是一本正颌外科全书，更是一本口腔颅颌面外科上好的参考书。

（2021年7月）

医学科普知识图文通俗化受欢迎

——“口腔自我保健视频漫画丛书”序

2002年由我主编，人民卫生出版社出版了一套6本的科普书——“口腔自我保健丛书”。由于历史条件和个人水平的限制，现在看来，这套科普书的内容和质量离高标准还有很大差距，只能说仅仅是科普丛书编著的第一步。

随着科学技术的进步，科普已经上升到科学研究之一翼的地位。大众科学素养的提高需要依靠科普。经过多年努力，2019年全国共有科普场馆和科学技术类博物馆1 477个，科普专职与兼职人员187.06万人，科技馆和科学技术类博物馆参观人次达到2.43亿人次。但相比国际科普水平，我们仍有一定距离。

医学的对象是人，服务于人的健康。近年来“大健康”和“全健康”概念的提出，大大增强了人们对健康的认识，大大提高了人们对预防胜于治疗的认识，更大大加强了医务人员从以治病为中心转变为以健康为中心的理念。

人们不但要求生存，而且要求美好的有生活质量的生存；人们不但要求长寿，而且要求健康的长寿，而不是毫无生活质量的长寿。要达到这一目的，科普是重要手段。

科普可以是口头宣讲，可以是有组织的特别活动（例如爱牙日活动、艾滋病日活动），更重要的则是通过文字的形象的宣传，诸如各类医学保健杂志、报纸专刊以及典型事例等进行科普教育。此外，还可以通过出版相关专著或科学幻想类等书籍进行科普。

科普由于其特殊性，对语言、文字等各类具体输出形式都有特殊要求，需要生动活泼、言简意赅，具有趣味性、可读性。于是在科普活动中，会出现专业的优秀科普工作者、作家和宣传家等。因为科普本身就是一门值得学习和从事的学科。

这套“口腔自我保健视频漫画丛书”就是在 2002 年出版的“口腔自我保健丛书”基础上重新设计，将文字漫画、视频融为一体的新尝试，目的在于提高科普效果，增强可读性和更能为广大群众所接受。丛书由原来的 6 本增加到 12 本，由上海交通大学医学院附属第九人民医院周曾同教授、张志愿教授、郭莲书记总主编，各科专家参与编写。漫画配置及创作由上海诚壹广告有限公司徐莎莎绘制，视频拍摄由上海君果信息技术有限公司江丽娟、张琴协助完成。

相信该丛书的出版将有助于口腔医学科普的进一步发展，有助于推动“健康口腔”工作方针，有助于“大健康”概念的普及和推广。

相信该丛书会受到广大群众的欢迎。当然，读者对该书的评价才应是唯一标准。

让我们拭目以待吧！

（2021 年 5 月）

学科交叉与“溢出效应”

——《黄褐斑临床诊疗》序

由苑凯华、周国瑜教授共同主编，邀集国内有关专家编撰的《黄褐斑临床诊疗》一书即将问世，邀我写个序。笔者虽然长期从事口腔颌面外科工作，但对面部皮肤美容外科却是个门外汉。经过粗读，觉得受益匪浅，在这里只能写几句自己的读后感：

1. 黄褐斑是常见病，多科可见

黄褐斑主要发生在年轻女性面部，是常见病。被作者们定义为“是皮肤病学科里的疑难杂症之一，在损容性疾病中首当其冲”。作为临床患者可以就诊于有关科室，诸如皮肤科、整形外科、颌面外科、耳鼻咽喉科、美容外科，以及中医科等。作为颌面外科医师应该对黄褐斑有所了解并有诊治能力。近年来，国外的有关口腔颌面外科教科书已有颌面美容外科的专章介绍，颌面外科医师的参与，当不应例外。

2. 内容丰富翔实

该书涉及皮肤的解剖、生理、病理到临床检测，各种先进治疗方法、中医理论与实践的经验以及（临床）案例无所不及。黄褐斑的西医的治疗手段主要是外治，而中医则强调中西结合，内外兼顾。实乃中西结（整）合，同病异治或异症同治的方向。该书专门为黄褐斑的中医辨证治疗设立专章，更为难得。

3. 黄褐斑的外治

该书主要介绍的外治方法为激光，特别是光电子疗法。此外，还有化学剥脱剂以及应用干细胞外泌体的治疗介绍。这些都是笔者以前从未接触过的现代治疗方法，体现了该书的先进性。

4. 适用的先进器械

工欲善其事，必先利其器。笔者在 20 世纪 70 年代早期曾与原上海第二医学院生物物理教研室合作研究过 CO_2 激光在手术中的应用和 YAG 激光对口腔黏膜病损的治疗。中国也是早期在世界上激光研究具有成果的国家之一，但在现在的激光研究中，特别是种类繁多的先进仪器研发方面我国明显滞后，绝大多数还需要进口。这是我们的短板，今后还需要花大力气用转化以适应医学激光的进步和发展。

5. 学科交叉与交叉学科

该书充分体现了交叉学科和创建交叉学科的精神，这也是激光医学发展和医学进步的标志。激光医学把物理化学的成就移植到医学领域并取得了很大的成功。不同科室、不同疾病的治疗都可与激光有关，例如用氪激光治疗面部葡萄酒色斑取得了明显效果，光电动力疗法治疗口腔黏膜病损也正在研究之中。

6. 人才培养的“溢出效应”

学科交叉能培养一些跨学科的专门人才。可以把它称作为人才培养中的“溢出效应”。该书的主编都不是激光专业出身。苑教授原是耳鼻咽喉科和整形外科医师，周教授则是口腔医学专家和颌面外科医师。可她（他）们为学科建设，为学科交叉都付出了极大的努力；她（他）们都是目前国内激光医学界的领军人物，也是国际上有成就的知名专家。

以上，仅是个人的学习心得供大家参考！

诚意向有关学科、学者以及广大医务工作人员推荐该书。

（2022 年 3 月）

睡眠医学已形成一个典型的临床交叉学科

——《口腔睡眠医学临床医生手册》序

一册译著的样本送到我书桌上，书名为《口腔睡眠医学临床医师手册》（*The Clinician's Handbook for Dental Sleep Medicine*）。这是由我院口腔颅颌面外科口腔正颌正畸中心朱敏教授、王旭东教授主译即将出版的书。说是要我看看，言下之意，要我学习学习，但还要加一个后缀——再给写个中文序。

我对睡眠医学是有兴趣的，认识它也有个过程。那是在20世纪70年代初期，一位由颞下颌关节强直引起的典型的患阻塞性睡眠呼吸暂停（Obstructive Sleep Apnea，OSA）的12岁孩子来沪就诊，主诉睡眠时呼吸困难，无法平卧。当时并没有任何呼吸的仪器供进行诊断检测，更不要说多导呼吸监测仪（Poly Somno Graphy，PSG）了，只能仅凭晚间睡眠的床旁值守观察才得出了诊断。这种病在以前从未引起过我的注意。经过文献复习，方才认识到什么叫OSA。该患者经过关节成形加下颌支横断、下颌体前移术后取得了明显的效果。此后还遇到过因长期佩戴呼吸导管的严重患者也均以手术解决了长期气道通气阻塞问题。我曾将这些经验成文，公开发表在杂志上（《中华口腔医学杂志》，1985），并在学术会议上介绍，开国内之先河。

随着经验增多，以后由我的研究生卢晓峰、朱敏等继续开展有关睡眠呼吸暂停的临床研究工作。不但参加了全国呼吸睡眠医学学会的组织，还在我院专门开出专科门诊，并具有PSG等先进检测设备以及相关的治疗手段。

睡眠医学主要属于神经科学范畴，但所涉及的范围甚广，从基础到临床无数科室都可遇到这类问题。比如，从1685年Wills首次报道“不宁腿综合征”开始算，已有300多年历史。1836年，距今不到200年，英国著名作家Dickens在小说《匹克威克外传》中曾详细描述过其主人公Pickwick的有关睡眠临床症状——严重打鼾、呼吸暂停、大汗、惊起以及日间嗜睡伴肥胖等——致被称为Pickwick综合征，即现命名的OSA。1965年后关于OSA的零星报道多见于欧洲。1972年，作为一门学科的学术组织，欧洲睡眠医学会率先成立。继之，美国世界睡眠医学会（1978）、世界睡眠联合研究会（1987）等也相继成立，大大推进了睡眠医学的进展。我国的睡眠医学发展较晚，1994年方由民政部批准成立“中国睡眠研究会”。2014年才正式在中国医师协会之下成立了“睡眠医学专业委员会”。

睡眠障碍分为三类，即中枢性（CSA）、周围性（OSA）和混合性（MSA）。CSA系以神经科学为主。形成OSA的主要因素为呼吸道的解剖性、发育性，或病理性异常所造成，诸如舌体、软腭、增殖腺扁桃体肥大、舌根后退、舌骨下垂，以及鼻中隔偏曲、鼻甲肥大等。由于上呼吸道由鼻咽、口咽和喉咽组成，故与耳鼻咽喉科、口腔颌面外科、口腔正畸科和儿童口腔科关系最为密切。下呼吸道则与呼吸科、内科、老年科等息息相关。

可以看出，睡眠医学已形成一个典型的临床交叉学科。

在治疗OSA方面，临床各科均有其具有明显特色的治疗方法。目前，保守治疗方面以持续气道正压通气（CPAP）及口腔矫治器（OA）治疗为多用。CPAP治疗的适应征较为广泛，无论是上呼吸道还是下呼吸道阻塞，抑或不同阻塞程度均可应用；而口腔矫治器则主要适用于上呼吸道阻塞的早、中期患者。手术治疗则包含鼻腔手术、口咽部手术以及颌骨手术等，各有其适应证。

全书 12 章中有 50% 为睡眠医学基础概念的论述，另一半则集中在论述有关口腔矫治器的选择、种类、制作、维护等方面。对口腔正畸科医师以及具有正畸医师资历或能力的口腔全科医师在提高睡眠医学的认识和处理方面有较大的帮助。

目前，在我国医学界及口腔医学界对睡眠医学尚不够重视。三甲综合医院很少设置有独立的睡眠医学科。口腔医学界的同仁也尚未充分重视与口腔医学有关的睡眠呼吸障碍，只有极少数医院的口腔颌面外科、口腔正畸科对有关睡眠障碍引起重视，进行诊断和处理。我主编的《口腔颌面外科学》第 6 版通用教材曾增加了关于睡眠呼吸问题的篇章，但之后却以突出重点为由被删除。看来，创新之路，由学科交叉到交叉学科之路仍然很难，道路亦长。

希望该书的出版能得到口腔医学界同仁对睡眠口腔医学的重视，更希望大家都参加到睡眠医学工作中来。OSA 不但可引起颅颌面和牙列的发育异常，口呼吸导致开𬌗等，影响正常人的生活质量，由于长期缺氧，晚期还可以引起高血压、心血管病、呼吸道病，其猝死率亦甚高。OSA 已被定义为危害人类健康的最危险疾病之一。

在这里，要感谢朱敏团队在睡眠医学方面作出的贡献，更希望他们能出一本中国有关睡眠呼吸障碍方面自己经验的书。

（2022 年 3 月）

作者在伏案写作

医学作品选

论文选

医学学术论文和述评，是医学领域的瑰宝，它们凝聚着无数医学工作者的智慧与汗水，也承载着无数患者的希望与期待。秉持一贯的科学精神，我穿梭于病床旁和实验室，用严谨的态度、科学的方法与疾病斗争。科学研究就像医生的翅膀，让他们在医学天空中飞得更高……

这里收录了近几年的述评全文及相关论文的目录，既有对医学知识的深入挖掘与探讨，也有对临床实践经验的系统总结与提升。奋笔疾书的每一篇医学作品，都见证着我在学术道路上的成长与进步，以及对学术的解读与思考，一脉相沿，传承不辍……

关于现代正颌外科学发展的一些思考

正颌外科（Orthognathic surgery）是口腔医学、口腔颌面外科下属的一个亚科。顾名思义，它是一个以纠正和重建因颌骨生长发育不良或创伤等疾病造成的颌面骨移位和面部畸形疾病的一个专科。

正颌外科学的发展已有近200年历史。20世纪50年代，我国只有关于下颌前突外科治疗的个案报道；改革开放后，现代正颌外科的概念才在国内建立起来并得到逐步发展。

正颌外科虽以颌面骨的手术治疗为主，但它离不开口腔正畸科的协作。因为颌骨畸形必然导致牙及牙列位置变异，从而引起咬合紊乱。正颌外科与口腔正畸的结合是必不可少的，是学科交叉综合的必由之路，也是现代正颌外科的基础和特色之一。

顺应时代的发展，上海交通大学医学院附属第九人民医院口腔颌面外科在2011年分成了3个亚科——口腔颌面头颈肿瘤科、口腔颅颌面科及口腔外科，正颌外科的建设在口腔颅颌面科，并增设了正畸正颌中心，吸纳了10余名专攻正畸与正颌相结合的口腔正畸人才。这一建制引起了国内口腔正畸界的注意。这种组织形式促进了现代正颌外科的发展。因为他们的目标明确，合作紧密，使需要正颌手术的病例获得了更好的治疗效果；也充分显示了学科交叉可以促进学术的发展，是现代科学创新不可缺少的手段。

2017年，英国出版了一本新版《正颌外科学》，试读之后感到这是一本就目前学科发展而言水平极高的参考书，特别是该书还分别专章讨论了颅面外科和颅颌面外科的内容，对我国今后正颌外科学发展的方向有一定的指导意义。

什么是现代正颌外科学？现代正颌外科学发展的方向是什么？笔者拟提出几点看法以飨同道。

一、现代正颌外科学必须有口腔正畸专家的参与

英国新近出版的《正颌外科学》的主编并非外科医师，而是口腔正畸科医师。Dr. Naini 是英国伦敦 Kingston 医院、St. George 医院和医学院的口腔正畸科医师，Dr. Gill 则是来自英国伦敦 Great Ormond Street 医院和伦敦大学学院 Eastman 牙科医院的口腔正畸专家。而国内迄今已出版的 5 本有关正颌外科学的专著都是以外科医师为主编，仅有 2 本有口腔正畸科医师担任第二或第三主编。笔者惊奇地看到首次单纯由口腔正畸科医师主编的正颌外科学专著。与其说这是跨界之作，倒不如看成是学科进步与学术综合交叉的巨大成果。这 2 位口腔正畸科医师主编的这本高质量的著作，丝毫不输外科医师，并且还青出于蓝而胜于蓝。不但说明了现代的正颌外科中正畸与外科的结合已上了一个更高的层次，而且也证明了本院 10 年前专门吸纳口腔正畸医师参与正颌外科工作的正确性。

口腔正畸学的英文为 Orthodontics，原意应为“正牙学”。现代的口腔正畸学已不仅仅是“正牙”，而是已参与到正颌甚至矫正颅颌面畸形（Orthodonto-cranio maxillofacial deformities）当中，推动了学科的进一步发展。

这里所说的“参与”是指正颌外科团队里应有专职的口腔正畸科医师，而非会诊式的多学科团队（Multidisciplinary team，MDT）协作；让口腔正畸学中的正颌外科专家充分发挥他们的才能，让他们有更多的发言权。

二、现代正颌外科学科整合面广，涉及学科众多

从临床来看，为了使正颌外科高质量发展，正颌外科需要包括口腔颌面外科、口腔正畸科、整形外科、颅面外科、神经外科、麻醉科，以及儿科、放射诊断科、心理行为学科、外科与牙科生物学和颅面生长发育等方面的专家参与。

现代正颌外科的建设还离不开与临床有关的实验室及相关专家，诸如应用物理研究室（Applied physics lab）、计算机室（Computer lab），以及从事术前、术中三维模拟手术设计工作的计算机专家、软件工程师等。同样，在心理行为医学辅助方面也需要专业人员，因为正颌外科涉及面容修复，容易产生要求与结果方面的矛盾。遗憾的是我国心理行为学科专家目前还远远不能满足临床的需要。本院也只有社会工作人员来参与。

以上充分说明：正颌外科是一个需要 MDT，需要多学科综合序列治疗（Multidisciplinary synthetic sequential therapy，MSST），需要全患病周期干预的一个健康工程。

三、正颌外科、颅面外科、颅颌面外科各有特色

1. 正颌外科

复习历史，正颌外科建立的时间最早。最早涉足正颌外科手术者应为美国的 Simo P. Hullihen。之后，VP Blair（1907），F Kosecka（1934）等相继发展和丰富了下颌支骨截开（Osteotomy）等手术模式。自然，公认的现代正颌外科手术之父乃是于 1957 年首次报道下颌支斜行劈开术（Sagittal split ramus osteotomy，SSRO）的 Hugo L. Obwegeser。

归纳起来，现代正颌外科的特点有 3 点：一是由于口腔正畸科的参与，大大改善了咬合功能及牙列美观的效果。二是手术多从口内进

路，避免了从口外手术遗留切口瘢痕的缺点。三是进一步了解到颌骨，特别是上颌骨的血供规律（William H. Bell），从而发展了骨块切开重建（Segmental osteotomy）的多种手术模式。

2. 颅面外科

颅面外科（Craniofacial surgery）建立于20世纪50年代而发展于60年代之后。它的创始人应是公认的颅面外科之父，法国的Paul Tessier。他相继报道治疗眶距过宽和克鲁宗综合征获得成功。应当说颅面外科是在正颌外科基础上的进一步发展。

颅面外科的特点归纳起来也有3点：其一，由于多数手术需要开颅行颅面骨的整块移动和重组，因而促使了神经外科必须加盟。颅骨畸形有时可引起脑受压（颅缝早闭）或脑膨出（颅缝未闭）等症状；早期治疗有助于恢复和保障脑功能。其二，颅面外科除恢复和保障脑、眼等功能外，很大的成分属于矫正畸形的美容外科，因而不少情况下需增加美容外科手术。其三，涉及颌面骨移动的手术时，同样需要口腔正畸治疗的配合。

颅面外科的第二代继承者中有名的当属Marchac（法国巴黎）、Whitaker（美国费城）、Munno（加拿大）、McCarthy（美国纽约）、Jackson（美国密西根）等。其中McCarthy是第一个将牵张成骨技术应用于颌面骨正颌外科的学者。

在国内，张涤生院士于20世纪70年代首次实行眶距过宽手术成功，开国内颅面外科之先河。

颅面外科的主要诊治对象为颅面生长发育障碍的各类畸形综合征患者，以及严重颅面创伤的病例。

3. 颅颌面外科

在这 3 个不同学科当中，颅颌面外科应属最晚，主要针对继发于脑、颅外（包括咽侧、颞下窝、鼻腔、鼻旁窦）侵犯颅底的良恶性肿瘤，以及原发于颅底骨的良恶性肿瘤。20 世纪六七十年代，AS Ketchan 和 IR Munro 相继报道了颅外肿瘤侵犯颅底的颅内外贯通手术治疗，并称为颅颌面联合切除术，并由此出现了颅颌面外科的概念。

颅颌面联合切除术在发展中也被称为颅底外科（skull base surgery），因为开颅手术的配合可以实现颅前窝、颅中窝及颅后窝的骨块切开和截除，其中应用最多的是颅前窝及颅中窝切开骨块移动或整块切除术。

颅底外科的名称在 20 世纪 80 年代以后才在欧洲出现，在耳鼻咽喉科常称为“侧颅底外科”。1992 年在英国由颌面外科、颅面外科、耳鼻咽喉科和神经外科共同发起成立了颅底外科学会（The British Skull Base Society，BSBS）。

颅颌面外科也是在骨切开术原理基础上形成的。Jackson、Munro、Salyer 等颅面外科专家还于 1982 年出版了一本名为《颅颌面外科图谱》的专著。颅颌面联合切除术的出现变颅底手术的不可能为可能，变不可治为可治，提高了晚期肿瘤患者的生存率和生存质量。

颅颌面外科的特点归纳起来同样有 3 点：其一，应用骨块切开可使肿瘤连同骨块一起切除（Block resection），以达到切除缘阴性，减少肿瘤局部复发的效果。其二，由于手术范围的扩大，增加了晚期患者的手术适应证。其三，颅颌面切除术后手术遗留的组织缺损较大，必须立即进行术中修复；除可应用临近肌瓣及皮瓣外，还常需应用显微外科血管吻合技术行远距离组织再血管化游离移植。

在国内，笔者的团队也于 1978 年率先开展了颅外侵犯颅底肿瘤的颅颌面联合切除术。2003— 2013 年 116 例颅颌面联合切除术的随访显示 5 年生存率达到 72.9%（94/116）。其中，良性肿瘤达 94.4%，恶性肿瘤为 59.0%，这对晚期恶性肿瘤而言应是一个不俗的成绩。

四、正颌外科与颅面外科可能整合成为一家吗?

从上述学科的命名和发展史大体可以看出正颌外科与颅面外科之间具有较多的同一性和整体性，主要体现在 4 个方面：①在生长发育上口腔和颅颌面是一个整体。它们的解剖结构和生理功能相互依存，颅颌面容貌比例也相互协调。②两者诊治的对象同为患有外观容貌缺陷或功能障碍性疾病，同属外观与功能整复问题。最常见的病种为发育障碍畸形；其次为创伤，特别是陈旧性创伤患者。③两者诊治的手段基本相似，即以骨块切开术来移动骨块和重建接近正常的解剖位置及功能。④除以口腔颌面外科医师与整复外科医师为主外，两者都需要多学科的协作，离不开口腔正畸医师、神经外科医师、心理行为医师以及计算机工作者等。显然，正颌外科与颅面外科一脉相承，实际上应为学科互补的一家。

对颅颌面外科而言，虽也有上述部分相同点，但与正颌外科及颅面外科之间仍有一定差异。表现在 3 个方面：①颅颌面外科的诊治对象主要是口腔颌面、耳鼻咽喉等头颈部晚期肿瘤患者，其治疗目的在于提高生存率和治愈率，与正颌外科或颅面外科有所不同。②由于以肿瘤治疗为目的，颅颌面外科必然需要众多耳鼻咽喉科及头颈外科医师的参与。③虽然颅颌面外科的颅底整块截骨与正颌外科、颅面外科相似，但不同的是截开的颅底骨常需与病灶一起移除。颅底及软组织的缺损常需立即整复以减少并发症，以及恢复外形及功能。

目前，正颌外科与颅面外科大多分别由口腔颌面外科与整复外科牵头，今后他们之间的进一步协作发展是否能成为新的“颅面正颌外科”或将拭目以待。

（原载《上海交通大学学报（医学版）》2020 第 10 期）

推进口腔医学人文教育的专家共识

随着医学模式的转变和健康中国战略的实施，提升医学生的医学人文素养势在必行。2020 年 9 月 23 日国务院办公厅发布的《关于加快医学教育创新发展的指导意见》中提出：“加强救死扶伤的道术、心中有爱的仁术、知识扎实的学术、本领过硬的技术、方法科学的艺术的教育，培养医德高尚、医术精湛的人民健康守护者，仁心仁术的医学人才。”同时，2018 年 12 月 29 日中共中央办公厅印发的《关于加强公立医院党的建设工作的意见》中要求医务工作人员拥有“弘扬和践行敬佑生命、救死扶伤、甘于奉献、大爱无疆的崇高职业精神，塑造医术精湛、医德高尚、医风严谨的行业风范”。这些都对医学生的人文素养提出了更高的要求，国内也于 2017 年开始举办中国医学人文大会，探讨医生的人文素养。然而，目前医学人文教育在课程设置、师资培养、教学方法、效果评价等方面仍存在一些问题。在此背景下，为了贯彻和落实政策文件中关于医学人文素养的要求，推进口腔医学教育的创新发展，在教育部立项课题开展研究的基础上，由口腔医学人文教育现状、问题及改革策略研究课题组牵头，调查分析了国内 20

所口腔医学院校开展医学人文教育的现状，课题组撰写了专家共识初稿，邀请口腔医学教育领域内的专家和参与调研的20所院校相关领导，召开口腔医学教育领域专家关于医学人文教育的研讨会，对共识初稿进行讨论和修订，并对修订版进行书面意见评审，汇总意见后再进行修订，最终形成“推进口腔医学人文教育的专家共识”。

一、口腔医学人文教育的内涵与目标

1. 口腔医学人文教育的内涵

《口腔医学人文》一书中提出：“医学人文是一门自然科学与人文科学相结合的交叉学科，由于涉及多个社会学体系，目前它还是一个综合学科群，尚未形成一个单一的学科体系。”根据邱蔚六、张大庆、王一方等学者对医学人文属性的阐述，结合口腔健康教育和口腔健康促进中所体现的人文素养，本共识将口腔医学人文教育定义为：口腔医学人文是一门自然科学（主要是生命科学）与人文学科相结合的交叉学科，旨在通过教授人文学科的知识和传递“真”“善”“美”等人文精神，培养口腔医学生“共情、关怀、沟通、利他、叙事、反思、艺术、阅读、写作”等临床人文胜任力，塑造口腔医学生尊重患者、敬畏生命、关怀患者等生命至上、以人为本的职业道德、职业精神和价值观。

2. 口腔医学人文教育的目标

根据《口腔医学类教学质量国家标准》对口腔医学生思想道德与职业素质的要求和专家意见，口腔医学人文教育的目标如下：口腔医学生应掌握基本的口腔医学人文、口腔医学领域的法律规范、口腔医学伦理等知识；应掌握基本的临床沟通交流能力、团队合作能力、批判思维能力、共情能力、审美能力等医学人文胜任力；应具备诚实守信、人文关怀、尊重他人、与人为善、求真务实等医学人文精神。

二、中国口腔医学人文教育存在的问题

通过对我国20所口腔医学院校进行师生调研和访谈，并对结果进行分析归纳，我国口腔医学人文教育存在以下问题。

1. 医学人文课程不能满足需求

在课程开设上，20所医学院校共开设9大类，共计92门医学人文课程，包括医学伦理、医学心理学、医患沟通、卫生法学、生涯规划与创新创业、医学史、口腔美学、医院管理学、医学人文概论等。其中，开设最多的课程门类分别是医学伦理学、医学心理学、卫生法学、医患沟通、职业生涯规划与创新创业。而执业医师考试中规定的三门课，医学伦理、医学心理学、卫生法学，仍然有50%（10/20）的学校没有全部开设。在师生需求上，学生最希望开设的医学人文课程分别为口腔美学、医患沟通、医学心理学、口腔医疗服务管理、职业生涯规划、医学社会学、医学伦理学及叙事医学等；教师最希望开设的医学人文课程分别为医患沟通、医学心理学、口腔美学、口腔医疗服务管理、医学伦理、生涯规划及社会医学等。这些都反映出各个院校的医学人文教育课程数量和种类较少，学生可供选择的课程和教师可以开设的课程有限。

2. 医学人文教育师资力量薄弱

口腔医学院校开展医学人文教育主要依托人文教研室或人文学院。调研发现，在20所医学院校中，大学（口腔医学院）设有人文相关学院或教研室的占35%（7/20）；大学设有人文相关学院或教研室但口腔医学院无设置的占35%（7/20）；所属大学和口腔医学院均

无人文相关教学机构的院校占 30%（6/20）。所调查的学校中，有医学人文专职教师的学校占 25%（5/20）。上述结果表明口腔医学院校医学人文教育的组织机构尚不健全，且相关领域的师资比较薄弱。

3. 课程教学方法较为单一

课程教学方法直接影响到学生的学习效果。本次调研发现，对于医学人文教育评价中，“医学人文教育形式”的得分最低，学生评价仅为 2.09 分（满分 5 分）。对于教学形式，学生最希望的是体验式教学和情境教学。说明目前医学人文类课程的教学方法较单一，仅以理论授课为主，不能有效吸引学生的兴趣及增加学生的学习投入度。

4. 缺乏覆盖本科医学教育全程的课程

本次调查发现，在本科医学教育阶段，现有的医学人文课程总体集中在理论课程学习阶段，即临床实践课程前的低年级学习阶段。特别是最后一年的实习教学中，对于医学人文的教学较薄弱，仅有 25%（5/20）的学校仍有相关必修课教学计划。对于医学人文课程的学时，目前也发展不均衡。

三、口腔医学院校医学人文教育的共识

1. 设立医学人文相关的教研室

强化医学人文教育，培养医学生的人文精神，是目前医学院校面临的重要任务。口腔医学院校应给予医学人文教育更多的关注，可以设立专门的医学人文教研室，完善组织架构。在人员配置、专项资金支持、研究课题设置、国内外学术交流等方面予以专项支持。教研室可以组织老师实施教学计划、编写教材和教学参考资料、完善院校的医学人文课程体系；还可以组织教师开展学术研究、探索培养医学人文精神的途径与方法、促进学科建设。

2. 建立多学科、专兼职结合的师资队伍

医学人文教育应始终贯穿于口腔专业课程教学中，为此必须加强培养口腔医学专业教师的人文素质，挖掘和培养对医学人文教学与研究具有浓厚兴趣的优秀口腔医学专业教师作为人文教学的骨干老师。医学人文教育涉及多个学科，因此各医学院校应充分利用高校资源，整合全校的师资资源，让学生可以选修类似人文学院、心理学院等开设的与医学人文教育相关的课程。根据学生、课程和课时的具体安排，可以聘请不同学院、不同专业背景的老师进行授课和指导。如：可以聘请临床医学院、公共卫生学院、护理学院等具有精湛医术和崇高职业道德的老师担任专职老师并开设相关课程，聘请医院的社会工作者为学生讲解社工使命与职责，让学生接受医学人文教育的熏陶，促进医学人文精神的培育。

3. 设置贯穿医学本科教学全程的医学人文课程

医学人文课程应按照医学本科生成长规律与医学教育的阶段性递进原则，贯穿于基础学习、临床实践培养全过程。在课程类型上，应设立必修课程和选修课程，增加学生的选择权。在课程目标上，这些课程旨在培养口腔医学生拥有医学伦理学、医学心理学以及医学社会学等知识，提升口腔医学生的聆听与沟通技能、叙事能力，塑造口腔医学生的同理心及高尚医德。在课程安排方面，各培养阶段的课程安排应合理衔接，同时结合时代需求与院校风格。医学人文课程安排建议低年级以培养口腔医学生基本的医学人文知识和态度，比如开设医学史、医学社会学、医学心理学、医学哲学、医学伦理学、职业生涯规划、医学文学等课程门类。对于本科高年级学生，以培养具备临床人文胜任为、职业价值追求、共情、利他、人道、自律的职业精神为主，开设医患沟通、医院管理学、卫生法学、口腔美学等。在课程教材方面，《口腔医学人文》一书内容丰富，涵盖人文学科中艺术、美学、教育、哲学、医学史、心理、伦理、法律法规、医学写作等各分支学科，可作为医学人文课程的基本教材，各院校可在此基础上进行课程拓展。

4. 实施以学生为中心的多种形式教学模式

课程应该实施以学生为中心的教学方法，如：以问题为基础的教学方法、案例教学、团队学习、情景教学等，加强学生的课程参与程度。就显性课程而言，可以依托医教协同平台，采用影视、叙事、案例等方式，在教学中讲授医学人文议题、医学伦理道德困境、社会关注热点等，促使抽象的医学人文教学形象化、具体化，加深学生对“以人为本”医学模式的认知与体会。在临床教育阶段，可以邀请临床医生中具有较高品德修养的老师开设关于手术人文、急诊人文、重症人文等专题讲座，或邀请人文社科的教师开设历史、伦理、哲学等人文类讲座。就隐性课程而言，口腔医学院校还可以利用校园设施和院校文化对学生进行潜移默化的培育。具体而言，学院可以设置“医学人文艺术空间”“医学人文博物馆”；可以举办“医学人文艺术节”，举办“医学人文主题电影周、戏剧节”等各类演出；可以利用入学教育、毕业典礼、医师节、护士节、教师节、爱牙日等活动和节日，对其融入医学人文元素，强化职业信仰的感召；还可以建立与医学人文有关的社团并配备医学人文导师，加强对该类社团的支持。

5. 开展科学有效的教学评价和动态反馈

对口腔医学人文教育开展科学有效的评价具有重要意义，医学人文教学宜采用必修课与选修课相结合的方式，在课程考核方面采用考试和考核相结合的方式。对于院校的医学人文教育宜采用短期效果评价和长期效果评价相结合的方式，并根据评价情况对医学人文教育教学进行持续改进。短期评价方面，首先对教学内容进行动态评估，定期对教师进行调研以获取他们对于教学内容调整的反馈；其次对评估指标进行科学构建，在咨询管理人员、任课教师、学生的基础上，构建关于口腔医学生医学人文素养的评估指标；最后对学生的学习成效进行评估，采用管理人员打分、教师打分、学生自评以及在实习中让患者评价等方法全面评估学生的人文素养情况。长期评价方面，可以进行毕业生随访调研，了解用人单位对于毕业生的医学人文素养的评价，并提供相关反馈，为改进工作提供意见和建议。各口腔医学院校应高度重视医学人文教育，加大医学人文教育资源的配置与经费投入，加强医学人文教育的交流与合作，丰富医学人文教育的理论和实践研究，以切实推进口腔医学院校医学人文教育。医学人文教育的推进，任重道远，需要政策制定者、教学管理者、临床医生、医学教育研究者以及全体师生的通力合作。

（原载《中华口腔医学杂志》2021 年第 11 期）

口腔颅颌面种植学——口腔医学中的“上帝粒子”

——邱蔚六院士访谈

由于疫情，编辑部于 2021 年 11 月委托吴轶群教授协助采访了中国工程院院士、中国医学科学院学部委员、著名口腔颌面外科学专家邱蔚六教授，邱院士对口腔颅颌面种植学进行了精彩的论述，并对杂志的建设寄予了期望，以下内容为访谈的书面整理资料。

问：中华口腔医学会2013年年会期间邱蔚六教授与宿玉成教授谈话时提出：“牙种植是上帝赐予人类的一颗上帝粒子，解救人类牙缺失之痛苦。”邱老师能否对这一形象的比喻，展开谈一谈这颗上帝粒子？

宿玉成教授在《口腔种植学》（第2版）中“跋”的相关描述如下：“种植体骨结合理论的诞生、种植体材料的确立、种植体设计的完善以及种植临床技术的提高，使多数牙缺失病例实现了功能和美学的完美修复，获得了可以与天然牙相媲美的修复效果。正如中国工程院院士邱蔚六教授所提出：‘牙种植是上帝赐予人类的一颗上帝粒子，解救人类牙缺失之痛苦’（中华口腔医学会2013年年会期间邱蔚六教授与笔者的谈话，2013年8月16日，上海），此话一语中的，也反映出邱蔚六教授等口腔医学界元老对口腔种植事业发展的肯定。”

答：很高兴《中国口腔种植学杂志》编辑部李主任就口腔种植的发展来和我交流；也感谢你们给我这个老兵发表自己经验的机会。

首先要申明：我是一个口腔颌面外科医师，从未经过种植技术的培训，仅仅是学习到一些知识，了解一些情况，但达不到知行合一，因此，所谈的一些看法和建议更多是纸上谈兵，仅供参考。

关于第一个问题是2013年与宿玉成教授说话时我曾提到：“牙种植是上帝赐予人类的一颗上帝粒子，解救人类牙缺失之痛苦。”说这个话时应该是有当时的一些背景的。

探索宇宙在物理学中是一项重要的理论与证据研究。已存在的62种基本粒子（暗物质）中已有61种得到证实，只有一种尚未被确认。2012年7月4日，欧洲核子中心宣布获得一种高度疑似的粒子，后被称为“上帝粒子”，并以发现人希格斯（Peter Higgs）命名为“希格斯粒子”。2012 年 12 月《康复——生命新知》出版了一期增刊，名为“寻找医学科学的上帝粒子”。在这本增刊中列举了生命科学中的“上帝粒子”，其中包含了华莱士的“适者生存论”（1858）、达尔文的物竞天择，自然淘汰“进化论”（1859）、孟德尔的“遗传定律”（1865）、摩尔根的“染色体遗传理论”（1933），以及沃森、克里克关于“双螺旋 DNA”的发现（1953）等。

在医学科学的上帝粒子中，则列举了：杜尔在历史上第一次开办了人体解剖学课（1632），维尔啸则是组织病理学的开创人和奠基人，哈维（1628）及巴甫洛夫（1904）则是生理学的有名创始人，还有在以后陆续出现的现代细胞学、微生物学、生态学以及分子生物学等，也均属于“上帝粒子”之类。

外科学中的“上帝粒子”始终伴随着外科学的发展。首先是麻醉药的问世，在这方面牙科医师起了重大的作用，也可以是创世和临床应用的开拓者，他们是韦尔斯（Wells）于 1844 年首先应用笑气拔牙；其次是莫顿（Morton）于 1846 年应用乙醚于下颌下区的手术获得成功。乙醚麻醉的纪念手术建筑仍保留在美国哈佛大学附属麻省总院（MGH），并被命名为“乙醚大厅”（Ether Dome）。

关于外科发展过程中出现的抗菌无菌技术、抗生素的不断发现以及显微外科、内镜外科、机器人外科等，都可作为外科的“上帝粒子”来看待。

口腔医学中的“上帝粒子”，在我看来除麻醉外“氟素防龋”也应该归入其中，虽然龋病仍未消灭，但其历史功劳和现在仍广泛用于临床足以证明。

牙种植是近半个世纪发展起来的，它被广大口腔医务工作者所接受，也受到广大患者的欢迎，作为一颗明珠——一颗“上帝粒子”是理所当然的。

我曾应邀将我以上的认识和体会多次在学术会议上交流。同时也应邀成文《漫谈“上帝粒子”》，发表在中国口腔医学年鉴 2013 年卷 3—5 页上，如果有兴趣，您可以查阅。

问：我们知道上海九院的口腔颌面外科在业内始终是排头兵，您于 1994 年在国内也较早地建立了口腔颅颌面种植中心，当时张志勇老师任主任。邱老师您也是在很早的时候就提出了：种植修复不仅是牙种植，更是颌面部修复，甚至是口腔器官缺损的修复。您的这一观点一直在引领国内口腔种植修复的发展方向，您能否就此谈谈口腔种植学科建设和发展的思路？

答：关于口腔种植学的建设和发展，这个问题相当大。我想能全面和有权威地回答这个问题的只有种植学专家。作为学习种植学的我只能提几点看法，作为参考。

首先，要认识到口腔种植学是在口腔医学历史上是一个从“0”到“1”的科研成就。在布仑马克之前是无人能做到的。其中重要一点就是它有理论——“骨结合（Osseointegration）”——的指导，也有半个多世纪以来临床应用结果的成功证据。种植技术除应用于牙的缺失和缺损外，还可应用于颅颌面部赝复体的固位以及骨科或骨缺损的修复和赝复假肢（体）等的固位。从而形成了当代的新体系——种植学（Implantology）。当下，外科学从“切、割、缝、补”已进入到体内外植入的时代。无论是植入体内的内植体或与外界相通的外植体都得到了大幅度进展。牙种植仅是其中的一个主要构成部分。

我们应当感到十分荣幸的是布仑马克逝世后，他挑选的有关纪念资料全部赠送给我国空军军医大学（原第四军医大学）国际口腔医学博物馆，也显示了对我国成功开展口腔种植学的欣慰和鼓励。

牙种植学不愧是一颗上帝粒子，布仑马克无疑是一颗星星，同时也应该是诺贝尔奖的候选者。但很遗憾，在他逝世以前仅仅获得了2011欧洲发明家大家终身成就奖。

其次，我想要说的是，当前世界已进入第六次生命变革，即生命科学的仿生、创生和再生的科技革命时代，其依靠的科学为材料、信息和智能技术等。目前的牙种植学应被看成为比较成熟的仿生、创生技术，但离再生的要求似乎还有一定的距离。攻克再生技术（主要依靠干细胞）发展似应是今后的重任。

第三，口腔种植技术的成功大大地改变了牙缺失后修复的基本理念，也可以称为技术革命，这一成功应当归功于当代科学技术的飞速发展和创新。其中，最主要体现在口腔种植学是一个典型的多学科交叉而成的新学科，因为它离不开新材料（如纯钛）、工艺学（如CAD/CAM）、3D生物力学、美学以及临床口腔颌面外科学、口腔修复科学、牙周病学等多学科间的密切结合。从这里也使我们看到了现代成功创新的途径。第二个问题我想就谈到这里。

问：目前国内外有那么多牙缺失的病人，您能否根据此展望一下未来国内口腔种植领域的未来发展方向。

答：您问的第三个问题似乎与上面一个问题还有一定关系，我补充回答一下对国内口腔种植学发展的看法。

关于建制问题：记得种植牙刚开始在国内开展时是在20世纪80年代，继之在一些大的教学医院和大的地区综合医院也都建立了口腔种植科（中心），并把缺牙患者集中在这个科室。随着发展，其他非种植科室和口腔全科也开展了牙种植。我们医院在 20 世纪 80 年代也建立了种植专科。到目前为止，我们在总院（南院）、北院和浦东分院都有种植中心或种植科，还请了国际著名种植学专家 Maurizio S. Tonetti 来院从事种植医疗和科研。其他口腔综合门诊、口腔修复科、口腔外科、牙周病科以及颌面头颈肿瘤外科（主要用于肿瘤术后的牙、颌面缺损修复）都在进行种植修复。我个人感觉显然是遍地开花，但应有目的地进行医疗和研究。作为种植中心的研究应该是全面的、应包括一些基础性的继续创新，例如材料学、生物力学等；口腔修复是重头，可以研究机器人手术，也可以研究极度牙槽骨萎缩的全口无牙颌患者的种植问题；口腔外科则应多研究即刻种植、即刻负荷等。这样既可以获得更大的效益又可以满足各口腔分科对牙种植的青睐和分工，事半功倍。

关于命名问题：口腔医学不同于牙医学，不只是关注牙，因为口腔颅颌面应是一个整体。口腔代表的是口腔内部结构而不能代表颅颌面骨，从解剖学来看，他们都是构成面部形态的基本构架，颅颌面赝复体的固位也都离不开种植体。为此，建议种植中心可命名为“口腔颅颌面种植中心”；对只进行牙列缺损种植的可直接命名为“牙种植中心”。

关于质量问题：保证质量应是一个医疗新技术推广的最终目的。凡从事口腔种植者均应取得培训合格证书，才能行缺牙种植修复。需求增多了，就难免会鱼龙混杂。督查任务应由谁来完成？还是需要今后继续探讨的问题。

关于种植体国产化，我想就不多说了。作为一个世界上需求最多的大国，无论从科学价值或经济价值来看都是必需的，望能早日实现。

问：请您为《中国口腔种植学杂志》给以一点寄语吧！

答：《中国口腔种植学杂志》的历史已经很长了，作为一个学术组织的学术交流喉舌，有着指导学科发展的重要作用，这本杂志已经起到了应有的作用。近闻贵刊进行了改组和改革，我想今后它将取得更大的成绩，在此表示祝贺！

回到开始讨论的“上帝粒子”问题，与基础医学和临床医学比较，口腔医学的“上帝粒子”毕竟还是太少了，不要把创新看得太神秘和深奥，“粒子”与创新可以有大有小，“0”到“1”也还有从“0”到“0.1—0.9”不同的价值存在，只要我们不忘初心，为了生命至上，健康第一，秉承学科交叉的方法进行基础与临床的学科交叉研究，我本人深信在口腔医学今后的发展中会出现更多的“上帝粒子”和闪亮的年轻新星。

在此，我还想说应建立起正规制度，包括论文的选择、正规评审以及终审定稿会对保证论文的质量是十分关键的措施。

最后，谢谢您的访问，并借此机会向编辑部所有同仁的辛勤劳动致谢和问好！

（原载《中国口腔种植学杂志》2022 第 1 期）

乘“双一流”建设东风　强一流学科建设

——上海交通大学医学院附属第九人民医院口腔颌面外科学建设的思考

2022 年是上海交通大学医学院（原上海第二医科大学）建院 70

周年，是上海交通大学口腔医学系（院）创立90周年，也迎来上海交通大学医学院附属第九人民医院（简称九院）口腔颌面外科建科69周年。2021年，我国正式宣布启动全国第二轮“双一流”建设高校及建设学科，口腔医学继通过第一轮一流学科建设后，又连续被评选进入第二轮。学史不忘初心，在此有里程碑意义的日子里进行学科发展历程的梳理，将对今后的一流学科建设具有积极意义。

一、以史为鉴，不忘初心

与医学院一样，作为口腔医学国家211工程重点建设学科、教育部国家重点学科、国家卫生健康委员会重点学科，九院口腔颌面外科不断发展，取得了醒目的成绩。一流学科建设是一流大学的基础和主要考核点。回顾初心，九院口腔颌面外科建设主要分为2个方面：自身学科建设和国际化建设。

1. 当前学科的规模与水平

1953年，学科创始人张锡泽教授于广慈医院（现上海交通大学医学院附属瑞金医院）建立口腔颌面外科，当时门诊治疗椅、病房床位各仅有10张；到1955年才形成一个完全独立的科室，包括40张床位和1个完整的病区。到2022年九院口腔颌面外科已拥有81台门诊治疗椅、8个病区、300余张床位，职工达400多人。2021年全球新冠疫情期间，门急诊量仍达372582例（次），住院19180例（次），门诊手术22160例（次），日间手术4315例（次），住院手术14942例（次）。

这样的口腔颌面外科在国内，乃至全球都是规模最大的。2009年，前国际口腔颌面外科医师协会（International Association of Oral & Maxillofacial Surgeons，IAOMS）主席Rudolf FRIES教授在参观九院口腔颌面外科后给笔者的来信中说："在 1968—2001 年间，我访问了 58 个国家 301 家单位，从未见过如此令人难忘的口腔颌面外科。"

2013 年，时任美国 *Journal of Oral and Maxillofacial Surgery* 主编的 HUPP 教授在参观九院口腔颌面外科及其他有关科室后在该杂志上发表了一篇述评，称九院口腔颌面外科的口腔医疗服务为"Integrated service-line care（整合式医疗服务）"，值得国际同行学习。

2. 学科在国际上的地位

1949 年之前我国尚无独立的口腔颌面外科的设置；1949 年后，在学习苏联的背景下，口腔颌面外科成为隶属于口腔医学之下的一个独立二级学科，并于 1957 年由教育部明确规定纳入教学计划之中。1951 年和 1953 年在原四川医学院、原上海第二医学院先后成立了口腔颌面外科病房。由此，我国的口腔颌面外科进入了萌芽期，并走过了发展期和成长期。改革开放的 20 世纪 70 年代末，"走出去，请进来"的政策更加快了我国口腔颌面外科的 3 个里程碑式的发展。1986 年，由九院口腔颌面外科发起，在中华医学会口腔科学会之下成立了口腔颌面外科学组，这是我国成立的第一个口腔颌面外科学术组织，被视为我国口腔颌面外科发展的第一个里程碑。1999 年，IAOMS 主动将"台湾地区口腔颌面外科医师协会"更名为"中华台北口腔颌面外科医师协会"，吸收中华人民共和国为正式代表加入了 IAOMS，由笔者出任理事一职。这是我国步入国际口腔颌面外科大家庭的历史性跨越，被认为是第二个里程碑。2003 年，IAOMS 经表决通过第 19 届国际口腔颌面外科学术大会（2009）由中国内地和中国香港联合在上海举办；会议取得了历史性的成功。

Univ.Prof.Dr. R. Fries
Pferdebahnpromenade 17
4040 Linz-St. Magdalena
Austria

Tel: xx43/732/25-20-70
Fax: xx43/732/25-20-70-20 or
Fax office: xx43/732/7806-3727
E-mail: r.fries@oegamkooe.at

Prof.Dr. Wei-Liu Qiu
School of Stomatology
Shanghai Jiao Tong University
639 Zhi Zao Ju Rd.
Shanghai 200011, China

Linz, 2. Juni 2009

Dear Mr. President,
Dear Friend,

Congratulations again for your tremendous congress and that you have been honoured internationally as a
"DISTINGUISHED FELLOW" of IAOMS – the highest mark of respect by IAOMS.
Many thanks for your friendly hospitality.
I am very satisfied.
May I repeat again my invitation to come to Linz in order to show you our country.
It was surprising to see the high levelled modern status of your clinic – large functional etc. In summery I have never seen such a remarkable clinic around the world (between 1968 – 2001) I have been visiting 301 destinations within 58 countries.
And in Shanghai: Impressive buildings, bridges etc. One could feel the spirit and drive of an explosive growing economy.
You can be proud of your country and town.
I do wish you all the best – many years in health with further success and satisfaction.
With warmest personal regards

Yours

PS: Attached two buttons for your shirtsleeves with the symbol of IAOMS.

国际口腔颌面外科医师协会（IAOMS）时任主席 Rudolf FRIES 教授给作者的信函（2009 年 6 月）

在这次大会上，由 IAOMS 决定将该协会的最高荣誉奖项—— 杰出会士奖（The Distinguished FellowAwards） 授予笔者。这一方面是国际权威组织对笔者在口腔颌面外科领域贡献的认可；另一方面笔者能以全球第 5 人、亚洲第 1 人的身份获此奖项，代表了中国口腔颌面外科以及亚洲口腔颌面外科的学术水平和在国际上的地位。可以说，这是中国口腔颌面外科史上的第三个里程碑。

1986 年，中国口腔颌面外科学组成立，从左至右为李金荣、周树夏、张锡泽、王翰章、丁鸿才、邱蔚六、王大章、张震康（摄于 1986 年）

3. 学科建设的指导思想

近 70 年来，九院口腔颌面外科能获得上述这些学科发展上的成绩——学术水平大幅度提高且在国际上占有重要地位，应该归功于如下 2 个指导思想。

（1）仰望星空，志存高远

何谓“志向”？志向同义于志气、信念、信仰，也是初心；“存心为志”。“志存高远”也是学科发展的重要学术引导思想，即目标要高，眼光要远。

在 20 世纪 50 年代，张锡泽教授就提出过宏大的奋斗目标——要在头颈肿瘤外科学上超越当时“国际头颈肿瘤外科之父”Hayes E. Martin（Memorials Sloan Kettering Cancer Center）。在当时“一穷二白”的条件下，张教授能提出这一目标和志向，对九院口腔颌面外科的发展起到了引领作用。

（2）“走出去，请进来”

改革开放政策则是学科发展的另一个指导思想。改革开放一拳打破了紧闭的国门。我们知道了国外同行在干什么，我们在哪些方面做得还不够，我们的特点是什么……当然，国外同行也知道了中国在干什么，哪些又值得他们来学习……在 40 多年的国际交往中，我们经历了从个别学者应邀去讲学，扩展到以会议及团队的形式沟通交流。例如 20 世纪 80 年代笔者应邀去参加第 71 届美国口腔颌面外科医师协会（American Association of Oral & Maxillofacial Surgeons，AAOMS）学术年会作报告演讲《头颈癌瘤的诊治——中国的经验》，到 20 世纪 90 年代则由美国主动提出第 90 届 AAOMS 年会与中国口腔颌面外科学会（Chinese Society of Oral & Maxillofacial Surgery，CSOMS）共同主办。

九院口腔颌面外科在显微外科游离移植上已有上万例的经验，最高存活率已达 98.8%。为了帮助国际同行提高这方面的手术水平，九院口腔颌面外科每年都要在国内外举办学习班 1—2 次，如今已举办了 52 次。九院口腔颌面外科还是 4 个国际组织协定成立的培训中心，包括 IAOMS 以及英国爱丁堡皇家外科学院（The Royal College of Surgery of Edinburgh， RCSE）等。随着九院口腔颌面外科在颞下颌关节内镜治疗及定制型人工关节置换方面取得进展，国内外有 53 家单位 1000 余人（次）的医师前来参观和学习。

我们建科以来业务水平建设一直尊崇“实力说话”的原则，才使我们获得了国内和国际学术组织的认可和信任。

二、学史明志，四点经验

志者，道也，经验道理也。

回顾九院口腔颌面外科发展史可以总结出 4 条学科可持续发展的经验。

1. 人才培养，梯队建设为先

人才梯队培养应“未雨绸缪”，不能“临渴掘井”；必须上一代考虑下一代，这样才能代代相传，不至于出现人才断层的现象。近 70 年来，九院口腔颌面外科涌现出不少人才，包括中国工程院院士、国家杰出青年基金获得者、教育部“长江学者”特聘教授等各级人才，才保障没有出现人才断层的现象。

2. 人才分流，增加溢出效应

人才多是好事，人人争先，但都“争上一条船”是不行的。于是人才分流、亚学科分流、交叉学科分流就成为解决“人多”的方法，并能产生溢出效应，例如安排担任某一分支学科或交叉学科的带头人。近 70 年来我们在科内“补缺拾溢”，新建了口腔颌面头颈肿瘤放射治疗、口腔颌面头颈肿瘤内科治疗、口腔正颌正畸联合诊治、睡眠呼吸障碍诊疗等亚专业学科，以及上海市口腔颌面肿瘤研究室和上海市口腔医学重点实验室、3D 打印技术临床转化研发中心等。在此基础上中国医师学会睡眠医学专家委员会、中国人体健康科技促进会血管畸形及通路专业委员会和中国医师协会整形与美容分会激光专业委员会等交叉学科学会都有九院口腔颌面外科培养出的主任委员、副主任委员。其中范新东教授成为九院介入科的创建人和主任；卢晓峰教授因对睡眠医学的贡献获得了“国之名医——卓越建树奖”；周国瑜教授担任了九院激光美容科副主任，还是国内、国际有名的激光医学专家。

3. 倡导学科交叉与交叉学科

学科交叉或交叉学科研究正在成为当前研究，特别是创新性研究的主流。20 世纪最后 25 年，诺贝尔奖的 95 项自然科学奖中，有 47.4% 属交叉学科。学科交叉属初级阶段，交叉学科属高级阶段。从这个要求来说，九院口腔颌面外科所做的一些学科交叉工作尚处于初级阶段。创新性的成果往往与学科交叉密切相关，而交叉学科则与学科的整合相关。

4. 推行体制改革与学科创新

近 70 年来科室的壮大也与体制改革有关。值得提出的有以下 2 项。

由于当时全国的牙及牙槽外科在原口腔颌面外科中是一个仅有椅位而无病房的科室，故诊疗患者仅限于门诊患者，不利于亚专业的发展。因而第一项体制改革是赋予门诊以病房的建制，给门诊以扩大诊疗范围的权利，并希望该科医师突破仅能做牙槽外科诊疗的限制，并将门诊更名为“口腔外科”。2001 年以来，该项改革举措不但提高了牙槽外科的诊治水平，还明显推动了颞下颌关节外科和颌面部神经外科的发展：例如三叉神经痛的诊治更加精准；颅内外的各类手术均可顺利进行，且疗效大幅提高。颞下颌关节外科的研究已达国际先进水平，引起了国外学者的关注，并获得 1 项国家科技进步奖二等奖。

第二项体制改革实行于 2012 年。由于科室业务的发展，2011 年 12 月在院内成立了口腔颌面外科学系，并将口腔颌面外科分成 3 个独立的科室——口腔颌面 - 头颈肿瘤科、口腔颅颌面科以及口腔外科。三科各司其职，各行其道。

10 年的实践结果证实，各科同仁均意气风发，为实现各自规定的目标努力奋斗。在分科后的10年中共获得了3项国家科技进步奖二等奖，占九院口腔颌面外科4项高水平奖励的75%。笔者深刻感受到生产关系的改变，可以促进生产力的发展。生产关系改变也应属于创新，创新既可以改变科技水平、科技面貌，还可以带来科技创收。近2年来，九院口腔颌面外科的科技创收达到了5000多万元人民币。

三、学史明智，展望未来

“智者”，聪明人也。历史的经验可以使人更聪明。

学史增加经验，也可鉴知经验的可行性——知行合一。更重要的是学史可以明智，展望未来，改正缺点，以获得更大的成就。

1. 宜将“中国式”的口腔颌面外科更名为“中国特色”的口腔颌面外科

改革开放以来，国际朋友曾称我国的口腔颌面外科为“中国式”的口腔颌面外科，窃以为称呼“中国特色”的口腔颌面外科更为恰当。因为中国特色的口腔颌面外科是在中国共产党领导下，在具有中国特色社会主义的背景下所产生的；也是学习国内外经验，经过实践而自然形成的。

什么是“中国特色”的口腔颌面外科？

在国际学者的眼中，中国口腔颌面外科的特色是患者多，涉及学科面广（常用词为Wide scope），但他们却忽略了我国临床实践（Clinical practice）也多。归根到底，外科是实践性最强的学科，“实践出真知”嘛！因此实践多也是中国口腔颌面外科特色之一。

中华人民共和国建立后有较长一段时间几乎处于与国际社会的隔绝之中，中国的医疗以及科技事业的发展都是靠自力更生；但是即使在缺乏文献、缺乏先进器材等的情况下，我国还取得了不小的成绩。

依笔者之见，中国特色之二应是“四个善于和勇于”——善于、勇于学习，善于、勇于实践，善于、勇于整合，善于、勇于创新。

中国口腔颌面外科的特色之三应是“三化”：本土化、国际化和个体化。在长期脱离国际交流的时期，医疗策略、方针、器械等实行本土化是很自然的事情。个体化是为了适应中国的国情、经济水平和文化水平，在此基础上进行医疗方案的制定和器材药物的选择。国际化是指改革开放后转而向国际先进经验学习，这也是顺应大势之举。

最后一点是我们很明确自己的地位和水平，离国际最高水平，在不少方面仍有较大差距，例如基础研究。因此我们要坚持中国特色社会主义建设的原则，要有精、气、神，在学术上坚持“三不”——不骄、不躁、不霸，但同时也要坚持“三有”——有志气、有骨气、有底气，不甘落后。

2. 以创新为先导，以科研为灵魂

笔者在教学医院中从事口腔颌面外科已有 67 年。得出了 4 句工作座右铭：“医疗是基础，教学是根本，科研是灵魂，育人是己任。”有人说：“科研是灵魂”一句是否把科研拔得太高了？笔者认为不是拔得太高，而是认识和理想还不够。因为有科学必定有研究，没有科研就没有科学。2021 年 5 月两院院士大会提出的中心任务是“攀登世界高峰”，要“顶天立地做科研，做顶天立地的科研”。医学是科学，医务人员就必须要做医学科研。只有通过科研才能提高临床医疗水平，提高教学质量，培养出更多的科研人才。

科学研究是创新的手段，创新是科学研究的结果，科研与创新是密不可分的。写到这里，笔者愿意再重复一次“医学离不开科研，科研是指导医学发展的灵魂”。

九院口腔颌面外科的后继者们能获得出色的成绩可以充分说明科研也是一片培育人才的沃土。当然他（她）们的成就绝离不开他（她）们自己的艰苦奋斗和努力，所谓“师傅领进门，修行靠个人”。同时，这也反映了时代的进步和“长江后浪推前浪”“青出于蓝而胜于蓝”的普世真理。

3. 以自然科学与人文科学整合为切入点，以“整合”为指导，培养复合型人才

美国科学院、美国工程院和美国医学院于 2018 年联合提出了理工医教育的基础规范，其中包含 2 个方面：一方面是自然科学教育——科学（Science，S）、技术（Technology，T）、工程（Engineering，E）、数学（Mathematics，M）和医学（Medicine，M）；另一方面则为人文教育——人文（Humanities，H）、艺术（Arts，A）、工艺（Crafts，C）和设计（Design，D）。显然，这是一个整合后的理工医复合型教育模式，按照这种 STEMM 和 HACD 整合模式培养出的人才将是复合型的，有利于培养创新和学科交叉型的理工医人才。

与西方国家相比，我国的人才大多为单一模式，具有多学科学位者为数甚少。有医学学位的同时，还拥有人文、经济、管理等相关学位的医师更是少之又少。可能正是出于复合型医学人才建设的考虑，在 2022 年中国医学发展大会上，教育部原副部长林蕙青提出要从今年开始发展多学科学位教育，可能这就是我国培养复合型人才的起点。

何谓整合（Integration）？ BARBER 的解释为“一件事物与另一件事物经过整理而相应成为新的事物”。同样，“从一个学科领域连接到另一个学科领域，从过去到现在，在校园和社区生活之间，从一个部分到整体，从抽象到具体，在多个身份之间的转换，也是整合”。

说得更具体一些，将艺术、人文、社会科学，和物理、生命科学、工程、技术、医学、教育学有意识地结合在一起，就可以称之为“整合”。根据爱因斯坦提出的“所有学科和所有形式的探究都是同根同源（Branches from same tree）”的理论就是“整合”的理论基础。

“医学是涉及健康保持以及身心疾病预防、诊断、改善或治疗的科学和实践。医学还包括以不同文化所固有的理论、信仰和经验为基础的知识、技能和实践（WHO）”。由此可以看出医学包含的学科门类众多，要发展医学不仅涉及自然科学，还涉及社会科学，因而医学特别需要整合，这也是近年来医学界同仁都特别重视“整合医学”（Integrated Medicine）的原因。

学科整合的方式可以是多学科（Multidisciplinary）的，也可以是跨学科（Interdisciplinary）的和交叉学科（Transdisciplinary）的；也就是说可以是二级学科内的学科整合，也可以是一级学科内的整合，甚至是更多各级学科的整合。

医学教育课程可以整合，包括单一课程整合（In curriculum）和课程体系整合（With-in-curriculum）。根据不同的整合要求可以配合以教材的整合、实习指导的整合和各种不同教学方法的整合。

医学已进入大健康、全健康时代，除医学内部的一级学科外，需要整合的方面更多，包含医学与人文，科学精神与人文精神，医学与理工学，西医学与中医学，循证医学与经验医学……

4. 医学是人（仁）学，应进一步加强和重视人文教育

现代医学教育中强调科技内容较多，而人文科学涉及相对较少；医学的特点（仁学）决定了其需要较多的人文教育，这是当前培养医学人才的当务之急。正如爱因斯坦在《我的世界观》中所言“要是没

有伦理文化，人类将难以获救”。笔者亦深切感受到文化对做人的重要性。作为一名医师也应该懂得中国人的基本文化——真、善、美。艺术应当求真——遵循真理，诚信、实事求是、技术精良；医德应当求善——仁，亲也，从仁，己所不欲勿施于人；医风应当求美——做事严谨，既有外在美，也要有内在美。

2018 年，中共中央办公厅《关于加强公立医院党的建设工作的意见》中要求医院工作人员“弘扬和践行敬佑生命、救死扶伤、甘于奉献、大爱无疆的崇高职业精神，塑造医术精湛、医德高尚、医风严谨的行业风范”。2020 年国务院办公厅《关于加快医学教育创新发展的指导意见》中也提出了“加强救死扶伤的医术、心中有爱的仁术、知识扎实的学术、本领过硬的技术、方法科学的艺术的教育，培养医德高尚、医术精湛的人民健康守护者”“培养仁心仁术的医学人才”。这两点意见，更进一步细化了对医师真善美的文化要求，并且特别强调了教育的重要性。

四、结语

2022 年 2 月正式公布的“双一流”建设的中心内容是学科建设。在学科建设的 8 项任务中，首要一条考核任务就是培养人才。其次学科建设必须要建立各式平台，要有国际交流和合作的基础。相信在“双一流”学科建设之后，我国也将会出现更多更好的复合型人才和国际公认的顶尖“双一流”高校。

（原载《上海交通大学学报（医学版）》2022 年第 9 期）

著作选

著书立说，是我留给后辈们的最大财富之一。我先后主编完成了《口腔颌面外科学》国家规划教材多本；配套主编了《口腔颌面外科临床手册》《口腔颌面外科理论与实践》等 10 多本专著；以及有关《口腔颌面－头颈外科手术学》《整复外科学》等 20 多本有关参考书等整套教材的编写任务。承载前辈厚望，聚焦学术前沿。在求知的道路上，我以学术为灯，不断探索前行。这里，是我近几年出版的学术著作选录以及书籍封面合集，激励我对知识的追求与探索，寻觅属于自己的广阔天空……

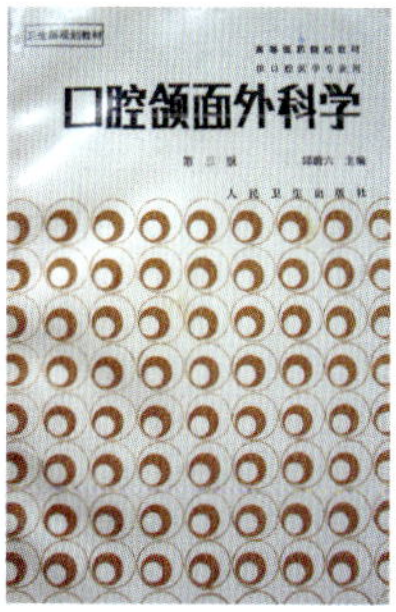

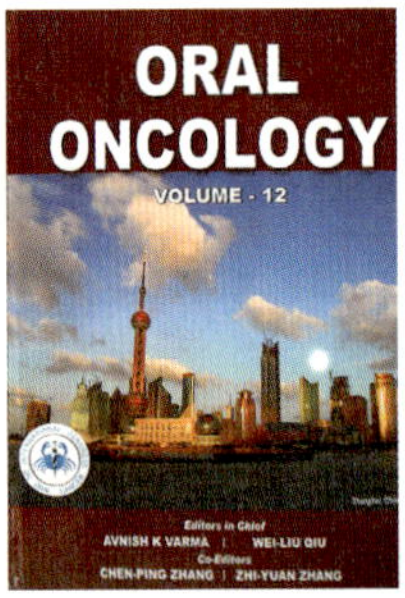
ORAL
ONCOLOGY
VOLUME · 12

邱蔚六
口腔颌面外科学

口腔颌面外科学
第6版

口腔颌面外科学

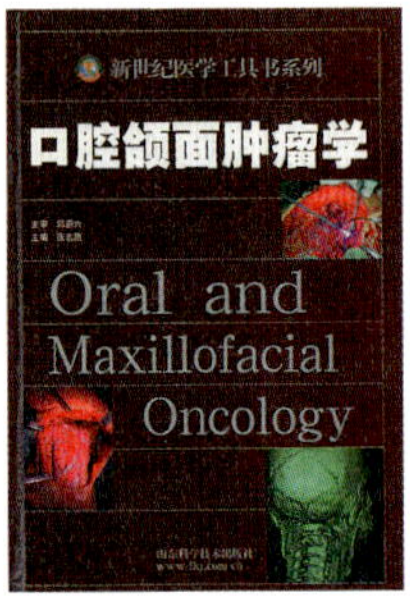
新世纪医学工具书系列
口腔颌面肿瘤学
Oral and
Maxillofacial
Oncology

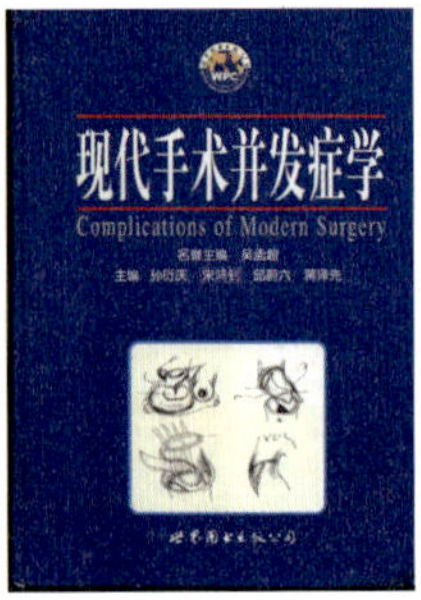
现代手术并发症学
Complications of Modern Surgery

面向21世纪课程教材
老年口腔医学

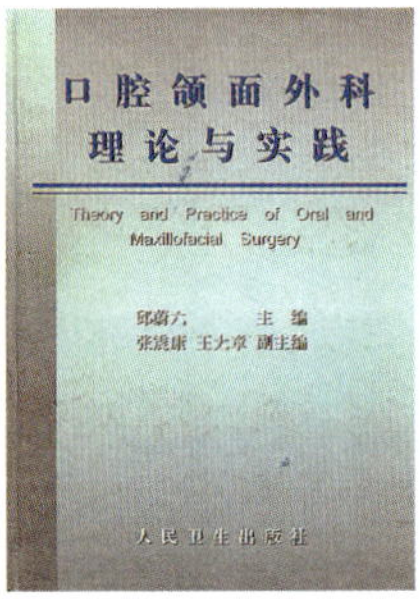
口腔颌面外科
理论与实践
Theory and Practice of Oral and
Maxillofacial Surgery
人民卫生出版社

图谱
诊治
实用口腔疾病

《口腔颌面外科学》
试题及题解选编
邱蔚六 主编

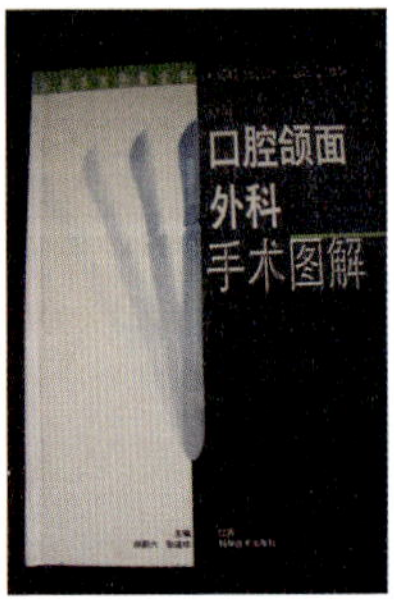
口腔颌面
外科
手术图解

口腔颌面外科学

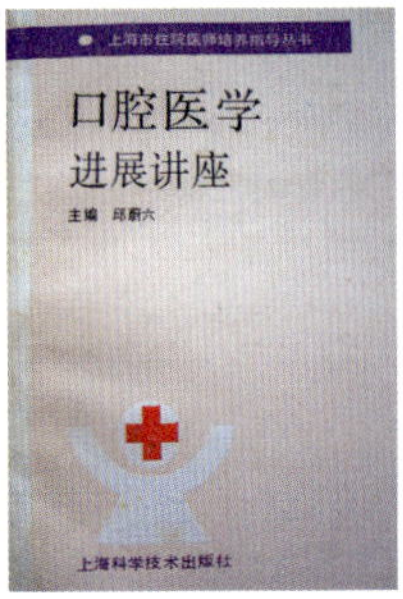
上海市住院医师培养指导丛书
口腔医学
进展讲座
主编 邱蔚六
上海科学技术出版社

口腔颌面外科学

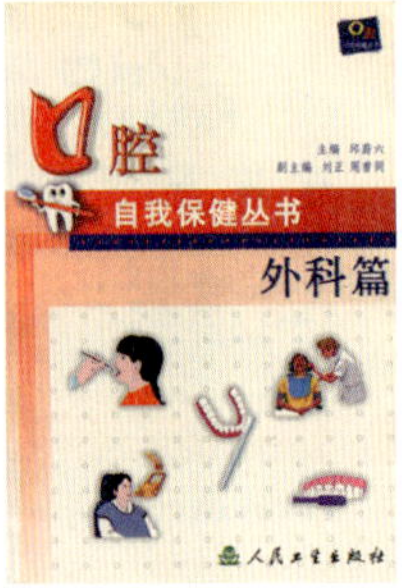
口腔
自我保健丛书
外科篇
人民卫生出版社

中国医学院士文库
邱蔚六院士集

作者出版的专著及参考书

从1980年到2022年，深夜，静谧的灯光下，工作了一天的我，下班后回到家里，仍然不忘著书立说，当成“回家作业”来完成。

我常说：“笔耕虽然辛苦，但也充满了乐趣。”其间，由于思想集中，常常一觉睡醒时，凌晨四五点突然有新的灵感和思路，我就立马翻身起床，到写字台拧亮台灯，快快写下来，不由常常在笔下引发许多往事。几十年笔耕的历程，令我刻骨铭心……

《中华医学百科全书·口腔医学》

国家重点出版工程《中华医学百科全书》是由我国40多位医学院士发起，于2008年，由温家宝、李克强、刘延东等国家领导人批示的国家重点出版工程，由国务院协调卫生与计划生育委员会、财政部、中国国家新闻出版广电总局等相关部门共同实施，并组建了《中华医学百科全书》工作委员会具体落实。旨在组织我国近万名医药学界的权威人士，对中华现代医学和传统医学的核心知识与基本概念进行综合、梳理和编撰，使之规范化和标准化，以医学百科全书的形式最终呈现，达到促进中华医学理论体系的规范、记录与传承之目的。

本项工程的实施，对中华医学的全球共享，对全球人类的健康保健，都具有深远意义。2013 年 11 月 8—9 日，《中华医学百科全书》2013 主编年会在北京人民大会堂隆重举行。《中华医学百科全书》包括 6 类 144 卷，总字数约 1.5 亿。定位为通用医学参考工具书，主要读者是医药卫生专业人员及其他相关专业人员。分期分批由中国协和医科大学出版社出版。

口腔医学共五卷，约 500 万字，于 2017—2020 年先后出版。总主编为邱蔚六，分卷主编为王松灵、樊明文、林久详、赵铱民、张志愿、胡德渝。

《中华医学百科全书口腔医学》书影

《口腔颌面颈部创伤》书影

现代创伤医学丛书（Vol.3）《口腔颌面颈部创伤》

由邱蔚六、韩德民、张志愿担任主编的《口腔颌面颈部创伤》对口腔颌面颈部创伤的流行病学趋势、病理生理机制、诊断治疗技术进行了全面、系统的介绍，重点突出科学性、规范化的诊治原则，不仅保留了经典的诊断治疗观念，融入了当前推崇的规范化现场救治和早期康复观点，同时兼顾了创伤后的心理干预。该书系王正国院士总编于2007年出版《创伤学——基础与临床》的基础上再版的一个独立分册。

《口腔颌面颈部创伤》全书75万余字，由湖北科学技术出版社于2016年11月正式出版发行。参加编写的作者为来自口腔颌面外科、眼科和耳鼻咽喉科的专家们。除第一版编写的专家外还新增了不少新人，特别是年轻的专家。他们在创伤方面具有较丰富的经验，该书对涉及口腔颌面颈部创伤的医、教、研工作者均有一定帮助。

《口腔颌面－头颈外科手术学》（第2版）

国家“十二五”重点出版项目《口腔颌面－头颈外科手术学》鉴于口腔颌面部手术与头颈部其他手术的共性，将口腔颌面部手术与眼科、耳鼻咽喉科、头颈外科、整形外科等有关手术综合成书，为国内首部。以大数量住院手术治疗的经验体会为基础，以手术治疗为主线，着力体现理论与实践相结合，重点突出，图文并茂。新增显微外科、

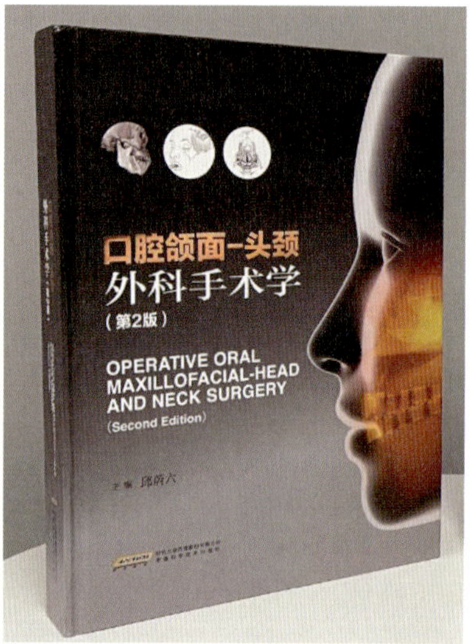

《口腔颌面－头颈外科手术学》（第2版）书影

内镜外科、导航外科以及介入手术、阻塞性睡眠呼吸障碍手术等内容，以利发挥和推广各学科的专业优势，冀求取得更优良的手术效果和推动学科交叉。全书涵盖20余大类的270余个手术，包括多项国家、部、省、市级以及何梁何利基金科学与技术进步奖等成果。该书于2014年问世以来，已出版印刷多次，并获得华东优秀科技图书一等奖。应出版社之邀约，主编邱蔚六院士在原著基础上进行第2版的编写，对第1版内容进行一些补充和修改。全书146万余字，由安徽科学技术出版社于2022年10月正式出版发行。

《口腔医学人文》

口腔医学是医学的重要组成部分，由于其独特的学科特点，医患交流的需求更多，要求口腔医学生具有较高的人文素养。然而，口腔

《口腔医学人文》书影

医学生自身人文素养不足、人文关怀普遍缺乏的现状令人担忧，面对口腔医学研究的特殊性及新医学模式的转化，提高医学生人文素养已迫在眉睫。

由人民卫生出版社出版的第八轮全国高等学校口腔医学专业五年制本科教育部、国家卫生健康委员会“十三五”规划教材《口腔医学人文》于2020年5月正式出版发行。《口腔医学人文》全书45万余字，内容丰富，涵盖人文学科中艺术、美学、教育、哲学、国学、历史、考古、心理、伦理、人权、法律、政治、军事各分支学科，由邱蔚六院士任主编，樊明文教授、俞光岩教授、周学东教授、赵铱民教授任副主编，携手人文积淀深厚的全国近20位知名教授担当编委共同编著，以加强口腔医学生人文课程建设，使其爱岗敬业精神、与患者的沟通能力、遇到问题时的解决方法等综合素养得以提高，充分体现了重视医生情怀和温度的理念。

报告·讲课摘要选

我愿作一叶扁舟，载着敬畏与好奇，探寻学术的深邃。这里，汇集了我部分报告和讲课摘要，也代表了我对知识的不懈追求与热爱。

在那医学的学术研究和理论探索的道路上，重叠着许多脚印，我要探索的是属于自己的那条路——对学术研究的创新、解读与思考。从当代口腔颌面－头颈肿瘤处理的新理念，到口腔颌面部肿瘤的防治；从口腔颌面部缺损修复重建的现状和展望，到重视对罕见病的防治；从转变理念，探索肿瘤诊治新途径，到理念与实践——探索头颈肿瘤处理的新途径……我用报告和讲课摘要选的形式，与大家一起分享。

当代口腔颌面－头颈肿瘤处理的新理念（摘要）

自 1953 年 Watson 和 Click 发现 DNA 的双螺旋结构及 20 世纪 60 年代初期 Pertuz 及 Kendreu 对血红蛋白、肌红蛋白进行三维空间分子解析后，生命科学已正式进入到分子生物学时代，也被认为是生命科学的第一次革命，并由此深刻地影响着对肿瘤本质的认识和处理理念与方法的革新。对肿瘤的认识已从细胞学层面上升到分子生物学层面。

本文就肿瘤的发生与发展是基因变化多阶段的过程、关于癌症是非传染性“慢性病”、关于头颈部肿瘤的分子标志物、关于肿瘤功能影像与分子影像诊断、关于头颈部肿瘤的生物治疗与生物靶向治疗以及关于口腔颌面－头颈部肿瘤的临床诊治理念等进行讨论。

口腔颌面部肿瘤的防治（摘要）

口腔颌面部是人体的重要器官，不但参与语言、咀嚼、吞咽、呼吸等生理功能，更是人类社交活动，人与人之间传递信息的重要工具。

任何疾病都可以在口腔颌面部首发，而口腔颌面部疾病也可以导致全身性疾病。毫无例外，肿瘤也可发生在口腔颌面部。

目前，恶性肿瘤已成为患者致死的重要疾病，在城市及农村各居死因的第一、二位。口腔及口咽癌在世界范围内发病率很高，在恶性肿瘤中占第 6 位。在我国口腔颌面部恶性肿瘤的比例虽然不是很高，但我国人口众多，累计的病人数也很可观，且目前亦有上升趋势。了解其预防和治疗概况也显得非常重要，本文将以常见的口腔癌的预防为代表进行介绍。

恶性肿瘤的预防分为三级：

Ⅰ级预防：系病因学预防，即消除致癌因素。

Ⅱ级预防：主要是贯彻三早方针，即“早发现、早诊断、早治疗”。

Ⅲ级预防：系指对肿瘤的根治，延长寿命，提高生存质量和防止复发转移等措施而言。

Ⅰ级预防中，目前认为口腔癌的致病因素大致与以下几个因素有关：①烟酒；②咀嚼槟榔；③紫外线与电离辐射；④慢性刺激与创伤；⑤口腔卫生不良；⑥生物性因素（主要是病毒）；⑦营养因素；⑧机体免疫状态；⑨遗传因素；⑩内分泌以及精神因素。但癌症的发病往往是多因素的，因而大多主张致病因素与发病条件的综合作用。

Ⅱ级预防的执行重点在：①防癌宣传与科普教育；②居民的常规

健康年检；③易感人群的监测或普查；④化学预防和癌前病损及癌前状态的阻断和处理。

Ⅲ级预防当与治疗密切结合。

口腔颌面部癌瘤是可治之症，但需力争早期。治疗的目标是：①根治癌瘤，力争痊愈；②保存或恢复功能，生存质量良好；③避免或减少复发。

口腔颌面部癌瘤的治疗方法有外科手术、放射治疗、化学治疗、生物治疗等多种。早期病例单一治疗即可获较好效果；晚期病例则需执行以外科治疗为主的综合序列治疗。

口腔颌面部恶性肿瘤的治疗效果受多种因素影响。目前其5年总生存率约在50%—60%；早期病例可达80%—90%；晚期病例仅20%—30%。

口腔颌面部缺损修复重建的现状和展望（摘要）

口腔颌面部是人体的重要解剖部位和重要器官的所在地。口腔颌面部不单是人体最显著的暴露部位和社交礼仪的重要言情表达器官，且司职咀嚼、吞咽、语言、呼吸等重要生理功能。这些生理功能必须通过舌、腭、颌骨、牙等器官，以及相关的肌群来共同完成。为此，对口腔颌面部缺损的整复已成为修复重建外科及其相关学科的重要任务之一。

口腔颌面部缺损除少量为先天性畸形外，绝大多数为后天因素所致，故通常亦称获得性缺损（Acquired defect）。致病原因在20世纪五六十年代以感染性疾病，特别是坏疽性口炎后遗症所致最多；以后随口腔颌面部肿瘤外科手术的进展使肿瘤手术后缺损上升为口腔颌面部缺损最主要的致病原因；近年来由于交通事故所致的口腔颌面部缺损畸形也日益增多。进入21世纪以来，随着对生存质量的日益重视，生存率与生存质量并重、形态与功能恢复的统一等概念的正式确立，从思想观念上促使了口腔颌面修复重建外科的快速发展。科技的进步，学科的交叉使得修复重建外科技术更进入了一个新的时期。

进入21世纪以来，即期修复已成为口腔颌面部缺损外科修复的主流。在众多的修复方法中，血管化组织瓣移植已步入成熟期，它的手术成功率较高，一般均达90%以上，最高可达100%。由于显微外科技术的推广，目前在基层医院均可完成此类手术。由于血管化组织瓣可提供大面(体)积的组织量，而且可以一次施行复合组织移植成功，因而特别适用于那些大型缺损。

随着颅颌面种植外科的快速进展，其已被普遍用于口腔颌面部咀嚼功能、吞咽功能的重建，也使颌面赝复治疗上了一个新的台阶。可以这样认为：如果只修复颌骨缺损而不重建牙列，将被视为不完全的修复，不符合现代口腔颌面修复重建外科的标准。

影像学技术及计算机技术的飞速发展，使颌面部结构的三维重建可以获得原型复制。理工医结合的反求快速原型技术，促使颅颌面骨的修复达到了一个新的阶段，并逐步形成了“个体化”修复的概念，进一步提高了重建面部轮廓修复的质量，收到了更好的美学效果。

尽管目前神经功能的恢复问题还未完全解决，但在动力性恢复方面也有着不少的进步和可喜成果。

为了更好地提高口腔颌面部缺损的修复重建效果，展望未来。首先，必须建立多学科“综合序列”治疗的概念，不能只管治愈率或生存率而不顾生存质量；其次，组织工程的研发和进展，有可能在不远的将来为口腔颌面部修复重建外科提供更多的修复供体和手段；再次，动力性恢复仍是口腔颌面缺损修复重建领域内需着力解决的问题；最后，为了评估患者的生存质量和对各种修复方法进行比较和评价，有必要从速建立我国口腔颌面部缺损修复重建后的生存质量评价体系和标准。

从美学的角度审视口腔颌面部缺损的修复重建效果应当考虑：①缺损修复的美应是雪中送炭而不是锦上添花；②应从哲学角度相对性、不完全对称性等来考虑美学效果；③在功能恢复和形态恢复统一的基础上来审视功能美和形态美。

重视对罕见病的防治（摘要）

罕见病（Rare disease）约 80% 由遗传因素所致，因此亦称“罕见性遗传病”或“孤儿病”。

迄今，国际上尚无明确对罕见病的定义，但已将每年的 2 月 28 日定为世界罕见病日。按照 WHO 的意见：罕见病的患病人数应为总人口数的 0.65‰—1‰。美国建议每年患病人数少于 20 万，或高于 20 万人，但为药物研究或生产无商业回报的疾病均属之。日本的规定是每年患病人数少于 5 万人的疾病，或患病率低于 1/50 万的疾病。2010 年中国学者的建议是：新生儿发病率低于 1 / 万，或患病率低于 1/50 万的疾病，与日本标准接近。

本文通过极少几例口腔颌面部罕见病来提醒临床医师对口腔颅颌

面疾病防治和研究的重视。因为罕见病患者是弱势群体，他们在就学、就业、就医等方面都困难重重，甚至受到社会的歧视。为此，应当加强科普宣传，提高和严格婚检，重视产前诊断，甚至以立法形式来维护罕见病患者的平等医疗权，从而使他们享有平等生存和健康的权利；同时，加强和谐社会的构建。

转变理念，探索肿瘤诊治新途径（摘要）

癌症是当今最凶恶的健康杀手之一。全世界每年死亡逾800万人，在所有死因中约占15%，并将超过心脑血管疾病的致死比，占全部死亡原因的首位。

抗癌之路有多长？抗癌的成绩有多大？今后抗癌应走什么路？是医学界乃至全世界人们都深切关心的问题。

如果说自从文献中有“Cancer”一词的记载起就算抗癌开始的话，至今应该已长达4600多年。如果从美国批准的《国家癌症研究所法》（1937）和《国家癌症法》（1971）作为现代抗癌征途起始的话，也已经历了数十年。

应当说现代抗癌征程中还是有收获和成绩的。*Science* 在2011年3月为抗癌40年进行了阶段性小结：既列出了取得的进步和成绩，也列举了存在的问题和不足；同时，也为今后的抗癌措施指出了方向。

长久以来，除血液系统肿瘤、淋巴系统肿瘤外，对实体瘤外科治疗及放射治疗一直是癌症的主要治疗方法。化疗的问世更丰富了癌症的治疗手段，并在一定程度上使疗效有所提高，死亡率有所下降，尽管这些也还不是根本性的转变，也不能达到根治的目的。

近 40 年抗癌征途中的进步应得益于对癌症发病机制认识，这也推动了对癌症治疗的进展。目前，对癌症发生的认识已由细胞生物水平上升到分子生物水平。大多数肿瘤的形成是在不同环境，多因素的刺激下，导致基因突变，多阶段的积累的过程（Multistep process），最终导致了变异基因细胞呈克隆性生长（Fearon 等）。

基于在发病机制认识上的转变，40 年来肿瘤诊治理念也随之发生了转变。其中，发展最快的莫过于药物治疗与生物治疗，包括化疗、细胞与细胞因子、干细胞、靶向治疗、免疫治疗等，并从而促使肿瘤内科正式建立，而且发展快速。由于这些更加丰富了实体瘤“多科学综合序列治疗”的手段，使肿瘤治疗摆脱了“单凭一把刀”的思想。美国临床肿瘤学会（ASCO）以及中国抗癌协会下属的中国临床肿瘤分会（CSCO）的建立和发展也充分说明了这一点。

与 40 年的收获与成绩相比，抗癌的征程和终点也还并不乐观。客观地说，“抗癌尚未成功，同志仍需努力”。因为从分子生物学水平的认识出发，目前还认为：“肿瘤的发生与胚胎的发生相似，都源于干细胞”（Lee & Herlyn，2006），干细胞是生命的起点，而癌细胞则是生命的终点。鉴于癌症源于 DNA 的突变也被认为：“癌症基本上是一种遗传性疾病。”（Vogestein & Kinzler）

还有人著书立说，书名竟是《癌症——进化的遗产》，并指出，有进化就会有癌症（Mel Greaves）。

看来，抗癌的征程仍将是漫长的、艰苦的。让我们继续努力吧！

理念与实践（摘要）

——探索头颈肿瘤处理的新途径

癌症的存在已逾4000年。自1971年美国颁布和实施《国家癌症法》以来，也已有多年历史。2011年，*Science*总结了美国抗癌40年所取得的成果和问题。文章指出：抗癌40年虽有成绩，但远未达到预先设定的目标。40年的抗癌结果是：在全世界范围内，癌症发病率仍在上升，但死亡率有所下降，生存率、生存质量有所改善。提示治疗效果有所提高，但癌症却远未被控制。

目前，癌症的发生发展的机制研究已从细胞水平进入到分子水平，初步确认了癌症是一个与人类进化有关的疾病，而且是一个分子网络疾病。它的病程较长，与环境、生活方式关系密切，从而进一步强化了癌症是慢性病的认识，并出现了与癌症共存的理念。

理念指导实践。基于上述理念的变化，也必须转变实践。为此，本文提出了继续探索头颈癌瘤诊治的一些看法和设想。

追忆往昔　砥砺前行

十分高兴能参加中华口腔医学会口腔颌面外科专业委员会建立30周年庆典以及第十三次全国口腔颌面外科学术大会。30年是指我国口腔颌面外科医务工作者正式组建和拥有了自己的学术组织，应从1986年开始，在前中华医学会口腔科分会下成立口腔颌面外科学组起算。随着1996年中华口腔医学会成为一级学会，我会也同时升格为中华口腔医学会口腔颌面外科专业委员会（或称分会）；获准在国际交往中可称“中国口腔颌面外科学会”（Chinese Society of Oral & Maxillofacial Surgery，CSOMS）。

从建会历史来说，CSOMS虽然很短，但中国口腔颌面外科的事业自1949年以来就已开始蓬勃发展，它经历了萌芽期、发展期，目前已进入成熟期。它经历了建立学术组织，进入国际口腔颌面外科医师协会大家庭和在国内召开了有国际影响的第19届国际口腔颌面外科学术大会三个重大的节点或称里程碑，目前已被世界公认为具有国际水平的，誉称为“中国式（或称具有中国特色）的口腔颌面外科”。

改革开放后的30年，也是我国口腔颌面外科快速发展的30年。虽然，由于种种原因，钟情和致力于口腔颌面外科事业的医学工作者比以前有所减少，但仍然有不少人愿意为口腔颌面外科事业的发展而执着拼搏，一直保持着对国家科技事业作出贡献。在国内，我们是获得国家三大奖最多的学会，是中国抗癌协会头颈肿瘤专业委员会参与发起和推动者之一的专委会，我们已能自主地多次承办召开大型的国际学术大会。在国际大会上多次出现中国代表发表演讲的身影；国外的同行在我国设置有几个大的国际培训中心，其中包括国际口腔颌面外科医师协会、英国爱丁堡皇家外科学院以及AO亚太培训中心等。这些都是我们专委会标志性的成就。

30年仍然只是一个驿站，未来之路仍然漫长，前程仍然维艰，需要我们继续努力奋斗，才能保持我们在国际上的地位和事业的可持续发展。我们要遵守古训“天行健，君子以自强不息，地势坤，君子以厚德载物”来时常鼓励我们自己。学术是自由的，只有学术自由才能进步。在有不同意见时要“求同存异”，要“君子和而不同”。遵循这两点，我们的将来会有一次一次的飞跃和更快的发展。

抚今追昔，这些成绩的取得是几代人努力奋斗的结果。我们要铭记为我们打下基础的第一代口腔颌面外科人，除个别外，他们大多已经仙逝。作为第二代口腔颌面外科人，我们都已届耄耋之年，过了最佳的工作时期。第三代的口腔颌面外科人也已大多退休或濒临退休之际。目前，活跃在我国口腔颌面外科学界的主力为第四代和少数第三代，第四代口腔颌面外科人大多已经进入成熟期，第五代接班人正蓬勃向上。看到这些，我们无比欣慰和心宽。今后的口腔颌面外科事业是他们的，也是中国的和全世界的。

我作为第二代人，可以说是亲眼和亲身见证，并参与了我国口腔颌面外科 60 多年来的建立和发展。从无到有，从小到大。既享受了与大家同甘共苦的岁月，也见证和分享了成功的喜悦。我庆幸这一辈子成为一个口腔颌面外科人，我终身无悔！

中国口腔颌面外科发展中的三个里程碑（摘要）

中国口腔颌面外科始建于 20 世纪 50 年代初期。口腔颌面外科的建立和参与对口腔医学的发展起着决定性的作用。原华西大学口腔医学院、原上海第二医科大学，以及北京大学口腔医学院相继于 1951 年、1953 年和 1955 年建立了口腔颌面外科病房，由此，奠定了中国口腔颌面外科发展的基础。

由于历史的原因，中国的口腔颌面外科业务范围广阔，且具有中医药学的支撑，曾被国外同行友好地誉为“中国式的口腔颌面外科”。

中国口腔颌面外科的发展大致可以分为三个时期：萌芽期——20世纪50年代；成长期——20世纪60到80年代；成熟期——20世纪90年代以来。后者的标志是：中国的口腔颌面外科医师广泛活跃在国际舞台上；中国口腔颌面外科学会已成为世界大家庭中的一员；中国的口腔颌面外科水平已得到了国际上的公认。

在中国口腔颌面外科发展的历史上有三个值得纪念的、里程碑式的节点。第一个里程碑是1986年，在原中华医学会口腔科学分会中一群志同道合者发起成立了口腔颌面外科学组。自那时起，中国的口腔颌面外科医师开始有了自己的学术组织和自己开展学术活动的舞台。第二个里程碑是1999年，在经过长达5年的努力后，中国口腔颌面外科学会正式加入了国际口腔颌面外科医师学会，并获得一个理事席位，标志着在国际口腔颌面外科学界已占有一席之地。2009年5月在上海召开，由内地和香港口腔颌面外科医师学会承办的第19届国际口腔颌面外科学术大会（19th ICOMS），则已成为我国口腔颌面外科学发展史上的第三个里程碑。这次会议的承办权是在2003年经过与6个国家竞争后才获得的。76个国家及地区，1000余名国外代表参与了这次国际盛会，无疑表明了世界各国同道对中国口腔颌面外科学的认可。

60多年，几代人的努力，换来了今天的中国口腔颌面外科。应当说：它是我国改革开放政策的见证；是我国所有口腔颌面外科工作者自强不息、努力奋斗的硕果。

2010 科技进展启示（摘要）

2010 年是 21 世纪第一个十年的最后一年。世界科技进展迅速。本文首先回顾了 2010 年美国《科学》杂志、《时代》周刊、美国《自然》杂志，以及我国《科技导报》《科技日报》《院士潮霖杯》等评出的世界及我国科技成就，并就人造单细胞生物、下一代基因组学、衰老是基因作祟、干细胞与组织工程、导航外科与机器人外科等进行了粗浅讨论。

其次，本文还对 2010 有关科技人文进展进行了点评，包括：①对医学模式的再认识；②对学术论文的再认识；③对创新的再认识；④如何培养创新人才等。最后，还对当今世界科技创新的趋势，特别是学科交叉与“大科学”时代进行了初步探讨。

浅谈现代化与科技创新（摘要）

现代化是 18 世纪以来人类文明的一种深刻变化，是现代文明的形成、发展、转型和国际互动的复合过程，是不同国家追赶达到和保持世界先进水平的国际竞争。根据邓小平三步走的发展战略，中国的战略目标是：2020 年，进入第二次现代化；2050 年，达到中等发达国家水平；21 世纪末完成第二次现代化。

现代化与科技创新关系密切。从原始社会到知识社会，人类的社会进步无不依赖创新。毛泽东也说过：“人类总得不断地总结经验，有所发现，有所发明，有所创造，有所前进。”这句话总的来说就是要有创新。创新涉及知识创新、理论创新、技术创新、体制创新等各个方面。2006 年，全国科技大会的中心是胡锦涛提出来的“自主创新”。创新需要有理念和精神的支撑，创新需要有条件和机制。除上述外，还就当前创新的途径与趋势，瞄准 2050 年我国在科学技术方面未来的规划，包括八大体系、22 个战略性问题，根据自己的学习体会作一介绍。

漫谈“上帝粒子”（摘要）

“上帝粒子（God Particle）”亦称希格斯波色粒子（Higgs boson），系在粒子物理界探讨宇宙物质本质中以前尚未发现和证实的粒子之一。

2013 年 7 月 4 日，欧洲核子中心宣布已经获得了疑似“上帝粒子”的原子粒子，引起了全世界科学家的关注。《自然》杂志在 2012 年 3 月号亦以“生物学的希格斯粒子”为题提出了在生命科学界如何寻找“上帝粒子”的命题。我国的《康复杂志·生命新知》则在 2012 年 12 月号增刊上也以“寻找医学科学的上帝粒子”为题进行了全面的介绍和讨论。

本文就这一主题介绍了有关的内容，并结合自己从事的科学领域进行了讨论，并望口腔界同道大家共同努力一起来寻找口腔医学中的“上帝粒子”。

2014 科技进展启示（摘要）

——再生革命的前奏

16 世纪以来，伴随着科技的进步，历史上已发生过五次科技革命，包括两次科学革命和三次技术革命。目前已进入到第五次科技革命——第三次技术革命的末期，并将过渡到 2020 年前后开始的“再生革命”时期：奏响了第六次科技革命的前奏。

再生革命的主体部分是“信息转换，仿生、再生和创生”；扩展和带动的学科是材料、信息和智能科学。“三生”在生命科学和医学中也将是科技革命的主要目标。

仿生是口腔医学发展中的主要内容，口腔颌面部的器官再生也是今后的主要方向；至于创生既与再生有一定关系，更主要涉及生命科学中干细胞与克隆技术，以及伦理问题等诸多领域。

本文结合 2014 年有关“三生”的进展做一简介，以窥探第五到六次科技革命转换中的前奏曲。

变“不可能”为“可能”（摘要）

——颅底外科的启示和经验

长期以来，在解剖上颅底被认为是颅内——脑，与颅外——眼、耳、鼻、口腔之间的一板之隔。因而在外科治疗上，颅底好比是楼上楼下互相独立，互不干扰；而且普遍被认为是手术的禁区。

最先突破禁区的应属20世纪60年代最先开展的，为颅底移位而出现的颅面外科（Craniofacial surgery）；继之，在20世纪70年代出现了被用于肿瘤或创伤等的口腔颅颌面外科（Cranio-maxillofacial surgery）；20世纪80年代，则出现了侧颅底外科（Lateral skullbase surgery）。临床上他们分属于整复外科、口腔颌面外科和耳鼻咽喉科，这些手术都涉及颅底，因而可以统称为颅底外科（Skullbase surgery）。

从定义上讲，涉及颅底骨原发的病损或颅内外病损已侵犯颅底骨需要行整块切除者，为各种先天或后天面部畸形而须行颅底和面骨整块移动者，均属颅底外科范畴。

首先，颅底外科需要多学科联合进行，特别是神经外科，因而是一个典型的交叉学科；其次，它在颅底手术方面由“不可能”已变为“有可能”，因而也是一个医学上不折不扣的创新学科。

本文对上海交通大学医学院附属第九人民医院口腔颌面外科1978—2013年中有关肿瘤手术162例的经验进行了初步随访和总结。结果指出：恶性肿瘤颅底外科治疗的5年生存率分别为35.1%（1978—2003年）和59.1%（2004—2013年）。

建议有条件的单位对已侵犯颅底的口腔颌面晚期癌瘤选择性病例可以采取这种方式。

循证医学VS医学循证（摘要）

自1992年Gordon Henry Guyatt提出循证医学（EBM）的概念和

方法后，医学科学研究结果的实证性、精确性得到了很大的提升，特别是对临床科研结果的可信性和选择性提供了十分有益的信息，并已为广大医务工作者所接受。

30 年后，即 2012 年，在美国医学杂志（JAMA）上，Concato 提出了与 EBM 相反的另一新理念——医学循证（MBE）。这一理念的形成提示：医学基本上仍然是一个经验医学，EBM 固然是最佳的科学理念和科研方法，但它并不适用于所有临床研究，例如一些耗时较长疾病的纵向临床观察，也不能代替医学上的新发现或新发明，以及观察性的回顾性研究。

本文通过“口腔鳞癌术前化疗评价”不同方法研究的异同结果，阐述了 EBM 和 MBE 的辩证关系。指出 EBM 和 MBE 是互补和互相兼容的，而不是互相对立和排斥的。EBM 和 MBE 方法的研究可以增加临床医学科研的科学性和真实性。

浅谈医学与文化（摘要）

——学习与思考

2011 年，党中央发出了关于加强文化建设，推动文化大发展、大繁荣的号召。2012 年，我国医改进入攻坚阶段，又面临着医德文化缺失、医疗环境不良、医患关系不正常、缺乏互信等诸多问题，加强医学与文化关系的学习和思考，甚至创建“医学文化”都应是十分必要的。

何谓文化？广义来说，文化是社会物质财富和精神财富的总和。狭义来说，文化则包含社会学、哲学、教育、文学、艺术、医学等。

医学是保障人类健康的一类自然科学，其对象是人，是生命体。医学实践性强，医师是一个需具高智慧，而且是强劳动、高风险的职业。医学需要不断进步，医师必须知识面广，去探索许多未知的问题。因而医学要发展，医师必须不断学习，活到老，学到老。医师的劳动既具个体性又具集体性。

由于上述，医学与文化是密切相关、相联的，无论是无形的文化（包括思想意识和医德等）还是有形的文化（包括社会、经济、科学、技术、文学、医术等），无不表现在医学实践中。

医学离不开文化，文化可反映医学。本文将重点对医学与哲学、医学与社会、医学与艺术等之间的关系和融合，进行粗浅的讨论，旨在抛砖引玉，期望更多有志的同道参与到医学文化的建设中来。

医学人文学 meet 医学社会学（摘要）

根据 WHO 对医学的最新定义：医学涉及“健康保持及身心疾病预防、诊断、改善或治疗的科学或实验”。医学还包括“以不同文化所固有的理论、信仰和经验为基础的知识、技能和实践”。这是对医学是生命科学和人文科学的最好诠释。

随着医学的进步，医学的医疗预防模式也已由“治病救人到维护健康（Sickness care → Health care）；由预防为主到全程大健康”。

大健康包含所有与健康有关的事与物，而不仅仅是医疗。医学保障健康，健康需要医学；健康保障长寿，长寿需要健康。

医学与社会学均涉及生、老、病、死。社会文化的变化与疾病谱变化也密切相关。医学的发展和进步离不开复合型高级人才。据 2018 年美国科学院、工程院和医学院联合发布：医学教育必须兼顾生命科学和人文科学原则——STEMM（科学、技术、工程、数学、医学）和 HACD（人文、艺术、技艺、设计）。

医学人文学与医学社会学应是互通的学科。人文学是社会文化的产物，社会学是人们交互作用的产物。因为他们的对象都是“人”，所以他们属性相同，对象也相同。

从大健康的概念出发，社会工作者与医务工作者都应加强学习医学伦理学、医学法规学、医学人文学、医学心理学，学习生命观、死

作者（右一）下社区悉心传授老幼群众如何正确刷牙的操作方法（摄于 2002 年）

亡观。社会工作者还要协助解决医患矛盾，要协助解决医疗中的“社会性预后”问题。

科普宣传，特别是介绍正确的生活方式和习惯，也是社会学家的重要任务。

医学的进步可使今后的患者获得“常常治愈，有时缓解，全程关怀”的生理、心理、伦理、社会等各方面需求的满足。

科普文章选

健康生活，科普先行。从 2000 多年前《黄帝内经》提出“上工治未病”，到《“健康中国 2030”规划纲要》《健康中国行动（2019—2030 年）》以及《健康上海行动（2019—2030 年）》，提出以提高人民健康水平为核心，健康促进就是一个历久弥新的话题，而健康科普正是其中一项重要的举措。

“没有全民健康，就没有全面小康”。其中“全民健康”更是被提高到了国家战略的高度。尤其是国际大都市的上海，医学科普知识普及迎着百姓走、全民健康促进惠及千万家。

在医学的殿堂里，我以笔为杖，探寻生命的奥秘。这一内容，是我所撰写的医学科普文章的选录，它们是我对医学知识的热爱与传播，是对人类健康的关注与追求。从疾病的预防到治疗的方法，从生活的保健到心理的调适，希望能帮助大家感受到医学的温暖与力量，一同守护生命的健康与美好。

作者在上海工程院院士中心第 23 期院士专家讲坛·健康系列活动中，主讲“维护口腔健康，提高生命质量”（摄于 2009 年 7 月 23 日）

颌下肿块，结石作怪

在我办公桌的玻璃台板下，压着一张手绘的简图 ：一条鱼遨游在河中，透过水层可以见到河底的石头，左上角的题字是“水清见底”。

每当看到这张画，我的思绪便不由自主地回到 20 多年前的一天。图画的作者是一位不太知名的画家，也是我的患者。由朋友介绍，他来到我的办公室，要我给他看一看颌下长的肿块。他的神情非常紧张，因为他已经跑了好多家医院。其中还有专科医院，结论大致相同：可能是恶性肿瘤，必须马上手术。我一面安慰他，一面把他带到治疗室检查。他的右侧颌下区确实有一个边界不太清晰的肿块，质地稍硬，没有触痛。他补充告诉我，发现这个肿块只不过一个多月的时间，是突然肿大的。我请他回忆一下，是否是在进食后发现肿块的，他摇头表示记不清。根据肿块的位置，我怀疑他可能得了颌下腺导管结石。我戴上手套对他的口底进行触摸，果不出我所料，在同侧口底摸到了一条索状隆起。同时，摸到一个硬结。为了进一步证实我的想法，我又让他做了X线检查，结果清晰地显示，在其右侧口底有一个比黄豆稍大的白色不透光影。我终于松了一口气，肯定地告诉他："你生的不是肿瘤，而是颌下腺导管结石所引起的颌下腺肿大。"3天以后，他接受了手术；10天以后，颌下区的肿块完全消失。

他再一次来到我的办公室，神色显得十分轻松，除了向我致谢外，还送了我一张小小的图画，并题为《水清见底》。这也许是对我的嘉奖吧！

临别之前，他还感叹地说："只听说生胆结石、肾结石，还从来没听说过口底也会生结石。这次真是让我开了眼界。"为了让他彻底明白其中缘由，我不失时机地对他进行了一次科普宣传："人的唾液分泌主要靠三对大唾液腺，即腮腺、颌下腺和舌下腺。这三对大唾液腺分泌的唾液靠导管经口内的开口输送至口腔中，以帮助食物的咀嚼和消化。""这三对大唾液腺是不是都能长石头呢？"他问。"不错。虽然这三对大唾液腺都可以长石头，但最容易发生结石的是颌下腺导管。这与颌下腺导管的部位、解剖特点及唾液的成分构成有关。"我继续说道："导管里长了石头，就会堵塞导管，引起唾液分泌不畅，导致腺体膨胀，还容易引起逆行感染，口腔里的细菌可以通过导管进入腺体，最后引起腺体炎症。颌下腺导管结石的最大特征是肿块体积增大与饮食密切相关。进食后，由于唾液快速分泌，极易引起唾液滞留而导致颌下腺肿大；如为完全性阻塞，还可引发剧痛，医学上称为'涎绞痛'。""那么，为什么我不感到痛呢？"他满脸疑惑。"坏就坏在这里，"我答道，"如果你一进食就发现颌下区肿大，并感到疼痛，诊断就很容易。因为你没有这一典型表现，才给医生诊断造成了困难。""为什么我的病会这样不典型呢？"他一副穷追不舍的样子。

“颌下腺导管结石多由于不完全阻塞引起，而且颌下腺的炎症和增生性反应也比较明显，所以它不发生涎绞痛，而表现为‘类肿瘤型’。”

经过我的一番耐心解释，他感到十分欣喜，一个劲地重复说：“真是水清见底，水清见底。”

“您过奖了，这不是我高明或有什么能耐，只不过是多一点职业经验罢了。”在送走他时，我这样答复他。

（2001 年）

消炎药可以治疗牙齿炎症吗?

剧烈的牙痛常见于慢性牙髓炎急性发作时，尤其是在夜间或卧床时疼痛越发厉害，严重影响患者睡眠，使患者坐立不安。

既然牙髓炎是一种牙齿的炎症，那服用消炎药为什么效果不明显呢？消炎药能否消除牙髓的炎症，这要从牙齿的解剖形态说起。牙齿的中间有一空腔，内有血管、神经、纤维细胞等髓组织，通过细小的根尖孔与牙周组织相连。牙髓组织属于结缔组织，其炎症变化与一般结缔组织炎症时的红、肿、热、痛相同。但是，由于牙髓组织处在坚硬的牙髓腔内，症状往往表达不出。组织发红，温度升高，不能直视或被检测，肿胀又不能像皮肤、脏器等软组织那样可以自由地向周围扩张，即出现充血、肿胀，白细胞渗出增多的炎性牙髓组织。此时，内容量和体积均增大，但髓腔的容量却不能相应增大。这样，不能向外排泄的炎性渗出物，变为向内挤压牙髓的神经纤维，而产生唯一的主观症状，剧烈的自发性疼痛。

由于牙髓的血管只能通过针尖大小的根尖孔与外界相通，牙髓的动静脉缺乏侧支循环。口服消炎药全身吸收后，只有很少量的药物通过血液到达牙髓组织内，杯水车薪，其浓度远远达不到消除炎症的作用。解决牙髓炎疼痛的最直接原因才是减轻牙齿疼痛的最主要、最有效的方法。治疗牙髓炎症的方法不是靠药物消炎，而是依靠医师对牙齿和牙髓的技术操作 。

（2003 年）

从“老掉牙”到“8020”

多年来，民间口谚常有“老掉牙”一说。脸上出现皱纹、口角下垂、上下唇内陷（俗称瘪嘴）常常是人进入老年的标志性改变。上下唇内陷常是上下前牙缺失的结果。于是，大家认为老年人“掉牙”似乎是天经地义的，是必不可免的。

近日看到有一篇题为《人老了，牙齿一定会掉吗？》的文章。该文章对“老掉牙”说法提出质疑（《医学争鸣》，2003），我深表同意。因为本人已进入“80 后”，现年 82 岁，仍保留有 26 颗坚固的牙齿，仅仅因为咬合创伤而失去两颗。

失牙的原因很多，例如龋齿（俗称蛀牙）、牙周炎、外伤、牙位不正等。在众多原因中，老年人失牙的主要元凶多为牙周炎。牙周炎是牙周病的一种，它是由牙周炎症反复发作而导致的牙槽骨骨质逐步吸收、丧失。“骨之不存，齿将焉附”，最终造成牙松动和脱落或被拔除的结果就不难理解了。可以认为，“老掉牙”也并非完全是年老的必然规律，只要预防得当，治疗及时，“老”和牙缺失不能画等号。老人完全可达到业内同行公认的“8020”目标，即到80岁也能保存20颗坚固的牙。

那么如何才能达到“8020”的目标呢？回答是坚持“口腔健康”。世界卫生组织早已把口腔健康列入人类健康的10条标准中的第8条：“牙齿清洁，无缺损，无疼痛，牙龈颜色正常，无出血。”保持口腔健康的关键是要预防着手，着眼口腔卫生。

口腔是人体的一部分，又是消化道的起始点。消化道，包括口腔内均含有大量细菌。在健康状态下，微生物种之间大致是平衡的，但在外界因素作用下这种平衡可被打破，造成所谓“坏”的微生物增生，并形成优势致病菌，从而导致口腔疾病的发生，牙周炎就是其中之一。现代医学研究证明：导致牙周炎的优势菌有多种，有的还可以导致全身疾病，如心血管病、糖尿病，甚至会导致肠癌。口腔卫生不良则是这些致病菌的温床，也是口腔癌发病的潜在因素之一。有调查证明：口腔卫生不良者，与口腔健康者比较，其患癌概率的危险比值比（OR）要高出2.1—2.4倍。

从生活方式的影响来看，吸烟既是口腔癌的主要诱因之一，也是牙周炎的诱因之一。有统计分析指出，每日吸烟超过10支，牙周骨质破坏速度明显加速。

因此，维护口腔健康除坚持每日早晚二次（或每餐后一次）刷牙和改变生活行为外，更重要的还有应坚持每年一次体检和口腔专科常规检查，以利及时发现问题，特别是施行一些自己无法解决的问题，例如口腔洁治（俗称洗牙）以及发现早期癌前病变等。然而，现实是严峻的。资料表明：我国的个人健康普检率只有 0.3%；由单位组织的年体检率也仅为 5%；而德国的体检率已达到 95%，全身体检尚且如此，口腔体检更当无从谈起了。

“生命在于运动，行为决定健康”，坚决戒除不良行为，诸如吸烟、不注意口腔卫生……坚持每年全身及口腔体检，相信会让“老掉牙”的旧观念彻底在社会上消失。

（2004 年）

科普之花，永远绽放

《大众医学》，中国最早、历史最长的医疗保健科普杂志。我与它结缘是在 20 世纪 80 年代。由于资料保存得不好，更是由于自己以前对科普的认识不足，重视不够，我已无法确切地说出我的第一篇科普文章是什么时候发表的了，但可以肯定地说第一篇是发表在《大众医学》上面的。自那以后，我开始对科普有了一些认识，不但是《大众医学》，我还先后在《家庭医学》《祝您健康》等科普杂志上发表过科普文章和参加过各种科普咨询活动。

写科普文章对我来说也是一个学习的过程，因为科普文章不像写教科书，也不像写科学研究论文。它要通俗易懂并有趣，同时还要讲清楚科学的道理。当然最终的目的还是要使老百姓愿意读、乐意看，并能起到增长知识，无病防病，有病早就医的自我预防保健作用。回想一下我自己比较满意的科普文章大多是发表在《大众医学》上的，例如：《颌下肿块，结石作怪》《托腮沉思的收获》以及《读新〈婚姻登记条例〉后的联想》，等等。

之所以感到满意，是因为在这些文章发表后我收到不少进一步的咨询信，有的则是到门诊来找我说是看到这篇文章后再来的。说明这几篇科普文章已经起到了一定的社会效果。在这里我要衷心感谢《大众医学》的约稿和刊载，感谢《大众医学》为我开启了进入科普领域之门，更要感谢编辑们对我的科普文章所做的加工和修缮。

参与科普活动，包括撰写科普文章、参加科普演讲、科普咨询等都是一个科技工作者应有的职责。作为一名医务工作者科普更是贯彻预防为主医疗方针的一项重要义务。最近，党中央和国务院发表的《全民科学素质行动计划纲要》更是说明了科普工作的重要性：使全体公民了解更多的科学技术知识，提高科学素质是全面建设小康社会的需要，也是必要的条件。今后《大众医学》将进一步成为提高全面科学素质的重要媒介和宣传阵地，真是任重道远。

值《大众医学》创刊50周年纪念之际，衷心祝愿该杂志愈办愈好，群众愈来愈喜爱。科普之花永远绽放！

（2008年）

由“三减三健”谈“口腔健康”

2016年8月，在北京召开了全国卫生与健康大会，习近平总书记明确提出了“没有全民健康，就没有全民小康”。2016年11月，在上海迎来了第九届全球健康促进大会；同时，公布了《健康中国2030规划纲要》。至此，“健康中国”一词在我国医药卫生界引起了很大的震动，全国人民也都在谈论“健康中国”，促进“健康中国”建设。

从人体健康出发，纲要提出了“三减、三健”的具体措施和目标，即通过饮食“减盐、减油、减糖”；促进“口腔健康、体重健康、骨骼健康”。

作为一个口腔医务工作者，我拟对“口腔健康”浅谈一些自己的体会。

一、为什么把口腔健康放在三健的第一位?

口腔由牙、唇、舌、腭、上下颌骨、咀嚼肌等共同构成，是人类消化道的开口和起点。口腔具有复杂而细致的生理功能和社会功能。依靠上述各器官的配合可司职咀嚼、吞咽、语言、呼吸功能，以及构成面部完整性和美观性。这些功能的任何障碍或缺失都可能造成疾病或生理缺陷，同时也在一定程度上还影响人的社交功能。看来把口腔健康放在第一位是不无道理的。

近日，我看到一副“老有所养”的“完美”照片，他（她）们过着幸福的生活，满面笑容；但总觉得还缺少一点什么？作为口腔医务工作者十分敏感地发现，他（她）们几乎都是全口或部分缺牙的“幸福者”。他（她）们的咀嚼、吞咽、语言功能肯定是不健全的。“瘪嘴”似乎也不代表美丽的形象。为此，我感到自咎、自责，因为我们没有做好口腔健康促进的宣传工作。

二、口腔健康与全身健康有关吗?

回答是肯定的。

口腔是人体的一个重要部分，它绝不会孤立于全身而存在。

口腔可以是全身病的一个先发部位，从口腔病变可以诊断出全身疾病。诸如血液系统病变可以先出现在口腔，表现为颌骨及软组织的肿瘤样增生和破坏；维生素 C 的缺乏、紫癜病等可以表现为牙龈出血；淀粉样病变可以导致舌头及口底的肿胀、坚硬、强直等变化。全身都可以生癌，口腔也不例外；它还多了一个特定的类型，叫“牙源性”肿瘤。

总之，一句话，全身疾病都可以发生在口腔。

同样，口腔疾病可以导致全身病，最常见的是“牙源性”感染。民间说“牙疼不是病，疼起来真要命”。牙源性感染可以导致败血症、脓毒血症，向上可以至颅内形成脑脓肿，向下可以引起心包炎，纵隔脓肿等并发症。这些都是要命的体现。

近年来，由于“微生物组学”研究的出现，发现口腔与肠道菌群的关系十分密切。口腔中常见的牙周病是一种慢性感染性疾病。“菌斑”往往存在于牙结石及牙周间隙内，其中汇集不少致病与非致病菌。这些病菌与肠道微生物关系密切，对全身病的发病、治疗及疗效都可能有一定关系。研究还发现，牙结石中有多种与心血管疾病、脑膜炎、肺炎相关的病原体，包括细菌和病毒等；从古代人的牙结石中还可以从分子水平找到微生物及其 DNA。近年发现牙周病常见的具梭杆菌与肠癌的发生有关，甚至可影响到化疗的效果。

还有的研究发现，口腔健康不佳可导致老年人易患阿尔茨海默病。

结合“三健”，口腔健康也涉及体重健康和骨骼健康。有研究指出：牙周病与骨质疏松症有关联，肥胖者与牙周病发生率呈正相关。控制体重，牙周炎的发生率可降低 40% 左右。

民谚云：“言从口出，病从口入。”口腔是第一道关口，控制和选择饮食不也与口腔有关吗？“管好嘴，多动腿”也是经验之谈也。

三、如何做到“口腔健康”先行？

联合国卫生组织十分重视“口腔健康”。在全身健康的10条标准中，对口腔健康、体重健康也有明确要求：第8条　口腔清洁、无龋病、牙周炎；第6条　体重适中，身材均匀，动作协调。还有对牙的“8020”要求，即达到80岁高龄的老人，在口腔内应保存有20颗相对健康的牙。

根据上述这些要求，我认为“口腔健康”的确应当先行。不像胸腹腔，口腔基本是可以直视和检查的。根据国外的经验，提出以下建议：

1. 人人都应重视口腔健康，牙齿虽小，意义不小。培养、掌握正确的刷牙方法；每日至少早晚二次刷牙，食后漱口。这些都是保障口腔健康最基本的要求。

2. 从儿童开始人人都应每年接受口腔健康教育和必须的治疗，例如恒乳牙的防龋治疗，牙列不齐、颌骨发育异常的矫正等。成人至少每年应到医院口腔常规检查1次。常规牙周洁治（洗牙），做到无病早防，有病早治。

3. 口腔医务人员应加强与临床医学各科的联系，使“三减、三健”，防病治病形成一个整体，一个全程监护的工程，以提高全民健康水平。

通过“口腔健康”教育，相信我们的人民将会过更加幸福的生活。口腔健康，全身健康。

（2018年）

科普：科学之一翼

医学科学研究工作应包括科学研究和健康促进两部分。在健康促进工作中，科普占据着绝对重要的位置。因而，医学科普应被看作医学科学研究工作的另一翼。《大众医学》杂志是一本具有悠久历史的著名医学科普刊物，我既是《大众医学》杂志的作者，也是《大众医学》杂志的读者。

一、我的40余年科普路

粗略算来，我参与科普工作已有40余年。有幸的是，《大众医学》杂志是我最先投稿的医学科普杂志。在2014年出版的《邱蔚六文集》中，选择刊登了10篇科普文章，在《大众医学》杂志上发表的就有8篇。其中《颌下肿块，结石作怪》一篇也被选为“重读经典”，再次刊登于《大众医学》杂志2018年第11期——《大众医学》杂志创刊70周年特刊上。更为有幸的是，我的另一篇科普文章《口腔也会患癌》，曾被评为全国卫生报刊优秀作品（科普类）一等奖。

40多年来，从撰写科普文章开始，我参与了各种科普活动，如参加各类医学咨询活动，参加电台、电视台组织的《名医坐堂》《家庭保健》《健康热线》节目，参加“全国爱牙日”等各类科普公益活动。这得感谢《大众医学》杂志对我的引领。

二、科普的重要性不言而喻

健康是国家之大计。“没有全民健康，就没有全面小康。”这是2016年8月习总书记在全国卫生与健康大会上提出来的。2018年11月，李克强总理在第九届全球健康促进大会上公布了《“健康中国2030”

规划纲要》。继之，国家又正式将“国家卫生与计划生育委员会”更名为“国家卫生健康委员会”。这充分体现“健康”的概念在我国扎下了根，也是我国医疗卫生界今后需要坚持的工作方向。

1. 科普需要医学人员走出象牙塔

无论是临床医护人员，还是科研人员，都要参与到科普工作中来，不能单纯局限于临床医疗或科学研究中。

2. 科普是贯彻“4P”医学的重要手段

“4P”，指的是预防性、预测性、个体化和参与性。科学的健康促进是面向广大群众的事半功倍的预防性措施。中国人民需要科普，中国的医学科普需要医学科技人员。

3. 科普可以提高公民的科学素养和素质

公民的科学素养决定了一个国家的科技水平和文明水平。我国在这方面还远远落后于发达国家。2018 年中国科协对中国公民科学素质的抽样调查数据表明，科学素质达标者仅为 8.47%。由此可见，我国公民健康素养和素质有待提高。

4. 科普是建设智慧城市的需要

世界已经进入人工智能（AI）时代。建设智慧城市，更需要科普。伴随人工智能产生的一些可穿戴健康监测产品，可以使患者更方便地监控自己的健康状态，并主动参与疾病早期发现、早期诊断和及时治疗。人工智能相关被看作是“赋能”（Empower）于人，自然也离不开科普。

三、科普应多样化、常态化

科普被认为是健康促进的喉舌和工具。科普应该是健康的、有益的，绝不应该是有害的、误导的。视对象不同，科普的形式可以是多样的，包括文字、演讲、示教，以及情景剧、小品、相声等各种艺术形式。同时，科普的常态化也很重要。不厌其烦地“老和尚念经”，至少可以起到加强记忆、仿效而行的作用。

最后，想说一点：作为医学科技人员，既要重视健康教育与科普，主动参与科普工作，同时也应该认识到，自己也是“被科普”的对象，因为除医学知识外，对其他领域的科学进展，包括创新、发明等，也都要学习，都需要“被科普”。

（2019 年）

爱牙，更要爱口腔

一年一度的“全国爱牙日”——9 月 20 日又到来了。今年想谈谈关于口腔健康的问题。

顾名思义，爱牙日的主题是爱“牙”。但“牙”与“口腔”并不等同，牙与口腔究竟是什么关系呢？

牙是人体口腔内的器官，多颗牙（通常乳牙 20 颗，恒牙 28—32 颗）排列在一起称为“牙列”。

牙的生理功能很重要：最主要的是咀嚼功能，没有牙，食物咬不碎，只能囫囵吞枣；没有牙，可导致不能发出某些正常的语音，例如唇齿音、舌齿音等；牙的运动与颌骨的运动是一致的，而颌骨的运动又与颞下颌关节的运动一致，牙的缺失或疾病均可诱发颞下颌关节疾病；面部的外形与牙的发育、外形、排列密切相关。因此，一直有“一口洁白而整齐的牙齿常常是一个国家和一个民族文明程度高低的标志之一”的说法。

严格来说，“牙”与“口腔颌面部”为一个不可分割的整体。牙生长在上、下颌骨的牙槽突内；除牙外，口腔还包括舌、咽、腭、龈及口腔黏膜，它们的存在保持着口腔运动及感觉功能的平衡。口腔还是大、小唾液腺分泌唾液的聚集之地，可以使咀嚼、吞咽和语言活动润滑自如。颌面部由14块颌面骨作为支撑；骨面附着有24条表情肌，可以表达人的各种情绪和意志。为此，作者常说：“骨之不存，牙将焉附？颌骨之不存，颜面何在？肌之不存，何来喜怒哀乐？”

由此可见，牙是需要“爱”的，但口腔颌面部也需要“爱”。因为它们是一个整体，可以彼此影响。我国在2016年即提出《“健康中国2030”规划纲要》。其中，明确提出要做到“三减”（减油、减盐、减糖）和“三健”（健康口腔、健康体重、健康骨骼）。口腔健康自然包括牙健康与口腔颌面部健康。从疾病的角度来看，口腔本身有独立的疾病，例如：龋齿、牙周病、牙源性肿瘤等。然而，有的疾病是全身性的，但首发在口腔颌面部，例如淋巴瘤、自身免疫性疾病、某些口腔黏膜病等；作为原发病灶，有的口腔疾病可诱发或加重全身疾病，例如糖尿病、心血管病、阿尔茨海默病等。

为了维护口腔健康，应当提倡每年进行一次口腔颌面部常规体检，早期筛查相关疾病；提倡早晚刷牙，刷牙方法正确，应用含氟牙膏；提倡食后漱口，少喝含糖饮料；提倡在治疗全身疾病的同时，重视口腔颌面部的健康维护，去除病灶；提倡每年进行一次牙周洁治。

将“全国爱牙日”更名为“中国口腔健康日”，是我的殷切希望！

（2021年）

附　录

作者偕夫人王晓仪教授在百年母校——华西中学的院士铜像旁留念（摄于 2008 年 10 月 17 日）

作者在上海交通大学医学院附属第九人民医院院史陈列室的院士墙浮雕前留影

附录一

邱蔚六科研、教学、个人荣誉目录

一、科技发明奖及科技进步奖

1.1978 年争光霉素的研究获全国科学大会协作奖；

2.1979 年喜树碱临床应用研究获上海市科技大会协作奖；

3.1980 年颅颌面联合切除治疗晚期口腔颌面部恶性肿瘤获卫生部重大科技成果乙等奖、1999 年获上海市重大科技成果二等奖；

4.1981 年口腔颌面肿瘤切除后缺损立即整复获上海市重大科技成果三等奖；

5.1983 年 Tca-8113 舌癌细胞系的建立及其生物学特性获卫生部重大科技成果乙等奖；

6.1988 年双侧根治性颈淋巴清扫术治疗晚期口腔颌面部恶性肿瘤获上海市科技进步三等奖；

7.1989 年游离骨肌皮瓣一次整复下面部大型复合组织缺损获上海市科技进步三等奖；

8.1990 年针麻的临床及基础研究获国家中医药管理局科技进步二等奖；

9.1991 年先天性腭裂综合治疗研究获上海市科技进步二等奖；

10.1993 年经颞下颌关节滑膜下注射的临床基础研究获卫生部科技进步三等奖；

11.1993 年涎腺癌的组织病理学分型及应用系列研究获国家教委科技进步三等奖；

12.1994 年腭裂伴牙颌畸形一次整复术及术后效果客观评定的研究获上海市科技进步三等奖；

13.1995 年腺样囊性癌化疗增敏的研究获国家教委科技进步三等奖；

14.1995 年舌鳞状细胞癌 Tca-8113 生物学特性及其防治实验研究获国家教委科技进步一等奖；

15.1996 年口腔颌面部功能整复和器官成形临床机理的研究获卫生部科技进步三等奖；

16.1996 年游离前臂皮瓣软腭再造术获国家科技发明三等奖；

17.1996 年经导管颈动脉造影和栓塞技术临床应用和实验研究获上海市医药卫生科技进步奖；

18.1997 年《头颈肿瘤学》获天津市科技进步二等奖、1998 年获卫生部科技进步二等奖；

19.1997 年“参阳方”延长口腔癌远期生存率的研究获上海市医药卫生科技进步二等奖；

20.1997 年涎腺腺样囊性癌生物学特性研究获卫生部科技进步奖；

21.1997 年口腔癌 DNL 细胞生物学特性及抗肿瘤的实验研究获国家教委科技进步三等奖；

22.1997 年经关节镜滑膜下硬化疗法治疗习惯性颞下颌关节脱位获国家科技发明四等奖；

23.1998 年诱导化疗、免疫化疗治疗口腔癌研究获江苏省卫生科技进步一等奖；

24.1998 年腭裂成形术后远期疗效评价的综合研究获国家教委科技进步二等奖；

25.1998 年诱导化疗、免疫化疗治疗口腔鳞癌的临床及基础研究获南京市科技进步二等奖；

26.1999 年颅颌面联合切除术治疗晚期口腔颌面部恶性肿瘤获卫生部科技进步三等奖；

27.2003 年口腔癌根治术后立即整复加放射治疗的应用研究获国家教委科技进步二等奖；

28.2004 年获何梁何利基金科学与技术进步奖；

29.2006 年口腔颌面肿瘤根治术后缺损的功能修复获上海市科技进步一等奖；

30.2007 年口腔颌面部肿瘤根治术缺损的形态与功能重建获国家科学技术进步二等奖；

31.2007 年微创（内镜）诊治颞下颌关节纤维性强直获中华医学科技进步三等奖；

32.2013 年口腔颌面 – 头颈部恶性肿瘤热化疗的基础研究和临床应用获中华医学科技进步三等奖。

二、教学成果奖及著作奖

1.1995 年口腔颌面外科学（第 2 版）获上海市普高优秀教材一等奖；

2.1997 年口腔颌面外科学（第 3 版）获卫生部科技进步三等奖；

3.2001 年口腔医学 5 年制专业课程体系改革的研究获上海市教委成果

三等奖；

4.2002 年《口腔颌面外科学》（第 4 版）获教育部全国普通高校优秀教材一等奖；

5.2019 年《口腔颌面 – 头颈外科手术学》获 2013—2016 年度安徽省社会科学奖二等奖。

三、优秀论文奖

1.2001 年《口腔也会患癌》获全国卫生报刊优秀作品（科普类）一等奖；

2.2005 年《腭裂上颌骨牵引成骨术语音变化研究》获上海市优秀学位论文；

3.2007 年《中药“参阳方”冲剂对舌鳞癌 SD 大鼠外周血淋巴细胞亚群的调节作用》获第四届中国科协期刊优秀学术论文。

四、个人荣誉

1.1988 年中共上海第二医科大学委员会优秀共产党员；

2.1989 年全国优秀教师；

3.1991 年享受国务院颁发政府特殊津贴待遇；

4.1995 年上海高校优秀导师；

5.1997 年上海市劳动模范；

6.1999 年中央保健委员会颁发的优异成绩奖；

7.2001 年当选中国工程院院士；

8.2003 年首届中国医师奖；

9.2004 年全国卫生系统先进工作者；

10.2005 年中国抗癌协会头颈肿瘤外科专委会颁发的中国头颈肿瘤外

科20年突出贡献奖；

11.2006年中华口腔医学会口腔颌面外科专业委员会颁发的中国口腔颌面外科建设与发展杰出贡献奖；

12.2007年上海市教育系统人才工作“伯乐”奖；

13.2007年华西口腔杰出校友奖；

14.2008年广西医科大学口腔医学院颁发的30年杰出贡献奖；

15.2009年中华医学会美学与美容学分会颁发的学科建设贡献奖；

16.2009年中华口腔医学会口腔颌面外科专业委员会颁发的口腔颌面外科“华佗”奖；

17.2009年中国抗癌协会头颈肿瘤外科专业委员会颁发的老骥伏枥杰出贡献奖；

18.2009年国际口腔颌面外科医师协会（IAOMS）最高奖项——杰出会士奖（Distinguished Fellow Award）；

19.2010年中国生物医学工程学会颁发的终身贡献奖；

20.2010年上海交通大学医学院附属第九人民医院党委颁发的终身成就奖；

21.2010年中国睡眠学会颁发的终身成就奖；

22.2010年国际牙医师学院颁发的大师（Master）称号；

23.2011年中共上海交通大学医学院附属第九人民医院委员会建党90周年优秀共产党员；

24.2011年上海交通大学颁发的杰出校友卓越成就奖；

25.2012年中华口腔医学会颁发的建设与发展杰出贡献奖；

26.2018年中华医学会颁发的医学科普卓越成就奖；

27.2018年上海市医师协会颁发的上海市口腔医师终身成就奖；

28.2018 年上海市教育功臣；

29.2019 年人民网健康时报社颁发的国之大医·特别致敬荣誉；

30.2019 年当选中国医学科学院学部委员。

五、个人荣誉掠影

作者获评全国优秀教师并被授予优秀教师奖章（1989 年 9 月）

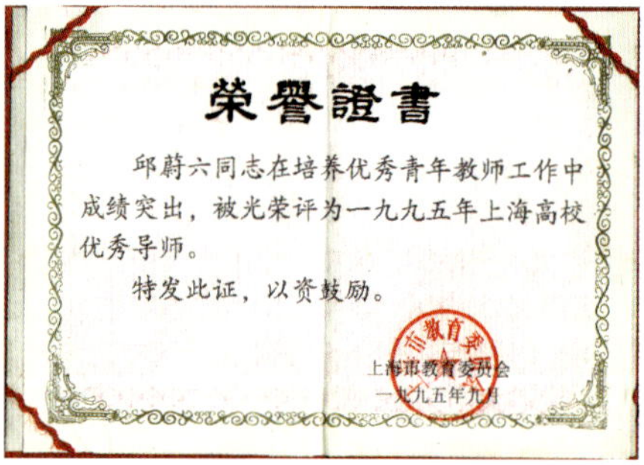

荣譽證書

邱蔚六同志在培养优秀青年教师工作中成绩突出，被光荣评为一九九五年上海高校优秀导师。

特发此证，以资鼓励。

上海市教育委员会

一九九五年九月

作者获评上海高校优秀导师（1995 年 9 月）

作者分别获国家科技发明三等奖、四等奖（1996 年、1997 年）

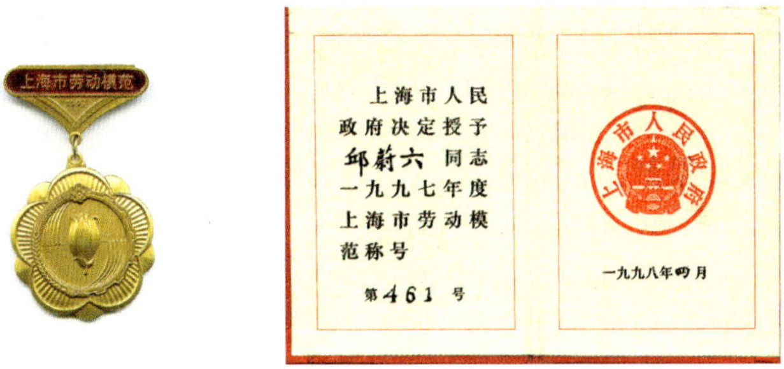

作者荣获上海市劳动模范称号（1998 年 4 月）

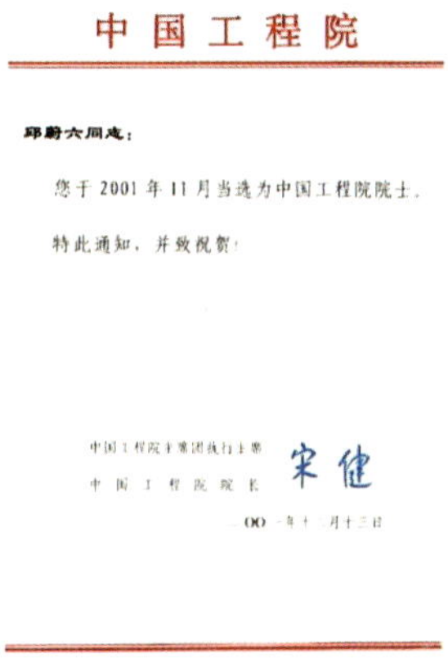

中国工程院

邱蔚六同志：

您于 2001 年 11 月当选为中国工程院院士。

特此通知，并致祝贺！

宋健

由中国工程院院长宋健向作者发来的贺信（2001 年）

作者当选为中国工程院院士的证书（2001 年）

作者荣获全国卫生系统先进工作者称号（2004 年 2 月）

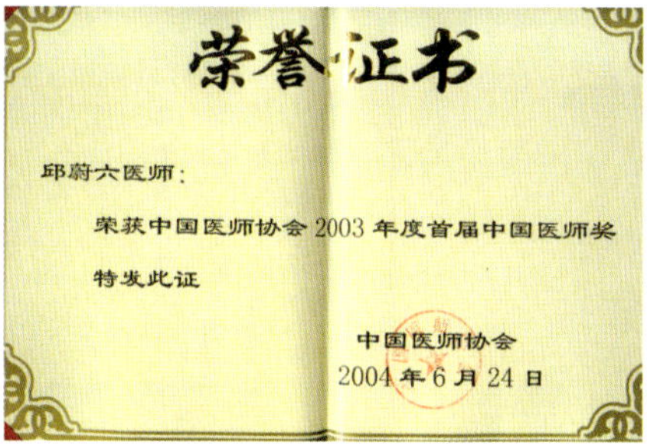

作者荣获中国医师协会 2003 年度首届中国医师奖（2004 年 6 月）

作者获评何梁何利基金科学与技术进步奖（2004 年度）

上海市庆祝教师节大会暨颁奖典礼隆重举行，作者（左）与他的弟子、中国工程院院士张志愿分别荣获“上海市教育功臣”荣誉称号和上海市“四有”好教师（教书育人楷模）荣誉称号（2018 年 9 月 8 日）

作者（左四）获评上海市口腔医师终身成就奖（2018 年 12 月 29 日）

附录二

社会评价

社会评价，如同人生画卷上的细腻笔触，不仅勾勒出一个人的轮廓，更赋予其色彩与深度。它像是一面镜子，映照出我们的言行举止、品格修养，让我们在反思中不断成长。同时，社会评价也是一盏明灯，照亮我们前行的道路，让我们在追求卓越的道路上更加坚定。

非常感恩、感激、感谢祖国对我的褒奖：当选为中国工程院院士。当年，工程院让我写写我最崇高的座右铭。我写下一句话："救死扶伤，悬壶为民；渴求创意，永不言弃。"身为一个大夫，我觉得应该按照这个去做。

1. 各界评价

导师评价

中国口腔颌面外科奠基人之一、国际牙医学院大师张锡泽教授：

经过半个多世纪的勤奋开拓，邱蔚六与他的前辈和学生为"中国式"口腔颌面外科的确立，并在国际口腔颌面外科领域中占有一席之地作出了重大贡献。后生可畏啊！

中国工程院院士、中国整复外科创始人之一张涤生教授：

邱蔚六院士以他个人的才华聪颖和钻研不懈的执着精神，不断吸收科学技术新发展，走综合、渗透、吸收、合作的道路，几十年来步步为营，充实扩大，把口腔颌面外科建设成为综合性强、技术高超、业务范围宽阔的专业；目前已包括有肿瘤、正颌、唇腭裂、创伤、涎腺疾病及脉管性疾病等多个亚专业，已达世界先进水平。特别值得指出的是，从1988年开始，他带领着一个具有雄厚实力的团队，开始活跃在国际学术平台上。在1999年，中国口腔颌面外科学会正式加盟国际颌面外科医师协会，成为中国口腔颌面外科历史发展过程中一个光荣里程碑。频繁的国际性活动征服了世界上许多行家，把中国口腔颌面外科建设成具有中国特色的一门新专业，在国际口腔颌面外科领域占有一席之地，为祖国赢得了荣誉！

国际同行评价

国际口腔颌面外科医师协会历任主席 Robert M.Cook、John F.Helfrick 以及 Rudolf Fries 教授等：

没有中国同行参加的会议，不能称之为国际口腔颌面外科会议。

John F.Helfrick 教授向获得 IAOMS 杰出会士奖的邱蔚六道贺（摄于2009年）

Rudolf Fries 教授访问九院时与邱蔚六合影（摄于 2009 年）

作者（左）与美国口腔颌面外科专家哈佛大学教授 Dr. Walter Guralnick 合影

美国 HOPE 基金会、国际著名专家、哈佛大学口腔颌面外科前主任 Guralnick 教授：

邱蔚六教授是一位学者，他不辞辛劳地耕耘在口腔颌面外科医学事业上，引领中国一大批口腔颌面外科著名专家开拓新的研究领域、推进中国口腔颌面外科医学跻身国际舞台，我非常敬佩他。

美国口腔颌面外科学会（AAOMS）：

邱蔚六教授是在 AAOMS 被邀作报告（Invited speaker）的第一位中国学者。

美国著名口腔颌面外科专家、俄勒冈健康大学教授 Tom Ablert：

毫无疑问，邱蔚六医师是中国口腔颌面外科最伟大的带头人之一，近 30 年来，他还为中国口腔医学与口腔颌面外科学走向世界起到了引领的作用。

他是一位杰出的外科医师、教育家、管理者和领导者。无疑他也是引领中国口腔颌面外科打造成目前有世界领先水平的重要人物。我们既把他看作为教授，也视他为朋友。

学生赞誉

中国工程院院士、原上海交通大学医学院附属第九人民医院院长张志愿教授：

邱老师在时任上海九院院长期间，行政工作非常忙碌，但他依然坚持在医、教、研一线，白天当院长，晚上搞学术。记不清有多少个夜晚，他利用休息时间与学生们讨论课题设计、探索研究方法、总结研究结果。他渊博的学术知识、完整的知识构架、敏锐严谨的科研思路，一次次为学生们拨开了探究科学的迷雾。在言传身教中，恩师邱老师把他的全部学识都无私奉献给了他挚爱的口腔医学事业，传授给了我们年轻的一代。

邱老师培养学生有两句话：一是指路子，指明发展方向；二是压担子，经受锻炼和磨砺。作为邱老师的学生，我们从他那里学到了做学问的技术和科研思路，更重要的是学到了对做学问的激情、钻研精神和中国口腔颌面外科学科始终站在世界前沿的使命感、责任感、紧迫感和光荣感。

我的记忆里始终难忘这样一幅画面：当年，病床上的邱蔚六老师身上插着六根管子，面色潮红，汗珠不停地从额头滴下，目光却聚焦在手中捧着的学生论文手稿上。这是身患急性胰腺炎、病情稍微稳定的邱老师正在为学生逐字逐句修改毕业论文，这也是大病未愈、身体非常虚弱、发着39℃高烧的邱老师。那修改得密密麻麻的手稿，字里行间浸透着他辛劳的汗水，凝聚了他对学生深深的爱。我的心一颤，既心疼老师，又被邱老师的精神深深打动——甘为人梯，为人师表。这生动的一课，在我的心坎上打上了深深的烙印，激励和鞭策着我，成为我的人生楷模，指引着我今后的人生道路。

原南京市口腔医院院长胡勤刚教授：

1985年，我考入上海第二医科大学口腔颌面外科专业，非常荣幸成了邱老师的学生，有机会面对面接受恩师的教诲，从此为我求知的道路打开了新的一扇大门，也让我今后学习和工作的进步上了新的台阶。40 年来，与邱老师相知相识，导师严谨的治学精神、渊博的知识、宽阔的胸襟、敏锐的视角和求真务实的创新意识，给我留下了深刻的印象，更是激励着我的人生奋斗历程。

毕业后我回到了我原来工作过的南京市口腔医院，成为一名口腔颌面外科医生。回顾近 40 年来自己成长、学科建设和医院的发展过程，从一名学士成长为博士，从住院医生成长为医院院长，从临床医生成长为南京大学医学院博士生导师；我院的口腔颌面外科成为国家级临床重点专科和江苏省医学重点学科；医院也从以临床医疗工作为主的专科医院转型成为医疗、教学、科研全面发力的南京大学医学院附属口腔医院。这些都凝聚着邱老师的关爱和心血。我工作中遇到困难、事业抉择及医院发展的关键阶段都得到了邱老师无私的教导、指点和帮助。

当我梦想成为“二医”口腔医学研究生导师时，邱老师嘱咐我还是应该立足本地；当我们准备招收了南京大学医学院 7 年制学生去上海九院参观取经时，邱老师亲自接待，讲授口腔医学的教学特点和教学计划，帮我们对接安排临床医生进修学习；当南京大学医学院学生自主选择口腔医学专业（首届）关键时刻，邱老师亲临南大医学院，给学生讲授口腔医学的发展和未来，吸引了一批优秀学生学习口腔医学；当南大评审口腔临床医学硕士点时，邱老师亲自执笔写下了评审意见和建议；每次医院主办重大学术活动报告会上都能见到您的身影并发表主旨演讲；南大口腔医学院的成立和博士生答辩会上都留下了邱老师会心的微笑；我院口腔颌面外科专业“邱蔚六院士（市级）工作站”的成立到建设成为省级院士工作站，更是离不开邱老师呕心沥血的指导和修正，邱老师在病榻上还惦记着并听取了我们的汇报，持续关注着我们学科的建设和发展，使我们内心深受感动。

您“剑胆琴心”，是一位呵护生命的医学大师，润物细无声。在您的身上映射着医生的善良品质、丰富的心扉和高尚的灵魂。衷心祝愿邱老师“老骥伏枥，壮心不已”，带领我们再攀人生和医学的新高峰！

上海交通大学口腔医学院口腔颌面外科学系系主任、英国爱丁堡皇家外科学院荣誉院士张陈平教授：

1992年我获得博士学位以后，邱老师亲自制定培训计划。完成医师轮转计划后，他派我到上海肿瘤医院、天津肿瘤医院和中国医学科学院（北京）肿瘤医院学习。这些宝贵的学习经历大大开阔了我的眼界，丰富了医学知识，对我全面深入了解口腔颌面外科与头颈肿瘤的关系起到了至关重要的作用。

作为学生，工作在邱老师身边，时刻感受着恩师精勤敬业、严谨治学、为人师表的大师风范。他是学生面前的一面明镜，始终是我学习的榜样，做人的楷模，鞭策着我不断上进，激励我勇攀医学高峰。

原上海交通大学医学院附属第九人民医院党委书记、原上海健康医学院副院长，正颌外科专家沈国芳教授：

每当说起我的博士研究生导师邱蔚六老师时，我的脑海里第一时间总会闪过这三个词：开明睿智、远见卓识、纵览全局！

从医执教60多年，正是他，光被遐荒带领团队勇闯颅底肿瘤禁区，为我国颌面外科走向国际奠定坚实基础；正是他，承前启后倾力建设特色学科专业团队，创立中国式口腔颌面外科特有发展模式，蜚声国内外。春发其华，秋收其实，有始有极，爱登其质！这就是我眼中的邱老师！

上海交通大学口腔医学院副院长、美国颞下颌关节外科学会国际会员杨驰教授：

中国工程院院士邱蔚六是我的专业导师。对待学生，邱老师采用的完全不是传统的教育方法，而是言传身教，用自身的行为感染着我们，在他身上你可以看见他“正道”，包含人格魅力。邱老师在日常生活工作中，像书本般厚重而博大……他不会给学生很多限定，给年轻人更大的空间和更大的信任度，甚至允许我们犯错。正是在这种教育方式下，邱蔚六老师的学生们，才能施展拳脚，在各自的专业领域上始终追求创新，有所建树。“海纳百川，有容乃大；壁立千仞，无欲则刚”，在邱蔚六老师的身上我可以看到这两句话，而他给予的人格影响则是我一辈子受用的。

我在给邱老师的信中写道：“今天，我向邱老师汇报一下我的学习成果——《定制型关节－颅－颌假体手术图解》翻译书（葡萄牙语）于2024年1月第二周正式出版。英语、德语、俄语将在半年内由Springer出版社出版，西班牙语也同步进行。同时，中文也会由人民卫生出版社再版。感谢邱老师永久的信任和支持，没有您的厚爱就没有我及团队的今天。在我生日之际，向您表达我由衷的祝福和感恩！父母生我养我，我当赡养。您是我做人作事的导师，我的成长最受您的言传身教，为此，特别理解“何为再生父母”，再次深深鞠躬感谢！”

一首歌*You raise me up*能充分表达我对邱老师的感情：他鼓舞了我！当我失意低落之时，我的精神是那么疲倦不堪。当烦恼困难袭来之际，我的内心是那么负担沉重。然而，我会在寂静中等待，直到邱老师的到来，并与我小坐片刻。他鼓舞了我，所以我能站在群山之巅。他鼓舞了我，所以我能走过狂风暴雨的海。在他坚实的臂膀上，我变

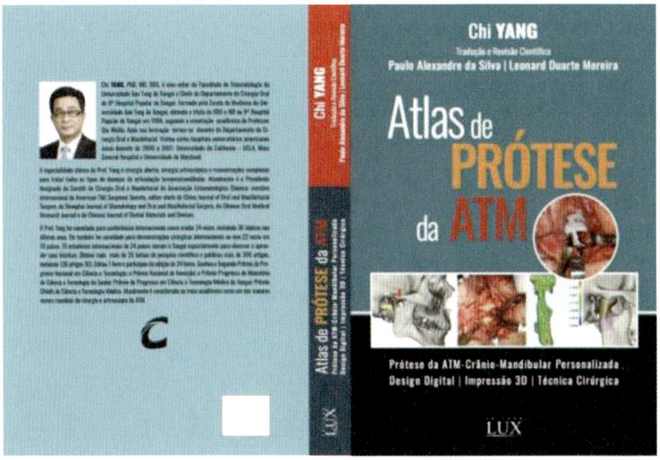

杨驰教授专著《定制型关节－颅－颌假体手术图解》葡萄牙语译本

得无比坚强。他鼓舞了我，让我能说出更多。

原同济大学附属口腔医院院长王佐林教授：

数载耕耘，秉求实创新之治学之道，硕果累累；博学乍爱，严于律己无私奉献之育人之风，桃李芬芳；悬壶济世，用鬼手佛心之精湛医术，名满社稷；春华秋实，领口腔颌面外科团队创中国特色，独领风骚；邱蔚六院士无愧于学者之楷模、师者之典范、医者之榜样。

上海交通大学口腔医学院党委副书记郑家伟教授：

我能成为他的学生，时常聆听他的教诲，感受他的为师为人之道，实乃幸运。邱老师经常对我们说：要做一名学者型的外科医生，不要成为一名只会开刀的工匠。要善于寻根刨底，知其然，更知其所以然；要不断地学习、更新知识；要会做、会写、会沟通。每次跟随邱老师查房都受益匪浅：针对每个病人，哪怕病情简单的病例，他也绝不会三言两语的一笔带过。他会启发学生们认真思考，展开联想，恰当地适时将最新知识融入讲解之中。无论是方向性的治疗原则问题，还是药物不良反应等细节，他都考虑得十分周全。特别是碰到疑难病例，一经邱老师检查分析，总能作出正确的判断，找到解决的方法。跟随邱老师查房，总感觉到他的知识非常广博，功底十分深厚！

作为他的学生，我深深地为邱老师对中国口腔颌面外科作出的巨大贡献而感到骄傲。我想，在实践中领会他的精神，学习他做医生、做人的道理，就是对邱老师最好的回报。邱老师是我人生道路上的一座丰碑，指引我走向未来的道路。

上海交通大学医学院附属第九人民医院口腔颌面－头颈肿瘤科科副主任孙坚教授：

有人说，师恩如山，因为高山巍巍，使人崇敬。我还要说，师恩似海，因为大海浩瀚，无法估量。我的恩师——邱老师，作为中国口腔颌面外科学发展和进步的先驱和倡导者，以他特有的人格魅力、渊博的学识、严谨的治学态度、高度的敬业精神，深深地影响和感染着我。师从邱老师的20余年中，恩师对我的谆谆教诲、对我的鞭策鼓励、对我的包容呵护、对我的支持关心，犹如巍峨的群山，绵延千里；更如浩瀚的大海，万里无垠。恩师过人的胆识和极富创意的思维，始终是我寻觅和追随的方向。

如今，我已同样为人师，20余年与弟子们朝夕相处的经历，使我更加懂得师恩之重，师恩之深。每当与同事和弟子们谈起我在法国深造的经历时，我的脑海中都会浮现出邱老师在我出国前的一幕幕：为我多方联系法国著名的大学和医院、为我字斟句酌地书写推荐信；多次与我畅谈医院发展前景、学科建设规划和国际口腔颌面外科发展现状；他希望我学习国外先进经验并去粗取精；他希望我留学归来，能为祖国的口腔颌面外科发展出份力……这一切的一切，仿佛都似刚刚发生在昨天一般，历历在目，记忆犹新。

同窗寄语

四川大学华西口腔医学院李秉琦教授：

60 多年前，我考上华西协合大学牙学院，很快就认识了担任医牙 41 级的大班班长邱蔚六。后来牙学院改为口腔系，他仍任口腔的班长，我是学习股长（委员），在他的直接领导下工作，我们又是同一个寝室的上下铺，交往就更密切了。当时政治运动频繁，课程多而紧，而蔚六还担任学生会宣传部副部长，又参加了排球和跳高运动队，多次出席地区、市级的比赛。多才多艺的他积极参与其他文娱活动，还出演过话剧。他在班级工作中，善于团结同学，以身作则、任劳任怨，而学习成绩仍然名列前茅。年轻时的蔚六已是一位德、智、体全面发展的人才。

毕业后我们天各一方，虽然时有联系，但毕竟接触不多。而 20 世纪 90 年代有一次难得的机遇，我入选第三届国务院学科评议组，而蔚六在第二届已是成员，在第三届担任临床医学Ⅱ组的副召集人。我们除了常规评审博士研究生导师和硕、博士点外，还积极争取建立独立的口腔科评议组。第四届口腔科组成员扩展为 8 人，蔚六担任第一召集人。而我作为他的副手，又和大家一起建议新设立具有实践意义的临床医学专业学位。事实证明，这种改革是符合实际而卓有成效的。在这十年中，我年年赴京开会，学习到不少知识，自己也有提高，蔚六对我的帮助更是不言而喻的了！

西南医科大学口腔医学院（原泸州医学院口腔医院）曾自强教授：

邱蔚六在华西协合大学是我们的班长，对他的印象是待人真诚、办事认真、风度翩翩，多才多艺。20 世纪 80 年代中期，我校刚从专科升格为泸州医学院筹建口腔专业。邱蔚六出于对口腔医学教育事业的热爱和对西部地区缺医少药的关切，自始至终以极大的热情支持我们建系，在各方面给予了实实在在的帮助，不止一次地接受我们的委培生，培养博士生……

同行感言

原中华口腔医学会副会长、四川华西医科大学副校长、口腔医学院及口腔医院院长王大章教授：

邱蔚六院士是国内外著名的口腔颌面外科学家、口腔医学教育家。他从医半个多世纪以来，一直奋战在口腔医学教学、医疗和科研第一线，并长期肩负繁重的管理工作。在我国老一代口腔颌面外科前辈的带领下，他与同辈一起开拓发展了我国的口腔颌面外科，特别是在创建享誉世界、具有中国特色的口腔颌面外科的事业中，领军征战，作出了卓越的贡献。他不仅在教学、医疗和科研及管理工作中孜孜不倦，勤奋工作，拼搏进取，敢于创新，建树颇多。更可贵的是他人品高尚，光明磊落，处事稳健，雍容大度，海纳百川，厚德载物，誉满学界。据此寄语：

儒雅风范一代名医桃李惠人间
医德高尚医术精湛妙手除病魔
潜心学术勇于创新硕果倾学界
继往开来披荆斩棘开辟新里程
携手同道拼搏进取领军屹世峰
言传身教举贤荐能后继有英才
开拓发展中国式口腔颌面外科
呕心沥血贡献卓著功绩铸史册

中华口腔医学会口腔种植专委会名誉主委、空军军医大学（原第四军医大学）口腔医学院刘宝林教授：

邱蔚六院士和他的妻子王晓仪教授亮出由医者夫妇资助的公益医学奖的旗帜：出资 100 万元设立“邱蔚六口腔颌面外科医学奖”，此乃上善若水，大爱无疆之举。邱院士始终重视教育，呕心沥血，高梯育人，培养了一批国家级国际知名的学科领军人才，在学科建设、攀登绝顶这块平台上功不可没。

原上海铁路局中心医院、上海铁道医学院附属铁路医院口腔科主任冯殿恩教授：

邱蔚六院士是 20 世纪 70 年代受聘于上海铁路局中心医院（现为上海市第十人民医院）口腔科顾问。我们在与邱蔚六院士的交往中，得益匪浅。首先他医术高超、医德高尚、德高望重，早为同行称道。

他不辞辛苦、不计报酬，全力帮助我们铁路医院创建了口腔颌面外科，填补了我院空白。在他的带领下，我院的颌面外科从小到大。特别是遇到疑难杂症，他都随叫随到，亲临指导。无数次的手术成功，大大提高了我院口腔科的声誉，吸引了全国铁路系统患者来我院就医，因此也使我院得到不少同行的好评和青睐。其中，他亲自为一位 65 岁名叫黄炳忠的口腔癌患者做的高难度手术取得巨大成功。病人术后很快康复，生活正常，一直活到 93 岁。从术后到离世的 27 年间未发现癌症复发，这应该说是一个奇迹。

不言华佗再世，堪称当代名医。

共事感悟

上海交通大学医学院副书记、副院长吴正一：

邱老师是我们所有口腔医学晚辈所崇敬的大师，他给我的影响不仅仅是学术上的，更是精神层面上的。对我们所有学生而言，他既是良师，又是楷模，他的人格魅力影响了一代又一代人。他把很多精力和时间都花在培养学生上，对自己的名利、荣誉看得很淡很轻。他最大的愿望就是要让学生站在自己的肩膀上超越自己。师生共同完成的论文，署名时他从来都是把学生的名字放在自己前面。科主任、院长、院党委副书记和学会会长等一些党政职务和学术职务等，他都提前请辞，而把这些名誉、职位让给学生和中青年干部。青出于蓝而胜于蓝，他所培养的学生一个比一个优秀。“一支粉笔，两袖清风；三尺讲台，四海桃李”，这是最让他欣慰的。

上海交通大学医学院附属第九人民医院副院长、上海交通大学口腔医学院党委书记徐袁瑾：

我算是邱院士的徒孙了。每次看到满头银发的邱院士，心中总会涌起一股浓浓的暖意，除了一份敬仰外，更有一份亲切，因此我更愿称呼邱院士为“邱老师”“邱爷爷”。

邱老师是我们的航标。他在传授我们临床技能的同时，更教会我们如何成为一名合格的医生，爱岗敬业、仁心仁术，让我们不致迷失方向，展翅飞翔。他经常说的话是：“活到老，学到老”“患者是我们最好的老师”。他鼓励我们要善于学习，向书本学习，向同行学习，向患者学习；他鼓励我们要勤于思考，发现问题，善于总结。有的时候，真佩服邱老师，他总是那么有激情，那么有活力，总是能捕捉到最新的国际学术动态。我们很多医生口袋里都有一本小本子，那也是邱老师教导我们的，随时随地把自己的感悟，自己的所思所想，自己的临床体会记录下来，这样才能不断进步。

邱老师是我们的良师益友。他对年轻人的培养成才特别关心。小到科室，大到医院，只要是讲到人才培养，邱老师都是义不容辞，全心全力给予支持。在他的身上，看不到架子，看不到拒人千里。他放弃休息时间，为我们年轻医生改论文，改标书；每周雷打不动，坚持上临床看普通的专家门诊，带教年轻医生；遇到疑难病例，邱老师总是和我们一起讨论治疗方案……我们都从心底里感激他，敬重他。

上海交通大学医学院附属第九人民医院党委宣传处处长徐英：

“鹤鸣于九皋，声闻于野。”名医大家，我敬爱的邱院士！

当我还在上海市卫生局工作时曾邀请过邱院士担任“银蛇奖”颁奖嘉宾，当邱院士得知是为优秀医务青年颁奖时，他倾力相助，我见到了爱才的邱院士；再一次，陪同邱院士团队参加院士进社区义诊活动，我见到了爱民的邱院士；为了提升医院文化，为了《九院报》全新改版并办成精品报，他亲自联系并指导，我见到了爱院的邱院士！“鹤鸣于九皋，声闻于天。”大医精诚，我敬爱的邱院士！

上海交通大学口腔医学院学院办公室、邱蔚六院士秘书王琪贇：

对待学生、同事，邱老师始终保持着温和的态度，耐心地引导，循循善诱。他从不使用严厉的言辞或态度，总是以亲切和蔼的方式深入浅出地将复杂的知识或技能传授给他们。他的言行举止，就如同温润的玉石一般，散发着柔和的光芒，让人感到温暖舒适。他的教诲不仅让学生、同事们受益匪浅，更让他们在人生的道路上走得更加坚定和自信。邱老师宽容谦和的外表下，具有一种异常细致的观察力。邱老师眼光很好，他带教学生，会根据学生的个性特征，为每个人规划一条更适合他们走的事业道路。比如说，有个学生凡事追求完美，做事很细致，他就建议这个学生专攻口腔颌面外科修复整形；有个学生胆大心细，头脑灵活，他就鼓励学生研究颞下颌关节镜这个鲜有人涉及的领域。他还曾经鼓励一个弟子医文并重，这个人后来不但业务出众，还成为一名出色的医学杂志编辑，甚至主编出版了若干外文教材，在教学上颇有建树。

患者感念

老患者端木樱：

这些年我一直在惦念着您，总为未能报恩而遗憾。50 多年前的知遇之恩未能报，然 50 多年后的再遇之恩又未了却，这种心情确实难以平静。您是一位德高望重且又两袖清风的白求恩式的好医生，我深感您人品的高尚伟大。您不顾自己年事已高还来为民服务，我就是受益者之一，能得到您的悉心治疗是我的幸运。我只能借此信来表达我的深深谢意！

1972 年上颌全切除老患者张叔强：

我在 1989 年、1990 年参加了美国夏威夷州檀香山市马拉松赛跑，顺利跑完了全程。这全得归功于您的手术！请接受我和我爱人的衷心感谢！希望以后在中国或美国与您再次聚会。

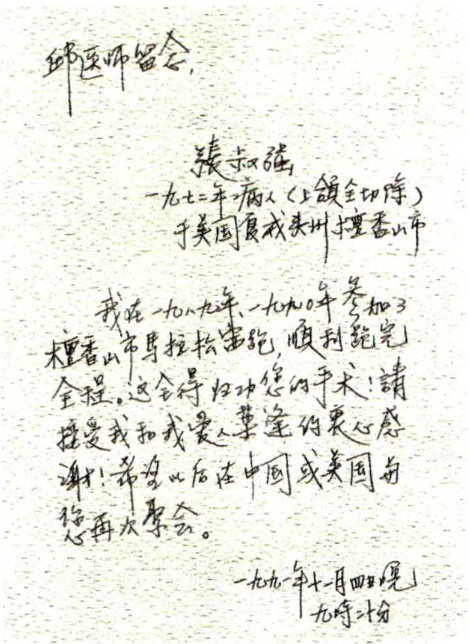
邱医师留念，

張叔強
一九七二年病人（上颌全切除）
于美国夏威夷州檀香山市

我在一九八九年、一九九〇年参加了檀香山市马拉松赛跑，顺利跑完全程。这全得归功您的手术！請接受我和我爱人葉逢的衷心感谢！希望以后在中国或美国与您再次聚会。

一九九一年十一月四日晚
九时二十分

老患者张叔强的手稿及马拉松照片

媒体评价

中央电视台《大家》栏目记者：

成功往往开始于人们不经意的地方，从20世纪70年代初期开始，邱蔚六就把目光投向了一个传统医学认为是禁区的三不管地带，他和他的学生们在这里默默耕耘着，他们的成绩引起了国际上有关人士的关注。

邱蔚六，我国口腔医学界首位工程院院士，在长达半个世纪的从医生涯中，他为我国原本无法医治的口腔颌面部恶性肿瘤病人找到了一种挽救生命的方法。

《解放日报》记者陈俊珺：

“医乃仁术，医者仁心。”在接受记者的专访时，邱蔚六这样诠释他对医学事业的理解。他始终信奉“行医者，就是要存仁心、施仁术”。

怀着一份仁心，邱蔚六在医学之路上不断挑战人们眼中的“不可能”。

看似不可能完成的手术，邱蔚六硬是拿了下来。经过多年的不懈努力，他带领团队应用显微外科技术对肿瘤术后的缺损立即进行移植修复的手术在国际上达到了领先水平。这项技术在不断成熟的同时，也推动了口腔颌面外科、颌面修复重建外科和显微外科的结合，“中国式”的口腔颌面外科学从此创立和发展起来。邱蔚六也因此被称为中国口腔颌面外科的奠基人和开拓者之一。

今日出版社副总编辑、上海广播电视台资深媒体人严伟明：

近年来，每年临近年末，我都能收到邱蔚六院士挂号寄来的精制的新年贺卡。我都收藏了，这是一份非常珍贵的情谊。

有着百年历史的上海九院，这个黄浦江母亲河的膏腴滋润着的共和国三甲医院的骄子，曾培养出张涤生、邱蔚六、戴尅戎、张志愿和范先群5位中国工程院院士。2013年7月，本人十分荣幸承接了采访撰写口腔医学泰斗邱蔚六院士人物传记的任务。50万字《剑胆琴心　上下求索　邱蔚六》、39万字《邱蔚六传》分别于2015年8月、2018年8月由上海交通大学出版社和人民卫生出版社出版。其中，《邱蔚六传》获评2018年中国医界好书，并居医界文学类好书榜首。

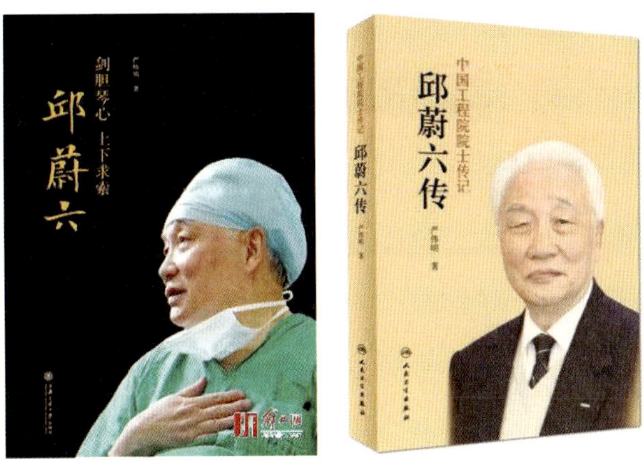

《剑胆琴心　上下求索　邱蔚六》《邱蔚六传》书影

走近大师，感悟大师的风范，从大师身上，我体味到了很多，邱院士是我最景仰的医学大师。作为作者，要做的就是展现真实、生动和栩栩如生的大师形象。邱蔚六大师那一个个生动感人的故事，成为我奋笔疾书的激情和动力源泉。最终，我采访写作100天一气呵成，完成了倾情之作。邱院士和我成了忘年交。这是一种缘分，我深感荣幸，难以忘怀……

2. 媒体选粹

邱蔚六："30 年不变的心愿"照亮一生的奋斗路

《文汇报》记者　唐闻佳

邱蔚六院士

邱蔚六是我国口腔医学界第一个中国工程院院士，1932 年出生的他今年虚岁九十了。他说，自己年轻时候有两个大的心愿：除了想学医，还有一个就是加入中国共产党。

21 岁时，邱蔚六就写了入党申请书，因历史原因未被接纳，但他的心愿始终没有改变过，终于在 1983 年光荣入党。这一年，邱蔚六 51 岁了，直言这是“30 年不变的心愿”。

“这期间，我始终没有动摇过内心的想法。我这辈子要么不入党，要入就入共产党。因为我是从以前走过来的人，新旧对比一目了然，也因此，我深刻理解‘只有共产党，才能救中国’的真谛。”

邱蔚六说。

如今回望，正是入党这个心愿，照亮了邱蔚六一生的奋斗路。

一、15 岁立志学医，20 岁立志入党

6 月下旬的上海，黄梅天气，十分闷热。邱蔚六院士拄着拐杖走进上海市第九人民医院的教学楼，开讲口腔医学领域的人文关怀与社会工作实践。老先生从象群迁徙说到人类生活习惯变化如何导致疾病谱改变，从整合式新医学的趋势说到人文学科融入医学，思路之敏捷、开阔，令后学钦佩不已。

30 分钟的讲课，邱蔚六全程站着，而这也是他一辈子的姿态：从医 60 多年，桃李满天下，蜚声国际口腔医学界。

邱蔚六在成都长大，学医是 15 岁时就立下的志愿。1951 年，邱蔚六考入华西大学（现四川大学华西口腔医院）。也是在此期间，随着成都解放、新中国建立，信仰的火种在邱蔚六的心中萌芽，1952—1953 年，邱蔚六写过两次入党报告。遗憾的是，均未被批准。

但邱蔚六没有气馁，做好了“接受长期考验”的准备，在学医的道路上更加努力。

1955 年毕业之际，邱蔚六接到一纸工作安排——到原上海第二医学院广慈医院（现瑞金医院）报到。当时，经 1952 年全国院系大调整，上海第二医学院由三校合并而成，1953 年建立了新中国第二个口腔颌面外科病房（第一个病房 1951 年诞生在华西协合），急需人才。邱蔚六就这样来到了上海，见证、参与、推动着中国口腔颌面医学的发展壮大。

二、亚洲第一人，获“杰出会士奖”

“入职广慈医院 10 年中，我没有辜负党的信任。尽管经历了很多事，我仍努力学习和工作。参加工作 3 年即在学会作专题报告，在杂志上发表了第一篇论文，1960 年获广慈医院先进工作者奖……”邱蔚六延续了他学生时代的“学霸”作风，也是在这里，他遇到了两位恩师——张锡泽教授、张涤生教授。张涤生系我国整形修复外科名家、中国工程院院士，被誉为“中国整外之父”。在两位老师的带领下，邱蔚六奋力在口腔颌面外科这个新生学科里开垦，日夜拼搏。

1965 年，再次根据学科调整，邱蔚六与老师们服从分配由广慈医院调至上海市第九人民医院工作。这期间，邱蔚六因家庭出身问题，再度受到影响。

“我内心有些沮丧，但我告诉自己，不应该灰心丧气，更应该争当先进模范。好在九院及科室党组织并未放弃我，在业务上反而委以重任，1978 年我还当上了科室副主任。”邱蔚六忆起那段岁月感慨不已。他说，口腔颌面外科正是“战争中飞出的金凤凰”，在第二次世界大战后，口腔颌面部战伤的救治需求非常大，而当时的中国，尽管发展条件不如国外，但国人斗志昂扬，自力更生的干劲很足。

“虽然我当时还不是党员，但我可以以党员的标准要求自己，努力为党工作，为国建设。”邱蔚六至今记得当时老师提出“赶超马丁（美国头颈外科先驱）”这个十分具体的目标。

知易行难。口腔颌面部疾病，尤其头颈肿瘤是危害人类健康最重要的疾病之一，而侵犯到颅底的晚期颌面部恶性肿瘤一度被视作医学“禁区”。“颅底就好像脑中的一层楼板，楼上是神经外科的范畴，楼下是口腔颌面外科的范畴，但是当中的这层楼板一直没人敢管，因为危险系数相当大。”邱蔚六解释。

40年前，一位身患颞下窝肉瘤的患者找到邱蔚六，彼时肿瘤已侵犯颅底，肿瘤导致的神经疼痛使这个30岁的年轻人痛不欲生。目睹患者被折磨，邱蔚六坐不住了。

那段时间，他查文献，搞解剖研究，每天工作10小时以上，有次啃着馒头就睡着了。经半年摸索，一套侵犯颅底口腔颌面部恶性肿瘤手术方案终于出炉。1978年6月，邱蔚六与尚汉祚终于将手术刀探进了颅底这块“禁区”，经过7小时的“鏖战”，这位年轻患者的肿瘤被完整切除。

这台手术犹如一把利剑，为晚期颌面恶性肿瘤患者开辟了一条生路，也为口腔颌面外科开出一片新天地。

邱蔚六在口腔外科领域的“首创”还有很多，绝处逢生的病例难以计数，也因为他的工作，世界口腔颌面医学界认识了“上海九院”。

2009年，国际口腔颌面外科医师协会将其最高奖项“杰出会士奖”授予时年77岁的邱蔚六。此前，全球只有5人获得过这一目前世界口腔颌面外科领域的最高荣誉奖项，在亚洲，邱蔚六是第一人。

三、接受过大小10次手术，多次把自己当作试验品

尽管享有如此高的医学成就，但几十年来，邱蔚六坚持只出普通专家门诊，不出特需门诊。“特需门诊价格跟普通专家门诊差了10倍，很多患者都是费尽周折才过来的，也不富裕，找我看病，就挂我的普通专家号吧。”邱蔚六顿了顿，认真地对记者这样说，“我学这个技术，是为人民大众服务的。”

有次邱蔚六去查房，病床上的老人见状赶紧起床相迎，邱蔚六一看连忙躬身给老人家穿鞋，这一幕令在场很多人感动不已，邱蔚六当时也是一头白发了。这回，记者采访邱蔚六时再说起此事，他爽朗地笑了，直言：“这真的没什么。”

“我很反对那种觉得自己了不起、趾高气扬的态度。医生当得越久，对患者是越有感情的。”邱蔚六忆及从前下乡的经历，最长的一次，他在皖南一个工厂里服务了一年多。那是 20 世纪 70 年代，包括他在内的三位城里医生下乡服务，他们虽是“厂医”，但也给乡里乡亲看病，半夜出诊是家常便饭。这段艰难岁月，积累了对患者真挚的情感。

邱蔚六的左耳前有一个不甚明显的刀口，那是他“以身试针”的见证。1958 年，全国掀起一股“中医热”，针刺麻醉成为热门研究项目之一。1963 年，邱蔚六带头组建了一个口腔颌面外科针麻手术研究组。摆在他面前的第一个问题就是——针麻到底有没有镇痛效果？碰巧，当时邱蔚六的左耳前长了一个黄豆大小的淋巴结，他决定用针麻实施一次淋巴结摘除手术。

手术只有十多分钟，却令邱蔚六切身感受到了针麻的效果。为了减轻患者疼痛，邱蔚六发明了一套无需电刺激的“得气留针”的方法。与此同时，他还结合口腔颌面部针麻手术的特点归纳了一套“飞刀法”。这一整套针麻的方法在 1976 年唐山大地震时，帮助九院救援医疗队在缺少麻药的情况下渡过了第一轮大量手术的难关。1989 年，该科研成果获国家中医药管理局科技进步奖。

“没有一手资料，就没有发言权。”从慢性中耳炎手术到坏死性胰腺炎手术，邱蔚六因各种原因接受过大小 10 次手术，而他多次把自己当作了试验品。

在医学道路上奋斗的同时，邱蔚六也迎来人生很重要的时刻。党的十一届三中全会后，1983 年 6 月，邱蔚六终于等到了入党宣誓的日子。

接受采访时，邱蔚六这样对记者说："算起来，我还是一名'年轻党员'，党龄 38 年，我夫人入党 68 年了。"邱蔚六的夫人是他的同学，当年一起来上海报到的 4 名同学之一，1953 年在校期间就加入了中国共产党。

"我的一生是圆满的，党和人民还给了我不少荣誉。我们最初的目标早已实现，我国口腔颌面外科在世界上有了一席之地，接下来很多事要交给学生了。我继续发挥余热，去做做得动的事，做对人民有益的事。"邱蔚六爽朗的笑声，充满长者的智慧与豁达。

文汇报

要闻

7

奋斗百年路 启航新征程 · 学党史 悟思想 办实事 开新局

党旗飘扬 · 上海百名基层党员谈初心

"我是从旧社会走过来的人，深刻理解'只有共产党，才能救中国'的真谛"

邱蔚六："三十年不变的心愿"照亮一生的奋斗路

人物小传

我我看病就往普通专家号吧，我学这个技术，是为人民大众服务的

15 岁立志学医，20 岁立志入党

亚洲第一人，获"杰出会士奖"

接受过大小10次手术，多次把自己当作试验品

《文汇报》的报道

（原载《文汇报》2021 年 7 月 4 日第 7 版，有删改）

耄耋院士邱蔚六：出诊、上课、编书“三不误”

《解放日报》记者 徐瑞哲

如果你是一个口腔病患者，挂了普通专家门诊号，碰见一位老院士帮你看病——不要诧异；如果你是一个本科医学生，修了“口腔医学导论”课，遇上一位老院士给你上课——也不要诧异。

不是你特别幸运，而是这个今年86岁的老院士数十载如一日，一直坚持着这么做。他就是中国工程院院士、上海交通大学荣誉讲席教授、上海交通大学医学院附属第九人民医院终身教授邱蔚六。

从事一线医、教、研60多年，时至今日，耄耋之年的邱蔚六依然定期参加疑难病例讨论会，同时带着3名博士研究生，为本科生讲授专业导论课，为研究生和科室做学术报告，并在每周例行的专家门诊中带教毕业实习医师。最近，受人民卫生出版社委托，他还主编完成了约40万字的全国推荐教材《口腔医学人文》一书。

邱蔚六院士在门诊带教

一、希冀长江后浪“淹没自己”

眼下，邱蔚六的“抬头”都是名誉的，从国家口腔疾病临床医学研究中心名誉主任，到上海市临床口腔医学中心名誉主任……而他，不曾离开过临床“前线”的实务实战，“退而不休”还开设邱蔚六口腔颌面外科劳模创新工作室。

自改革开放建立学位制度以来，除本科生教学外，邱蔚六培养了硕士生、博士生和博士后70余名。40余位博士中的大多数，已成为新一代的博士研究生导师。其中一人，只晚他14年便当选为中国工程院院士。他就是原九院院长张志愿，也是口腔医学界继邱蔚六之后的第二位院士。

师承关系，甘当人梯。邱蔚六说，要学自己的恩师、全国第一批博导之一张锡泽，做一颗铺路石。他冀望自己带教过的硕博研究生，就如长江后浪推前浪，“高过自己，淹没自己”。每每看到学生成绩卓著，邱蔚六常常喜泪盈眶，真比自己获奖还高兴，“学生不能青出于蓝胜于蓝，这世界就没有进步”。

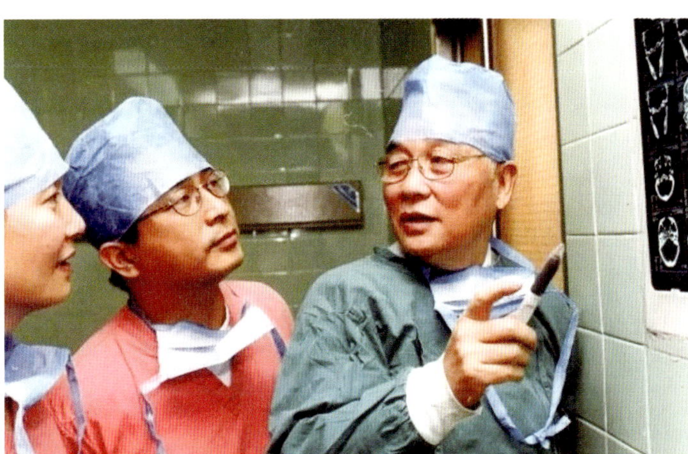

邱蔚六院士与学生讨论手术方案

家中，夫人王晓仪教授既是他同班同学，又是他同院同事。但邱院士略感遗憾的是，自己 3 个女儿，除小女儿是药剂师，没有一个真正接过他的衣钵。“原因其实很简单，爸爸工作太累、责任太大，她们都看在眼里。”好在邱蔚六从孙辈身上找到年轻的梦——几年前，外孙女在哈佛大学医学院拿到了博士学位。一个越洋电话打过去，外孙女叫着：“外公，我要睡觉啦，累得不得了。”可邱蔚六一听，倒挺高兴：不累才怪。他还赋打油诗，并译成英文，最后两句是：敢攀今日医圣殿，承我事业在哈佛。

二、以身试“刀”只为思痛比心

早在做医学生时，邱蔚六因自己智齿位置不佳，就贡献出一个“试教”机会，让其他学生分两次来拔牙，上下两颗智齿被统统报销。后来，作为医生的他多次把自己的身体当作“实验品”和“活教材”。比如，通过摘除自己左耳之前的淋巴结，他全程坚持十多分钟归纳出“飞刀法”，总结出口腔颌面针麻手术操作规程，并写入其主编的外科教材书。只有自己患病后才能体会“咬咬牙”“忍一忍”到底是何滋味，“神农遍尝百草可是冒着生命危险，医生尝尝皮肉之苦算是家常便饭”。

打开邱蔚六的工作电脑，里面一个名为“病人”的文件夹，包含超过百个子文件夹。从面裂、半舌萎缩，到脆骨症、淋巴瘤，子文件夹满是各种各样疑难杂症的中文名或英文名。每个文件夹内，包括病人接受手术前后照片、CT 等影像资料，以及诊断书扫描件等。这些都来自邱蔚六的病人，他对每个人的病情始末了如指掌。

邱蔚六常遗憾不能像球星那样清楚记录一生进过多少球，而只能粗略估计至少完成了 10 万例次规模的诊治。他也无法统计为多少患者进行过手术，因为除了手术记录簿上可查的，他在门诊手术、巡回医疗、下乡服务以及兄弟医院会诊中进行的手术未留专门记录。

以身试“刀”，思痛比心。作为我国口腔颌面外科、头颈肿瘤外科、口腔颌面修复重建外科的创建者和开拓者之一，更作为一名教学医院的医师，他说：医疗是基础，教学是根本，科研是灵魂，相互依存、相互影响，“总的目的都是为了病人”。

三、口腔从“二级”独立为“一级”

不论出诊、上课还是编书，邱蔚六“三不误”。他形容自己是个“土鳖”不是“海归”，是一个地地道道由中国本土培养出来的外科医师，“这要感谢祖国”。革命战争年代，邱蔚六父亲中枪伤重，送当时四川省省立医院抢救。为此，邱蔚六高中休学一学期，在病榻陪伴近半年，对担任主治的外科医师感激而崇敬。于是，他赴国内第一家口腔医学院校——原华西协合大学牙医学院求学，系主任对他说，所谓“牙医”已发展出口腔颌面外科。听到“外科”二字，他便抱定了志向。1955年毕业后，他被分配至原上海第二医学院口腔医学系（现上海交通大学口腔医学院），从此一生为医并专攻口腔。

在发达国家，口腔医学与临床医学是并列的一级学科，而在此前我国研究生教育目录中，口腔医学仅仅是临床医学之下、与内外科齐平的二级学科。因此，邱蔚六在担任国务院学科评议组成员期间，积极致力于为口腔医学教育正名，认为这个学科有其自身规律和特色。终于1998年，口腔医学在目录中独立为一级学科。这是邱蔚六在参加学科评议工作近20年中，自己感到做得“最满意的一件事”，也对学科建设“出了一点力”。

而为了这门“一级”学科，他先后主编6版国家规划教材《口腔颌面外科学》和作为参考书的口腔颌面外科《临床手册》《理论与实践》及《手术图解》等配套系列专著，被评为上海市和全国优秀教师，36次获国家和部市级一、二、三等科技进步奖和何梁何利基金科学与技术进步奖。这位国际牙医学院院士，还被授予国际口腔颌面外科医师协会“杰出会士奖”。这一该领域的最高荣誉，此前全球仅5人荣膺。

（原载《解放日报·上观新闻》2018年9月5日，有删改）

中国式口腔颌面外科，创新实践的发源地

《新民周刊》记者　黄祺

邱蔚六院士（左）与张志愿院士（中）、沈国芳教授（右）一起讨论

王兴会长（左一）、张杰校长（左二）、邱蔚六院士（右二）、张志愿院士（右一）和国际口腔癌学会秘书长 Varma（中）合影

邱蔚六院士（右二）与参加毕业典礼的博士生

中国的现代医学有一个从跟随西方学习到逐渐形成自己特色的过程，特别是外科领域，经历了很长的“学徒”期。

但有一个专科，中国医生的技术早在20世纪80年代就得到了国际同行的称赞，这就是以上海交通大学医学院附属第九人民医院（以下简称上海九院）口腔颌面外科为代表的中国口腔颌面外科。改革开放初期，国外同行到上海九院口腔颌面外科参观，看了上海医生的精湛技术和独特的诊治方案后，他们将中国医生的技术称为“中国式口腔颌面外科”。

上海九院口腔颌面外科在张锡泽教授、邱蔚六院士、张志愿院士和学科带头人们的带领下，通过一代代口腔颌面外科人的共同努力，如今已成为国际上最强的口腔颌面外科学学科之一。

中国口腔颌面外科学起步于20世纪50年代初期，几十年间，上海九院口腔颌面外科就进入世界第一梯队，形成自己鲜明的特色、拥有两位院士。取得这样骄人的成绩，学科的建设者们最知道他们付出了多少努力。

上海九院口腔颌面学科的发展史，可以说就是中国医学奋斗史的缩影。大胆的创新实践，让曾经的“学徒”走到了引领者的位置，上海九院口腔颌面外科成为推动整个学科进步、为患者带来更好治疗效果的重要发源地。

一、大胆闯，勇敢试

在上海九院口腔颌面外科，有一个故事几乎每个人都知道。1972年，一位颌部癌症晚期患者辗转很多医院未能收治，最终，邱蔚六教授为他做了手术，成功切除全上颌骨后又为他安装了假的上颌骨。经过锻炼，这位患者不仅恢复了语言功能，可以讲流利的英语，还在夏威夷大学任教中文。患者治愈后长期与邱蔚六保持联系，成了朋友，还给邱教授寄来自己跑马拉松时的照片。1992年，这位患者受夏威夷医生的委托邀请邱蔚六去做交流。面对他，邱蔚六总有一丝遗憾：那时候还没有外科手术修复，如果有的话，他的外形会更好看一点，功能也会更好一些。但当时只能是先讲生存，再讲生活质量。

“口腔颌面外科” 简单说管的是人的头颈部除了眼耳鼻喉以外的其他区域。也就是说，人的消化道、呼吸道所有的“大门”，都是口腔颌面外科的范围。口腔颌面疾病不仅影响人的容貌、造成自卑，更重要的是这些疾病严重影响人的生活质量，很多患者痛不欲生。同时由于口腔颌面结构复杂，找到病因和制定治疗方案仿若“破案”，使得治疗充满挑战。这样一个高难度的外科领域，上海九院却拥有两位院士，他们在专业领域里完成了大量开拓工作。20 世纪 60 年代初期，邱蔚六教授便致力于口腔颌面部肿瘤切除术后缺损的立即修复，开创了全额隧道皮瓣一次转移术。他首次提出了“针刺得气留针”的方法，应用于口腔颌面外科针麻手术。20 世纪 70 年代，他率先将显微外科技术引进至口腔颌面外科领域；他首次在国内施行颅颌面根治性联合切除术，为晚期口腔颌面恶性肿瘤患者开辟了一条可能治愈的途径。

作为邱蔚六院士的学生，张志愿是我国第二个口腔医学院士，是中国特色口腔颌面外科传承和发展者之一，他承前启后，推动了中国口腔颌面外科在国际舞台占有一席之地。1988 年，张志愿在国内首创“三合一” 方法治疗口腔颌面部动静脉畸形，即“栓塞 + 病灶切除 + 整形修复组织”，用一次手术就摘除病灶，出血量减少 80%，圆满完成了邱蔚六教授要求“攻克”的难题。此后，张志愿团队首创“五步法”，从 DSA 引导、静脉插管、栓塞、激光硬化剂、手术整复，解决巨大静脉畸形手术难题；首创“双介入”法，将超选择动脉栓塞与静脉池栓塞结合，攻克巨大颌骨动静脉畸形难题。巨大动静脉畸形手术的风险非常高，张志愿运用“三合一”方法，将这一“难治”的疾病变为“可治”。

上海九院团队如今毫无疑问是中国乃至世界口腔颌面外科领域的风向标。2012 年因学科发展需要，医院原口腔颌面外科专业细化分为口腔颌面 – 头颈肿瘤科、口腔颅颌面科和口腔外科三个独立科室。由此，口腔颌面外科走上亚专科精准治疗之路，迄今每一个独立科室都形成了自己的特色，在专业领域树立起了自己响当当的品牌。

3 年前，口腔颌面 – 头颈肿瘤科行政主任张陈平教授接诊了一位 70 岁外国患者。患者右颈部的一个肿块多年来时大时小，后来肿块明显长大，有压迫感并感到头晕。老先生曾在美国的医院检查过，但始终没有给出明确的答案。查询资料后，老先生找到了上海九院。诊断复杂疾病，跟探案有很多相似之处，经过检查和研究，张陈平教授作出诊断，这是一个原发癌，名为鳃裂癌。患者颈部高度恶性肿瘤快速发展，老先生需要接受手术。但问题又来了，老先生患有冠心病、高血压、房颤、室性早搏等疾病，此前一直在美国接受治疗。肿瘤生长于颈动脉周围高危区域，又有基础疾病，问题变得更加复杂。上海九院颈部肿瘤团队立即启动多学科诊疗机制，与麻醉科、心内科等多学科专家深入讨论，制定了以手术为主的综合治疗方案。由于准备充分、技术娴熟、经验丰富，老先生的手术顺利完成，手术后第六天，患者出院。张陈平教授团队口腔癌总体治愈率接近 80%，晚期口腔癌的治愈率也已经超过 60%，这样的治疗水平，与美国等发达国家同等。手术后重建缺损部位、恢复缺损部位的功能和外观，是张陈平教授团队的诊疗特色，形成了一整套口腔颌面部肿瘤根治术后缺损的功能性修复技术。现在，随着3D打印等新技术的出现，颌面部的修复有了更多的可能性，修复效果也比过去有了很大的改变。近年来，上海九院口腔颌面外科开展了近1200例颌骨功能性重建手术，科研成果"下颌骨缺损的形态与功能重建研究"项目获得上海市科技进步一等奖和中华医学科技二等奖。相关研究成果已经在全国20余家三级医院进行推广应用。罕见肿瘤、高龄、多种基础疾病……别人望而生畏的患者，上海九院口腔颌面外科团队治疗了一个又一个。

上海九院的勇气与自信，来自千锤百炼的技术基础和不惧挑战、大胆创新的能力。创新的血脉，在如今的中青年口腔颌面外科专家们身上继续延伸。

二、自信走上世界舞台

上海九院口腔颌面外科的高难度手术，经常作为示范直播到世界各地，供全世界的医学同行观摩和借鉴。同时，上海九院口腔颌面外科也成了全世界培养优秀外科医生的国际化培训基地。在上海九院口腔颌面外科，常常能遇到进修的外国医生，上海医生的技术和规范化操作让他们大开眼界。

上海九院是国际口腔颌面外科医师协会授予的口腔颌面外科专科医师培训基地，英国爱丁堡皇家外科学院在我国的唯一口腔颌面与头颈肿瘤培训中心和国际内固定修复学会颅颌面亚太培训中心，英国爱丁堡皇家外科学院国内唯一正畸专科医师培训基地，英国爱丁堡皇家外科学院口腔正畸专科医师中国考试基地以及英国爱丁堡皇家外科学院口腔种植与修复专科医师培训考试中心。

英国爱丁堡皇家外科学院成立于1505年，是世界上最为知名的专科医师培训组织管理机构，也是历史最悠久的外科专科医师培养基地。2012年，英国爱丁堡皇家外科学院经过一番考察后，将唯一的一个头颈肿瘤国际培训基地，放在了上海九院。作为头颈肿瘤外科医生培训中重要的一个环节，来自英国及世界各地的头颈肿瘤外科医生需顺利通过上海培训中心的学习和考核。

忆往昔，医学前辈早就踏出了登上国际舞台的步伐。

随着改革开放将国门打开，邱蔚六和科里的医生们一起奋发图强弥补短板。在国家政策和经费支持下，中国派出中青年骨干去国外学习；也请来了一些国际知名的口腔颌面外科或相关科室学者来国内传经送宝，增强了各国同道之间的相互了解和友谊。

邱蔚六院士曾30余次参加国际会议及出访讲学，特别在美国第71届口腔颌面外科学术会议的大会演讲，被誉为中国代表正式在美国大型国家会议上作报告的第一人，从而确立了我国口腔颌面外科在国际上的应有地位，也吸引了来自美、英、日、法、南斯拉夫及香港等国家和地区的学者前来求经。当1999年邱蔚六院士代表中国成为国际口腔颌面外科医师协会的首任理事时，他激动地说："能够完成我国口腔颌面外科人走向世界的心愿，我感到十分欣慰，因为这是我事业的重要部分。"

2003年，在希腊举行的第16届国际口腔颌面外科会议上，中华口腔医学会口腔颌面外科专业委员会与香港口腔颌面外科医师协会联手提出承办申请，经过与7个国家地区的竞争，上海成功地获得大会承办权，上海九院口腔颌面外科在其中发挥了重要作用。

2009 年上海举办的第 19 届国际口腔颌面外科学术大会上，邱蔚六担任大会主席。

此次会议是真正意义上的口腔颌面外科国际性会议，相当于口腔颌面外科学领域的“奥运会”。这也是继 1986 年成立口腔颌面外科学组、1999 年正式加入国际口腔颌面外科医师学会之后，我国口腔颌面外科学发展史上的第三个里程碑。

大会期间，邱蔚六教授因其对口腔颌面外科事业的杰出贡献，被授予国际口腔颌面外科医师协会“杰出会士奖”（Distinguished Fellow Award）。这是目前世界口腔颌面外科领域的最高荣誉奖项，此前全球只有 5 人获此殊荣。“这不仅是我个人的荣誉，也是全中国以及亚洲口腔颌面外科医师的荣誉”，因为以前这一荣誉还从未授予过亚洲人。同时，它还表示我国口腔颌面外科水平已为世界接受和承认。

邱蔚六院士为学科发展道路作出规划：中国口腔颌面外科特色需要走的道路应“三化”，即个性化、本土化和国际化。从 1980 年一个 50 多人的独立科室，到现在口腔颌面外科拥有 3 个独立的二级学科和近 20 个三级学科、300 多人的科室；床位从 60 张发展到现在 300 多张，上海九院口腔颌面外科前辈们当年的理想，正在一一实现。

三、一边服务患者，一边攀登科研高峰

60 多年来，医学大家们为上海九院口腔颌面外科团队留下了独特的科室文化，这种科室文化，也是今天整个团队能够不断进步的动力源泉。

说起科室文化，一位专家讲了一个小细节：张志愿院士教学查房，年轻医生们有点“怕”。张院士会随身带着手电筒，从侧面照射患者伤口处，如果伤口缝合不够平整，照射处会留下阴影，这个时候，手术医生就要等着挨批评了。“伤口缝合是不是平整看起来是小事，但张院士要告诉大家，缝合这个小事就能看到一个医生的认真、仔细、责任感，能看到手术过程是不是规范，医生是不是全力以赴。”尽管是一个小小的细节，但严谨、规范、为病人着想的科室作风，就这样通过一件件小事传承下来。邱蔚六院士也曾告诫年轻医生：“你们在手术台上是十分钟，对病人来说就是一辈子。”对临床科研的重视，是上海九院口腔颌面外科的另一个传统。

邱蔚六院士曾经说过：“科研说白了就是把问号变成惊叹号。”口腔颌面外科是上海九院获得国家科技三大奖最多的学科，被大家称为“获奖专业户”。

20 世纪 80 年代中期，邱蔚六等尝试经关节镜滑膜下硬化疗法治疗习惯性颞下颌关节脱位取得成功，并获国家发明奖，之后又被国外专著明确引用，并为以后开展的口腔颌面微创外科奠定了坚实基础。科研上的突破大大提高了中国口腔颌面外科在国际学术界的地位和话语权。

（原载《新民周刊》2020 年 11 月 23 日，有删改）

附录三

邱蔚六论文目录

一、科技论文

1. 邱蔚六 . 迎接“新生物学和再生革命”浅议“再生医学”. 口腔医学研究, 2015, 31(6): 545-5.

2. 邱蔚六 . 漫谈医学科学的“上帝粒子”. 上海口腔医学, 2014, 23(3): 257-260.

3. 邱蔚六 . 循证医学 VS 医学循证及其随想 . 医学争鸣, 2013, 4(3): 1-4.

4. 邱蔚六 . 也谈转化医学 . 转化医学与科研管理, 2012, 9(3): 97-99.

5. 邱蔚六 . 从我国口腔颌面外科学的发展看学科交叉的重要性 . 科技导报, 2012, 30(6): 3.

6. 贺捷, 邱蔚六 . 二膦酸盐与颌骨骨坏死 . 中国口腔颌面外科杂志, 2010, 8(4): 370-375.

7. 邱蔚六 . 中国口腔颌面外科学发展的第三个里程碑——评第19届国际口腔颌面外科学术大会 . 中国口腔颌面外科杂志, 2010, 8(3): 195-198.

8. 张萍, 邱蔚六 . 干细胞: 攻克头颈部癌的新途径？. 中华口腔医学杂志, 2009, 44(增刊 1): 48-53

9. 邱蔚六 . 中国口腔颌面外科学发展的第三个里程碑 . 中华口腔

医学杂志, 2009, 44(11): 641-644.

10. 邱蔚六 . 口腔颌面外科临床进展一瞥 . 中国实用口腔科杂志, 2009, 2(1): 1-4.

11. 邱蔚六 . 口腔颌面外科的发展见证中国改革开放 30 年 . 上海口腔医学, 2009, 18(1): 94-96.

12. 邱蔚六 . 关于建立口腔颌面——头颈肿瘤内科体系的思考 . 中华口腔医学杂志, 2008, 43(3): 129-131.

13. 邱蔚六 . 口腔颌面部微创手术之我见 . 微创医学, 2008, 3(1): 1.

14. 史俊, 邱蔚六, 王丽珍, 胡宇华 . 实验性兔下颌骨骨折愈合过程的影像学及组织学观察 . 中国口腔颌面外科杂志, 2007, 5(3): 225-230.

15. 史俊, 邱蔚六, 姜闻博, 孙康 . 兔下颌骨骨折三维有限元模型的建立 . 中国口腔颌面外科杂志, 2007, 5(3): 220-224.

16. 邱蔚六 . 晚期头颈肿瘤的综合序列治疗与头颈肿瘤内科 . 中国医学文摘耳鼻咽喉科学, 2007, 22(6): 310-311.

17. 邱蔚六 . 生物力学原理无所不在——浅论生物力学与口腔医学的关系 . 医用生物力学, 2007, 22(2): 115-118.

18. 邱蔚六 . 新的五年, 新的挑战——我国口腔颌面 - 头颈肿瘤外科发展之我见 . 中华口腔医学杂志, 2006, 41(8): 449-452.

19. 邱蔚六 . 持续发展, 与时俱进——我国口腔颌面外科发展之前瞻 . 中国口腔颌面外科杂志, 2006, 4(4): 242-245.

20. 高益鸣, 邱蔚六, 唐友盛, 沈国芳 . 下颌骨发育性不对称畸形颌面硬组织特征的研究 . 中国口腔颌面外科杂志, 2006, 4(3): 177-

181.

21. 顾飞飞,邱蔚六.37066次口腔颌面外科住院手术统计分析.中国口腔颌面外科杂志， 2006, 4(1): 58–62.

22. 邱蔚六.临床决策需要辩证思维.医学与哲学, 2006, 27(7): 1–2.

23. 史俊, 邱蔚六.骨折愈合中骨再生的生物学和生物力学.上海生物医学工程, 2006, 26(1): 52–55.

24. 邱蔚六.口腔颌面修复重建外科近况.中国修复重建外科杂志, 2006, 20(4): 339–343.

25. 邱蔚六.学习和实践循证医学, 努力推进口腔医学发展.继续医学教育, 2006, 20(1): 92–94.

26. 邱蔚六.重视循证医学, 提高口腔医学临床科研和诊治水平.中国循证医学杂志, 2005, 5(11): 809–810.

27. 余杨, 邱蔚六.头颈部鳞状细胞癌侵袭与转移的分子水平研究进展.中国口腔颌面外科杂志, 2005, 3(3): 255–258.

28. 邱蔚六.应重视口腔颌面部恶性肿瘤的综合序列治疗.中国口腔颌面外科杂志, 2005, 3(3): 179–182.

29. 邱蔚六.2005, 让我们做得更好.中国口腔颌面外科杂志, 2005, 3(1): 1.

30. 殷学民, 邱蔚六, 张陈平, 竺涵光.应用吻合血管的骨肌皮瓣修复下颌骨放射性骨坏死.中华显微外科杂志, 2005, 28(1): 14–16.

31. 邱蔚六.口腔颌面部癌瘤治疗的新理念——浅析综合序列治疗.上海第二医科大学学报, 2005, 25(4): 321–324.

32. 邱蔚六.口腔颌面部缺损修复重建的现状和展望.中国修复

重建外科杂志，2005，19(10)：769.

33. 邱蔚六．口腔颌面癌瘤疗效的评价和治疗新理念．口腔颌面外科杂志，2005，15(1)：1-4.

34. 邱蔚六．重视和加强口腔遗传性疾病的研究．上海口腔医学，2005，14(3)：205-209.

35. 陈敏洁，杨驰，邱蔚六．三叉神经痛和半侧面肌抽搐的病因研究与治疗新进展．中华口腔医学杂志，2004，39(2)：173-174.

36. 郑家伟，邱蔚六．头颈鳞癌淋巴结临床阴性患者的诊断及治疗．国外医学口腔医学分册，2004，31(6)：455-458.

37. 李青云，邱蔚六，唐友盛，王国民，沈国芳，卢晓峰，蒋莉萍，朱敏．唇腭裂患者上颌骨牵引成骨术后口鼻腔共鸣的变化．中国口腔颌面外科杂志，2004，2(4)：250-253.

38. 李青云，邱蔚六，王国民，唐友盛，蒋莉萍，朱敏，沈国芳，卢晓峰．唇腭裂患者上颌骨牵引成骨术后发音方式的变化．中国口腔颌面外科杂志，2004，2(4)：245-249.

39. 李青云，邱蔚六，王国民，唐友盛，蒋莉萍，朱敏，沈国芳，卢晓峰．唇腭裂患者上颌骨牵引成骨术后和声学特性的变化．中国口腔颌面外科杂志，2004，2(3)：148-151.

40. 王伟，邱蔚六，袁文化，胡勤刚，沈健，陈强．消旋聚乳酸复合 rhBMP-2/hTGF-β1 诱导小鼠成骨及其机制的研究．中国口腔颌面外科杂志，2004，2(1)：43-47.

41. 邱蔚六，张秀丽，蒋灿华，叶冬霞，周晓健，陈万涛．中药“参阳”方对人舌鳞癌细胞裸鼠移植瘤的抑瘤作用．中国口腔颌面外科杂志，2004，2(1)：22-25.

42. 朱敏，邱蔚六，唐友盛，房兵，李光耀，向飞．应用 β 样条技术重建颅颌骨的三维形态．口腔颌面外科杂志，2004，14（4）：299-303.

43. 邱蔚六，蒋灿华．疾病预后的评价及统计学处理．上海口腔医学，2004，13（6）：473-475.

44. 房兵，邱蔚六，沈国芳，唐友盛．成人骨性安氏 II 类 1 分类错殆的正颌 - 正畸联合治疗．上海口腔医学，2004，13（4）：325-327，335.

45. 朱敏，邱蔚六，房兵，唐友盛，鞠鲁粤，李光耀．三维光栅投影技术在面部轮廓三维重建中的应用．上海口腔医学，2004，13（3）：173-175.

46. 杨育生，邱蔚六，袁文化，王国民，唐友盛．CT 辅助咽后壁瓣手术设计．中华口腔医学杂志，2003，38（3）：179-181.

47. 邓永强，邱蔚六，何荣根，林国础．TNP-470 抗人涎腺腺样囊性癌裸鼠肺转移．中华口腔医学杂志，2003，38（3）：178.

48. 邱蔚六．我国口腔颌面肿瘤的诊治和研究现状．中国口腔医学杂志，2003，38（1）：1-2.

49. Z.Wang，W.Qiu，W.M.Mendenhall. Influence of radiation therapy on reconstructive flaps after radical resection of head and neck cancer. Int.J.OralMaxillofac.Surg，2003，32：35-38.

50. 邱蔚六，卢晓峰．睡眠呼吸障碍诊疗进展．现代实用医学，2003，15（4）：201-204.

51. 李青云，邱蔚六，唐友盛，王国民，沈国芳，朱敏，张桦，房兵．唇腭裂继发上颌骨发育不足牵引成骨后腭咽部功能变化．口腔颌面外科杂志, 2003, 13(3): 218–221, 234.

52. 林国础, 邱蔚六, 陆昌语, 郭一钦, 曹阳."参阳"方辅助治疗口腔鳞状细胞癌的远期疗效评价.上海口腔医学, 2003, 12(5): 321–323.

53.Weiliu Qiu .Development of oral and maxillofacial oncology in China.Chinese Medical Journal, 2003, 116(10): 1567–1573.

54.Zhang ZY, Qiu WL.Craniofacial resection of advanced oral and maxillofacial malignant tumors.Chinese Medical Journal, 2003, 116(1): 134–137.

55. 王伟, 邱蔚六, 袁文化, 胡勤刚, 沈健, 陈强.应用国产消旋聚乳酸载体复合 rhBMP-2 和 hTGF-β1 修复兔下颌骨缺损.中国口腔颌面外科杂志, 2003, 1(3): 166–171.

56. 林国础, 邱蔚六, 张志愿, 张陈平, 竺涵光, 孙坚.舌体癌的手术治疗方法探讨.耳鼻咽喉 – 头颈外科杂志, 2002, 9(4): 223–227.

57.Chi Yang, Weiliu Qiu.Bilateral discal tumoral calcinosis of the temporomandibular joint.J Oral Maxillofac Surg, 2002, 60: 315–318.

58.Wei GUO, Jian MENG, Zhiyuan ZHANG, Weiliu QIU.Human tongue carcinoma models established in nude mice by orthotopic transplantation and their value for experimental study.the Chinese Journal of Dental Research , 2002, 5(2): 39–42.

59. 邱蔚六.口腔癌诊治的现状和趋向.中华口腔医学杂志, 2002, 37(3): 81–83.

60. 邱蔚六.中国口腔颌面肿瘤学进展 50 年.中华口腔医学杂志, 2002, 37(3): 161–164.

61.Sun Jian, Zhang Zhi-yuan, Qiu Wei-liu.Closed three-dimensioned reconstruction of maxillofary defect with titanium mesh and myocutaneous fibular flap and Chinese flap.J.of Cranio-maxillofacial Surg, 2002, 30(1): 87.

62.Chi Yang, Weiliu Qiu.Neoplasms and pseudotumors of the temporomandibular joint.J.of Cranio-maxillofacia lSurg, 2002, 30(1): 174-175.

63.Shen GF, Lu XF, Tang YS, Qiu WL.Distraction osteogenesis vs.orthognathic surgery in the treatment of obstructive sleep apnea syndrome.J.of Cranio-maxillofacial Surg, 2002, 30(1): 158.

64.Zhang ZY, Qiu WL.Craniofacial resection for advanced malignant tumors in oral and Maxillofacial region: a retrospective study of 46 cases.J.of Cranio-maxillofacial Surg, 2002, 30(1): 11.

65. 朱敏，邱蔚六. 计算机辅助技术在口腔颌面外科的应用和展望. 国外医学口腔医学分册.2002, 29(4): 249-253.

66. 邱蔚六. 继往开来，开拓进取. 上海口腔医学，2002, 11(1): 1.

67.Yang Chi, Qiu Weiliu.Osteoid osteoma of the eminence of the temporomandibular joint.J.of OMS, 2001, 39: 404-406.

68. 郑家伟，邱蔚六. 口腔颌面部鳞癌颈淋巴结转移的超声诊断标准. 国外医学口腔医学分册，2001, 28(1): 58-59.

69. 邓永强，邱蔚六，陈万涛，李为国.TNP-470、顺铂联合应用抗人舌癌生长的实验研究. 现代口腔医学杂志，2001, 15(2): 89-91.

70. 杨育生，邱蔚六，袁文化，唐友盛，王国民. 应用 CT 对咽后壁瓣术后收缩的评价. 口腔颌面外科杂志，2001, 11(增): 21-22.

71. 郑家伟，邱蔚六，王中和．同期化放疗治疗晚期头颈癌．口腔颌面外科杂志，2001，11（3）：241–244.

72. 吴煜农，邱蔚六，张志愿，张陈平．颈清扫术中改善术后肩功能方法的初步探讨．口腔颌面外科杂志，2001，11（1）：4–7.

73. 杨育生，邱蔚六，袁文化，唐友盛，王国民．CT 和鼻咽纤维对正常发音者腭咽闭合功能检测的比较．口腔颌面外科杂志，2001，11（1）：30–31，44.

74. 李志勇，邱蔚六，郭伟，林国础，刘桢，余强．面部肿胀、发热、胸腔积液、低蛋白血症、衰竭 1 例讨论．上海口腔医学，2001，10（4）：361–365.

75. 郑家伟，邱蔚六，张志愿，林国础，竺涵光．应用冻干异体动脉重建颈总动脉的实验研究．上海口腔医学．2001，10（4）：353–356.

76. 房兵，邱蔚六，袁文化，唐友盛，沈国芳，张桦，陈建宇，朱敏．腭裂引起反殆的前牵引与下颌髁突位置关系的初步研究．上海口腔医学，2001，10（4）：292–294.

77. 邓永强，邱蔚六，何荣根，林国础，陈万涛，周晓健．TNP–470 对人腺样囊性癌细胞增殖和凋亡的实验研究．上海口腔医学，2001，10（2）：145–148，153.

78. 郑家伟，邱蔚六，张志愿，竺涵光，林国础．山羊颈外静脉重建颈总动脉的组织学观察．上海口腔医学，2001，10（1）：27–30.

79. 杨育生，邱蔚六，袁文化，唐友盛．应用 CT 评价正常发音者的腭咽闭合功能．上海口腔医学，2001，10（1）：10–12.

80. 李涛，邱蔚六，张志愿，钱关祥，何荣根，竺涵光，胡亮，陈诗书．TNF–α 基因修饰口腔鳞癌 DNL 的临床初步应用（附 1 例报告）．上海口腔医学, 2000, 9(2): 114–115.

81. 孟箭, 郭伟, 邱蔚六. 人舌鳞癌裸鼠原位移植模型的建立及其应用价值. 中国肿瘤, 2000, 9(10): 478–479.

82. 邱存平, 邱蔚六, 周晓健, 何荣根. TNP–470 联合顺铂抗腺样囊性癌生长和肺转移的实验研究. 上海口腔医学, 2000, 9(1): 5–7.

83. 郑家伟, 邱蔚六, 张志愿, 林国础, 竺涵光. 山羊颈部血管的解剖与组织学观察. 上海口腔医学, 2000, 9(1): 39–41.

84. 蔡以理, 邱蔚六, 何荣根, 王中和, 周晓健. 放射联合淋巴细胞对腺样囊性癌的抗瘤效应. 中华口腔医学杂志, 2000, 35(4): 245–247.

85. 郑家伟, 邱蔚六, 张志愿, 林国础, 竺涵光. 应用自体颈外静脉重建颈总动脉的实验研究. 中华口腔医学杂志, 2000, 35(3): 238.

86. 邓永强, 邱蔚六. 血管内抑素及其抗肿瘤作用. 国外医学口腔医学分册, 2000, 27(5): 268–270.

87. 王伟, 邱蔚六, 袁文化. 成骨细胞特异性转录因子 OSF2/CBFA1. 国外医学口腔医学分册, 2000, 27(1): 33–35.

88. 马秦, 邱蔚六, 费俭, 李文刚, 陈富林, 徐蓬. 从人软骨提取 RNA 和 CDMP–1 成熟肽片段的克隆. 上海第二医科大学学报, 2000, 20(6): 509–511.

89. 王旭东, 杨驰, 邱蔚六, 蔡协艺, 哈綦. 计算机辅助合成颞下颌关节镜全景图像. 华西口腔医学杂志, 2000, 18(6): 392–393.

90. 杨驰, 邱蔚六, 王旭东, 蔡协艺, 哈綦. 计算机合成颞下颌关节镜全景图像临床应用研究. 华西口腔医学杂志, 2000, 18(5): 329–331.

91. 房兵,邱蔚六,袁文化,唐友盛,沈国芳,朱敏,张桦,陈建宇.矫治前颌骨对人工腭裂大鼠上颌骨生长发育影响的增殖细胞核抗原检测研究.华西口腔医学杂志, 2000, 18(4): 266-268.

92. 房兵,邱蔚六,袁文化,唐友盛,沈国芳,朱敏,张桦,陈建宇.矫治前颌骨对人工腭裂大鼠上颌骨生长发育影响的 X 线头影测量研究.华西口腔医学杂志, 2000, 18(3): 185-188.

93. 房兵,邱蔚六,袁文化,唐友盛,沈国芳,朱敏,陈建宇,张桦.前颌骨矫正对人工腭裂大鼠上颌骨生长发育影响.实用口腔医学杂志, 2000, 16(3): 188-191.

94. 邱蔚六.我国近年口腔颌面肿瘤诊治及研究进展.实用肿瘤杂志, 2000, 15: 361-364.

95. 郑家伟, 邱蔚六.头颈癌研究现状与展望.实用肿瘤杂志, 2000, 15(5): 72-75.

96.Wang Zhonghe, Qiu Weiliu, Huang Wenbin.Radio therpeutic to lerance of the reconstructive flaps following radical excision of oral maxillofaical cancers.J.of SSMU, 2000, 12(1): 11-13.

97. 杨驰, 邱蔚六, 陈敏洁, 杨雯君, 哈綦.自体耳廓软骨瓣置换或重建颞下颌关节盘——临床疗效评价.口腔颌面外科杂志, 2000, 10(2): 124-127.

98. 郑家伟, 邱蔚六, 张志愿, 林国础, 竺涵光.应用 Gore-Tex 人造血管重建颈总动脉的实验研究.口腔颌面外科杂志, 2000, 10(2): 120-123, 171.

99. 房兵, 邱蔚六, 袁文化.双侧先天性唇腭裂前颌骨矫正的临床研究.上海口腔医学, 1999, 8: 96-98.

100. 邱蔚六, 卢晓峰 . 应重视阻塞性睡眠呼吸暂停综合征的诊断和治疗 . 中国口腔医学年鉴, 1999, 8: 86–85.

101. 顾章愉, 邱蔚六, 何荣根 . 阿斯匹林对腺样囊性癌细胞粘附能力影响的实验观察 . 上海口腔医学, 1999, 8: 65–66.

102. 王伟, 邱蔚六, 袁文化 . 国产消旋聚乳酸接骨板体内降解过程观察 . 上海口腔医学, 1999, 8: 33–35.

103. 王伟, 邱蔚六, 袁文化 . 国产消旋聚乳酸接骨板体内埋植组织反应观察 . 上海口腔医学, 1999, 8: 30–32.

104. 俞创奇, 邱蔚六, 胡北平 . 干燥综合征动物模型的建立及病理变化的初步探讨 . 上海口腔医学, 1999, 8: 27–29.

105. 邱蔚六, 郭伟 . 我国口腔颌面肿瘤基础与临床研究进展 . 中国肿瘤, 1999, 8: 271–273.

106. 俞创奇, 邱蔚六, 胡北平 . 干燥综合征动物模型的建立及中药疗效的观察 . 上海口腔医学, 1999, 8: 24–26.

107. 俞创奇, 邱蔚六, 胡北平 . 干燥综合征临床诊断和中医辨证的探讨 . 上海口腔医学, 1999, 8: 21–23.

108. 房兵, 邱蔚六, 叶少波 . 正颌治疗前后咀嚼肌肌电变化的初步探讨 . 上海口腔医学, 1999, 8: 143–146.

109. 高益鸣, 邱蔚六, 沈国芳 . 下颌骨不对称性畸形颌面软组织特征的初步分析 . 上海口腔医学, 1999, 8: 141–142.

110. 张志勇, 邱蔚六, 黄伟 . 髂骨移植与种植体的临床研究 . 中国口腔种植杂志, 1999, 4: 34–3.

111. 解雪涛, 邱蔚六, 袁文化 . 放射性骨坏死微血管铸型的动物实验 . 中华口腔医学杂志, 1999, 34: 9–12.

112. 杨驰，邱蔚六，哈績．硬化疗法及牵引缝合治疗复发性颞下颌关节脱位的远期疗效．中华口腔医学杂志，1999，34：52–54.

113. 邱蔚六．我国口腔颌面外科的现状与未来．中华口腔医学杂志，1999，34：197–198.

114. 王中和，邱蔚六，黄光斌．放射治疗对口腔颌面部组织瓣修复影响的临床观察．中华耳鼻咽喉科杂志，1999，34：177–179.

115. 唐友盛，邱蔚六，沈国芳．前臂皮瓣与胸大肌皮瓣联合在口腔颌面大面积洞穿性缺损中的应用．中华显微外科杂志，1999，22：142.

116.YiMing Gao, WeiLiu Qiu, YouSheng Tang, GuoFang Shen. Evaluation of the Treatment for micromandibular deform it by distraction osteogenesis with submerged intraoral device.Chinese J.Dental Research, 1999, 2（3）31–37.

117.Zhangyu Gu, Weiliu Qiu, Ronggen He, Zhiyuan Zhang, Xiaojian Zhou.Selection of quantitative Criteria for Evaluating metastases of a highly metastatic salivary adenoid cystic carcinome cell line to La Lungs of Nude mice.Chinese J Dental Research, 1999, 2（1）: 16–22.

118. 高益鸣，邱蔚六，唐友盛．颈内静脉扩张症的诊断和治疗——附 3 例报告．华西口腔医学杂志，1999，17：352–353.

119. 孙坚，邱蔚六，林国础．猕猴舌下神经显微解剖的图像处理与测量分析．实用口腔医学杂志，1999，15：89–91.

120. 孙坚，王英，邱蔚六．猕猴舌下－舌神经移位移植的病理学研究．现代口腔医学杂志，1999，13：81–83.

121. 房兵，邱蔚六，叶少波 .Electromyographic changes before and after orthognathic surgery.J.of SSMU，1999，11：131–133.

122. 郭伟，邱蔚六 . 口腔颌面肿瘤基础及临床研究两年回顾 . 中国口腔医学年鉴，1998，8：27–30.

123. 孙坚，邱蔚六，林国础 . 猕猴舌下 – 舌神经移位移植的电生理研究 . 口腔颌面外科杂志，1998，8：268–271.

124. 郑家伟，邱蔚六，张志愿 . 头颈部肿瘤累及颈动脉的外科治疗 . 口腔颌面外科杂志，1998，8（2）：112–114.

125. 吴煜农，邱蔚六，张志愿 . 神经营养因子及其在神经和肌肉再生中的作用 . 口腔颌面外科杂志，1998，8（2）：109–111.

126. 解雪涛，邱蔚六，袁文化 .60Co 与深部 X 线对豚鼠颌骨损害的对比研究 . 上海口腔医学 .1998，7（3）：125–129.

127. 俞创奇，邱蔚六，胡北平 . 舍格伦综合征的口腔表现与诊断 . 上海口腔医学，1998，7（2）：73–76.

128. 郭伟，邱蔚六，张志愿 . 头颈部肿瘤的基因治疗研究进展 . 上海口腔医学，1998，7（2）：121–122.

129. 卢晓峰，邱蔚六，唐友盛 . 颞颌关节强直继发 OSAS 外科治疗的进一步探讨 . 上海口腔医学，1998，7（1）：12–16.

130. 唐友盛，邱蔚六，高益鸣 . 唇、鼻与鼻旁缺损畸形整复的经验体会 . 临床医学美容学杂志，1998，4：169–171.

131. 杨驰，邱蔚六，哈綦 . 硬化疗法结合缝合牵引术治疗颞下颌关节盘移位的疗效分析 . 中华口腔医学杂志，1998，33：261–263.

132. 邱蔚六，杨驰，哈綦 . 治疗性颞下颌关节镜外科的临床应用 . 中华口腔医学杂志，1998，33：241–243.

133. 杨驰, 邱蔚六, 张伟杰 . 颞下颌关节骨样骨瘤一例 . 中华口腔医学, 1998, 33(6): 343.

134. 蔡以理, 邱蔚六, 何荣根 . 放射对肿瘤引流区淋巴结淋巴细胞类型及功能的影像 . 上海医学, 1998, 21: 584–586.

135. 解雪涛, 邱蔚六, 袁文化 . 豚鼠下颌骨微血管构筑的观察 . 上二医大学报, 1998, 18(2): 170–172.

136. 解雪涛, 邱蔚六, 袁文化 . 豚鼠下颌骨血管系统放疗损伤的实验研究 . 华西口腔医学杂志, 1998, 16: 232–235.

137. 孙坚, 邱蔚六, 林国础 . 舌根癌术后舌内剩余肌动力性重建的临床研究 . 华西口腔医学杂志, 1998, 16(3): 232–235.

138. 郑家伟, 邱蔚六, 张志愿 .Z 成形术及 VY 推进术的理论探讨 . 口腔医学纵横, 1998, 14(增刊): 25–26.

139.XueTao Xie, WeiLiu Qiu, WenHua Yuan, ZhongHe Wang.Experimental study of Radiation Effect on the mandibular microvasculature of the Guinea pig.Chinese J.Dental Research.1998, 1 (2): 46–51.

140.XiaoFeng Lu, WeiLiu Qiu, YouSheng Tang, WenHua Yuan.Caphalometric Analysis in patients with TMJ Ankylosis and Obstructive Sleep Apnea syndrome.Chinese J.Dental Research, 1998, 1(1): 59–65.

141. 解雪涛, 邱蔚六, 袁文化 . 颌骨放射性坏死的临床病理分析 . 上海口腔医学, 1997, 7(3): 15.

142. 顾章愉, 邱蔚六 . 血管抑制剂醋酸黄酮(FAA)的抗肿瘤特性 . 口腔颌面外科杂志, 1997, 7(2): 117–119.

143. 顾云峰, 邱蔚六, 罗济程 . 颈部恶性肿瘤转移淋巴结与炎性淋巴结的 MRI 鉴别诊断 . 口腔颌面外科杂志, 1997, 7(1): 1–4.

144. 卢晓峰, 邱蔚六, 唐友盛 . 颞颌关节强直继发 OSAS 患者术前后睡眠变化 . 上海口腔医学, 1997, 6: 195–197.

145. 胡勤刚, 邱蔚六, 沈言备 . 免疫化疗对 TIL 得率及其杀瘤活性测定 . 上海口腔医学, 1997, 6(3): 151–153.

146. 胡勤刚, 邱蔚六, 沈言备 . 免疫化疗对口腔鳞癌浸润 T 淋巴细胞及其亚群的影响 . 上海口腔医学, 1997, 6(3): 148–150.

147. 胡勤刚, 邱蔚六, 沈言备 . 口腔鳞癌免疫化疗近期疗效的临床和病理学观察 . 上海口腔医学, 1997, 6(3): 144–147.

148. 卢晓峰, 邱蔚六, 唐友盛 . 颞颌关节强直续发 OSAS 患者手术前后头影测量变化 . 上海口腔医学, 1997, 6(2): 95–98.

149. 卢晓峰, 邱蔚六, 唐友盛 . 颞颌关节强直续发 OSAS 软组织头影测量特征 . 上海口腔医学, 1997, 6(2): 91–94.

150. 卢晓峰, 邱蔚六, 唐友盛 . 颞颌关节强直续发 OSAS 硬组织头影测量特征 . 上海口腔医学, 1997, 6(2): 87–90.

151. 杨驰, 邱蔚六 . 颞颌关节内错乱与骨关节病病理 . 上海口腔医学, 1997, 6(1): 49–52.

152. 邱蔚六 . 口腔颌面外科进展与未来 . 国内外医学科学进展, 1997, 54–59.

153. 杨驰, 邱蔚六 . 颞下颌关节骨样骨瘤一例 . 中华口腔医学杂志, 1997, 32: 343.

154. 卢晓峰, 邱蔚六, 唐友盛, 袁文化 .TMJ 强直患者头影测量与阻塞性睡眠呼吸暂停综合征关系的初步分析 . 中华口腔医学杂志,

1997, 32: 201-204.

155. 李涛，邱蔚六，何荣根，张志愿，钱关祥．肿瘤坏死因子-α基因修饰口腔鳞癌DNL体外抗肿瘤的实验研究．中华口腔医学杂志，1997, 32(5)：262-264.

156.Wei-Liu Qiu.Free composite tissue flap for mandibular reconstruction.Int J.Oral and Maxillofac, 1997.26: 19

157.Guan Xiaofeng, Qiu Weiliu, He Ronggen.Selection of Adenoid Cystic Carcinoma Cell Clone highly metastatic to the lung: an Experimental study.Int.J Oral Maxillofac.Surg, 1997, 26: 116-119.

158. 郑家伟，邱蔚六．预成皮瓣的实验与临床研究进展．国外医学口腔医学分册，1997, 24(5)：262-265.

159. 郑家伟，邱蔚六，张志愿．口腔颌面部血管性疾病的研究现状．口腔医学进展，1997, 2(1)：29-32.

160. 杨驰，邱蔚六，哈榠．不同年龄猕猴颞颌关节组织病理的差异及意义．上海二医学报，1997, 17: 126-127.

161. 郭伟，邱蔚六，何荣根．自体或异体 DNL 细胞联合 IL-2 治疗 5 例晚期头颈癌的初步观察．肿瘤 ，1997, 17(4)：228-229.

162. 杨驰，邱蔚六，哈榠．颞颌关节镜诊治滑膜软骨瘤病附一例报道．华西口腔医学杂志，1997, 15(1)：79-81.

163. 竺涵光，邱蔚六．组织瓣串联立即修复口腔癌术后洞穿性缺损．口腔医学纵横，1997, 13: 151.

164. 杨驰，邱蔚六，哈榠．颞颌关节镜相关解剖学测量及并发症的防治．口腔医学纵横，1997, 13(4)：204.

165. 孙坚，邱蔚六，林国础．舌根癌患者术前与术后口腔气流压

检测的应用 . 口腔医学纵横, 1997, 13（2）: 87–90.

166. 杨驰, 邱蔚六, 哈綦 . 猕猴颌面外科实验方法 . 口腔颌面外科杂志, 1996, 6（4）: 261–264.

167. 顾章愉,邱蔚六,徐兵 .607 例老年口腔颌面外科手术分析 . 口腔颌面外科杂志, 1996, 6（3）: 160–163.

168. 解雪涛, 邱蔚六 . 颌骨放射性骨坏死的诊疗现状 . 口腔颌面外科杂志, 1996, 6（2）: 124–126.

169. 张志愿, 邱蔚六 .44 例颞下咽旁间隙肿瘤的临床和治疗 . 上海口腔医学, 1996, 5: 65.

170. 杨驰, 邱蔚六, 哈綦 . 不同颞颌关节镜术治疗盘移位的比较研究 . 上海口腔医学, 1996, 5: 155–157.

171. 杨驰, 邱蔚六, 哈綦 . 颞颌关节镜治疗不同类型内错乱疗效的研究 . 上海口腔医学, 1996, 5: 152–154.

172. 杨驰, 邱蔚六, 哈綦 . 猕猴诊断性颞颌关节镜外科 . 上海口腔医学, 1996, 5: 148–151.

173. 林国础, 邱蔚六, 王英 . 牙源性钙化囊肿的诊断与治疗 . 上海口腔医学, 1996, 5（3）: 129–131.

174. 杨驰,邱蔚六 .TMJ 内错乱手术——疗效评价和成功指标 . 上海口腔医学, 1996, 5（2）: 102–104.

175. 曹阳,邱蔚六,陆昌语 . 头颈部鳞 Ca 术后中药治疗的评价——临床随机对照设计的应用 . 上海口腔医学, 1996, 5（1）: 1–6.

176. 李涛, 邱蔚六, 何荣根 .TNF–α 基因修饰口腔鳞癌 DNL 生物学及免疫学特性研究 . 上海口腔医学, 1996, 5（1）: 13–16.

177. 顾云峰, 邱蔚六, 罗济程, 余强 . 头颈部恶性肿瘤颈部淋巴结转移的磁共振成像诊断．中华口腔医学杂志，1996，31：137-139.

178. 关晓峰，邱蔚六，何荣根，林国础，周晓健．肺高转移性涎腺腺样囊性癌细胞株的筛选．中华口腔医学杂志，1996，31（2）：74-77.

179.Shigenori Okada, Yoshikuni Ohta, Fumihiko Suwa, Yiru Fang, Qiu Weiliu, Zhang Zhiyuan, Zhang Chenping.Experimental ligation versus embolization of the external carotidartery : a comparative hemodynamics study.J.Osaka DentUniv, 1996, 30（1/2combned）: 23-28.

180. 林国础，邱蔚六，张锡泽 .107 例口腔颌面部恶性黑色素瘤治疗评估．中国耳鼻咽喉头颈外科杂志，1996，3（5）：299-302.

181. 邱蔚六，陆昌语，郭一钦．中药“参阳”方延长口腔鳞癌病员生存期的前瞻性研究．中国耳鼻咽喉头颈外科杂志，1996，3（2）：69-73.

182. 邱蔚六．口腔颌面肿瘤的研究及诊治 10 年进展．中国耳鼻咽喉头颈外科杂志，1996，3（1）：57-61.

183. 郭一钦，邱蔚六，陆昌语．益气活血在晚期口腔恶性肿瘤治疗中的应用．肿瘤，1996，16：106.

184. 李涛，邱蔚六，何荣根．外源性 TNF-α 基因修饰口腔鳞癌 DNL 的实验研究．上海第二医科大学学报，1996，16（2）：77-79.

185. 郭伟，邱蔚六，陆昌语．平阳霉素与培普利欧对舌癌细胞集落增殖的抑制作用比较．口腔颌面外科杂志，1996，14（3）：215-219.

186. 杨驰，邱蔚六，哈椇．经颞颌关节镜行关节盘复位及硬化疗法治疗盘移位的临床观察．华西口腔医学杂志，1996，14（3）：215-219.

187. 杨驰，邱蔚六，哈綦 . 颞颌关节镜行关节盘双板硬化疗法的动物实验研究 . 华西口腔医学杂志，1996，14（3）：211–214.

188. 邱蔚六 .1995 年中国医学科学进展——口腔颌面外科学 . 中华医学杂志，1995，75（12）：759.

189. 郑家伟，邱蔚六 . 口腔颌面部肿瘤基础及临床研究两年回顾 . 中国口腔医学年鉴，四川科学技术出版社，成都，1995，5：27–30.

190. 张志愿，邱蔚六，张陈平 . 不同材料栓塞颈外动脉效果的实验研究 . 口腔颌面外科杂志，1995，5（4）：205–206，219.

191. 孙坚，邱蔚六，刘世勋，张志愿 . 改良选择性肩胛舌骨上肌上颈淋巴清扫术在口腔颌面部癌瘤中的应用 . 口腔颌面外科杂志，1995，5（2）：74–76.

192. 陆昌语，邱蔚六，郭一钦 . 中药“参阳”方辅助治疗口腔鳞癌对机体免疫功能的影响 . 上海口腔医学，1995，4：189–191.

193. 郭一钦，邱蔚六，陆昌语 . 口腔鳞癌术后“参阳”方辅助治疗的中医辨证 . 上海口腔医学，1995，4：187–188，200.

194. 杨驰，邱蔚六 .TMJ 手术的国际共识 . 上海口腔医学，1995，4（4）：228–231.

195. 杨驰，邱蔚六 .100 位国际专家对颞颌关节外科的意见——一项信访报告 . 上海口腔医学，1995，4（4）：224–227.

196. 杨驰，邱蔚六 . 颞颌关节及相关肌骨结构紊乱的诊治守则 . 上海口腔医学，1995，4（4）：220–223.

197. 陈纪伟，邱蔚六，何荣根，林国础，张志愿 . 人头发自由基检测在口腔颌面部恶性肿瘤诊断中的意义 . 中华口腔医学杂志，1995，4（1）：1–3.

198. 邱蔚六 .21 世纪的口腔颌面外科 . 中华口腔医学杂志，1995，30：261-262.

199. 郭伟，邱蔚六，何荣根 . 口腔癌引流区淋巴结细胞对人舌鳞癌细胞的杀伤机理 . 中华口腔医学杂志，1995，30（3）：143-145.

200. 王中和，邱蔚六，蔡以理，胡海生 . 口腔颌面部修复皮瓣对放射治疗的耐受性 . 中华口腔医学杂志，1995，30（3）：134-136.

201. 汪卫东，邱蔚六，罗济程，孙大熙 .CT 对头颈部恶性肿瘤颈淋巴结转移的诊断评价——临床 /CT/ 病理对照研究 . 中国医学影像学杂志，1995，3：106.

202. 汪卫东，罗济程，邱蔚六 . 头颈部恶性肿瘤隐匿性颈淋巴结转移的 CT 诊断 . 中华放射学杂志，1995，21：543.

203. 关晓峰，邱蔚六，何荣根，林国础，周晓健 . 人涎腺腺样囊性癌肺转移裸鼠模型的建立 . 华西口腔医学杂志，1995，13（3）：147-150.

204.Qiu Weiliu.Current means in the diagnosis and treatment of oral& maxillofacial tumorsin China.Chinese Medical J.1995，108（3）：171-172.

205.Weiliu Qiu，Yousheng Tang，Zhiyong Zhang，Zhiyuan Zhang，Chenping Zhang，Guochu Lin，Hanguang Zhu.Glossoplasty and palatoplasty-Function Reconstruction after ablative surgery for oral cancer. Oral oncology， Rajiv Ber ifor Macmillan India ltd，New Delhi，1995（Ⅳ）：145-147.

206. 孙坚，邱蔚六，刘世勋，钱关庆 . 颌骨恶性纤维组织细胞瘤的临床研究 . 口腔颌面外科杂志，1994，4：77.

207. 金行晴, 邱蔚六, 林国础．血管化和非血管化植骨骨外形的无机成分含量比较研究．上海口腔医学, 1994, 3(4)：216.

208. 张陈平, 邱蔚六, 林国础．舌再造术后舌部肌电及吞咽压的测定．上海口腔医学, 1994, 3(4)：194-197.

209. 张陈平, 邱蔚六, 林国础．舌癌术后功能恢复的临床评价．上海口腔医学, 1994, 3(3)：125-128.

210. 邱蔚六．头颈部癌分类分期(续完)．上海口腔医学, 1994, 3(1)：54-59.

211. 张志愿, 邱蔚六．口腔颌面部甲状腺癌的诊治．中华口腔医学杂志, 1994, 29: 70-71.

212. 步荣发, 邱蔚六, 何荣根．亚硒酸钠对舌癌细胞的体内外抑制试验．中华口腔医学杂志, 1994, 29: 16.

213. 郭伟, 邱蔚六, 何荣根, 张志愿．口腔癌 DNL 与 CAK 细胞体外体内抗瘤作用的比较．中华口腔医学杂志, 1994, 29(6)：336-338.

214. 汪卫东, 邱蔚六, 罗济程．颞下窝感染与肿瘤的鉴别诊断．中华口腔医学杂志, 1994, 29(5)：259.

215.Wei-Liu Qiu.Microsurgical reconstruction after ablative surgery of maxillofacial tumours Surgery.Journal of canio-Maxillo-facialsurgery, 1994, 22suppl.1: 183.

216. 唐友盛, 邱蔚六．肩背区组织瓣在口腔颌面缺损整复中的应用．现代临床医学研究与实践, 1993, 2: 616.

217. 唐友盛, 邱蔚六．口咽部鳞状细胞癌的治疗．现代临床医学研究与实践, 1993 年第二辑: 604.

218. 邱蔚六 . 口腔颌面部肿瘤基础研究及临床诊治进展 . 中国口腔医学年鉴 . 四川科学技术出版社 .1993：17–20.

219. 金行晴，邱蔚六，林国础，刘瑗如，夏伟亚 . 骨诱导在血管化和非血管化骨移植愈合过程中作用的比较——免疫组化研究 . 实用口腔医学杂志，1993，9：70–72.

220. 邱蔚六 .1993 年中国医学科学进展——口腔颌面外科进展 . 中华医学杂志，1993，73（12）：734.

221. 沈国芳,邱蔚六 . 阻塞性睡眠呼吸暂停综合征的诊治近况 . 国外医学耳鼻喉科分册，1993，5（17）：270–275.

222. 唐友盛，邱蔚六 . 功能性切取髂骨块移植的方法 . 口腔颌面外科杂志，1993，3：179.

223. 沈国芳，邱蔚六 . 下颌骨缺损骨移植修复后的牙列重建 . 口腔颌面外科杂志，1993，3：164.

224. 关晓峰，何荣根，邱蔚六 . 肿瘤转移的分子生物学基础 . 口腔颌面外科杂志，1993，3（4）：221–223.

225. 金行晴，邱蔚六，林国础 . 血管化与非血管化骨移植骨强度的比较研究 . 口腔颌面外科杂志，1993，3（4）：212–214.

226. 步荣发，邱蔚六 . 口腔颌面部肿瘤患者的血硒水平测定 . 中华口腔医学杂志，1993，28：28

227. 张志愿，邱蔚六，林国础、张陈平 . 颈外动脉结扎术和栓塞术后血流动力学变化的研究 . 中华口腔医学杂志，1993，28：117–119.

228. 汪卫东,孙大熙,邱蔚六,林国础 . 颞下凹肿瘤的 CT 诊断 . 中华口腔医学杂志，1993，28：101–102.

229. 邱蔚六 . 口腔颌面肿瘤临床与研究的回顾和展望 . 中华口腔

医学杂志，1993，28（增刊）：35.

230. 竺涵光，邱蔚六，顾章愉．改良前臂皮瓣舌成形术——6 例初步报告．上海口腔医学，1993，2（4）：187–189.

231. 邱蔚六．头颈部恶性肿瘤 TNM 分类分期 II. 头颈部癌分类分期．上海口腔医学，1993，2（3）：182–183.

232. 王国民，袁文化，邱蔚六，张锡泽．声门爆破音起声时间的定量研究．上海口腔医学，1993，2（3）：128：131.

233. 唐友盛，邱蔚六，刘世勋，袁文化，林国础，张志愿．颌面大型洞穿性缺损立即吻合血管的组织瓣整复．上海口腔医学，1993，2（2）：125–127.

234. 邱蔚六．恶性肿瘤 TNM 分类分期总则．上海口腔医学，1993，2（2）：121–122.

235. 陈纪伟，林国础，邱蔚六．咽旁间隙肿瘤的 CT 诊断及手术进路选择．上海口腔医学，1993，2（2）：108–111.

236. 王国民，袁文化，邱蔚六．腭咽闭合功能不全．上海口腔医学，1993，2（1）：45–48.

237. 陈纪伟，邱蔚六，何荣根，林国础．维拉帕米增强米托蒽醌对 ACC–2 细胞杀伤作用的研究．上海口腔医学，1993，2（1）：18–21.

238. 金行晴，邱蔚六，林国础．血管化与非血管化骨移植种植体与骨结合的比较研究．华西口腔医学杂志，1993，11（3）：163–166.

239. 陈纪伟，邱蔚六，何荣根，林国础．米托蒽醌与维拉帕米合用对 ACC–2 细胞周期运行的影响．华西口腔医学杂志，1993，11（1）：36.

240. 张志愿，邱蔚六，林国础．双侧（根治性 + 功能性）颈淋巴清扫术治疗口腔颌面部恶性肿瘤的评价. 实用口腔医学杂志,1992,8: 6–8.

241. 陈纪伟, 邱蔚六. 升压化疗及其头颈癌瘤治疗中的应用. 临床口腔医学杂志, 1992, 8(2): 121–124.

242. 陈纪伟, 邱蔚六, 何荣根, 林国础. 米托蒽醌与维拉帕米合用对人 Acc—2 细胞 DNA 和蛋白质合成的影响. 现代口腔医学杂志, 1992, 6(1): 8.

243. 郭伟, 邱蔚六, 何荣根, 陆昌语, 林国础, 张志愿, 张陈平. 人舌鳞癌组织浸润性淋巴细胞体外抗肿瘤的实验研究. 中华口腔医学杂志, 1992, 27: 259–261.

244. 沈国芳, 邱蔚六, 袁文化, 夏炯, 薛桂平. 正常人上呼吸道软硬组织的 X 线片测量分析. 口腔颌面外科杂志, 1992, 2(3): 27–30.

245. 陈纪伟, 邱蔚六, 何荣根, 林国础. 维拉帕米对米托蒽醌抗肿瘤活性的增效作用. 口腔颌面外科杂志, 1992, 2(1): 28–31.

246. 郭伟, 邱蔚六, 何荣根, 陆昌语. 头颈部肿瘤浸润性淋巴细胞的研究进展. 国外医学口腔医学分册, 1992, 19(5): 257–260.

247. 陈纲, 张志愿, 邱蔚六. 抗恶性黑色素瘤单克隆抗体在临床诊断和治疗中的研究近况. 国外医学口腔医学分册, 1992, 19(3): 129–132.

248. 栗栖浩二郎, Kojiro Kurisu, Yuan Wenhua, Qiu Weiliu.Epidemiological and Genetic Studies on Japanese and Chinese with Cleft lip and cleft palate. 日本口盖裂学会杂志, 1992, 17: 71.

249. 唐友盛, 邱蔚六, 袁文化, 姚隆浩, 杨育生. 吻合血管的皮瓣与肌皮瓣联合行舌缺损的再造. 中华显微外科杂志, 1992, 15: 75.

250. 陈纪伟, 邱蔚六, 何荣根, 林国础．维拉帕米对米托蒽醌抗ACC-2 细胞株的体内外增效作用．肿瘤, 1992, 12(3)：100-102.

251. 陈纪伟, 邱蔚六, 何荣根, 林国础．维拉帕米及其与米托蒽醌合用对裸鼠实验性 lewis 肺癌转移的抑制作用．癌症, 1992, 11(6)：434-436.

252. 陈纪伟, 邱蔚六, 何荣根, 林国础．维拉帕米增强米托蒽醌对裸鼠 ACC-2 细胞种植瘤抑制作用的研究．华西口腔医学杂志, 1992, 10(2)：78-81.

253. 邱蔚六．鳃弓综合征的诊断和治疗．上海口腔医学, 1992, 1(2)：113-117.

254. 步荣发, 邱蔚六．硒及平阳霉素对 Tca8113 细胞 DNA 含量及细胞增殖同期的影响．华西口腔医学杂志, 1992, 1(1)：61-64.

255. 金行晴, 邱蔚六, 林国础, 夏伟亚, 张晓珊．血管化与非血管化植骨愈合过程的比较研究．上海口腔医学, 1992, 1(1)：47-50.

256. 郭伟, 何荣根, 邱蔚六, 张志愿．舌鳞癌引流区淋巴结细胞联合平阳霉素的抑瘤作用．上海口腔医学, 1992, 1(1)：40.

257. 张志愿, 邱蔚六, 林国础, 唐友盛, 竺涵光, 姚隆浩, 孙坚, 王凯．栓塞术对上颌骨切除控制失血量的效用．华西口腔医学杂志, 1991, 9(4)：266-268.

258. 邱蔚六, 薛晓帆, 刘瑗如．口腔颌面部鳞癌术前辅助化疗的评价．华西口腔医学杂志, 1991, 9(3)：167-172.

259. 田代英雄, 栗栖浩二郎, 邱蔚六, 袁文化．日本と中国における口唇裂口蓋裂の遺伝疫学的比较検讨．蒙古系人种における齿．腭．颜面の遗传性疾患に关する疫学的研究, 1991：9.

260. 张陈平,邱蔚六,林国础 . 皮瓣血液循环重建的立体构型研究 . 中国实验外科杂志, 1991, 8(4): 163.

261. 潘可风, 邱蔚六 . 陈旧性面瘫整形术疗效评审数字化的初步探讨 . 临床口腔医学杂志, 1991, 7: 66–68.

262. 张志愿, 邱蔚六, 孙坚, 叶新华, 张陈平 . 股动脉插管选择性颈外动脉造影及其栓塞技术在口腔颌面外科的应用 . 口腔医学纵横, 1991, 7(4): 211–213.

263. 吴煜农, 邱蔚六, 林国础, 王中和 . 术后放疗对面神经移植再生影响的实验研究 . 中国放疗肿瘤学, 1991, 5: 258.

264. 林国础, 邱蔚六 . 顺铂联合化疗 PVF 方案治疗口腔粘膜鳞癌的临床评价 . 现代口腔医学杂志, 1991, 5: 195.

265.Lin Guochu, Qiu Weiliu. The evaluation of the longterm results in the treatment of salivary gland carcinoma.J.Shanghai Second Medical University, 1991, 5(2): 86–93.

266.Zhang Zhiyuan, Qiu Weiliu.An evaluation of the effect of the accessory preoperative arterial embolization for maxillofacial vascular malformation.J.Shanghai Second Medical University, 1991, 5(2): 64–69.

267.Yuan Wenhua, Qiu Weiliu, Xia Jiong, Jiang Xiaoyun.Genetic study of 1055 cases with cleft lips and cleft palates.Shanghai second J, 1991, 5(2): 57.

268.Bu rongfa, Qiu weiliu.Study on in hibitory effects of Na2SeO3 on transplantable tumors with Tca8113 cells.J.Shanghai Second Medical University, 1991, 5(2): 28–33.

269.Tang Yousheng, Qiu Weiliu, Yuan Wenhua.A new flap——clinical experience of acromiothoracic cutaneous free flap for repair of defects in the oral and maxillofacial region.J.Shanghai Second Medical University, 1991, 5(2): 107-110.

270. 邱蔚六.Management of head and neck tumors.J.Shanghai Second Medical University, 1991, 5(2): 1.

271. 邱蔚六. 辅助性化疗在头颈部恶性肿瘤综合治疗中的应用. 中华耳鼻咽喉科杂志, 1991, 26(6): 337.

272. 林国础, 邱蔚六, 张锡泽, 刘善学, 张志愿. 颈淋巴结清除术在涎腺癌手术治疗中的地位. 中华口腔医学杂志, 1991, 26(3): 137-139.

273. 宋伯铮, 邱蔚六. 颊粘膜鳞癌的预后因素分析. 中华口腔医学杂志, 1991, 26(2): 93-95.

274. 林国础, 邱蔚六, 张锡泽, 刘善学. 口腔颌面部多原发性癌瘤. 中华口腔医学杂志, 1991, 26(2): 84-86.

275. 程晓放, 邱蔚六, 何荣根, 周晓健. 人口腔癌细胞系对顺铂及其联合化疗的实验研究. 中华口腔医学杂志, 1991, 25(5): 270-272.

276. 刘世勋, 邱蔚六. 舌癌 224 例根治性手术立即整复. 中国肿瘤临床, 1991, 18: 88.

277. 陈纪伟, 邱蔚六. 升压化疗及其在头颈癌瘤治疗中的应用. 国外医学口腔医学分册, 1991, 18(8): 139-142.

278. 张陈平, 邱蔚六.1751 例口腔黏膜鳞癌的构成比分析. 肿瘤, 1991, 11: 1.

279.Qiu Weiliu, Ha Qi, Hu Qinggang. Treatment of cleft lip and cleft palate. Chinese Medical J, 1991, 104(5)432.

280. 张志愿，邱蔚六，林国础．舌根癌的临床与治疗．口腔颌面外科杂志，1991，1(2)：6-7.

281. 林国础，邱蔚六．涎腺癌治疗的经验．口腔颌面外科杂志，1991，1(2)：14-17.

282. 张志愿，邱蔚六，林国础，唐友盛，孙坚，王凯．颌面部血管畸形术前辅助性动脉栓塞疗效的评价．华西口腔医学杂志，1990，8(3)：181-184.

283. 林国础，邱蔚六，张志愿．全舌口底喉切除及双侧颈清同期口咽腔重建术．实用口腔医学杂志，1990，6(4)：281.

284. 哈綦，邱蔚六，吴志良，励翔龙．陈旧性口腔上颌窦瘘的临床与治疗——附 63 例报告．口腔医学纵横，1990，6(4)：215-217.

285. 张志愿，邱蔚六．左侧颞下、腮腺区转移性脑膜瘤（附一例报告）．口腔医学纵横，1990，6(4)：197，200.

286. 邱蔚六．生存质量与功能性外科——现在与未来．实用口腔医学杂志，1990，6(3)：192-195.

287. 张志愿，邱蔚六，胡兆良，孙坚，叶新华．股动脉插管选择性颈动脉造影在口腔颌面外科中的应用．实用口腔医学杂志，1990，6(3)：160-162.

288. 邱蔚六．口腔颌面部软组织损伤的处理．中华创伤杂志，1990，6(3)：153.

289. 胡勤刚，邱蔚六，哈綦．经颞颌关节镜滑膜下注射硬化剂治疗习惯性颞颌关节脱位．实用口腔医学杂志，1990，6(2)：89-91.

290. 唐友盛，邱蔚六，袁文化，胡兆良 .484 例双侧唇裂修复的临床分析 . 实用口腔医学杂志，1990，6（1）：69–70.

291. 林国础，邱蔚六 . 涎腺癌的远处转移 . 现代口腔医学杂志，1990，4：65.

292. 刘世勋，邱蔚六，张锡泽 . 试析影响舌癌预后的因素 . 中华口腔医学杂志，1990，25（6）：323–325.

293. 邱蔚六 . 今日美国口腔颌面外科 . 国外医学口腔医学分册，1990，17：197，261.

294. 刘晖,邱蔚六 . 气流动力学技术研究鼻气道阻力和横断面积 . 国外医学口腔医学分册，1990，17（5）：266–269.

295. 唐友盛，邱蔚六，袁文化 . 肩胸皮瓣在口腔颌面部缺损修复中的应用 . 中华显微外科杂志，1990，13（3）：146–147.

296. 林国础，邱蔚六，张锡泽 . 放疗后继发口腔颌面部癌瘤 . 中华肿瘤杂志，1990，12（4）：301.

297. 唐友盛，邱蔚六，袁文化 . 带蒂胸大肌皮瓣在口腔颌面外科整复中的应用 . 口腔医学，1989，9（3）：124–125.

298. 宋伯铮，邱蔚六，刘世勋 . 检测骨肌皮瓣血供及成活方法的探讨 . 中华口腔医学杂志，1989，7（2）：43–45.

299. 邱蔚六 . 一次高水平的盛会——第一届口腔颌面外科国际会议述评 . 华西口腔医学杂志，1989，7（1）：58.

300. 邱蔚六 . 舌癌诊治近况 . 实用口腔医学杂志，1989，5：43.

301. 金杭晴，邱蔚六，林国础 . 单纯骨移植和血管化骨移植的研究近况 . 国外医学口腔医学分册，1989，5：257–261.

302. 邱蔚六 . 颞下颌关节真性强直手术治疗的探讨 . 口腔医学

纵横, 1989, 5(4): 195–198.

303.Qiu Weiliu, Ha Qi, Hu Qinggang.Treatment of Habitual dislocation of the Temporomandibular joint with subsynovial injection of sclerosant through arthroscope.Proc.CAMSandPUMC, 1989, 4: 196–199.

304.Qiu Weiliu.Current status of TMJ Surgery in China.Current Medicine in China, 1989, 4: 185–189.

305. 沈国芳, 邱蔚六, 袁文化 . 正颌外科术后的功能评价 . 国外医学口腔医学分册, 1989, 4(4): 193–195.

306. 邱蔚六 . 美国颞下颌关节外科之现状 . 中华口腔医学杂志, 1989, 24: 7.

307. 唐友盛, 邱蔚六, 袁文化 . 游离肩胛 – 背阔肌区复合瓣整复口腔颌面部大面积缺损 . 中华口腔医学杂志, 1989, 24: 52–54.

308. 王济民, 张锡泽, 邱蔚六 . 口腔颌面部鳞癌患者自然杀伤细胞活性研究 . 中华口腔医学杂志, 1989, 24: 101–103.

309. 邱蔚六, 唐友盛, 刘世勋 . 顺氯铵铂治疗口腔颌面癌瘤的初步经验 . 中华口腔医学杂志, 1989, 24(2): 69–71.

310. 唐友盛, 邱蔚六, 袁文化 . 软腭缺损用吻合血管的皮瓣再造 . 中华显微外科杂志, 1989, 12: 212.

311. 邱蔚六, 刘世勋, 唐友盛, 袁文化, 林国础, 张志勇, 宋伯峥, 王国民 . 显微外科技术在口腔颌面外科应用的再评价 . 中华显微外科杂志, 1989, 12(3): 169–172.

312. 张陈平, 邱蔚六 . 静脉血营养的静脉皮瓣的研究近况 . 国外医学口腔医学分册, 1989, 1: 9–13.

313. 邱蔚六 . 睡眠呼吸暂停综合征 . 口腔医学纵横，1988，4(1)：37–39.

314. 唐友盛，邱蔚六，胡兆良 .507 例气管切开术的临床分析 . 实用口腔医学杂志，1988，4(1)：20.

315.Qiu Weiliu.Head and Neck tumor surgery in China——the second national congress.Current Medicine in China，1988，3：250–255.

316. 刘世勋，邱蔚六，张锡泽 . 双侧根治性颈淋巴清扫术安全性与适应证的探讨 . 中华口腔医学杂志，1988，23：82–84.

317. 刘世勋，邱蔚六，宋伯铮 . 面神经损伤手术治疗的效果评价 . 中华口腔医学杂志，1988，23：197–199.

318. 宋伯铮，邱蔚六，刘世勋 .74 例骨肌皮瓣移植重建下颌骨的临床研究 . 中华口腔医学杂志，1988，23：129–132.

319. 王峥，张锡泽，邱蔚六，何荣根，张秀丽，周晓健 . 人舌鳞癌裸小鼠体内模型的建立 . 中华口腔医学杂志，1988，23(1)：17–19.

320.Song Bozheng，Qiu Weiliu，Liu Shixun.Clinical observation of 74 revascularzedostes myocutaneous flap graft store constract the mandibular defects.J.Shanghai second Medical Uni，1988，2：56–62.

321. 邱蔚六 . 口腔颌面部癌瘤诊治近况 . 国外医学口腔医学分册，1988，15(3)：129.

322. 唐友盛，邱蔚六，宋伯铮 . 下颌骨放射性骨髓炎术后缺损的髂骨复合瓣整复 . 中华显微外科杂志，1988，11：212.

323. 唐友盛，邱蔚六 . 吻合血管的组织瓣应用中的若干问题 . 中华口腔医学杂志，1988，11：15

324. 唐友盛，邱蔚六，袁文化．吻合血管的游离真皮脂肪瓣、大网膜修复颜面凹陷畸形．中华显微外科杂志，1988，11(1)：17.

325. 宁守诚，邱蔚六．人舌鳞 Ca 的热耐受动力学特征．中华肿瘤杂志，1987，9(4)：273-275.

326. 王国民，邱蔚六．小血管吻合游离组织移植失败原因的探讨．口腔医学，1987，7(1)：23-2.

327. 唐友盛，邱蔚六．口腔颌面部手术与上消化道出血．口腔医学，1987，7(2)：61.

328. 邱蔚六．口腔恶性腫瘍切除后の各种皮弁による再建法どその成绩．日本口腔外科学会雑志，1987，33：1477.

329. 邱蔚六．第二次口腔颌面外科学术会议纪要．中华口腔科杂志，1987，22：351.

330. 袁文化，邱蔚六．400 例腭裂术后远期疗效逐步回归分析．中华口腔医学杂志，1987，22(5)：267-270.

331. 哈祺，吴志良，邱蔚六．唇颊沟加深术的回顾性探讨和展望．中华口腔医学杂志，1987，22(2)：76.

332. Qiu Weiliu. Present status of chemotherapy for oral maxillofacial malignancies in China. Current Medicine in China, 1987, 2: 246-250.

333. 唐友盛，邱蔚六．静脉动脉化的真皮脂肪组织瓣整复颜面萎缩一例．中华显微外科杂志，1987，10(4)：239.

334. 唐友盛，邱蔚六．折叠游离组织瓣整复颌面口底洞穿缺损．中华显微外科杂志，1987，10(3)：140.

335. 刘世勋，邱蔚六，唐友盛．吻合血管骨肌皮瓣整复下颌骨缺

损的评价 . 中华显微外科杂志, 1987, 10(2):77.

336. 邱蔚六 . 中国口腔颌面恶性肿瘤化学治疗现状 . 中国现代医学, 1987, 1: 148–150.

337.QiuWei–liu, ZhangXi–ze. Oral and maxillofacial surgery in China. J.Tennessee Dental association.1986, 10: 17–19.

338. 林国础, 邱蔚六 .68 例腺淋巴瘤临床分析 . 口腔医学, 1986, 6(4):175–176.

339. 陆昌语, 邱蔚六 . 口腔颌面部癌瘤病员免疫状态的再评论 . 口腔医学, 1986, 6(4):169–171.

340. 哈錤 , 邱蔚六, 张锡泽 . 颞颌关节紊乱综合征的手术治疗 . 口腔医学, 1986, 6(2):78–79.

341. 张志愿, 邱蔚六, 张锡泽 . 颈总或颈内动脉结扎术在颌面部肿瘤治疗中的应用 . 上二医大学报, 1986, 6(1):48–51.

342.Qiu Weiliu.Trends in oral and maxillofacial surgery, 1985. 中国现代医学, 1986: 447–451.

343. 李士忠, 邱蔚六, 张锡泽 . 组织细胞增生症 X——14 例临床分析 . 华西口腔医学杂志, 1986, 4(4):240–243.

344. 唐友盛, 邱蔚六 . 颌面部癌瘤放疗、手术后缺损的立即游离组织移植 . 华西口腔医学杂志, 1986, 4(1):62–63.

345. 宁守诚, 邱蔚六, 张锡泽 . 口腔颌面部上皮癌辅助性治疗近期疗效的评论 . 中华口腔医学杂志, 1986, 21(5):312–313.

346. 唐友盛, 邱蔚六, 钱经纺 . 应用肩胛游离皮瓣整复口腔颌面部缺损 . 中华口腔医学杂志, 1986, 21(5):281–283.

347. 林国础, 邱蔚六 .189 例粘液表皮样癌手术治疗的经验 . 中华口腔医学杂志，1986，21（2）：93–95.

348. 刘世勋，邱蔚六，林国础．功能性颈淋巴清扫术在口腔颌面癌瘤治疗中的应用．中华口腔医学杂志，1986，21（1）：5–7.

349. 哈綦，邱蔚六，张锡泽．颌面部蔓状血管瘤及其治疗（附33例报告）．口腔医学纵横，1986，2：18.

350. 刘世勋，邱蔚六，胡兆良．咽旁间隙肿瘤手术进路的探讨．口腔医学纵横，1986，2（4）：23–25.

351. 邱蔚六，林国础，李士忠，郭一钦，陆昌语．口腔颌面恶性肿瘤的虚实辩证．临床口腔医学杂志，1986，2（4）：192–194.

352. 唐友盛，邱蔚六．口咽部恶性肿瘤的临床治疗．口腔医学纵横，1986，2（2）：20.

353. 周正炎，张锡泽，邱蔚六．口腔颌面部骨肉瘤与软骨肉瘤手术治疗及其预后．实用口腔医学杂志，1986，2（1）：8–11.

354. 邱蔚六．中国口腔颌面外科1985年的动向．中国现代医学，1986，1：149–151.

355. 刘世勋，邱蔚六，王国民．21例颌骨中心性癌临床病理分析．中华肿瘤杂志，1985，7（2）：148.

356. 林国础，邱蔚六．涎腺腺癌的治疗体会．口腔医学，1985，5：113.

357. 袁文化，唐友盛，邱蔚六．下颌骨升支矢状劈开矫治下颌前突的体会．口腔医学，1985，5（4）：186–188.

358. 林国础，邱蔚六．腺泡细胞癌．肿瘤，1985，5（3）：154.

359. 周正炎，邱蔚六，刘世勋．带蒂肌皮瓣在口腔颌面外科的临床应用．口腔医学，1985，5（1）：14–15.

360. 周正炎，邱蔚六 . 下颌骨发育不对称性畸形的整复治疗 . 华西口腔医学杂志，1985，3（2）：73–75.

361. 周正炎，邱蔚六，张锡泽 . 面裂 . 中华口腔医学杂志，1985，20（6）：366–368.

362. 张志愿，邱蔚六 . 颈动脉造影在口腔颌面外科的应用 . 中华口腔医学杂志，1985，20（6）：331–333.

363. 刘世勋，邱蔚六，张锡泽 . 舌腭成形术 . 中华口腔医学杂志，1985，20（5）：262–265.

364. 刘世勋，邱蔚六，张锡泽 . 背阔肌区骨肌皮瓣整复下面部大型复合缺损的初步评价 . 中华口腔医学杂志，1985，20（4）：218–220.

365. 邱蔚六，潘家琛，潘可风，林国础，李士忠 . 颞下颌真性关节强直伴重度呼吸障碍的同期手术处理 . 中华口腔科杂志，1985，20（3）：154–156.

366. 唐友盛，邱蔚六 . 放射性颌面部骨坏死的临床和治疗——附 59 例报告 . 中华口腔医学杂志，1985，20（3）：133.

367. 邱蔚六，林国础，李士忠，陆昌语，夏伟亚，郭一钦 . 口腔颌面部非何杰金氏淋巴瘤——30 例诊治体验 . 中华口腔科杂志，1985，20（2）：78–80.

368. 邱蔚六，刘世勋，唐友盛，袁文化，林国础，潘可风 . 颅颌面联合切除术后缺损的立即封闭式整复 . 实用口腔医学杂志，1985，1（1）：12–14.

369. 宁守诚，邱蔚六，张锡泽 . 颌骨造釉细胞瘤、牙源性角化囊肿和含牙囊肿的电子计算机鉴别诊断 . 口腔医学，1984，4（3）：113–115.

370. 邱蔚六，张锡泽，潘家琛，史慧宝，曹宏康．四环素荧光检查在诊断口腔粘膜病损癌变中的应用．口腔医学，1984，4（2）：68-70.

371. 李士忠，邱蔚六，哈綦，韩春民．全硬腭岛状瓣立即整复口腔软组织缺损．口腔医学，1984，4（1）：34-36.

372. 周宗余，邱蔚六，陆昌语．国产厌氧棒状杆菌菌苗联合平阳霉素治疗小鼠移植瘤的实验研究．华西口腔医学杂志，1984，2：74.

373. 邱蔚六．裸鼠及人体肿瘤的移植．世界医学，1984，2（3）：59.

374. 邱蔚六．头颈部癌瘤化疗的近期动向．世界医学，1984，2（3）：39.

375. 邱蔚六．颈阔肌皮瓣应用在头颈部肿瘤术后立即整复．世界医学，1984，2（3）：142.

376. 邱蔚六．恶性肿瘤的热疗．世界医学，1984，2（2）：60.

377. 邱蔚六．头颈部癌瘤处理的近代趋向．世界医学，1984，2（2）：44.

378. 邱蔚六．牙龈铂线．世界医学，1984，2（2）：122.

379. 周宗余，邱蔚六，陆昌语．国产厌氧棒状杆菌菌苗联合平阳霉素治疗口腔颌面部鳞癌的初步报告．中华口腔医学杂志，1984，19（4）：199.

380. 邱蔚六，刘世勋，唐友盛，袁文化，潘可风，周正炎，林国础，王国民，徐秀琪，周晓健．小血管吻合游离组织移植在口腔颌面外科应用的评价．中华口腔科杂志，1984，19（3）：143-146.

381. 刘世勋，邱蔚六．荧光现象在组织瓣活力预测中的作用．中华口腔医学杂志，1984，19（1）：59.

382.Weiliu Qiu, Shixun Liu, Wenhua Yuan, Guochu Lin, Xiaojian Zhou, Kefeng Pan, Guomin Wang, Yousheng Tang, Zhengyan Zhou, XiuQi Xu.Evaluation of free flaps microsury, 1984, 1(1): 75-80.

383. 林国础, 邱蔚六, 张志愿, 刘瑗如, 程珺.133 例口腔颌面部腺样囊性癌的治疗经验. 中华肿瘤杂志, 1983, 6(2): 141.

384. 张志愿, 邱蔚六, 林国础, 唐友盛.577 例涎腺混合瘤手术治疗总结. 二医学报, 1983, 3(增 1): 67.

385. 潘可风, 邱蔚六, 刘善学, 周正炎. 颌面部假性动脉瘤的诊断与治疗(附 6 例报告). 二医学报, 1983, 3(增 1): 65-66.

386. 哈綦, 邱蔚六, 张锡泽. 颌面中心性血管瘤病的诊断和治疗(附 21 例报告). 二医学报, 1983, 3(增 1): 63-64.

387. 林国础, 邱蔚六. 医源性放射癌 6 例报告. 二医学报, 1983, 3(增 1): 61-62.

388. 刘世勋, 邱蔚六, 王国民. 口腔颌面部洞穿性缺损的整复治疗(附 58 例报告). 二医学报, 1983, 3(增 1): 48.

389. 邱蔚六,张锡泽,哈綦,陆昌语,李士忠,林国础,张志愿,徐秀琪,郭一钦. 氨甲喋呤及其综合应用治疗口腔颌面部癌瘤的临床观察. 二医学报, 1983, 3(1)增刊: 38-41.

390. 邱蔚六, 刘世勋, 张锡泽, 刘善学, 潘家琛.81 例口腔部甲状腺肿瘤及瘤样病变诊治体会. 中华口腔科杂志, 1983, 18(3): 141-144.

391. 刘世勋, 邱蔚六, 刘善学. 前臂游离皮瓣整复口腔颌面部缺损 55 例报告. 中华口腔医学杂志, 1983, 18(2): 84.

392. 邱蔚六, 张锡泽, 刘世勋, 刘善学, 潘家琛, 陈志兴, 蔡良俊,王崇恩．全额及隧道额瓣在口腔颌面肿瘤术后缺损修复中的应用．中华口腔科杂志，1983，18（2）：70–73.

393. 邱蔚六．顺铂治疗头颈部癌肿．国外医学口腔医学分册，1983，11（1）：16.

394. 邱蔚六，陆昌语，李士忠，林国础，殷德民，陈莉娜，郭一钦．中西结合治疗晚期口腔颌面恶性肿瘤 46 例探讨．上海中医药杂志，1983，8：17–19.

395. 邱蔚六，张锡泽．头颈部肿瘤术后缺损立即整复的近况．国外医学耳鼻咽喉科分册， 1982，6（2）：145–149.

396. 邱蔚六，陆昌语，邓琴南，殷德民，张庆华．口腔颌面部癌瘤手术对细胞免疫功能的影响（实验与临床研究的初步观察）. 上海免疫学杂志，1982，2（5）：21–24.

397. 邱蔚六，李士忠，陆昌语，徐秀琪，郭一钦 .COPP 及 COP 联合化疗治疗口腔颌面部恶性淋巴瘤及未分化癌．口腔医学，1982，2（3）：135–136.

398. 潘可风，邱蔚六．口腔颌面恶性淋巴瘤的临床表现（典型病例分析）. 口腔医学，1982，2（3）：139–141.

399. 袁文化，邱蔚六，韩研丽．应用对偶三角瓣整复单侧唇裂 309 例临床观察．口腔医学，1982，2（2）：67–69.

400. 卢士南，邱蔚六．下颌骨骨质溶解症．中华口腔医学杂志，1982，17（4）：256.

401. 刘世勋，张锡泽，邱蔚六，刘善学，潘家琛．双侧颈淋巴结清扫术治疗口腔颌面恶性肿瘤的评价．中华口腔医学杂志，1982，17（3）：129–132.

402. 邱蔚六，陆昌语，殷德民，陈松涛，姚凤秀．氚化胸腺嘧啶核甙掺入法测定口腔颌面部癌肿患者细胞免疫状态的观察．上海医学，1981，4（5）：51.

403. 林国础，邱蔚六，周正炎，李士忠，袁文化，哈綦，张志愿．用头－项皮瓣立即整复口腔颌面恶性肿瘤术后缺损．中华口腔科杂志，1981，16（4）：217–221.

404. 马宝章，邱蔚六，哈綦，徐秀琪，周慧，刘桢，卓瑞鹏．CO2 激光刀在口腔颌面手术中的初步应用．Lasers in Surgery and Medicine，1981，1（4）：375.

405. 周正炎，邱蔚六，张锡泽，马宝章，陆昌语，张志愿．口腔颌面恶性黑色素瘤 55 例临床分析．口腔医学，1981，1（2）：78–82.

406. 林国础，邱蔚六．涎腺癌手术治疗及影响预后因素的分析．口腔医学，1981，1（2）：73–77.

407. 刘世勋，邱蔚六，刘善学，周正炎，林国础，袁文化，唐友盛，周晓健，张志勇，张锡泽．胸大肌复合组织瓣在口腔颌面肿瘤术后大面积缺损中的应用．口腔医学，1981，1（1）：2–6.

408. 陆昌语，邱蔚六，郭一钦，殷德民，李士忠，陈莉娜，陈松涛，姚凤秀．口腔颌面癌瘤 100 例中医虚证与免疫功能探讨．上海中医药杂志，1981，6：22.

409. 邱蔚六．从多原发性癌瘤看口腔颌面恶性肿瘤的可能病因．国外医学口腔医学分册，1980，7（3）：141.

410. 邱蔚六．同期双侧颈淋巴结清扫术有关问题的生理性处理．国外医学口腔分册，1980，7（2）：95.

411. 邱蔚六．颞下颌关节真性强直手术治疗的经验．上海医学，

1980, 3（10）：57–58.

412. 邱蔚六，陈笑晔．颞下颌关节真性强直手术治疗的经验．上海医学，1980，3（10）：57.

413. 林国础，邱蔚六．颞颌关节类“S”形切口进路治疗真性关节强直．中华口腔科杂志，1980，15（3）：140–141.

414. 林国础，邱蔚六，周正炎，何荣根，潘可风，李士忠，陈笑晔．类“S”形切口进路治疗真性颞颌关节强直．中华口腔科杂志，1980，15（3）：140–141.

415. 邱蔚六，陈笑晔，陆昌语，周惠嫱，殷德民，陈莉娜．口腔颌面部癌肿病人免疫功能的观察．上海免疫学杂志，1980，1（3）：11–13.

416. 邱蔚六，林国础，等．口腔颌面部针麻手术——1802 例临床分析及初步实验观察．国家针麻讨论会论文集，北京 1979：118–135.

417. 邱蔚六．菱形瓣在整复皮肤缺损中的应用．国外医学口腔医学分册，1979，6（2）：61–65.

418. 邱蔚六．头颈部癌瘤综合化疗之现状．国外医学口腔医学分册，1979，6（1）：6–12.

419. 邱蔚六，刘善学，何荣根，周正炎，李士忠，唐友盛．颅颌面联合切除术治疗晚期口腔颌面部恶性肿瘤初步报告．中华口腔科杂志，1979，14（4）：197–201.

420. 邱蔚六，刘善学，刘桢，周正炎，袁文化．争光霉素治疗口腔颌面部鳞癌的进一步观察．中华口腔科杂志，1979，14（2）：77–79.

421. 邱蔚六．颞下颌关节假性强直及混合性强直手术治疗的效果．中华口腔科杂志，1979，14（1）：55–56.

422. 邱蔚六．国产喜树碱及羟基喜树碱治疗口腔颌面部恶性肿瘤．中华口腔科杂志，1978，13（2）：75–77.

423. 邱蔚六．口腔颌面部肿瘤术后缺损用额部皮瓣立即整复的临床观察．中华口腔科杂志， 1977，57（1）：53–55.

424. 邱蔚六．颈淋巴清扫术切口的进展．国外医学口腔医学分册，1977，4（6）：242.

425. 邱蔚六．下颌骨肿瘤切除后立即植骨临床观察．中华口腔科杂志，1976，56（7）：425–426.

426. 邱蔚六．冷冻治疗口腔颌面肿瘤近期观察．中华口腔科杂志，1976，56（3）：181–184.

427. 邱蔚六．肩胸三角游离皮瓣．国外医学口腔分册,1976,3(6):256.

428. 邱蔚六．博莱霉素研究之概况．国外医学口腔医学分册，1976，3（2）：57.

429. 邱蔚六．区域性动脉化疗治疗口腔颌面部恶性肿瘤．中华口腔科杂志，1975，55（9）：669–670.

430. 邱蔚六．争光霉素治疗口腔颌面部癌瘤——附 136 例分析．中华医学杂志，1975，55（4）：289–290.

431. 邱蔚六．代用品植入整复下颌骨缺损的临床观察．中华口腔科杂志，1975，55（11）：806.

432. 邱蔚六．深低温冷冻治疗口腔颌面部肿瘤．国外医学口腔医学分册，1975，2（5）：194.

433. 袁文化，邱蔚六，范宝华．口腔颌面部手术中的经络现象．新医学杂志，1974，12：21.

434. 邱蔚笔. 针刺“得气留针”在针麻手术中的应用. 新医学杂志, 1973, 3: 20–23.

435. 邱蔚六, 张锡泽. 口腔颌面部癌肿远处转移(附 15 例分析). 中华口腔科杂志, 1966, 12(3): 139–141.

436. 邱蔚六, 卢士南. 口腔颌面部炎症之临床诊治体会. 中华口腔科杂志, 1966, 12(2): 66–69.

437. 邱蔚六, 卢士南. 口腔颌面部炎症合并全身并发症问题之探讨. 中华口腔科杂志, 1964, 10(5): 333–337.

438. 张锡泽, 邱蔚六, 刘善学, 潘家琛, 谢永俊. 动脉注射抗癌药物治疗晚期口腔颌面部恶性肿瘤. 中华口腔科杂志, 1963, 49(12): 782–785.

439. 邱蔚六. 中药马勃应用于口腔内止血初步报告. 中华口腔科杂志, 1960, 8(3): 143–146.

440. 邱蔚六. 上颌窦恶性肿瘤(附 15 例报告). 中华口腔科杂志, 1958, 6(2): 116–125.

二、其他论文

1. 邱蔚六. 乘“双一流”建设东风, 强一流学科建设——上海交通大学医学院附属第九人民医院口腔颌面外科学建设的思考. 上海交通大学学报(医学版), 2022, 42(9): 1163–1170.

2. 邱蔚六, 郭莲. 推进口腔医学人文教育的专家共识. 中华口腔医学杂志, 2021, 56(11): 1054–1058.

3. 邱蔚六. 关于现代正颌外科学发展的一些思考. 上海交通大学

学报(医学版), 2020, 40(10): 1315–1317.

4. 郑家伟, 张志愿, 邱蔚六. 现行口腔医学学制与学位教育存在问题的困惑与思考. 中华口腔医学杂志, 2009, 443: 172–174.

5. 邱蔚六. 重视循证医学, 学习循证医学, 应用循证医学——主编寄语. 中国口腔颌面外科杂志, 2003, 1(2): 65.

6. 邱蔚六. 明天更美好——《中国口腔颌面外科杂志》创刊词. 中国口腔颌面外科杂志, 2003, 1(1): 1.

7. 邱蔚六. 谈我国口腔医学教育的现状和改革. 医学教育研究, 1985, 3: 9.

8. 邱蔚六. 上海市口腔医学现状初步调查. 医学教育研究, 1984, 2: 100.

9. 邱蔚六. 对上海市发展口腔医学的几点建议. 医学教育研究, 1984, 2: 13.

附录四

邱蔚六培养的研究生名单

硕士研究生	入学时间	硕士研究生	入学时间
李名烈	1978	张志愿	1986
邓琴南	1978	沈国芳	1986
周宗余	1979	张陈平	1986
宁守诚	1979	魏　心	1986
王济民	1982	金杭晴	1987
王　铮	1982	吴煜农	1987
陈闻远	1982	徐宏波	1987
薛晓帆	1983	邹德荣	1988
宋伯铮	1983	杨　驰	1989
胡勤刚	1985	黄　伟	1998

博士研究生	入学时间	博士研究生	入学时间
宁守诚	1982	卢晓峰	1993
王济民	1985	杨育生	1994
宋伯铮	1987	俞创奇	1994
步荣发	1987	范新东	1995
刘　晖	1988	吴煜农	1995
陈纪伟	1988	郑家伟	1996
张志愿	1988	房　兵	1996
沈国芳	1988	高益鸣	1996
黄远亮	1989	王　伟	1997
郭　伟	1989	王旭东	1997
张陈平	1989	邓勇强	1998
金杭晴	1989	李青云	1999
杨　驰	1991	朱　敏	2000
汪卫东	1991	余　杨	2003
关晓峰	1991	史　俊	2003
蔡以理	1992	贺　捷	2007
孙　坚	1992	蔡菁华	2011

（续表）

博士研究生	入学时间	博士研究生	入学时间
顾云峰	1992	付　坤	2015
李　涛	1992	董敏俊	2017
胡勤刚	1993	冯　露	2017
史宏男	1993	邱　峰	2017
顾章愉	1993	董稳航	2018
解雪涛	1993		

博士后	出站时间	博士后	出站时间
马　秦	2000	王佐林	2005
邱存平	2000	龚振宇	2006
黄　丹	2001	殷学民	2007
张　萍	2004		

后　记

我姓邱，名蔚六，字丘邑，号佚翁。丘邑来自姓氏“邱”，左右拆分为“丘”加“邑”（阝）。自称“佚翁”，“佚”这个字，蕴含了追求隐逸、自由的想法。同时，“翁”则暗示了长者的身份，代表着阅历和智慧。“琐谭”中的“琐”字有琐碎、琐细的意思，这部作品记录的是一些日常生活中的小事和细节。“谭”则有谈论、叙述的含义，表示这部作品主要是一种叙述性的文体。

综合起来，“佚翁琐谭”的含义就是：一个隐逸的老者，讲述一些自己生活、工作中的琐碎事情和见闻感悟。这些虽然琐碎，但却充满了人生经验，可以引起人们对生活的思考和感悟。

本书从开始起意到整理到最后成文历时近10年，真正开始全面整理应该是在近3年时间，由于个人健康原因，更迫切地想尽快完成书稿的创作和整理。

从《佚翁琐谭》初具雏形到最后付梓出版，经历了一段漫长而丰富的岁月。回顾整本书的编撰历程，既经历了社会的巨变，又见证了历史的进程，却始终保持着一颗平常心，用细腻而深邃的笔触记录下生活的点滴。这本书不仅仅是一个个故事的集合，更是一个时代的缩影、个人的沉思，以及无数生活细节的凝聚。那些看似琐碎的日常记述、诗词抒怀，实则蕴含着深刻的人生哲理和社会观察。本书以我各个人生阶段的回忆录为开篇，精心摘录了诗词、序言、题词、述评和科普文章等各类文字。同时，穿插了家人、同学、朋友和学生等与我有过交集的人们的照片和图文，以及一些出访和旅行的美好记录。

本书力争文字生动，内容有据，注重生活细节，初看有点散漫，实则形散神不散，愈看愈有兴味。每一段回忆都是一面镜子，引导我们反思和自省。《佚翁琐谭》的文字虽然简单朴素，但却蕴含着深厚的文化底蕴和人生智慧。

值得一提的是，在本书的创作过程中，特别感谢跟随我19年的王琪贇秘书的辛勤付出。作为我的得力助手，从收集材料、口述笔录、起草、文字录入、核实初稿，到安排书中的图片，她花了大量时间和精力，力求保持作品的原汁原味，同时，进行了一些必要的整理和解读，以帮助读者更好地理解这些故事背后的深层含义。对她而言，这不仅仅是一部文学作品，更是一份珍贵的历史记录和人生经验的传承，在此，表示由衷的感谢！

最后，感谢为本书顺利出版而多方奔走的今日出版社社长兼总编辑沈惠民老师和学林出版社总编辑尹利欣老师的鼎力相助、编辑统筹和缜密审稿；要鸣谢今日出版社副总编辑、上海广播电视台（SMG）资深媒体人严伟明老师参与本书的编辑和学林出版社责任编辑石佳彦、陈天慧老师为本书的如期出版付出了大量辛劳。

由于时间紧迫，加上水平与经验有限，本书难免有疏漏和不妥之处，敬请读者谅解并指正。

2024年元月